普通高等教育"十五"国家级规划教材

信息经济学

赖茂生　王　芳　编著

内 容 简 介

本书是普通高等教育"十五"国家级规划教材,是经作者通过多年的教学、科研积累,并借鉴和吸收了国内外相关研究成果编著而成的。

全书共有12章,划分为几个连贯的模块,即绪论部分、理论基础部分(第2~3章);对信息商品和信息资源的微观分析(第4~5章);对信息资源和信息产业的宏观分析(第6~7章);信息化的经济分析(第8~9章);信息系统、电子商务和网络经济分析(第10~12章)。

全书的主要特色是:(1)知识体系在学科逻辑上的统一与完整性,把不对称信息经济学与信息经济研究两个相对独立的部分有机地统一了起来;(2)包含了信息商品、信息资源经济学、信息产业经济学、信息系统经济学、电子商务经济学、网络经济学等内容,体现了信息经济学的新发展;(3)大量吸收了信息租与信息寻租、信息悖论、IT治理、信息化及其规划等当今信息经济研究的前沿或热点知识;(4)部分内容的原创性。

本教材适合于相关专业高年级的本科生或研究生使用。任课老师可以根据本地的需要来选择授课内容。

图书在版编目(CIP)数据

信息经济学/赖茂生,王芳编著. —北京:北京大学出版社,2006.6
ISBN 978-7-301-10502-3

Ⅰ.信… Ⅱ.①赖… ②王… Ⅲ.信息经济学-高等学校-教材 Ⅳ.F062.5

中国版本图书馆 CIP 数据核字(2006)第 003143 号

书　　　　名:	信息经济学
著作责任者:	赖茂生　王　芳　编著
责 任 编 辑:	段晓青
标 准 书 号:	ISBN 978-7-301-10502-3/G·1839
出 版 发 行:	北京大学出版社
地　　　　址:	北京市海淀区成府路 205 号　100871
网　　　　址:	http://www.pup.cn
电　　　　话:	邮购部 62752015　发行部 62750672　编辑部 62752021　出版部 62754962
电 子 信 箱:	zpup@pup.pku.edu.cn
印 刷 者:	北京大学印刷厂
经 销 者:	新华书店
	787 毫米×1092 毫米　16 开本　17.25 印张　438 千字
	2006 年 6 月第 1 版　2012 年 3 月第 4 次印刷
定　　　　价:	28.00 元

未经许可,不得以任何方式复制或抄袭本书之部分或全部内容。
版权所有,侵权必究
举报电话:010-62752024　电子邮箱:fd@pup.pku.edu.cn

序　言

近年来，信息经济学在中国空前繁荣，成为一门显学。信息经济学方面的论文和著作大量涌现，这方面的教材也越来越多，以信息经济为特征的信息社会造就了信息经济学的繁荣。然而，信息社会并不能自动地奉送给我们这样一个如此吸引人的学科。为了建设这门科学，许多专家学者花费了毕生的精力和智慧。

首先是要发现经济活动中的信息问题。早在20世纪20年代，美国经济学家奈特(F.H.Knight)，就已把信息与市场竞争、企业利润的不确定性、风险联系起来，认识到企业为了获取市场信息必须进行投入的重要性。他在1921年出版的《风险、不确定性和利润》一书中，发现了"信息是一种主要的商品"，并注意到各种组织都参与信息活动且有大量投资用于信息活动。1959年美国经济学家马尔萨克(J.Marschak)发表《信息经济学评论》一文，首次使用了信息经济学一词，讨论了信息的获得使概率的后验条件分布与先验的分布有差别的问题。稍后，另一位美国经济学家斯蒂格勒(G.J.Stigler，1982年度诺贝尔经济学奖获得者，被誉为信息经济学的创始人)于1961年在《政治经济学杂志》上发表题为《信息经济学》的著名论文，研究了信息的成本和价值，以及信息对价格、工资和其他生产要素的影响。此后，越来越多的经济学家开始考察作为经济行为变量的信息的不完全性和不完备性以及需要支付成本等因素，分析信息的非对称性对市场运行的影响，提出了种种理论。如阿罗(K.J.Arrow，1972年度诺贝尔经济学奖获得者)把信息同经济行为、经济分析、风险转移联系起来，对信息的特性、成本以及信息在经济中的影响等问题作了开拓性研究，并于1984年出版了《信息经济学》论文集。阿克洛夫(G.Akerlof，同斯彭斯、斯蒂格利茨一起因研究信息不对称理论荣获2001年度诺贝尔经济学奖)在1970年提出的"柠檬"(即二手货)理论、斯彭斯(M.Spence)在1973年提出的"信号甄别"理论、赫什雷佛(J.Hirshleifer)在1971年提出的"信息市场"理论、格罗斯曼(S.J.Grossman)和斯蒂格利茨(J.E.Stigliz)在1976—1980年提出和补充的市场信息效率与市场效率的"悖论"；维克里(W.Vickrey)1961年在所得税和投标、拍卖的研究中解决了在信息分布不对称条件下使掌握较多信息者有效地运用其信息以获取利益并优化资源配置的问题；莫里斯(J.Mirrlees)1974—1976年间在维克里研究的基础上建立和完善了委托人和代理人之间关系的激励机制设计理论，两人因从事非对称信息条件下的激励理论研究而同获1996年度诺贝尔经济学奖。

其次，是对蓬勃发展的信息经济的研究。美国普林斯顿大学教授马克卢普(F.Machlup)1962年出版了《美国的知识生产和分配》一书，对1958年美国知识产业的状况进行了统计测算(注：据他测算，1958年美国知识产业的产值占国民生产总值的29%，在知识产业部门工作的就业人数约占全部就业人数的31%)，在统计调查的基础上提出知识产业和信息经济的概念。美国国内对该书的引用与评论延续了十多年，甚至有学者认为知识产业的发展将会改变传统的经济及其经济学。1980年至1983年间，马克卢普又对该书进行了扩充，更新了有关统计资料，形成了一部八卷本著作《知识的生产、分配和经济意义》，比较系统地论述和建立起知识和信息的经济理论。其中第一卷为《知识与知识生产》。另一位美国学者波拉特(M. V. Porat)从产出与就业两个方面,运用投入产出分析法,对1967年美国的信息经济的规模和结构作了详尽的统计测算和数量分析(注:据他测算,1967年美国信息产业的产值占国民生产总值的46%,在信息部门工作的就业人数约占就业人数的45%,而该部门劳动者的收入则占全国劳动者总收入的55%),在此基础上于1977年完成了一部9卷本内部报告,取名为《信息经济》(*The Information Economy*)。其中第一卷是他的基本观点和主要方法的总结。他把产业分成农业、工业、服务业、信息业,并首次把信息部门分为第一信息部门(向市场提供信息产品和信息服务的企业所组成的部门)和第二信息部门(政府和企业的内部提供信息服务的活动所组成的部门)。这种分类方法不仅受到了美国商务部的重视,而且在1981年被经济合作与发展组织(OECD)所采纳,用来测算其成员国的信息经济的发展水平。

1976年美国经济学会在经济学分类中正式列出信息经济学,并于1979年首次召开了国际信息经济学学术会议。1983年《信息经济学和政策》(*Information Economics and Policy*)国际性学术杂志创刊。这标志着信息经济学作为一门独立的学科的地位得到了国际经济学界承认。

我国的信息经济学研究始于20世纪80年代。其背景是国家高度重视发展信息经济和信息化建设,来自高校、科研机构和政府的一批专家学者开始探索信息经济学的奥秘。1986年国家哲学社会科学"七五"规划把"经济信息合理组织及其效益问题研究"作为重点科研项目安排。同时,国家经济信息系统"七五"科技攻关项目中也安排了"信息经济学及其软件系统"课题。在有组织的课题研究的基础上,1987年和1988年先后召开了"全国经济信息理论研讨会"和"全国信息经济理论研讨会"。1989年8月8日,中国信息经济学会在北京宣告成立,同时举行了"全国信息经济学学术研讨会"。

在情报学和信息管理领域,对信息经济学的研究也开始于20世纪80年代。1988年出版的《情报工作和情报科学发展战略——2000年的中国研究》一书中就把"情报经济学"确定为情报学的一个重要的分支学科,认为它是情报学与西方宏观经济学相结合的一个新的研究领域。90年代以后,情报学研究和教育开始进入一个新的发展时期——信息管理转向时期。迫切需要从经济方面来切入信息管理领域,或者说迫切需要研究信息管理的经济学方面。所以,情报学界开始把这方面的研究和教学逐步加以扩充,建立了具有本专业特色的信息经济学课程内容体系和研究框架。为了进一步建设好信息经济学这门课,教育部把《信息经济学》列入了"十五"重点教材建设规划中,由北京大学承担和组织力量编写。

在多年的教学和科研工作中,我们比较全面系统地借鉴和吸收了国内外信息经济学的研究成果和教学经验,逐步形成了自己的内容体系。在编写这部教材时,我们的出发点是:(1)力求全面考察各家之说,着力于研究信息经济学领域中貌似分离的两个(或者三个)部分之间的内在联系,尽可能建立一个统一的信息经济学内容体系。(2)在全面介绍信息经济学知识的同时,努力反映本领域的新发展,如信息化建设中的经济问题,电子商务经济学,网络经济学等。(3)尝试建立信息资源经济学,这是当前信息化建设深入发展的需要。加强信息资源开发利用工作已经成为中央的重要决策。充分开发利用各种信息资源,是政府提高执政能力的需要,是完善社会主义市场经济的需要,更是我国经济持续健康发展的需要。转变经济增长方式,摒弃长期以来拼资源、拼环境的发展模式,需要认真研究和探索信息资源的作用,优化资源配置、节约物质资源和替代物质资源的作用。(4)力求使信息经济学知识平民化,使本教材更加适合信息管理类专业学生的需要。

本教材的主要特色是:(1) 知识体系在学科逻辑上的统一与完整性,把不对称信息经济学与信息经济研究两个相对独立的部分,通过信息租、信息搜寻与信息商品的产生等内容从内在的学科逻辑上有机地统一了起来,使得整本教材的各章之间有一个紧密的逻辑上的承接联系,这是本教材在知识组织上的一个独特之处;(2) 知识体系的包容性,本教材把博弈论的知识深入浅出地做了介绍,并且把信息商品、信息资源经济学、信息产业经济学、信息系统经济学、电子商务经济学、网络经济学等内容包容进来,尽可能地体现了信息经济学的研究领域与发展分支;(3) 知识介绍上的新颖性与前沿性,本书大量吸收了比如信息租与信息寻租、信息悖论、IT治理、信息化及其规划等当今信息经济研究的前沿或热点知识;(4) 部分内容的原创性,本书不仅仅是对信息经济学领域知识的一次重新组织,还有不少作者的原创性研究成果,比如信息资源的经济学分析、信息经济的区域发展与梯度转移理论、企业信息政策以及网络经济的发展对策等内容;(5) 知识介绍上的连贯性与可读性,本书尽可能地考虑到读者接受知识的规律,在知识介绍上风格统一,逻辑一致,尽量做到简明易懂,并且在每章后附有关键术语表与思考题,书后附有中英文术语对照索引与参考文献,以方便读者深入学习。

本教材适合于高年级的本科生和研究生使用。在教学过程中,任课老师可以根据课时,按照教材的体系安排授课,也可根据需要重点选取讲授内容,将讲授与自学结合起来。同学们可以按教材体系系统学习,也可以通过引文与参考文献,根据需要选择重点学习的内容。

在教材编写和教学中,我们参考了乌家培先生、张维迎教授等人的著作,得到了中国信息经济学会一些专家学者的帮助和指导,并得到了北京大学出版社段晓青编审等同志的大力支持和帮助,在此一并表示诚挚的谢意。

作　者
2005 年金秋于燕园

目 录

第1章 导论 (1)
　1.1 信息范式对经济学的影响 (1)
　　1.1.1 信息不对称假设 (2)
　　1.1.2 西方经济学中信息范式的发展过程 (3)
　1.2 信息经济研究的历史与现状 (5)
　　1.2.1 国外信息经济研究的主要内容 (5)
　　1.2.2 国内关于信息经济的研究 (7)
　1.3 信息经济学的研究对象与学科范畴 (8)
　　1.3.1 关于信息经济学研究内容的争论 (8)
　　1.3.2 信息经济学学科范畴的定位 (10)
　1.4 信息经济学的学科体系 (11)

第2章 博弈论简介 (13)
　2.1 博弈论基本概念 (13)
　　2.1.1 几个有代表性的博弈模型 (13)
　　2.1.2 博弈的基本概念 (15)
　　2.1.3 博弈的分类 (19)
　　2.1.4 博弈的表述 (21)
　2.2 完全信息静态博弈 (21)
　　2.2.1 占优战略均衡 (21)
　　2.2.2 重复剔除的占优战略均衡 (22)
　　2.2.3 纳什均衡 (23)
　　2.2.4 纯战略与混合战略纳什均衡 (25)
　2.3 完全信息动态博弈 (25)
　　2.3.1 博弈的扩展式表述 (25)
　　2.3.2 子博弈精炼纳什均衡 (27)
　　2.3.3 动态博弈战略行动 (28)
　　2.3.4 重复博弈 (28)
　2.4 不完全信息博弈 (29)
　　2.4.1 不完全信息静态博弈 (30)
　　2.4.2 不完全信息动态博弈 (30)

第3章 机制设计理论 (33)
　3.1 与信息经济学相关的几个问题 (33)

        3.1.1　不对称信息经济学的研究范围……………………………(33)
        3.1.2　不对称信息经济学的几种模型…………………………(34)
    3.2　逆向选择与信号传递…………………………………………(35)
        3.2.1　逆向选择问题……………………………………………(35)
        3.2.2　信号传递与劳动力市场模型………………………………(38)
        3.2.3　信息甄别…………………………………………………(42)
    3.3　道德风险与委托代理理论……………………………………(42)
        3.3.1　道德风险…………………………………………………(42)
        3.3.2　委托代理理论……………………………………………(43)
        3.3.3　代理人的激励机制………………………………………(46)
第4章　信息商品与信息市场……………………………………………(50)
    4.1　信息租与信息寻租……………………………………………(50)
        4.1.1　租金与寻租理论…………………………………………(50)
        4.1.2　信息租问题………………………………………………(52)
    4.2　信息搜寻………………………………………………………(53)
        4.2.1　信息搜寻问题……………………………………………(54)
        4.2.2　信息搜寻模型……………………………………………(54)
        4.2.3　信息搜寻与信息商品的出现………………………………(55)
    4.3　信息商品的性质………………………………………………(56)
        4.3.1　信息商品的分类…………………………………………(56)
        4.3.2　信息商品的特点…………………………………………(57)
        4.3.3　信息成为商品的条件……………………………………(60)
    4.4　信息成本………………………………………………………(62)
        4.4.1　信息成本与交易成本……………………………………(62)
        4.4.2　作为投入要素的信息成本………………………………(62)
    4.5　信息商品的价值与定价………………………………………(63)
        4.5.1　价值与价格的关系………………………………………(63)
        4.5.2　信息的效用价值分析……………………………………(64)
        4.5.3　一般的企业定价策略……………………………………(65)
        4.5.4　信息商品的差别定价策略………………………………(67)
第5章　信息资源经济学…………………………………………………(72)
    5.1　资源与资源经济学概况………………………………………(72)
        5.1.1　资源的一般概念及其性质………………………………(72)
        5.1.2　资源经济学的发展历史…………………………………(73)
        5.1.3　资源经济学的研究内容与原理…………………………(74)
        5.1.4　新古典经济学关于资源配置的研究方法………………(75)
    5.2　信息资源及其经济特征………………………………………(77)
        5.2.1　信息资源的概念…………………………………………(77)

5.2.2　信息资源的经济特征 …………………………………………… (78)
5.3　信息资源的经济学研究 ………………………………………………… (81)
　　5.3.1　从经济学角度研究信息资源管理的必要性 …………………… (81)
　　5.3.2　信息资源经济学研究的意义 …………………………………… (82)
　　5.3.3　信息资源经济学的研究内容 …………………………………… (83)

第6章　信息资源的配置与开发利用 ……………………………………… (86)
6.1　信息资源对经济发展的作用 …………………………………………… (86)
　　6.1.1　信息对资源配置的重要作用 …………………………………… (86)
　　6.1.2　信息资源开发是信息产业的重要组成部分 …………………… (89)
　　6.1.3　信息资源开发利用是企业创新与发展的基础 ………………… (91)
6.2　信息资源配置 …………………………………………………………… (92)
　　6.2.1　信息资源配置的理论研究 ……………………………………… (92)
　　6.2.2　政府机构的信息资源配置 ……………………………………… (94)
　　6.2.3　非营利信息机构的信息资源配置 ……………………………… (97)
　　6.2.4　企业信息资源的配置 …………………………………………… (98)
6.3　信息资源的开发利用 …………………………………………………… (99)
　　6.3.1　信息资源开发利用的概念 ……………………………………… (99)
　　6.3.2　信息资源开发的类型与步骤 …………………………………… (101)

第7章　信息产业结构与发展规律 ………………………………………… (103)
7.1　产业与产业结构 ………………………………………………………… (103)
　　7.1.1　产业的兴衰 ……………………………………………………… (103)
　　7.1.2　产业结构及其演化 ……………………………………………… (105)
7.2　信息产业的结构 ………………………………………………………… (107)
　　7.2.1　信息产业的形成 ………………………………………………… (107)
　　7.2.2　信息产业对中国经济发展的促进作用 ………………………… (107)
　　7.2.3　信息产业的结构与分类 ………………………………………… (110)
　　7.2.4　信息产业的发展规律 …………………………………………… (113)
7.3　信息产业的测度 ………………………………………………………… (114)
　　7.3.1　波拉特测算方法 ………………………………………………… (115)
　　7.3.2　相关的测度结果 ………………………………………………… (116)
　　7.3.3　信息产业的统计评价指标 ……………………………………… (117)
7.4　我国信息产业的区域发展 ……………………………………………… (119)
　　7.4.1　影响我国信息产业区域不平衡发展的主要经济因素 ………… (119)
　　7.4.2　东、中、西部地区信息产业发展的环境条件 ………………… (120)
　　7.4.3　长江三角洲的信息产业 ………………………………………… (121)
　　7.4.4　"泛珠三角"地区的信息产业 …………………………………… (123)
　　7.4.5　环渤海地区的信息产业 ………………………………………… (125)
7.5　我国信息产业的梯度转移 ……………………………………………… (127)

7.5.1　我国信息产业的梯度发展 ································ (127)
　　7.5.2　影响信息产业梯度转移的因素 ···························· (132)
　　7.5.3　信息产业梯度转移的动态过程 ···························· (133)
　　7.5.4　我国信息产业区域协调发展的对策 ························ (133)

第8章　信息化与经济发展 ·· (135)
8.1　信息化的起源 ·· (135)
　　8.1.1　信息化的概念 ·· (135)
　　8.1.2　信息化与工业化 ·· (136)
8.2　行业信息化 ·· (139)
　　8.2.1　我国行业信息化概述 ···································· (139)
　　8.2.2　我国农业信息化状况 ···································· (141)
8.3　信息化水平的测度 ·· (144)
　　8.3.1　日本信息化指标测算法 ·································· (144)
　　8.3.2　中国国家信息化指标测算法 ······························ (146)

第9章　企业信息化及其水平测算 ·· (152)
9.1　信息问题与企业竞争力 ·· (152)
　　9.1.1　企业核心竞争力 ·· (152)
　　9.1.2　企业内外部存在的信息不对称现象 ·························· (154)
　　9.1.3　从信息角度提高企业竞争力的途径 ·························· (156)
9.2　企业信息化战略与规划 ·· (157)
　　9.2.1　企业信息化的概念与意义 ·································· (158)
　　9.2.3　企业信息化战略与规划的制定 ······························ (159)
9.3　企业信息化项目组织与管理 ·· (164)
　　9.3.1　企业信息系统的功能与类型 ································ (164)
　　9.3.2　企业信息化项目的组织与管理 ······························ (168)
　　9.3.3　企业业务流程重组 ······································ (169)
9.4　企业"信息悖论"与IT治理 ·· (171)
　　9.4.1　企业"信息悖论" ·· (171)
　　9.4.2　企业IT治理 ·· (173)
9.5　企业信息化水平测算 ·· (176)
　　9.5.1　企业信息化指标的研究概况 ································ (176)
　　9.5.2　《企业信息化测评指标方案》(试行)的分析 ··················· (176)
9.6　企业信息化政策 ·· (184)
　　9.6.1　企业信息政策的含义 ···································· (184)
　　9.6.2　企业信息化政策的国际比较 ································ (185)
　　9.6.3　我国企业信息政策制定存在的问题与对策 ···················· (188)

第10章　信息系统的经济分析 ·· (193)
10.1　信息系统的成本测算 ·· (193)

        10.1.1 信息系统的成本构成 ……………………………………………… (193)
        10.1.2 信息系统的成本估算指标 ………………………………………… (195)
        10.1.3 信息系统的成本估算模式 ………………………………………… (198)
    10.2 COCOMO 模式 ……………………………………………………………… (202)
        10.2.1 COCOMO 模式下的软件类型 …………………………………… (202)
        10.2.2 COCOMO 的三种成本估算模式 ………………………………… (202)
    10.3 信息系统的经济效益及其评价 …………………………………………… (205)
        10.3.1 信息系统的经济效益 ……………………………………………… (205)
        10.3.2 信息系统经济效益的评价 ………………………………………… (206)
        10.3.3 信息系统的费用效益分析法 ……………………………………… (208)
    10.4 信息系统的定价 …………………………………………………………… (210)
        10.4.1 信息系统利润的特点 ……………………………………………… (210)
        10.4.2 信息系统的定价原理 ……………………………………………… (211)
        10.4.3 信息系统的定价模式 ……………………………………………… (211)

第 11 章 电子商务的经济分析 ……………………………………………………… (215)
    11.1 电子商务及其特征 ………………………………………………………… (215)
        11.1.1 电子商务的概念 …………………………………………………… (215)
        11.1.2 电子商务的特征 …………………………………………………… (216)
        11.1.3 电子商务的基本模式 ……………………………………………… (220)
    11.2 电子商务中的"三流" ……………………………………………………… (225)
        11.2.1 资金流 ……………………………………………………………… (225)
        11.2.2 物流 ………………………………………………………………… (227)
        11.2.3 信息流 ……………………………………………………………… (229)
    11.3 电子商务的盈利模式 ……………………………………………………… (230)
        11.3.1 电子商务的几种盈利模式 ………………………………………… (230)
        11.3.2 电子商务的盈利原理 ……………………………………………… (232)
    11.4 电子商务的制约因素 ……………………………………………………… (234)
        11.4.1 电子支付 …………………………………………………………… (234)
        11.4.2 信息安全 …………………………………………………………… (234)
        11.4.3 企业信息化水平 …………………………………………………… (236)
        11.4.4 制度制约及其他因素 ……………………………………………… (236)

第 12 章 网络经济分析 ……………………………………………………………… (238)
    12.1 网络经济的概念与研究概况 ……………………………………………… (238)
        12.1.1 网络经济的相关概念 ……………………………………………… (238)
        12.1.2 网络经济的研究概况 ……………………………………………… (240)
    12.2 网络经济的特征 …………………………………………………………… (240)
        12.2.1 网络经济的组成 …………………………………………………… (240)
        12.2.2 "新经济"及其特征 ………………………………………………… (241)

12.2.3 网络经济的特征分析和总结 ………………………………………… (242)
12.2.4 网络基础设施的定价 ……………………………………………… (244)
12.3 网络经济的基本原理 ……………………………………………………… (245)
12.3.1 网络经济与"IT生产率悖论" ……………………………………… (245)
12.3.2 网络经济的技术经济原理 …………………………………………… (245)
12.3.3 网络经济的知识价值原理 …………………………………………… (246)
12.3.4 网络经济的产业组织原理 …………………………………………… (247)
12.4 网络经济与传统产业的互动关系 ……………………………………… (251)
12.4.1 传统产业是网络经济发展的基础 …………………………………… (251)
12.4.2 网络经济促进其他产业的发展 ……………………………………… (251)
12.5 中国网络经济发展对策 …………………………………………………… (253)
术语与人名中英文对照索引 ……………………………………………………… (260)
参考文献 …………………………………………………………………………… (262)

第1章 导 论

在人类知识体系的最新发展中,信息概念的影响广泛而深入,信息技术不仅是科学研究的工具,更重要的是信息的思想渗入到几乎所有学科的最深处,甚至成为很多学科的前沿发展领域。到20世纪后半期,信息概念已成为最引人注目的概念,给人类的经济、社会、思想、学术等各个领域带来了不可估量的影响,乃至从实质上改变了人类知识结构的含义。它已成为人类知识体系中最基本的概念,并对人类知识体系中已有的相关概念产生很大的影响。信息带给人类的不仅仅是一场技术革命,也是一场思维的革命。

人类创立的学科体系是有结构与层次之分的。不同的学科既有各自独特的研究领域和范围,又在边界上相互交叉、融合。许多边缘学科的出现,将人类的知识与学科体系融合成一个联系紧密的整体。这种联系可以通过不同的线索去识别和建立,而信息概念是一个很好的角度,它几乎涵盖了人类知识体系的各个领域,并且代表着很多学科的前沿方向。信息在自然科学与工程科学中的影响主要体现在信息技术的快速发展上,而作为一种概念的冲击则主要发生在社会科学领域。

在社会科学体系中,信息概念影响最为深远的莫过于经济学。1996年和2001年信息经济学两次获得诺贝尔奖,引起国内外学者极大的重视。1991年至2000年以信息为基础的经济突飞猛进地发展,理论界对于以信息技术为基础的新经济的热情关注,使得不对称信息经济学与信息经济的理论研究同时得到了极大的充实与发展,信息经济学的介绍与应用研究在国内达到了前所未有的程度,并且成为大学管理学专业、经济学专业和情报学专业的必修课程。

作为一个动态发展的体系,信息经济学的学科体系已经逐渐成熟,我们认为信息经济学体系包括两个部分,一是经济学体系中关于信息范式的研究,或者更直接地说是关于经济的信息研究;二是关于信息经济的研究,其起点是关于信息的经济学研究,最后发展成为关于信息经济的研究。前者的发展已经比较成熟完整,后者正随着信息经济的深化涌现出许多新的研究成果,二者之间有着内在的逻辑联系,并因此形成完整的信息经济学体系。这种内在的联系可以这样表述:随着专业化与社会分工的发展,市场交易与社会中的信息因素所占比重越来越大,以至于需要专门从事信息收集与出售的市场组织。这时关于信息商品、信息处理与传递技术、信息资源、信息企业、信息产业的经济学研究就逐渐为人们所重视,这也就是我们所说的第二部分,关于信息经济的研究。

1.1 信息范式对经济学的影响

范式(paradigm)概念最先是由美国的科学哲学家库恩(Thomos S. Kuhn)在1962年出版的《科学革命的结构》一书中提出来的。一般认为,范式是科学家集团所共同接受的一组假说、理论、准则和方法的总和,是科学家广泛认可的一种信念。范式是使一门学科成为科学的必要条件或成熟标志,任何一门学科只有当它具有共同的范式,才可以称为科学。在库恩看来,"科学革命"的实质,就是"范式转换";是少部分人在广泛接受的科学范式里,发现现有理论解决不了的"例外",尝试用竞争性的理论取而代之,进而排挤掉"不可通约"的原有范式。当然,一个新范式的确立并不是一蹴而就的,而是需要赢得大部分科学家的"选票"[①]。在经济学发展史上,引起其范式改变的事件之一就是信息概念的引入。

1.1.1 信息不对称假设

在新古典经济学世界里,假设交易成本为零,信息完备。可是经济问题引导着经济学的研究,当现实经济的发展使得人们对这个假设条件产生质疑时,经济学便大大向前迈进了。信息不对称假设连同经济人追求效用最大化的假设一道成为经济学信息范式形成的最基本假设。

信息不对称现象普遍存在于人类经济生活的各个领域,交易双方各自拥有对方所不知道的私人信息。或者说,在博弈中某些参与人拥有另一些参与人所不拥有的信息。比如卖方拥有有关商品的成本、质量、材质等方面的信息,买方则具有支付意愿与支付能力等方面的私人信息。在传统市场上,买卖双方讨价还价的竞争其实就是双方获取信息并减少信息不对称的过程。买方可能通过与卖方的谈判,逐渐了解到商品的有关信息,与自己的期望值做比较,最后做出购买与支付价格的决策。而卖方则在谈判中逐渐了解到买方的偏好、愿意支付的价格与数量,从而做出出售的决策。

另一个相关的概念是信息不完全,二者相互区别又紧密相关,常常同时存在。不对称信息结构是信息不完全的类型中的一种典型情况。不完全信息是与完全信息相对应的,在博弈模型中,完全信息(complete information)是指自然不首先行动或自然的初始行动被所有参与人准确观察到的情况,即没有事前的不确定性。肯尼思·丁·阿罗在他的《信息经济学》的序言中说过,"或许,从来没有一个经济学家会否认,大多数经济决策都是在具有不确定性的条件下作出的……。一旦不确定性的存在可以分析,信息在其中的经济作用就变得十分重要。人们可以……改变……面临的不确定性,这种改变就是信息的获得"。阿罗所说的"不确定性"实际上也就是指"信息的不完全性"(imperfect information),即:人们不可能掌握某个事件的过去、现在和将来的全部信息,人们处理事件总是在某种程度的不确定性下进行的。在博弈模型中,信息的不完全会引起信息不对称(asymmetry of information),或者二者同时存在,或者即使信息完全,也仍然存在信息不对称。因为信息不对称是指在经济行为决策中,经济主体间因掌握的信息量不同而导致的信息的不对称性、不均衡性。确切地说,信息不完全是博弈参与人所面对的信息环境,而信息不对称是指参与人相互之间所掌握的信息量的不同。

信息的不完全性是不是能够从根本上消除呢?这要从信息不完全存在的原因说起,可以归纳为以下几个方面:一是人类获取信息是需要付出成本的,又称为信息搜寻成本。信息搜寻成本的存在是因为人类在获取商品信息时要花费时间和费用,如交通、观察、询问、试用等等时间和费用。二是人脑接收信息的能力的局限性。信息不完全是因为用于做出决策的有用信息过少,这有两个方面的原因,一是可获得的信息较少,二是即使可获得的信息较多,但人脑接收信息的能力是有限的。在比较极端的情况比如信息爆炸的状态下,过多的信息使人的注意力变得有限,人脑更加难于判别和接收有用信息,因此信息的增加可能不但不能减轻信息不对称的程度,反而使之大大加剧。三是人脑处理信息能力的局限性。不同的人面对同样的信息可

[①] 泽熙·库恩. 范式及其转换. http://www.cchere.com/article/400574, 2005, 5

能会产生不同的分析结果,有些人会捕捉到它并得出某个结论,另一些人会得到另外的结论,或者干脆视而不见。这与信息接收者的信息需要、以往的知识存量、经验积累及思维方式有关。

可以看出,搜寻成本可以由现代信息处理与传递技术的发展来降低,但是却不可能完全消除。至于人脑信息处理能力的局限性则不可能消失,而市场中信息的私有性也同样不可消除。这些因素导致信息不完全是一个不能消除的现象。而信息不对称的存在是很容易理解的,每个人都拥有别人所不知道的一些私人信息,只要有交易存在,就会有信息不对称。

信息不对称假设意味着信息是不确定性的负度量,信息或信号具有经济价值,行为人花费成本才能获得信息。一个竞争的世界在研究和开发信息方面投资不足,如何配置稀缺的资源使获得的信息最大化是现实也是经济学至关重要的问题。[1]近20年来以效用最大化与信息不对称为假设条件的模型分析,与数理经济学和计量经济学紧密联系在一起,大大深化和广化了微观经济学的视野,促进了发展经济学、宏观经济学、新福利经济学、新厂商理论或产业组织理论等众多学科和领域的发展。一方面,从信息不完备或不对称假设出发,经济行为人如何决策与谁做决策的问题,关系到经济制度和体制的安排和变迁问题,以及由此而产生的合约与激励问题,成为新制度经济学的理论基础之一。另一方面,由马克卢普、波拉特等人开创的信息产业经济学则使经济中的信息问题研究向宏观方向发展,对于今天知识经济、网络经济、新经济的研究有着重要的影响。

1.1.2 西方经济学中信息范式的发展过程

早在1921年,奈特(Frank H. Knight)在《风险、不确定性与利润》一书中,区分了不确定性和风险,并且指出在不确定性条件下,一部分人会努力获取信息以寻求比他人更多的获利机会(Knight, 1921)。1937年,哈耶克(F. A. Hayek)在《经济学与知识》一书中,探讨了人类的信息获取和结构问题。他在《社会中知识的运用》(1945)一书中指出:现实中完全竞争并不存在,价格体系可以传达稀缺性信息,但不能传达完全的信息。[2]他批评经济学以完全信息为理论前提,从而无法认识市场失灵问题。初步指出了不对称信息的存在:每个人都对其他人有信息优势。[3]凯恩斯(John Mayoard Keynes)在《就业、利息和货币通论》中,用大量篇幅讨论风险、知识、不确定性和预期,探讨了不确定性和信息不完备对人们经济行为和经济波动的影响。新制度经济学的创始人科斯(R. Coase)1937年在《厂商的性质》里,论述了信息成本是交易成本的主要组成部分,并且认为随着出卖相对价格信息的专业人员的出现,这种成本可能减少,却不可能消除。[4]

1945年,哈耶克就提出"把价格机制看作信息交流机制",[5]但是他从未将信息正式模型化。20世纪50年代和20世纪60年代基本上仍是竞争范式的年代:价格驱动的个人不能从信息中获益,因为他们无论如何不能影响交易条件。[6]

---

[1] 〔美〕肯尼思·J.阿罗.信息经济学.北京经济学院出版社,1989
[2] 〔奥〕哈耶克.个人主义与秩序.北京经济学院出版社,1989
[3] 管毅平.经济学信息范式研究.金融论文在线,http://www.finance-cn.com/mjmz/jjxrd/006.htm, 2005,10,21
[4] Coase, R. "The nature of the firm", Economica, 1937, 11
[5] Hayek, F.A. The Use of Knowledge in Society, 1945
[6] Posselt, Thorsten, reviewer. The Economics of information (book review). Kyklos v. 49 no.2, 1996:237~239

20世纪60年代,有两篇论文将信息用正规的经济学模型进行了整合,他们是斯蒂格勒(G. Stigler)的《信息经济学》(The Economics of Information)和维克里的《反投机、拍卖与竞争性密封招标》(Counterspeculation, Auctions, and Competitive Sealed Tenders)。斯蒂格勒并没有以个人信息地位的特殊假设开头,而是非常明确地将信息获取行为模型化。信息收集的总量是内生变量决定的,这是首次出现的搜寻模型。维克里分析了唯一的不可分割的标的物卖给潜在竞买者时不同的拍卖类型,这篇文献开了拍卖研究之先河。

一般认为,信息经济学正式建立的标志是1961年斯蒂格勒的论文《信息经济学》和维克里的论文《反投机、拍卖和竞争性密封招标》的发表。[①]

信息经济学的起飞并非一蹴而就。阿克洛夫的(Akerlof) "The Market for Lemons: Quality, Uncertainty and the Market Mechanism"于1970在发表在 The Quarterly Journal of Economics 之前曾被退稿三次。阿克洛夫相信裁判们是担心"……如果信息进入,经济学将失去所有的严肃性。因为那样的话什么都有可能发生,信息影响一个均衡的途径实在是太多了"。

迄今为止,诺贝尔经济学奖已几度颁发给研究信息经济学及相关问题的经济学家。1972年获奖的肯尼斯·阿罗,在1963年的论文《不确定性和医疗保健的福利经济学》中就涉及到私人信息的相互作用和风险交易。不同于新古典范式中所有交易者都是价格的接受者,风险不存在的假设,在现实经济中,同一商品价格的分散性和交易者数量往往有限,市场竞争不完全,私人信息的相互作用与风险转移重要起来。阿罗在其著作《信息经济学》中一再指出,在一个不确定性的世界里信息的确很有价值,并试图把信息作为一种经济商品去构造它的一般理论。

1982年获奖的乔治·斯蒂格勒,在信息经济学领域做出了开创性的贡献。他在《信息经济学》里指出:"这里再次指出,在任何一项经济决策和每一次经济交易中都需要信息。"他认为同一种商品的价格是分散的,大部分商品的质量是不同的,搜寻是获得价格信息的最直接方法。因为搜寻信息是有成本的,这使得价格的分散性存在。更重要的是可以由此推出价格机制运转自身存在成本,完全竞争假设是有缺陷的。[②]

1994年的诺贝尔经济学奖得主约翰·纳什,约翰·海萨尼和泽尔腾,在不对称信息博弈论方面做出了开创性贡献。博弈论包含四个要素:局中人、策略、可评价结果和信息结构。其中对于信息结构假设的放松,使博弈论的研究逐步深化。信息不对称对个体经济行为人之间的博弈起到关键作用,个体理性与集体理性的矛盾,外部性及其内部化的问题,委托代理合约与其他经济制度的约束和激励效应,对于新古典范式形成了根本性挑战。

1996年诺贝尔奖得主威廉·维克里和詹姆斯·莫尔斯则分别对不对称信息条件下的激励性经济理论做出了基础性的贡献。他们对在不对称信息情况下的拍卖理论与最优税制理论的研究使得信息经济学又前进了一大步,揭示了私人信息的不对称性、私人信息的相互作用和交易者之间的博弈,并由此决定拍卖方式和税制的设计。

2001年度的三位诺贝尔经济学奖得主约瑟夫·斯蒂格利茨、乔治·阿克洛夫和迈克尔·斯彭斯在信息经济学领域对诸如道德风险、信息甄别、劳动力市场信号、逆向选择等经济理论问题进行了有意义的研究。阿克洛夫(Akerlof,1970)关于旧车市场的论文,分析了不对称信息所引致的逆向选择和道德风险行为。

---

① 黄淳,何伟.信息经济学.经济科学出版社,1998,97
② Stigler G.. The economics of information. JPE, 1961, June, 69: 213~225

2005年度诺贝尔经济学奖再度颁发给研究博弈论的两位经济学家,以色列希伯莱大学的罗伯特·奥曼(Robert J. Aumann)和美国马里兰大学的托马斯·谢林(Thomas C. Schelling),以表彰他们"通过博弈论分析,促进了人们对冲突和合作的理解"。谢林从经济学的角度,指出许多人们所熟知的社会交互作用可以从非合作博弈的角度来加以理解;奥曼从数学的角度也发现一些长期的社会交互作用可以利用正式的非合作博弈理论来进行深入分析。

国内关于不对称信息经济学的介绍与研究主要包括两个方面:一是对国外信息经济学系统的引进与介绍,代表著作有《博弈论与信息经济学》。二是对信息经济学的应用研究,用信息经济学的方法来分析国内经济发展中碰到的实际问题,近年来出现了不少的研究论文与著作。

不对称信息经济学的研究内容可以简要归纳为以下几个部分:信息的价值,搜寻与价格离散,投机,信息与法律,信号与逆向选择,机制设计,合约与道德风险,拍卖,声誉模型,以及产业组织。显然,如果没有信息经济学,这些重要的领域要么不存在,要么完全变样。比如关于机制设计、合约与道德风险,如果没有对信息问题的明确认知,写出完整的合约将没有问题。随后的道德风险将是一个不相关的现象,并且没有必要进行机制设计。[①]

由上可以看出,信息范式几乎一直伴随着经济学的发展并逐步形成和成熟,对于经济学的影响比对除信息科学自身以外的任何其他学科的影响都更为深远。

1.2 信息经济研究的历史与现状

1.2.1 国外信息经济研究的主要内容

近年来,国外信息经济学的研究正在向许多新的领域发展。在 Google 中用 information economics 或 economics of information 为主题进行检索,可以发现二者没有明确区别,都既可以检索到不对称信息经济学的内容,也可以检索到信息经济相关研究的内容。另外,在一些研究文献中,有人用"infonomics"来指代信息经济学。就信息经济而言,国外的研究状况可以归纳如下:

一是信息产业理论。1962 年在《知识在美国的生产与传播》一书中,美国经济学家马克卢普首先提出了知识产业这一范畴。其后,马克卢普不断完善了对知识产业的研究。他认为,知识产业应包括教育、研究与开发、技术创新、通信媒介、信息服务、信息基础设施等六个部门。

继马克卢普之后,美国经济学家波拉特于 1977 年在他的《信息经济》研究报告第一卷《信息经济:定义与测算》中对信息活动的范围做了界定,认为"信息是组织好的、能传递的资料,信息活动包括信息产品和信息服务在生产、处理、流通中所消费掉的一切资源"。并且将信息产业划分为第一信息产业部门和第二信息产业部门。第一信息产业部门是直接向市场提供信息产品和信息服务的部门。第二信息产业部门指只把信息劳务和资本提供给内部消耗而不进入市场的信息服务部门。其中第一信息产业部门包括以下八个主要产业:生产知识和具有发明性质的产业,信息交流和通信产业,金融、保险等风险性产业,市场信息业、宣传业、调查业,信息处理和传递信息业,信息商品产业,教育业,用于信息基础设施的产业。第二信息产业部门主要指工业、农业中的技术、行政管理和公务等。波拉特首次提出了信息产业规模的测算方

[①] Levine, David K. and Steven A. Lippman (eds.), The Economics of information, 1995. Volumes I and II. Aldershot, UK/Brookfield, USA: Edward Elgar. pp.467 and 410

法,波拉特的方法至今仍然是人们测算国家或地区信息产业规模的重要方法之一。

二是信息系统经济学,主要涉及信息系统项目的评估与成本收益分析。信息技术的收益与风险的量化研究一直是个难点,甚至出现了"信息悖论"。在此方面的研究成果既有对信息技术项目进行收益与成本排序的计算机工具集,又有计算机项目投资员的概念化的决策过程研究。[1] 在 Parker 和 Benson 合著的《信息经济学》(Information economics. M. Parker and R. J. Benson with H. E. Trainer, Prentice-Hall, 1998)一书中,提供了评估大量系统项目的过程,为管理提供了一个更好的项目评估方法。这种评估决定了信息项目支持经营战略的程度及其成功的可能性。[2]

三是信息机构的经济学。在许多现代信息机构研究领域经济学是一个核心的议题,这些领域包括:图书馆规模的缩小、信息的挖掘以及基于因特网的赢利等等。为求生存图书馆管理者需要用经济学的方法做出每天的决策。代表性著作有 Bruce R. Kingma 编著的一书《信息经济学:对于信息职业的经济学与成本收益分析指南》(The Economics of Information: A Guide to Economics and Cost Benefits Analysis for Information Professionals. 2nd ed. by Bruce R. Kingma. Englewood, CO: Libraries Unlimited, 2001),介绍了在有限的预算约束下,图书馆管理者应决定实现什么样的服务与资源及其选择的合理性。利用基本的经济学原理和成本收益分析提供理论与实践之间的合理的平衡。[3] 另外有《数字信息经济学》一书(Economics of digital information, Collection, Storage, and Delivery, edited by Sul H. Lee. Binghamton, NY: Haworth Press, 1997. p.151),对图书馆信息资源数字化进行经济学分析。

四是网络信息经济学。1995 年 9 月在华盛顿召开了题为"针对信息经济学的挑战性市场解决方案"的会议,并形成了题为《网络环境下的信息经济学》(The Economics of Information in the Networked Environment, edited by Meredith A. Butler and Bruce R. Kingma. Washington, D.C.: Association of Research Libraries, 1996, p.217)的会议论文集。本次会议主要"考察与知识基础设施的发展相关及其对高等教育的经济学影响",研讨高等教育中的网络与信息资源在持续发展过程中的预算、成本与资金问题。[4] 以色列经济学家谢伊(Oz Shy)的《网络产业经济学》一书(The Economics of Network Industries, 2001),分析了硬件产业、软件产业、电信、广播、银行等网络类型的产业组织问题。尽管内容涉及到 IT 产业,所用的分析方法仍然是产业组织的方法。

五是电信经济学。如 Peter Cowhey 和 Mikhail M. Klimenco 合作的论文《在 WTO 关于基础电信服务的协议之后发展中国家的电信改革》[5] 探讨了 WTO 电信服务协议对发展中国家经济改革的后果,强调协议可能改变对电信服务供求与价格的市场预期,提出强制性的电信管制是有效的途径。

---

[1] Fisher, Allan. Information economics: A new paradigm for information management and technology decision-making The Government Accountants Journal; Arlington; Summer, 1995
[2] Bradford, Information economics: research strategies International Journal of Social, 1998
[3] Hupp, Stephen L., reviewer. The economics of information (book review). The Journal of Academic Librarianship, v. 27 no6 Nov. 2001 p.484
[4] Pomerantz, Jeffrey, reviewer. The economics of information in the networked environment (book review). The Journal of Academic Librarianship v. 23 (Mar. 1997) p.144
[5] Telecommunications Reform in Developing Countries after the WTO Agreement on basic Telecommunications Services, Journal of international development, 2002, 12:265~281

六是电子商务经济学,主要涉及以下领域:电子商务的基本经济原理;组织的经济理论与电子商务(如组织经济学追求通过改变市场结构来减少谈判及与政府交易的成本,Jones & Hill, 1988);各个行业的电子商务研究如金融服务、零售业、媒体产业、医药卫生、汽车制造、能源供应、农业食品;电子商务对教育与劳动力成本及就业的重要影响;电子商务中的垄断与反垄断;电子商务对政治与经济的影响等内容。[①]杨小凯在《电子商务的经济分析》一文中运用超边际分析的方法,对电子商务的网络决策进行了经济分析。[②]目前,国内外已经出现了一批电子商务经济学的教材与著作,比如谢康、肖静华、赵刚编著《电子商务经济学》,芮廷先的《电子商务经济学》等。

七是新经济研究。到 2000 年上半年为止,美国信息经济发展到了有史以来的最高峰,"新经济"现象引起了世界各国经济学家的注意。涌现出如范里安的《信息规则:网络经济的策略指导》(Shapiro, Varian. *Information Rules*, 2000)等一大批著作与论文,对信息商品的定价策略等问题做了详尽的研究。

1.2.2 国内关于信息经济的研究

中国最早的信息经济研究是从情报学界开始的。从情报经济学的研究开始至今,中国信息经济学的研究已历经二十多年。1983 年武汉大学将情报经济学列入专业教学计划,1985 年首先开设了完整的情报经济学课程,作为情报学专业课的组成部分。随后北京大学信息管理系(当时叫图书馆学情报学系)也开设此课。与此同时,关于信息经济学的学术研究迅速发展。1986 年 12 月,在北京召开了首届中国信息化学术讨论会,信息经济学的有关课题成为会议的主要议题之一。1988 年在山东烟台召开了首次以信息经济学命名的学术研讨会。[③]到现在为止,中国信息经济学会已发展壮大,每年举行规模不小的年会,主题涉及与国家信息经济发展及信息经济学研究相关的重大课题。信息经济学的研究队伍主要有经济学界、情报学界、管理学界、图书馆学界、计算机专家等。但总体看来以情报学领域的专家为主,研究成果主要发表于《情报学报》、《情报理论与实践》、《图书情报工作》、《情报科学》等情报学刊物上。最近十年里,国内经济学界也十分关注信息经济或新经济的研究,在《经济学动态》、《世界经济与政治》、《国际经济评论》、《数量经济与技术》等刊物上常常见到相关的研究。而关于不对称信息经济学的介绍与应用研究则在诸如《经济研究》、《经济评论》等很多的经济学核心刊物上经常出现。

综观中国信息经济研究,主要涉及以下几个领域:

(1) 电信经济学,以周其仁的一系列关于电信问题的论文为主要标志,出现了一大批研究电信体制改革的文献。

(2) 信息产业理论,主要探讨信息产业的范畴、信息产业的规模测算方法,信息产业对国民经济增长的贡献等内容。

(3) 信息化理论,包括信息化与工业化的关系,企业信息化,信息化的概念及信息化指数的测算方法及其应用研究。信息化这个词一开始并没有对应的英文词。信息化的研究主要针对国内实际的经济发展所面临的重大问题,理论成果也具有国内的独创性。比如乌家培教授

[①] Penbera, Joseph J.. E-commerce: economics and regulation. Advanced Management Journal v. 64 n. 4 Autumn 1999 pp. 39~47
[②] 杨小凯.电子商务的经济分析. www.china-review.com, 2003, 3
[③] 肖勇.中国信息经济学二十年研究综述.荆州师范学院学报(社会科学版),2001,3

在1994年提出用信息化带动工业化的观点,后来这个观点成为国家"十五"计划的一部分。

(4) 信息系统经济学,包括信息系统的成本与收益评估方法等。

(5) 一些零星的研究,比如关于信息资源、信息商品的经济学研究,但具有突破性的成果尚不多见。到了20世纪末,同国际经济学界的研究重点相一致,新经济备受国内学者关注,如乌家培、谢平、盛洪、夏业良等,内容涉及新经济的特征、产业、制度等各个方面。当1996年、2001年诺贝尔经济学奖颁发之后,国内情报学界与经济学界一道对不对称信息经济学进行了积极的引进与介绍,涌现出不少的教材和专著。

1.3　信息经济学的研究对象与学科范畴

1.3.1　关于信息经济学研究内容的争论

1999年6月,《南方周末》上曾经出现过一场关于"信息经济学究竟是什么"的热烈讨论。这场争论的实质是经济学界对起始于情报学界的信息经济学研究的质疑,或者说是关于信息经济学学科对象与研究内容的争论。

关于信息经济学的内涵、外延及范畴等问题的讨论,一直没有停止过。1997年,《情报理论与实践》第二期发表了《论情报经济学和信息经济学的同一》(姚健,1997)一文,之后,也引起了商榷性的意见。但当时的讨论主要是情报学界内部在情报更名为信息之后所引起的相关思考。

在《对付欺诈的学问——信息经济学平话》一书中,中山大学王则柯教授指出,学术介绍,贵在准确,"准确,说的是学科范围和学科内容准确,所讲的'正宗'的信息经济学的内容,不是借信息经济学推介信息理论、信息产业、系统科学甚至图书资料管理这类几乎与信息经济学风马牛不相及的东西。"[①] 在同一本书中还提到:"例如,经济科学出版社最近出版了一本《信息经济学》,花费很大的篇幅论述信息理论和系统科学,以及命题与判断、本体论和认识论、理由与法则、务实与务虚、技术性与物质性、古希腊、柏拉图、亚里士多德、宗教的衰落与科学的兴起、古典自然法、事物是什么、时间和空间、符号与意义、语法与语用、灵魂、人性等等。注意,这些术语全部是章节的标题,并非正文中偶尔提及。信息理论和信息经济学,虽然都以'信息'开头,却是完全不同的学科范畴,主要的区分就看问题是否出自'信息不对称'。信息理论讲的是'信息是什么'这样高深的问题。信息理论对于信息经济学,就像'物质是什么'的高深理论对于经济学的关系。"[②] 文中也同时对另外两本著作提出了不点名的批评。

争论双方最大的分歧在于"不对称信息"是否是判断信息经济学的最主要的标志。可以将批评或争论的焦点归纳为以下两个方面:

一是信息经济学的学科范畴问题。研究与信息不对称无关、但与信息有关的经济问题,比如信息产业问题、信息系统的经济学问题,是否可以归之于信息经济学范畴,还是应归之于信息理论的范畴?

二是信息经济学的研究方法问题。《经济学季刊》2002年第1期发表了一篇题为《无视科学底线的大胆创新》的论文,对一本涉及知识经济测度的著作提出了批评。批评的焦点主要集

---

① 王则柯.对付欺诈的学问——信息经济学平话.中信出版社,2001,12:5
② 王则柯.对付欺诈的学问——信息经济学平话.中信出版社,2001,12:165~166

中于对知识信息资源丰裕度的测算方法上,这个方法由 Tadao Saito 和 Hiroshi Inose 以及 Nozomu Takasaki(日本)等人创立。问题在于是否可以将不同量纲的指标值算术相加,比如一台电视机和一座电影院直接相加,并将结果用于各国及各地区信息资源丰裕程度的比较?[1]

针对以上的问题,长期从事信息经济学研究的几位学者都有自己系统的观点,有的也就此做出了相应的回应。

中国信息经济学会的创始人乌家培教授在20世纪90年代初期曾经提出:信息经济学是研究信息活动中的经济问题与经济活动中的信息问题的综合性经济学科。信息经济学包括信息的经济研究,信息经济的研究,信息与经济关系的研究。武汉大学马费成教授认为,信息经济学是从不同侧面、不同角度对信息进行经济研究的新兴综合性学科。他认为广义的信息经济学理论包括:不完全信息理论——信息经济学的起源,信息经济与信息产业研究,信息系统的经济理论,信息传输的经济分析,并指出这仅仅是信息经济学的四个主要领域,而并非全部。[2]

中山大学的谢康教授曾经发表"国外信息经济学研究进展"[3]一文,对国外信息经济学的研究进行了述评。他认为,信息经济学就是以信息经济学的透视方法形成的理论结果和知识体系。国外学者主要从五个角度分析信息经济现象,第一个角度是以不完全信息和非对称信息的假设出发分析信息经济现象;第二个角度是从统计决策的角度出发,研究如何利用信息实现最优的信息经济,以马尔萨克和肯尼思·阿罗为代表;第三个角度是从企业管理和信息管理的角度研究信息经济现象;第四个角度是从信息产业角度分析信息经济现象;第五个角度是从信息经济的统计测算角度分析信息经济现象,以马克卢普为代表。而国外信息经济的研究范畴主要包括微观信息经济学领域,亦即以不对称信息经济学为核心的领域,宏观信息经济学的核心领域如信息经济的测度,信息系统经济学,企业的信息组织理论,信息的产业组织理论,网络经济学,国际信息经济学等8个领域。

我们认为,分析信息经济学的研究内容,首先需要明确信息概念的内涵与外延。关于信息的概念,迄今为止有一百多种,各个学科都从不同的角度给予了不同的定义,比如控制论、系统论、情报学、计算机科学、传播学、生物学、管理学、经济学等。情报学认为信息是一种传递中的、有用的消息,经济学认为信息是不确定性的负度量,或者说信息具有消除不确定性的功能。这些概念主要侧重于信息内容本身,但是事实上随着信息科学与技术的发展,信息内容的存在总是要依托于一定的信息通信技术才能真正完成,比如信息介质、信息系统、信息网络等,因此,在很多学科中对相关信息的研究都不仅限于信息内容,还包括相关的信息技术与传递机制。从信息的经济学研究来看,情况也不例外,信息系统、信息网络的发展已经使得信息内容的存在本身无法与信息技术相分离。因此,我们说信息经济学中所研究的信息不仅指信息内容本身,还应包括信息系统等相关的信息技术。从这个角度来看,信息不对称经济学主要研究在各自拥有私人信息的交易双方之间,信息传递交流的机制,比如信息租与信息传递的激励机制。但是,信息经济学同样还应包括对信息内容、信息系统与信息技术的研究,比如信息商品、信息产业、信息系统经济学等等。

---

[1] 王则柯.无视科学底线的大胆创新.经济学季刊,2002,1
[2] 马费成.信息经济学第一讲:信息经济学的主要领域.情报理论与实践,2002,1
[3] 谢康.国外信息经济学研究述评.科学决策,2000,4

关于信息经济学的研究方法，从学科发展的历程来看，一直未脱离主流经济学的研究框架，比如边际分析、博弈分析、商品理论、产业经济分析方法、技术经济分析方法等。但是，作为一种新的经济现象，信息或知识又有一些不同于其他商品的技术与经济特征，因此在具体的研究过程中需要不断探索新的研究方法，关于信息经济与知识经济的测度方法也同样是一个需要不断完善的过程。

1.3.2 信息经济学学科范畴的定位

经济学是以问题为导向的，信息经济学的研究也不应该回避问题。在试图为信息经济学的体系找出相对确定的边界之前，有必要先回答以下几个问题。

第一个问题是：一门学科的学科范畴究竟是怎样界定的？是先有学科范畴还是先有学术研究？

科学无国界，中国的绝大部分现代学科，其体系来自西方，这是为中国的科学发展史所证明的。中国的经济学包括以马克思主义经济学为主体的政治经济学体系和西方经济学体系。随着中国市场经济的发展，西方经济学显然居于比较主导的地位，可以说经济学的范畴几乎就是西方经济学的范畴，事实上中国本土也从未出现过诺贝尔经济学奖得主。因此，经济学的研究前沿总在西方，及时将国外经济学研究的最新进展介绍进来，对于中国经济学的理论发展是重要的，也是中国经济学家的重要任务之一。

近二十年来，国内情报学界的信息经济学研究以介绍国外的理论成果为主，同时进行了有效的应用研究。比较有成效的研究领域包括信息产业及信息化的测度研究，也包括不对称信息经济学的介绍与普及。将这些研究成果及时纳入学科体系中是十分有必要的。当前信息经济正迅猛发展，新经济、网络经济中出现了许多新的现象和问题，需要有力的理论解释和解决方法，并且也正在引起经济学家们越来越多的关注，关于信息与网络经济研究的论著越来越多。如果断言关于信息产业的经济学研究不属于正宗的信息经济学，只有不对称信息经济学才是正宗的，势必会导致理论研究的体系过于封闭而脱离了实践的发展。

学术研究是一个不断延续的过程。当某个问题或领域的学术研究深化扩展到一定的阶段之后，其理论与应用研究成果逐渐形成一个体系，从而上升成为一门学科。这时，才有可能讨论学科的范畴。一个学科的体系或边界是在不断发展的，总会有一些新的研究慢慢成熟，并被纳入主流的研究体系中来。经济学本身的发展就是一个最好的例证，自亚当·斯密开始至今，多少最初看起来不起眼的、甚至不属于经济学的研究成熟起来，进入了经济学研究的主流体系？比如与社会学研究紧密相关的家庭经济学，与心理学研究相关的行为经济学，发端于数学的博弈论，甚至包括不对称信息经济学也并非一开始就发端于经济学领域，也并非就是经济学的主流，可是今天的哪一本经济学教科书会忽略这一部分内容？所以说，学科的体系是动态变化的，是对问题本身的研究构成学科的边界，而不是学科的边界限定其研究内容。

就信息经济学而言，最关键的问题不在于是否只有"不对称信息经济学"才属正宗，而在于其研究的问题应该是经济学的问题，所用的分析方法应该是经济学的研究方法。在这样的前提下，信息作为一种特殊的产品或资源，信息产业作为一个新兴的产业，研究信息资源的有效配置的、与信息有关的经济学研究，都应该属于信息经济学的研究体系。

一般来讲，当一个领域的研究出现了专门的学术刊物，有了专门的研究著作，在大学里开设了专门的课程之外，标志着这项研究已发展成为了一门学科。而关于信息经济的研究目前国际上有专门的学术刊物 *Information Economy and Policy*,在国际国内的大学里都有相关的课程开设,而名为信息经济学、网络经济学的教材与专著更是层出不穷。就这个意义来讲,将有关信息技术、信息产业的一些研究工作包括在信息经济学中,似乎也无可厚非。而事实上国外以不对称信息经济学为主的论著常常明确地以"不对称信息"为题名,这也许本身就可以算作是二者的一种区别。

第二个问题是研究信息经济的学问应该叫什么?现在经济学的学科体系门类众多,研究发展问题的经济学叫发展经济学,研究卫生问题的经济学叫卫生经济学,还有劳动经济学,社会保障经济学,工业经济学,农业经济学,等等,那么依此类推,研究信息问题的经济学,研究信息经济的经济学,给它一个什么样的定义才能涵盖它的研究领域呢?似乎非信息经济学莫属。

笔者曾就此问题多次向经济学界的专家和学者请教,主要的回答有如下几类:一是对于信息经济和关于信息的经济学研究不太熟悉,不好做判断;二是认为信息经济学就是"不对称信息经济学",持这种观点的学者比较多;三是认为在西方文献中"information economics"表示不对称信息经济学,用"economics of information"表示与信息技术有关的信息经济学;四是认为可将不对称信息经济学称之为微观信息经济学,而把其他与信息问题有关的经济学研究称为宏观信息经济学。可见在国内经济学界,对于信息经济学的体系也没有形成统一的观点。显然,最有发言权的应该是专门从事这方面研究的学者。

1.4 信息经济学的学科体系

信息经济学是一个开放的动态体系,与信息经济的最新发展紧密相关。信息技术仍在突飞猛进地发展,信息经济正经受着各种波动与考验。作为研究信息经济的经济学,信息经济学还没有形成稳定的学科范畴与学科体系,新现象新问题随时出现,需要相应的理论归纳与理论指导。因此,它应是一个开放的动态体系,过早地划定它的范畴与边界,对它的健康发展未必有好处。正如经济学的发展历史一样,正是不断出现的新流派与新领域才使得它成为一门生机勃勃的学问。

信息经济学既是一门学科,也正发展成为一个学科群组。信息经济学是研究信息占主导地位的经济问题的经济学,其学科属性是经济学。包括以下一些主要领域:

- 不对称信息经济学是信息占主导地位的,引进信息因素便改变了原有的经济均衡,它已成为现代主流的理论经济学的主要组成部分。
- 信息系统经济学以信息管理、信息系统的经济学问题为研究对象,其主导因素也是信息,尽管目前其分析方法主要来自技术经济学的项目评估理论,但由于信息系统的专业性与普及性,将其纳入信息经济学体系是适宜的。信息系统经济学应包括企业信息化的经济分析,比如企业在信息化决策过程中的政策、市场、成本收益分析等问题。
- 信息产业研究,通常包括信息技术产业和信息服务业。欧美国家都把它视为战略性产业。我国作为信息产业发展相对落后的国家,迫切需要系统深入地研究信息产业的政策、法律、产业组织、产业结构,为整个经济发展和增强综合国力服务。所以,将信息产业作为一门专门的领域纳入信息经济学中,具有重要的现实意义。
- 信息资源经济学,信息资源不同于物质资源,具有许多独特的性质。信息资源的优化配置,小到对一个个人与企业,大到对一个国家都有重要意义。尽管目前国内外专门的论著比较少,但是随着世界信息资源的指数性增长和战略重要性的确认,这个问题的研究一定会引起政府和学界更多的注意。

● 网络与电子商务的经济学,随着网络的出现,出现了许多新的经济现象,比如电子商务、电子货币、企业的组织形式等一系列的变化,许多新的规律需要研究与提炼,因此也是信息经济学重要的研究领域。

● 信息机构的经济学,如图书馆、情报研究机构、信息中心、咨询机构等在经营决策过程中所遇到的经济学问题。

事实上,这些领域正在突飞猛进地发展,相互之间有一定的联系但又有各自的独特性,有些领域完全可以单独发展成为一门学科。

本书的内容将包括两大部分,第一部分是关于"经济的信息研究"成果的介绍,包括博弈理论与机制设计理论;第二部分介绍"信息的经济研究"的相关成果,包括信息搜寻与信息商品、信息资源经济学、信息产业、信息化、信息系统经济学、网络经济学、电子商务经济学等几个部分。

关键术语

范式　信息不对称　信息不完全　信息经济学

思考题

1. 信息不对称的含义是什么?
2. 什么是范式? 信息概念如何改变了经济学的范式?
3. 信息经济学包括哪些分支领域?

第2章 博弈论简介

从1944年冯·诺依曼(Von Neumann)和摩根斯坦恩(Morgenstern)合作的《博弈论和经济行为》(*The theory of Games and Economic Behaviour*)一书出版至今,博弈论已经得到了很大的发展和越来越多的应用。它在经济学上的应用主要体现为信息经济学的发展。我国经济学家张维迎认为,"严格地讲,博弈论并不是经济学的一个分支。它是一种方法,应用范围不仅包括经济学。政治学、军事、外交、国际关系、公共选择,还有犯罪学都涉及到博弈论。实际上,好多人把博弈论看成是数学的一个分支。"但是,博弈论在经济学上的应用是最广泛最成熟的,这使得它已经成为经济学领域不可缺少的组成部分。

博弈双方的信息状态是研究博弈模型的重要条件,对博弈论的了解不仅有助于我们了解委托代理理论等信息经济学内容,而且有助于我们深刻把握信息在经济活动中的运动规律及其对交易结果的影响,从而更加深刻地理解不对称信息经济学与信息经济发展的内在的逻辑统一关系。

2.1 博弈论基本概念

要理解一个博弈的组成要素和博弈论的基本内容,让我们从几个有代表性的博弈模型开始,循序渐进地进行介绍。

2.1.1 几个有代表性的博弈模型

在博弈论研究的历史进程中,有一些经典的博弈模型,分别代表了不同类型的博弈。有些博弈,比如囚徒困境,已经成为微观经济学教材中的基本组成部分。

1. 囚徒困境

在博弈论中,被人们所熟知的例子是囚徒困境。它讲的是这样一个故事:两个人由于合伙犯罪被警察逮捕,关在不同的房间里,使彼此间没有任何交流机会以防串供。警察因为缺乏足够的证据为两人定罪,故需要两人互相提供罪证。警察对两个嫌疑犯说:如果两人都坦白,各判6年;如果两人都抵赖,各判1年;如果有一人坦白,另一人抵赖,则坦白的人无罪释放,抵赖的人判刑8年。这个博弈的战略式表述如表2-1所示。

表2-1 囚徒困境

		囚徒B	
		坦白	抵赖
囚徒A	坦白	-6, -6	0, -8
	抵赖	-8, 0	-1, -1

在表2-1的表述中,囚徒A和囚徒B各有两种战略,坦白或抵赖。表中的数字是相应战略

选择下的支付(即所得的效用),其中前面的数字是第一个参与者囚徒 A 的支付(payoff,又翻译成收益),第二个数字为第二个参与者囚徒 B 的支付。这种表述方式被称为博弈的战略式表述,主要用于分析静态博弈,与博弈的另一种表述方式——扩展式表述相区别,后者主要用于动态博弈分析。

在这个博弈中,假定 A 坦白,B 最优的选择是坦白($-6>-8$);假定 A 抵赖,B 最优的选择仍是坦白($0>-1$);假定 B 坦白,A 最优的选择是坦白($-6>-8$);假定 B 抵赖,A 最优的选择仍是坦白($0>-1$);因此,A 和 B 最优的选择都是坦白,这个博弈有一个均衡解(坦白,坦白)。

在囚徒困境中,我们可以看出,有一个比(坦白,坦白)更优的支付组合(抵赖,抵赖),两个人都只判刑 1 年比都判 6 年要好,但是这个结果(一个帕累托改进)却不能出现,因为它不符合个人理性的要求,因此不是一个纳什均衡。就算两人在被捕前有一个约定,共同抵赖以得到最好的结果,这个结果仍然不会出现,因为他不是一个纳什均衡的结果,没有人会有积极性遵守约定。但是如果这个博弈重复出现,就会有其他的均衡结果出现。囚徒困境深刻反映了个人理性与集体理性之间的矛盾。它在双寡头垄断、公共产品的供给、军备竞赛等许多经济学问题中有着广泛的应用。个人理性与集体理性的矛盾说明了为什么社会中一些大家公认为好的改革却不能实现,关键在于一项好的制度安排应该符合纳什均衡。

2. 智猪博弈

猪圈中有一头大猪和一头小猪,在猪圈的一端设有一个按钮,每按一下,位于猪圈另一端的食槽中就会有 10 单位的猪食进槽,但每按一下按钮会耗去相当于 2 单位猪食的成本。如果大猪先到食槽,则大猪吃到 9 单位食物,小猪仅能吃到 1 单位食物;如果两猪同时到食槽,则大猪吃 7 单位,小猪吃 3 单位食物;如果小猪先到,大猪吃 6 单位而小猪吃 4 单位食物。表 2-2 给出这个博弈的支付矩阵。

表 2-2 智猪博弈

		小猪	
		按	等待
大猪	按	5, 1	4, 4
	等待	9, -1	0, 0

在这个博弈中,小猪有一个劣战略"按",即无论大猪作何选择,小猪选择"等待"都比选择"按"获得的支付更高。如表 2-2 所示,当大猪选择按时,小猪等待的支付为 4,大于小猪按的支付 1;当大猪选择等待时,小猪选择等待的支付 0 大于选择按的支付 -1。

所以,小猪会剔除"按"这个劣战略,而选择"等待";大猪知道小猪会选择"等待",从而自己选择"按",所以,可以预料博弈的结果是(按,等待)。这称为"重复剔除劣战略的占优战略均衡",其中小猪的战略"等待"占优于战略"按",而给定小猪剔除了劣战略"按"后,大猪的战略"按"又占优于战略"等待"。

在经济生活中,有许多"智猪博弈"的例子,人们通常把这种现象形象地称为"搭便车"。比如在股票市场上,大户是大猪,他们要进行技术分析、收集信息、预测股价走势,但大量散户就是小猪。他们不会花成本去进行技术分析,而是跟着大户的投资战略进行股票买卖,即所谓"散户跟大户"的现象。又比如在股份公司中,大股东才有投票权,也同样是因为存在着智猪博弈的原理,从而大股东投票,小股东不投票的制度安排是一个均衡结果。

3. 承诺行动

欧共体为了打破美国波音公司对全球民航业的垄断,曾放弃欧洲传统的自由竞争精神而对与波音公司进行竞争的空中客车公司进行战略性补贴,如表 2-3 所示。

表 2-3　未补贴时的博弈

		空中客车	
		开发	不开发
波音	开发	-10, -10	100, 0
	不开发	0, 100	0, 0

在这个博弈中,如果波音和空中客车同时进行新项目的开发时,在给定的市场需求条件下,二者的支付各为 -10,因此这个博弈有两个纳什均衡(开发,不开发)或者(不开发,开发)。也就是说,一方开发,另一方不开发。这个博弈与斗鸡博弈有相似之处,如果一方进,另一方的最优战略就是退;如果一方退,另一方的最优战略就是进,都退或都进不是纳什均衡。

下面考虑欧共体对空中客车进行补贴 20 个单位的情况。此时,当两家都开发时,空中客车仍然盈利 10 单位而不是亏损,博弈矩阵见表 2-4。

表 2-4　有补贴时的博弈

		空中客车	
		开发	不开发
波音	开发	-10, 10	100, 0
	不开发	0, 120	0, 0

这时,不开发是空中客车的劣战略,无论波音公司开发还是不开发,空中客车的最好选择都是开发,波音公司知道空中客车无论如何将选择开发,因此它最好的战略就是不开发,因此这个博弈只有一个纳什均衡(不开发,开发)。

在这里,欧共体对空中客车的补贴就是使空中客车一定要开发(无论波音是否开发)的威胁变得可置信的一种"承诺行动"(commitment)。

我们可以运用"承诺行动"的原理来分析许多经济与军事现象。比如秦朝末年,项羽与秦军一战。项羽先派都将英有、蒲将军率领两万人做先锋,渡过湾水,切断秦军运粮通道。然后,项羽率领主力渡河。过河之后,项羽命令将士,每人带三天的干粮,把军队里做饭的锅碗全砸了,把渡河的船只全部凿沉,连营帐都烧了,并对将士们说:"咱们这次打仗,有进无退,三天之内,一定要把秦兵打退。"项羽破釜沉舟的决心和勇气,对将士起了很大的鼓舞作用。楚军把秦军的军队包围起来,将士们个个士气振奋,经过九次激烈战斗,活捉了秦军首领王离,围困巨鹿的秦军就这样瓦解了。在这里,破釜沉舟就是一种承诺行动,它使得楚军决一死战的威胁变得可置信。承诺行动是有成本的,承诺行动的成本越高,威胁就越是值得相信。

2.1.2　博弈的基本概念

博弈论(Game theory),又称对策论,是研究决策主体的行为发生直接相互作用时的决策以及这种决策的均衡问题,也就是说,当一个主体,如一个人或一个企业的选择受到其他人、其他企业选择的影响,而且反过来影响到其他人、其他企业选择时的决策问题和均衡问题(张维迎,1997)。

通俗地讲，博弈论是描述、分析多人决策行为的一种决策理论，是多个经济主体在相互影响下的多元决策，决策的均衡结果取决于双方或多方的决策。如下棋，最后的结果就是由下棋双方你来我往轮流做出决策，决策又相互影响、相互作用而得出的结果。

从 2.1.1 节的分析中，我们把构成一个博弈的基本要素抽象如下：

1. 参与人(player)

参与人又称局中人。参与人指的是一个博弈中的决策主体，他的目的是通过选择行动或战略以最大化自己的支付(效用)水平。每个参与人必须有可供选择的行动集合和一个很好定义的偏好函数。

在参与人中不做决策的主体被作为环境参数来处理。为了分析的方便，在博弈论中，把"自然"(nature)作为"虚拟参与人"(pseudo-player)来处理。这里的自然，常常指外部环境的不确定性，亦即决定外生的随机变量的概率分布的机制。与一般参与人不同的是，自然作为虚拟的参与人，没有自己的支付和目标函数(即所有的结果对它都是无差异的)。

2. 行动(actions or moves)

行动是参与人在博弈的某个时点的决策变量。一般来讲，把第 i 个参与人的一个行动表示为 a_i，可供 i 选择的行动集合表示为：Action set：$A_i = \{a_i\}$。在一个 n 人博弈中，n 个参与人的行动的有序集 $a = \{a_1, \cdots, a_n\}$ 称为行动组合(action profile)。

行动的顺序(the order of play)对博弈结果有重要的影响。根据行动的顺序，可以把博弈分为动态博弈或静态博弈。一般来讲，如果行动是同时发生的或相当于同时发生的，则把它称之为静态博弈，如果行动的发生有先后顺序，则把它称为动态博弈。由于后行动者可以观察到先行动者的行动并因此获得信息，因此就可以调整自己的行动。在一个博弈中，如果参与人相同，行动集合相同，但行动的顺序不同，就会有不同的博弈结果。

在囚徒困境中，由于 A 和 B 分别关押在不同的房间里，彼此不能观察到对方的行动，则可以认为 A 和 B 的行动相当于同时发生，因此是一种静态博弈。而如果 A 和 B 的行动有先后顺序，而且后行动者可以观察到先行动者的行动，该博弈就成为动态博弈。

3. 信息(information)

信息是本书研究的核心问题。在博弈中，信息是参与人有关博弈的知识，特别是有关"自然"的选择，其他参与人的特征和行动的知识。信息集(information set)是指参与人在特定时刻所拥有的有关变量的值的知识。比如在囚徒困境中，如果 A 不知道 B 是坦白或抵赖，则他的信息集是{坦白或抵赖}；如果 B 先行动，A 可以观察到 B 的选择，则他的信息集是{坦白}或{抵赖}。

在博弈论中，完美信息(perfect information)与完全信息(complete information)是两个相关却又不同的概念。完美信息是指一个参与人对其他参与人(包括虚拟参与人"自然")的行动选择有准确了解的情况，即每一个信息集只包含一个值。完全信息是指自然不首先行动或自然的初始行动被所有参与人准确观察到的情况，即没有事前的不确定性。显然，完美信息就意味着完全信息，而不完全信息就意味着不完美信息。

4. 共同知识(common knowledge)

共同知识是指"所有参与人知道，所有参与人知道所有参与人知道，所有参与人知道所有参与人知道所有参与人知道……"的知识。这是关于理性人的一个很强的假定。在现实生活中，有时候共同知识的假定没有这么强，这种情况被称为一致信念(concordant beliefs)。

5. 战略(strategies)

战略是参与人在给定信息集的情况下的行动规则,是参与人完整的一套行动计划,它规定参与人在什么时候选择什么行动。$S_i = \{s_i\}$ 是第 i 个人的战略集。战略不同于行动,它是行动的规则,对于战略的表述应该是完备的。例如我国古代著名的谋略故事"田忌赛马"中,国王的赛马计划是:先出上等马,再出中等马,最后出下等马;田忌的赛马计划是:先出下等马,再出上等马,最后出中等马。这里的赛马计划就是一套完整的行动计划,也就是一个战略。

6. 战略空间

参与者可以选择的战略的全体组成了战略空间。例如在"田忌赛马"中,共有六种行动方案可供选择:上中下(先出上等马,再出中等马,最后出下等马)、上下中、中上下、中下上、下上中、下中上。决策时田忌可以选择其中任何一个战略,在故事中,因为国王固定选择了上中下,所以田忌选择了下上中,从而赢得了比赛。任何一人战略的改变都将使结果也随之改变,比如国王选择了中下上,而田忌选择了下上中,则国王将赢得比赛。

7. 收益(payoff)

收益又译做支付或报酬。在博弈论中,收益或者是指一个特定的战略组合下参与人得到的确定的效用水平,或者是指参与人得到的期望效用水平。收益是参与人真正关心的东西,他的目标就是选择自己的战略以最大化其期望效用函数。一个参与人的收益不仅取决于自己的战略选择,而且取决于所有其他人的战略选择。

每一个参与人的收益依附于自己与其他参与人的战略,这种收益与战略的依附关系就构成了收益函数。也就是说,第 i 个参与者的收益取决于所有参与者的战略,而不仅仅是自己的战略,表示成数学式子就是:$U_i = u_i(S_1, S_2, \cdots, S_i, \cdots, S_n)$。其中 U_i 表示第 i 个参与者的收益,$S_i(i=1,\cdots,n)$ 表示第 i 个参与者所出的战略。

8. 收益矩阵(支付矩阵)

参与博弈的多个参与人的收益可以用一个矩阵或框图表示,这样的矩阵或框图就叫做收益矩阵。例如有甲乙两个供货商组成一个价格卡特尔,双方都有选择遵守约定价格或者违反约定价格的权利。收益矩阵如表 2-5 所示,矩阵中每组数字中的前一个数字表示甲的收益,后一个数字表示乙的收益。

表 2-5 价格卡特尔的收益矩阵

		乙	
		守约	违约
甲	守约	8,8	6,10
	违约	10,6	7,7

在这个博弈中,均衡结果是双方都选择违约。如果收益矩阵改变,就会影响到双方的决策。例如双方的支付矩阵变成表 2-6 所示。

此时双方可能都选择守约,因为当甲守约时,乙会选择守约(12>10);当甲违约时,乙也会选择守约(2>-4)。反之不管乙如何选择,甲都会选择守约,最终的结果是双方都选择守约。两个支付矩阵的不同在于在违约时双方的所得有重大的差异,如果能够对违约者给以足够的惩罚,而守约的收益又足够高时,参与人就有积极性守约,从而会出现(守约,守约)的均衡结果。

表 2-6　价格卡特尔的收益矩阵

		乙	
		守约	违约
甲	守约	12,12	2,10
	违约	10,2	-4,-4

在博弈中,参与人的决策行为要受到博弈规则的影响,即博弈规则的变化会改变收益矩阵中的收益值。比如在表 2-5 中,由于卡特尔中的每一个供货商都追求自身利益的最大化,并且没有措施来保证遵守价格约定,双方表面上可能都信誓旦旦地承诺守约,但是实际中双方会违约。如果卡特尔追求整体利益的最大化,并且由于历史、政治、制度、惩罚等措施来保证遵守价格约定,双方就可能和平共处,遵守价格约定。在历次中东战争中,由于民族宗教原因,OPEC 石油的产量和价格都得到了严格的执行。

9. 均衡(equilibrium)

均衡是所有参与人的最优战略组合,一般记为:$s^* = (s_1^*, \cdots, s_i^*, \cdots, s_n^*)$。$s_i^*$ 是第 i 个人在均衡情况下的最优战略,它是 i 的所有可能的战略中使 i 的效用 u_i 或期望效用 Eu_i 最大化战略。当博弈的所有参与人都不想改换战略时所达到的稳定状态叫做均衡,均衡的结果叫做博弈的解。比如表 2-5 中甲乙两个供货商组成的卡特尔。不管甲如何选择,乙必然选择违约,同样不论乙如何选择,甲必然选择违约。最终双方都选择了违约,并且只要给定的条件不变,双方就都不会改变战略,结果非常稳定,达成均衡。在这个均衡中,不管甲如何选择,乙都不会改变战略,同样无论乙如何选择,甲也不会改变战略,这种无论对方如何决策,自己总是会选择的战略叫做占优战略,由双方的占优战略所达成的均衡叫做占优均衡。

比如,在学校中,学生平时学习可能是非常努力也可能是非常懒散;老师可能把考试题出的很难,也可能出的很容易。从博弈论的角度,这里的老师和学生就构成了一个博弈,双方的收益矩阵如表 2-7 所示。

表 2-7　师生博弈

		老师出考题	
		难	易
学生学习	努力	90,85	100,90
	懒散	50,60	90,70

由于老师出难题比出容易题要花费更多的时间和精力,所以收益较低,从而无论学生平时努力程度如何,老师一定选择出容易的题;由于学生只要努力学习就会取得更好的成绩,所以无论老师所出考题难度如何,学生一定会选择努力学习,这同样构成一个占优均衡。

当然,关于这个博弈的支付矩阵的构造,要看具体的情况。比如到了高三,学生的高考成绩对老师来说是非常重要的,老师为了使学生能够从容应对高考,可能会出比高考题更难的题目,因为老师出难题的收益大大提高了。因此,不管学生努力与否,老师都会选择出难一些的题目训练学生,出难题成为老师的占优选择。但是由于高考的激励,学生努力学习的收益也提高了,因此学生努力仍然是一个占优均衡。

10. 结果(outcome)

结果是博弈分析者所感兴趣的所有东西,如均衡战略组合,均衡行动组合,均衡支付组合等。比如在表 2-7 的师生博弈中,博弈的均衡行动组合是(努力,容易),均衡支付组合是$(U_s, U_t) = (100, 90)$,即学生选择努力学习,得到 100 的支付,老师选择出简单的题,得到 90 的支付。

2.1.3 博弈的分类

根据博弈中的信息条件、参与人行动的先后顺序、合作与否以及不同参与人之间支付的关系,可以对博弈进行相应的分类。

1. 零和博弈与非零和博弈

博弈论的研究最早起源于数学领域,真正的发展是在 20 世纪。20 世纪初期是博弈论的萌芽阶段,其研究对象主要是从对弈、赌博等游戏中引申出来的严格竞争博弈,即二人零和博弈。所谓零和博弈(zero-sum game)是指一方所得即是另一方所失,二者的得失之和为零。这类博弈中不存在合作或联合行为,博弈两方的利益严格对立,比如下棋等二人游戏。但是零和博弈在大多数情况下对于经济与政治上的博弈是不适合的。关于二人零和博弈理论有丰硕的研究成果,尤其是出现了博弈扩展型战略、混合战略等重要概念。最重要的成就是泽梅罗定理(1913)与冯·诺伊曼的最小最大定理(1928),后者为二人零和博弈提供了解法,同时对博弈论的发展产生了重大影响,例如非合作几人博弈中的基本概念——纳什均衡就是最小最大定理的延伸与推广。

例如,考虑一个叫"赌便士"(matching pennies)的小孩游戏。在这个博弈中,两个参与人同意一个是"Even(偶数)"一个是"Odd(奇数)"。每个人同时出示一个便士,每个参与人可以展示便士的正面或反面。如果两人展示出同一面,Even 将赢得 Odd 的便士,反之如果他们展示出不同的币面,则 Odd 将赢得 Even 的硬币。下面是该博弈的赢利表(表 2-8)。

表 2-8 零和博弈

		Odd	
		正面	反面
Even	正面	1, -1	-1, 1
	反面	-1, 1	1, -1

在这个表中,如果我们加总每单元格的赢利,我们会得到 $1 - 1 = 0$,这就是"零和博弈"。

相应地,非零和博弈(non-zero-sum game)则相反,一方所得并非另一方所失,而且都获得了增量收益,其得益总和不再为零。由于政治经济中的博弈主要是非零和博弈,因此后来博弈论的研究对象主要是非零和博弈。

2. 合作博弈与非合作博弈

按照参与人之间是否合作进行分类,博弈可以划分为合作博弈(cooperative game)与非合作博弈(non-cooperative game)。合作博弈是指当人们的行为相互作用时,当事人能够达成一个具有约束力的协议,参与人在协议范围内进行的博弈。反之,就是非合作博弈。

按海萨尼(Harsanyi 又译豪尔绍尼,1966)的观点,如果一博弈中意愿表示——协议、承诺、威胁——具有完全的约束力并可强制执行,则该博弈是合作的。如意愿表示不可强制执行,则为非合作博弈。非合作博弈随后发展起来,纳什、泽尔腾和海萨尼因此而获奖,但当时注意力主要集中在合作博弈上。事实上,合作博弈可视为非合作博弈的特殊情况,它略去非合作个体之间建立合作关系的过程而着重研究合作的可能性与形式。由于省去从非合作到合作过程中繁复的难以尽述的细节，合作博弈能对合作问题有更清晰的把握。为了解决合作博弈中所遇到的问题，这一期间提出了联盟博弈、稳定集、解概念、可转移效用、核心等重要概念与思想。20世纪50年代是博弈论的成长期，非合作理论发展起来，如阿尔·塔克的囚徒困境、重复博弈概念等。

合作博弈强调团体理性(collective rationality)，团体理性包括效率、公正与平等(efficiency、fairness、equality)。典型的合作博弈是寡头企业之间的共谋(collusion)。共谋是指企业之间通过公开或暗地里签订协议，根据协议对各自的价格或产量进行限制，以达到获取更多垄断利润的行为。合作博弈的关键在于参与人所签订的协议是否具有约束力，如果这个协议不具有约束力，或者说，参与人都没有能力强制另一方遵守协议，则每个企业都会根据自身利益最大化的目标来选择最优的产量或价格，这就是非合作博弈。非合作博弈强调的是个人理性、个人最优决策，其结果可能是有效率的，也可能是无效率的。从目前情况来看，非合作博弈在现代经济学中的应用更具有普遍性。

3. 完全信息博弈与不完全信息博弈

按照参与人对自然与其他参与人的了解程度进行分类，博弈可以划分为完全信息博弈(complete information game)和不完全信息博弈(incomplete information game)。假定在博弈过程中，每一位参与人对其他参与人的特征、战略空间及收益函数有准确的知识，则这种博弈为完全信息博弈。

而在现实生活中，博弈各方要想获得完全的信息可能性极小，而且即使可能获得完全信息也要付出高昂成本，参与人对其他参与人情况的信息或知识是不完全的，这种博弈是不完全博弈。海萨尼以纳什均衡的出发点和以现实的不完全信息为条件，证明了如何分析不完全信息下的博弈，从而为研究信息经济学奠定了理论基础。

4. 静态博弈与动态博弈

按照参与人的先后顺序进行分类，博弈可以划分为静态博弈(static game)和动态博弈(dynamic game)。静态博弈是指在博弈中，参与人同时选择或者虽然没有同时选择但后行动者并不知道先行动者采取了什么具体行动。动态博弈是指在博弈中，参与人的行动有先后顺序，且后行动者能够观察到先行动者所选择的行动。

根据上述分类，非合作博弈可以得到四种不同的类型：完全信息静态博弈，完全信息动态博弈，不完全信息静态博弈，不完全信息动态博弈。与上述四种博弈相对应，有四种均衡概念，即：纳什均衡(Nash equilibrium)、子博弈精炼纳什均衡(subgame perfect Nash equilibrium)，贝叶斯纳什均衡(Bayesian Nash equilibrium)，精炼贝叶斯纳什均衡(perfect Bayesian Nash equilibrium)。非合作博弈及对应的均衡概念见表2-9。

表2-9 博弈的分类及对应的均衡概念

信息＼行动顺序	静 态	动 态
完全信息	完全信息静态博弈 纳什均衡	完全信息动态博弈 子博弈精炼纳什均衡
不完全信息	不完全信息静态博弈 贝叶斯纳什均衡	不完全信息动态博弈 精炼贝叶斯纳什均衡

2.1.4 博弈的表述

在博弈论里,博弈的表述方式有两种,一种是战略式表述(strategic form representation),一种是扩展式表述(extensive form representation),两种表述方式基本上是等价的。但一般来讲,战略式表述用于分析静态博弈更加方便,而扩展式表述用于分析动态博弈更加方便。

战略式表述又称为标准式表述(normal form representation),由三个要素组成:

参与人集合 $i, i \in \Phi$,Φ 为有限集合 $\{1, 2, \cdots, n\}$;

每个参与人的纯战略空间 S_i;$i = 1, 2, \cdots, n$;

每个参与人的收益函数 U_i,这一函数对每种战略组合 $S = (S_1, \cdots, S_n)$ 给出参与人 i 的冯·诺曼-摩根斯坦效用函数 $U_i(S)$,或者直接表述为 $U_i(S_1, \cdots, S_i, \cdots, S_n)$;

在零和博弈中,所有局中人的收益加总起来等于 0,即:

$$\sum_{i=1}^{n} u_i(s) = 0$$

一个博弈可以用战略式表述为 $G = \{S_1, \cdots, S_n; u_1, \cdots, U_n\}$。

如果一个博弈的参与人个数是有限的,并且每一个参与人可选择的战略是有限的,则该博弈为有限博弈(finite game)。两人有限博弈一般采用支付矩阵来表示。

扩展式表述主要用于分析动态博弈,以树形图表示参与人行动的先后顺序,扩展式表述方法也可以简约为标准式表述,这将在后文述及。

2.2 完全信息静态博弈

完全信息静态博弈是一种最简单的博弈,"完全信息"指每个参与人对所有其他参与人的战略空间、收益函数有完全的了解,"静态"指的是所有参与人同时选择行动且只选择一次。在这里,只要每个参与人在选择自己的行动时不知道其他参与人的选择,就相当于他们在同时行动。

博弈分析的目的是预测博弈的均衡结果,在给定理性人假设,并且理性人是一种共同知识的前提下,每个参与人的最优战略是什么?参与人的最优战略组合是什么?

完全信息静态博弈解的一般概念是纳什均衡,纳什均衡也是其他类型博弈解的基本要求。纳什均衡是著名博弈论专家纳什(John Nash)对博弈论的重要贡献之一。纳什在 1950 年到 1951 年的两篇重要论文中,在一般意义上给定了非合作博弈及其均衡解,并证明了解的存在性。正是纳什的这一贡献奠定了非合作博弈论的理论基础。理解纳什均衡,首先从以下几个概念入手。

2.2.1 占优战略均衡

占优战(策)略是指在一些特殊的博弈中,一个参与人的最优战略可能并不依赖于其他参与人的战略选择,就是说,不论其他参与人选择什么战略,他的最优战略是唯一的。

比如在表 2-1 所示的囚徒困境博弈中,每个囚徒都有两种可选择的战略:坦白或抵赖,显然,不管同伙是选择坦白还是抵赖,每个囚徒的最优战略是"坦白"。因此,坦白是囚徒 A 的最优战略,也同样是囚徒 B 的最优战略。

定义 在博弈的战略式表述中,如果对于所有的 i,s_i^* 是 i 的占优战略,那么战略组合 $s^*=(s_1^*,\cdots,s_n^*)$ 称为占优战略均衡。

在博弈中,如果所有参与人都有占优战略存在,可以证明,博弈将在所有参与人的占优战略的基础上达到均衡,因为没有一个理性的人会选择劣战略,这种均衡称为占优战略均衡(dominant-strategy equlibrium)。在囚徒困境中,占优战略均衡是(坦白,坦白)。

2.2.2 重复剔除的占优战略均衡

在有些博弈中,并非每一个参与人都有占优战略,因此并不是所有的博弈都存在占优战略均衡。但是在有些博弈中,可以根据占优战略的逻辑来找出均衡解。

比如在"智猪博弈"中,如表 2-2 所示,"等待"是小猪的占优战略,也就是说,无论大猪怎么样选择,小猪最优的选择都是等待,但是大猪没有占优战略,他的最优战略依赖于小猪的选择。因此这个博弈不存在占优战略均衡。

那么如何来找出这个博弈的均衡解呢?我们采取"重复剔除严格劣战略"(iterated elimination of strictly dominated strategies)的思路:首先,假定某个参与人存在劣战略,找出这个劣战略并将其剔除,然后构造一个不包含这个劣战略的新的博弈;然后再剔除这个新的博弈中某个参与人的劣战略,构造一个新的战略;继续重复这个过程,一直到剩下一个唯一的战略组合为止。这个唯一剩下的战略组合就是这个博弈的均衡解,称为"重复剔除占优均衡"(iterated dominance equilibrium)。所谓"严格劣战略"(strictly dominated strategies)是指在博弈中,某一参与人可能采取的战略中,相对于其他可选择的战略,对自己严格不利的战略。

在智猪博弈中,我们首先剔除掉小猪的劣战略"按",然后构造一个新的博弈;在新的博弈中,小猪的战略只有"等待",而大猪的战略有"按"和"等待",其中"等待"成为大猪的劣战略;将大猪的劣战略"等待"剔除之后,剩下唯一的战略组合(按,等待),这就是智猪博弈的重复剔除的占优战略均衡解。

在应用"重复剔除"方法寻找博弈的均衡解时,占优战略与劣战略都是相对于其他特定的战略而言的。定义如下:

定义 令 s_i' 和 s_i'' 是参与人 i 可选择的两个战略(即 $s_i'\in S_i,s_i''\in S_i$),如果对于任意的其他参与人的战略组合 s_{-i},参与人 i 从选择 s_i' 得到的收益严格小于从选择 s_i'' 得到的收益,即:

$$u_i(s_i',s_{-i})<u_i(s_i'',s_{-i})$$

则认为战略 s_i' 严格劣于战略 s_i'',二者相对于对方互为劣战略和占优战略。

占优战略均衡中的占优战略 s_i^* 是相对于所有 $s_i'\neq s_i^*$ 的占优战略。

对于弱劣战略(weakly dominated strategy)可以定义如下:

定义 令 s_i' 和 s_i'' 是参与人 i 可选择的两个战略(即 $s_i'\in S_i,s_i''\in S_i$),如果对于任意的其他参与人的战略组合 s_{-i},有:

$$u_i(s_i',s_{-i})\leqslant u_i(s_i'',s_{-i})$$

则认为战略 s_i' 弱劣于战略 s_i'',二者相对于对方互为弱劣战略和弱占优战略。

下面给出重复剔除的占优战略均衡的定义:

重复剔除占优战略均衡:战略组合 $s^*=(s_1^*,\cdots,s_n^*)$ 称为重复剔除的占优均衡,如果它是重复剔除劣战略后剩下的唯一的战略组合。如果这种唯一的战略组合是存在的,我们说该博弈是重复剔除占优可解的(dominance solvable),如果重复剔除后的战略组合不唯一,就说该博弈不是重复剔除占优可解的。

例题 找出以下博弈的重复剔除占优战略均衡。

解 首先,在表 2-10 中,假设 A 先选择,剔除 B 的劣战略 M,得到一个新的博弈,如表 2-11;然后在表 2-11 的博弈中剔除掉 A 的劣战略 d,得到一个新的博弈如表 2-12;在表 2-12 的博弈中,剔除掉 A 的劣战 e,得到一个新的博弈如表 2-13;在表 2-13 中,剔除 B 的劣战略 P,得到表 2-14 唯一的均衡解 (u, L)。

表 2-10

		B		
		L	M	P
A	u	4,3	5,1	6,2
	d	2,1	8,4	3,6
	e	3,0	9,6	5,8

表 2-11

		B	
		L	P
A	u	4,3	6,2
	d	2,1	3,6
	e	3,0	5,8

表 2-12

		B	
		L	P
A	u	4,3	6,2
	e	3,0	5,8

表 2-13

		B	
		L	P
A	u	4,3	6,2

表 2-14

		B
		L
A	u	4,3

需要注意的是:重复剔除的占优战略不仅要求每个参与人是理性的,而且要求"理性"是参与人的共同知识。参与人的战略空间越大,需要剔除的步骤就越多,对共同知识的要求就越严格。

2.2.3 纳什均衡

前面我们讨论了占优战略均衡和重复剔除的战略均衡。但是在现实生活中,还有相当多的博弈,我们无法使用占优战略均衡或重复剔除的战略均衡的方法找出均衡解。这个时候,需要引入纳什均衡解。

比如在博弈论中经常提到的性别战(battle of the sexes)博弈。假定谈恋爱的男女通常更愿意共度周末而不是分开活动,但是,对于周末参加什么活动,男女双方往往各自有着自己的偏好。在某个周末,有场足球赛和一场音乐会,男方喜欢看足球,而女方喜欢听音乐。现在假定:如果男方和女方分开活动,男女双方的效用都为0;如果男方和女方一起去看足球赛,则男方的效用为3,而女方的效用为1;如果男方和女方一起去听音乐会,则男方的效用为1,女方的效用为3。这个博弈的收益矩阵如表2-15所示。

表2-15 性别战的收益矩阵

		女方	
		看足球	听音乐会
男方	看足球	3,1	0,0
	听音乐会	0,0	1,3

这个博弈中有两个严格劣战略组合是(看足球,听音乐会)与(听音乐会,看足球),还剩下两个战略组合是(看足球,看足球)与(听音乐会,听音乐会)。在这个博弈中,不存在占优战略均衡,也不存在重复剔除的占优战略均衡。它有两个均衡解(看足球,看足球)与(听音乐会,听音乐会)。至于最终会出现哪个结果,需要进一步的信息,比如双方的优先选择权、心理因素或其他客观条件。这个均衡是纳什均衡。

纳什均衡是指在均衡中,每个博弈参与人都确信,在给定其他参与人选择的战略的情况下,该参与人选择了最优战略以回应对手的战略。纳什均衡是完全信息静态博弈解的一般概念,构成纳什均衡的战略一定是重复剔除严格劣战略过程中不能被剔除的战略。也就是说,没有一种战略严格优于纳什均衡战略(注意:其逆定理不一定成立),更为重要的是,许多不存在占优战略均衡或重复剔除的占优战略均衡的博弈,却存在纳什均衡。

纳什均衡的定义 有 n 个参与人的战略式表述博弈 $G=\{S_1,\cdots,S_n;U_1,\cdots,U_n\}$,战略组合 $s^*=(s_1^*,\cdots,s_i^*,\cdots,s_n^*)$ 是一个纳什均衡,如果对于每一个参与人 i,s_i^* 是给定其他参与人选择 $s_{-i}^*=(s_1^*,\cdots,s_{i-1}^*,s_{i+1}^*,\cdots,s_n^*)$ 的情况下第 i 个参与人的最优战略,即:

$$U_i(s_i^*,s_{-i}^*) \geqslant u_i(s_i,s_{-i}^*), \ -s_i \varepsilon S_i$$

纳什均衡是参与人将如何博弈的"一致性"预测。如果预测 $s_i'=(s_1',\cdots,s_i',\cdots,s_n')$ 是博弈的一个结果但这个结果不是一个纳什均衡,那么,至少存在某些参与人有积极性偏离这个结果。

纳什均衡与占优战略均衡及重复剔除的占优均衡之间的关系如下:

(1)每一个占优战略均衡、重复剔除的占优均衡一定是纳什均衡,但并非每一个纳什均衡都是占优战略均衡或重复剔除的占优均衡。

(2)纳什均衡一定是在重复剔除严格劣战略过程中没有被剔除的战略组合,但没有被剔除的战略组合不一定是纳什均衡,除非它是唯一的。

对于两人有限博弈来讲,有一个求得纳什均衡的简单方法:先考虑 A 的战略,对于第一个给定的 B 的战略,找出 A 的最优战略,在其对应的支付下画一横线;然后用同样的方法找出 B 的最优战略。在完成这个过程后,如果某个支付格内的两个数字都有横线,则这个数字格对应的战略组合就是一个纳什均衡。

比如,在表 2-16 抽象的支付矩阵中,没有一个劣战略可以被剔除,但是我们用上述方法可以找到(D,R)是它的纳什均衡。

表 2-16

		参与人 B		
		L	C	R
参与人 A	U	0,3	3,0	5,2
	M	3,0	0,3	5,2
	D	2,5	2,5	7,7

纳什均衡且只有纳什均衡具有这样的特征:参与人预测到均衡,参与人预测到其他参与人预测到均衡。预测一个非纳什均衡的战略组合将意味着至少有一个参与人会犯错误(有关对手选择的预测是错误的,或自己的选择是错误的)。一个博弈可能会有多个纳什均衡,究竟哪一个会出现,需要知道博弈进行的具体过程。

2.2.4 纯战略与混合战略纳什均衡

如果一个战略规定参与人在每一个给定的信息情况下只选择一种特定的行动,我们称该战略为纯战略(pure strategy)。相反,如果一个战略规定参与人在给定信息情况下以某种概率分布随机地选择不同的行动,我们称该战略为混合战略(mixed strategies)。在博弈的战略式表述中,混合战略可以定义为在纯战略空间上的概率分布。可以认为,纯战略是混合战略的特例。在静态博弈里,纯战略等价于特定的行动,混合战略是不同行动之间的随机选择。一般来讲,如果一个博弈存在两个纯战略纳什均衡,那么一定存在第三个混合战略纳什均衡。海萨尼(Harsanyi,1973)对混合战略的解释是,混合战略均衡等价于不完全信息下的纯战略均衡。

2.3 完全信息动态博弈

动态博弈与静态博弈的区别在于,在动态博弈中,参与人的行动有先后顺序,且后行动者在自己的行动之前能观测到先行动者的行动。一般用扩展式表述动态博弈(extensive form representation),其中,战略对应于参与人的相机行动规则(contingent action plan)。

2.3.1 博弈的扩展式表述

静态博弈一般用战略式表述,而动态博弈一般用扩展式表述。博弈的扩展式表述与战略式表述的主要区别如下:

(1) 战略式简单地给出参与人有些什么战略可以选择,而扩展式表述要给出每个战略的动态描述。谁在什么时候行动,每次行动时有些什么具体行动可供选择,以及知道些什么;

(2) 扩展式所扩展的主要是参与人的战略空间;

(3) 在扩展式表述中,战略对应于参与人的相机行动规则,即什么情况下选择什么行动,而不是简单的与行动无关的选择。

博弈的扩展式表述包括以下要素:

(1) 参与人集合 $i = 1, \cdots, n$;

(2) 参与人的行动顺序：谁在什么时候行动；

(3) 参与人的行动空间：每次行动时，参与人有些什么选择；

(4) 参与人的信息集：每次行动时，参与人知道什么；

(5) 参与人的支付函数，在行动结束后，参与人得到些什么；

(6) 外生事件（即自然的选择）的概率分布。

对于 n 人有限战略博弈，其扩展式表述可以用博弈树来表示，如下例所示。

例题 纸牌博弈。

局中人：A 和 B

规则：博弈开始时，每人拿出一元钱作为赌注。然后，局中人 A 从 52 张纸牌中抽出一张牌，自己看完牌的颜色后，决定是停牌(fold)还是加注(raise)。若是停牌，需要将牌出示给 B 看，然后博弈结束。此时，牌若是红色，局中人 A 赢，否则，则 A 输。若是加注，局中人 A 需再拿出一元钱作为赌注，然后局中人 B 决定是放弃(pass)还是追随(meet)，若放弃，局中人 A 赢，博弈结束；若追随，则 B 需要也拿出一元钱作为赌注，然后，A 出示牌，若红色，A 赢，否则，A 输。

这个博弈中，参与人的行动有先后顺序，每个参与人可以根据对方的行动相机做出下一步的行动选择。这个博弈用扩展式表述如图 2-1 所示。

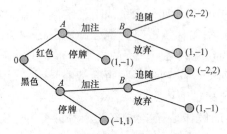

图 2-1 纸牌博弈的扩展式表述

在以上的表述中，可以看出，博弈树主要分为以下几个部分：

(1) 结：包括决策结和终点结。决策结是参与人采取行动的时点，终点结是博弈行动路径的结束。

(2) 枝：在博弈树上，树是从一个决策结到它的直接后续结的连线，每一个枝代表参与人的一个行动选择。博弈树的枝不仅完整地描述了每一个决策结参与人的行动空间，而且给出了从一个决策结到下一个决策结的路径。

(3) 信息集：每一个信息集是决策结集合的一个子集。该子集包括所有满足下列条件的决策结：① 每一个决策结都是同一个参与人的决策结；② 该参与人知道博弈进入该集合的某个决策结，但不知道自己究竟处于哪一个决策结。

在博弈树中，一般将属于同一个信息集的结点圈起来，或用线连起来。如图 2-2 所示，A 的信息集没变，但 B 的信息集由图 2-1 的两个变为一个，这个信息集中包含两个决策结，意味着 B 在做决策时并不确切地知道 A 的选择。

完美信息博弈：一个信息集可能包含多个决策结，也可能只包含一个决策结。只包含一个决策结的信息集称为单结信息集(single-tons)。如果博弈树上所有信息集都是单结的，该博弈称为完美信息博弈(game of perfect information)。

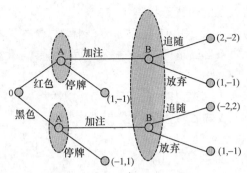

图 2-2 博弈树信息集的表示

完美信息博弈意味着博弈中没有任何两个参与人同时行动,并且所有后行动者都确切地知道前行动者选择了什么行动,所有参与人观测到自然的行动。博弈树上没有虚线连结,如图 2-1 所示。

定理 如果一个扩展式博弈有有限个信息集,每个信息集上参与人有有限个行动选择,我们说这个博弈是有限博弈,这个博弈存在一个混合战略纳什均衡。如果这个信息是完美信息博弈(即每一个信息集都是单结的),那么它有一个纯战略纳什均衡。

2.3.2 子博弈精炼纳什均衡

子博弈精炼纳什均衡是泽尔腾(Selten)于 1965 年首先提出的,其目的是将那些不可置信威胁战略的纳什均衡从均衡中剔除,从而给出动态博弈一个合理的均衡解。子博弈是原博弈的一部分,它本身可以作为一个独立的博弈进行分析。子博弈精炼纳什均衡要求均衡战略的行为规则在每一个信息集上都是最优的。

子博弈:一个扩展式博弈的子博弈由一个决策结和所有该决策结的后续结(包括终点结)组成。它满足:① 一个子博弈必须从一个单结信息集开始,如果一个信息集包含两个以上决策结,没有任何一个可以作为子博弈的初始结;② 子博弈的信息集和支付向量都直接继承自原博弈,这意味着子博弈不能切割原博弈的信息集,子博弈的支付函数只是原博弈留存在子博弈上的部分。

定义 扩展式博弈的战略组合 $s^* = (s_1^*, \cdots, s_i^*, \cdots, s_n^*)$ 是一个子博弈精炼纳什均衡,如果:① 它是原博弈的纳什均衡;② 它在每一个子博弈上给出纳什均衡。

也就是说,一个战略组合当且仅当它在每一个子博弈(包括原博弈)上都构成一个纳什均衡时,它就是这个扩展式博弈的子博弈精炼纳什均衡。

对于一个有限完美信息博弈来说,可以用逆向归纳法证明,它有一个纯战略纳什均衡(Zermelo, 1913; Kuhn, 1953)。

同样地,对于有限完美信息博弈,逆向归纳法是求解子博弈精炼纳什均衡的最简便的方法。在这个方法中,我们从最后一个子博弈往上逆推,找出每个决策结上参与人的最优行动。如此不间断地直到初始结,每一步都得到对应子博弈的一个纳什均衡,并且,根据定义,该纳什均衡一定是该子博弈的所有子博弈的纳什均衡,在这个过程的最后一步得到的整个博弈的纳什均衡也就是这个博弈的子博弈精炼纳什均衡,如图 2-3 所示。

在这个三阶段完美信息博弈中:

(1) 在第三阶段，参与人 1 的最优选择是 U'；

(2) 在第二阶段，因为参与人 2 知道，如果自己选择 R，参与人在第三阶段就会选择 U'，此时参与人的收益为 0；而如果自己选择 L，收益为 1，因此，参与人在第二阶段的最优选择是 L；

(3) 在第一阶段，参与人 1 知道，如果自己选择 D，博弈将进入第二阶段，在第二阶段参与人 2 会选择 L 从而使参与人 1 的收益为 1；而参与人 1 如果选择 U，则自己的收益为 2；因此在第一阶段参与人 1 的最优选择是 U。

这样，这个博弈的均衡结果就是 $(2,0)$。

上述分析表明，用逆向归纳法求解子博弈精炼纳什均衡的过程，实质上是从最后一个决策结开始依次剔除掉每个子博弈的劣战略，最后剩下的战略构成精炼纳什均衡。需要注意的是，逆向归纳法只适用于完美信息博弈，并且要求"所有参与人都是理性人"是共同知识。

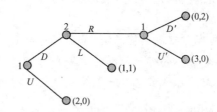

图 2-3 用逆向归纳法求子博弈精炼纳什均衡

2.3.3 动态博弈战略行动

在动态博弈中，由于参与人的行动有先后顺序，而参与人行动顺序直接影响博弈的结果。因此，参与人为了使其他参与人的选择对自己有利，往往会主动采取一些行动影响其他参与人对自己行为的预期，从而达到对自己有利的结果。参与人所采取的这些行为称为"战略性行动"(strategic move)。

1. 先行优势(first-move advantage)

先行优势是指在博弈中首先作出战略选择并采取相应行动的参与人可以获得更多的利益。

在前面提到的性别战博弈中，存在两个纳什均衡，即男女双方一起去看足球赛或一起去听音乐。我们无法确定结果到底如何。在这种情况下，如果男方首先采取行动，在约会前就买好足球票，就会对女方产生影响。女方可能因为男方的这一行动表明"男朋友十分想看这场足球比赛"或因"既然已经买了票，不看怪可惜"，从而接受双方一起看足球赛的选择。

2. 可置信的威胁

可置信威胁是指博弈的某一参与人通过承诺某种行动改变自己的收益函数，使得其他参与人认为自己的威胁确实可信，从而迫使其他参与人在充分考虑自己的承诺的情况下作出相应的选择。就是我们前面所说的承诺行动。

2.3.4 重复博弈

上述子博弈精炼纳什均衡有这样一个特征，这就是，参与人在前一个阶段的行动选择决定了随后的子博弈结构，这样的动态博弈称为"序贯博弈"(sequential games)。动态博弈中另一类特殊但非常重要的博弈是所谓的"重复博弈"(repeated games)。顾名思义,重复博弈是指同样结构的博弈重复许多次,其中的每次博弈称为"阶段博弈"(stage games)。

重复博弈具有三个基本特征:(1) 前一阶段的博弈不改变后一阶段的博弈结构;(2) 所有参与人都观测到博弈过去的历史;(3) 参与人的总支付是所有阶段博弈支付的贴现值之和或加权平均值。

影响重复博弈均衡结果的主要因素是博弈重复的次数和信息的完备性。

1. 有限次重复博弈

有限次重复博弈:令 G 是阶段博弈,$G(T)$ 是 G 重复 T 次的重复博弈(T<无穷大)。那么,如果 G 有唯一的纳什均衡,重复博弈 $G(T)$ 的唯一子博弈精炼纳什均衡结果是阶段博弈 G 的纳什均衡重复 T 次(即每个阶段博弈出现的都是一次性博弈的均衡结果)。

有限次重复博弈与无限次重复博弈之间的唯一区别,是所有参与人都可以明确无误地了解重复的次数,即可以准确地预测到最后一个阶段博弈。比如囚徒困境的有限次重复博弈,在最后阶段的博弈中,任何一个参与人选择不合作,不会导致其他参与人的报复。因此,所有参与人都会在最后阶段的博弈中选择自己的占优战略,那就是不合作。

既然所有参与人都会在最后阶段选择不合作,那么,在倒数第二阶段博弈中任何参与人也就没有必要担心由于自己选择不合作,导致其他参与人在最后阶段博弈中的报复。因此所有参与人在倒数第二阶段博弈中,也都会选择不合作。即在倒数第二阶段博弈中,所有参与人都会选择占优战略。

由此类推,可以得出:在阶段性博弈存在唯一的纳什均衡时,阶段博弈的纳什均衡解就是有限次重复博弈的唯一子博弈精炼纳什均衡解。即有限次重复博弈的每个阶段的均衡解都是一次性博弈的纳什均衡解。注意,上述推论成立的前提条件是阶段性博弈纳什均衡的唯一性。比如囚徒困境博弈进行重复,只要重复次数有限,(坦白,坦白)将是其均衡解。

除博弈次数外,影响均衡结果的另一个重要因素是信息的完备性,当一个参与人的支付函数(特征)不为其他参与人所知时,他可能有积极性建立一个"好"声誉(reputation)以换取长远利益。

2. 无限次重复博弈

无名氏定理:在无限次重复博弈中,如果参与人有足够的耐心,那么,任何满足个人理性的可行的支付向量都可以通过一个特定的子博弈精炼均衡得到。以囚徒困境为例,如果博弈重复无穷次,可以证明,如果参与人有足够的耐心,(抵赖,抵赖)是一个子博弈精炼纳什均衡。

无限次重复博弈可能有无穷多个精炼均衡结果。因此,精炼均衡的概念并不能帮助我们走出多重均衡的困境。当然在现实中,参与人也许使用特定的协调机制来达到一个"聚点均衡"。

由于参与人可使自己的选择依赖于其他参与人过去的行动,因此,参与人在重复博弈中的战略空间远远大于和复杂于每个阶段博弈的战略空间。这意味着重复博弈可能会出现一些一次性博弈永远不会出现的结果。重复博弈中,参与人可能会为了长远利益选择不同的均衡战略。

2.4 不完全信息博弈

在完全信息博弈中,假定博弈中的每个参与人对所有其他参与人的支付(偏好)函数有完全的了解,并且所有参与人知道所有参与人的支付函数,即支付函数是所有参与人的共同知识。在不完全信息博弈中,至少有一个参与人不知道其他参与人的支付函数。

不完全信息博弈分为不完全信息静态博弈与不完全信息动态博弈。

2.4.1 不完全信息静态博弈

以市场进入博弈为例。假定某市场原来为完全垄断市场,只有一家企业 A 提供产品和服务。现在企业 B 考虑是否进入。当然,A 企业不会坐视 B 进入而无动于衷。B 企业也清楚地知道,是否能够进入,完全取决于 A 企业为阻止其进入而所花费的成本大小。对企业 A 而言,它所花费的成本高低与其收益大小有关,但是进入者 B 不知道这个情况。假定该市场进入博弈的收益矩阵如表 2-17 所示。

表 2-17 市场进入博弈

		在位者 A			
		高成本		低成本	
		默许	斗争	默许	斗争
进入者 B	进入	40,50	-10,0	30,80	-10,100
	不进入	0,300	0,300	0,400	0,400

这个博弈是一个不完全信息博弈,进入者有关在位者的成本信息是不完全的,但在位者知道进入者的成本函数。进入者并不知道在位者究竟是高成本还是低成本,进入者的最优选择依赖于它在多大程度上认为在位者是高成本的或低成本的。假定进入者认为在位者的高成本是 p,则期望利润是 $p(40)+(1-p)(-10)$,选择不进入的期望利润是 0。只有当 $p(40)+(1-p)(-10) \geq 0$ 时,进入者的进入才是合理的。求上式,可得 $p \geq 1/5$。因此,最优选择是如果 $p \geq 1/5$,就进入;如果 $p < 1/5$,则不进入;当 $p = 1/5$ 时,进入与不进入是无差别的。

海萨尼(Harsanyi)转换:海萨尼(1967—1968 年间)提出的处理不完全信息博弈的方法是,引入一个虚拟的参与人"自然",自然首先行动决定参与人的特征(如上例的成本函数),参与人知道自己的特征,其他参与人不知道。这样,不完全信息博弈就转换为完全但不完美信息。

类型(type):在不完全信息博弈中,将一个参与人所拥有的所有个人信息(private information,即所有不是共同知识的信息)称为他的类型。一般将支付函数等同于他的类型。不完全信息意味着,至少有一个参与人有多个类型(否则成为完全信息博弈)。

贝叶斯纳什均衡是完全信息静态博弈纳什均衡概念在不完全信息静态博弈上的扩展,不完全信息静态博弈又称为静态贝叶斯博弈(the static Bayesian games)。

贝叶斯纳什均衡(Bayesian Nash equilibrium):n 人不完全信息静态博弈的纯战略贝叶斯纳什均衡是一个类型依存战略组合,其中每个参与人在给定自己的类型和其他参与人类型依存战略的情况下最大化自己的期望效用函数。

2.4.2 不完全信息动态博弈

在不完全信息动态博弈里(dynamic game of incomplete information),"自然"首先选择参与人的类型,参与人自己知道,其他参与人不知道;在自然选择之后,参与人开始行动,参与人的行动有先有后,后行动者能观测到先行动者的行动,但不能观测到先行动者的类型。但是,因为参与人的行动是类型依存的,每个参与人的行动都传递着有关自己类型的某种信息,后行动者可以通过观察先行动者所选择的行动来推断其类型或修正对其类型的先验信念(概率分布),然后选择自己的最优行动。先行动者预测到自己的行动将被后行动者所利用,就会设法传递对自己最有利的信息,避免传递对自己不利的信息。因此,博弈不仅是参与人修正行动的过程,而且是参与人不断修正信念的过程。

黔驴技穷讲的是这样一个故事,贵州的老虎第一次看见驴子,不知道驴子到底有多大本领,于是一点一点地接近驴子进行试探。一开始,老虎见驴子没什么反应,认为驴子本领不大;接下来老虎看见驴子大叫,又认为驴子的本领很大;然而,进一步试探的结果,老虎却发现驴子的最大本领只是踢踢而已;最后,老虎得到关于驴子的准确信息,确认驴子没有什么本领,就选择了冲上去把驴子吃掉的战略。通过观察驴子的行动,修正自己对驴子的看法,最终选择自己的最优战略。

简单地说,在不完全信息动态博弈一开始,某一参与人根据其他参与人的不同类型及其所属类型的概率分布,建立自己的初步判断。当博弈开始后,该参与人就可以根据他所观察到的其他参与人的实际行动,来修正自己的初步判断。并根据这种不断变化的判断,选择自己的战略。这种不完全信息动态博弈的均衡过程,称为精炼贝叶斯均衡。

精炼贝叶斯均衡是不完全信息动态博弈的基本均衡概念,它是泽尔腾(Selten)的完全信息动态博弈的子博弈精炼纳什均衡和海萨尼的不完全信息静态博弈的贝叶斯均衡的结合。精炼贝叶斯均衡要求,给定有关其他参与人的类型的信念,参与人的战略在每一个信息集开始的"后续博弈"上构成贝叶斯均衡;并且,在所有可能的情况下,参与人使用贝叶斯法则修正有关其他参与人的类型的信念。

精炼贝叶斯均衡是贝叶斯均衡、子博弈精炼均衡和贝叶斯推断的结合。它要求:① 在每一个信息集上,决策者必须有一个定义在属于该信息集的所有决策结上的一个概率分布(信念);② 给定该信息集上的概率分布和其他参与人的后续战略,参与人的行动必须是最优的;③ 每一个参与人根据贝叶斯法则和均衡战略修正后验概率。

与精炼贝叶斯均衡相关的另一个概念是序贯均衡(sequential equilibrium)。序贯均衡(sequential equilibrium)着重强调了非均衡路径上后验概率的形成,从而使均衡概念更具应用性。Krepst Wilson 证明,在"几乎所有的"博弈中,序贯均衡与贝叶斯均衡是相同的,因此大多数学者喜欢使用精炼贝叶斯均衡概念而不是序贯均衡概念。

泽尔腾(Selten)将博弈中非均衡事件的发生解释为颤抖:当一个参与人突然发现一个不该发生的事件发生时,将之归结为某一个其他参与人的非蓄意错误。通过引入颤抖,博弈树上的每一个决策结出现的概率都为正,从而每一个决策结上的最优反应都有定义,原博弈的均衡可以理解为被颤抖扰动后的博弈的均衡的极限。

颤抖手均衡(trembling-hand equilibrium)颤抖手均衡的基本思想是:在任何一个博弈中,每一个参与人都有一定的可能性犯错误;一个战略组合,只有当它在允许所有参与人都有可能犯错误时仍是每一个参与人的最优战略的组合时,才是一个均衡。

博弈论均衡概念简要总结

适合于简单博弈的均衡概念并不一定适合更为复杂的博弈。从一个较简单的博弈进入一个较复杂的博弈的时候,需要引入更严格的限制条件以强化原来的均衡概念;每一个新的均衡概念的相继引入正是为了剔除使用旧概念可能得出的不合理结果。精炼贝叶斯均衡是四个基本均衡概念中要求最严的均衡概念。在本章中所提到的不同均衡之间的关系可以表示如

图 2-4。

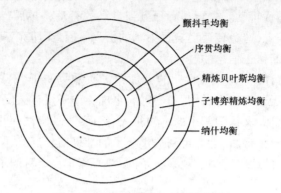

图 2-4　不同均衡概念之间的关系

关键术语

囚徒困境　智猪博弈　博弈论　参与人　行动　信息　战略　收益　均衡　结果　零和博弈　非零和博弈　完全信息博弈　不完全信息博弈　静态博弈　动态博弈　纳什均衡　战略式表述　扩展式表述　占优战略均衡

思考题

1. 请谈谈博弈论的概念及其含义。
2. 请说出囚徒困境的战略式表述及其含义。
3. 请说出智猪博弈的战略式表述及其在现实中的应用。
3. 请说说纳什均衡的含义。
4. 非合作博弈有哪些？其均衡解之间的关系是什么？
5. 在以下的战略式表述博弈中，找出重复剔除的占优均衡解。

		参与人乙		
		P	S	T
参与人甲	L	5,1	4,3	6,2
	M	2,1	8,4	3,6
	N	3,0	9,8	2,6

第3章 机制设计理论

机制设计理论又被称为契约设计理论、委托代理理论或信息经济学。鉴于本书的读者对象与体系结构的安排,这里所说的"信息经济学"是本书信息经济学体系的一个组成部分,又被称为微观信息经济学,它与第4章以后的内容有着内在的逻辑关系,并且为其中的问题提供了一种研究的方法。为了与本书的结构相适应,也为了有所区别并使指代更加方便,本章的标题定为机制设计理论,它的主要内容就是经济学领域人们一般所说的以研究不对称信息问题为主旨的信息经济学。

3.1 与信息经济学相关的几个问题

信息经济学与委托代理理论是人们时常替换使用的概念。这一节主要介绍几个相关概念,理清其区别与联系,以方便后面两节的讨论。

3.1.1 不对称信息经济学的研究范围

在经济学领域,一般认为信息经济学是非对称信息博弈论在经济学上的应用,或者说信息经济学是博弈论的一个应用分支。张维迎认为,博弈论研究的是在给定信息结构下寻找博弈的均衡结果,信息经济学则研究给定信息结构下最优的契约安排问题,因此信息经济学又称为契约理论,或机制设计理论。这个信息经济学领域在情报学界又被称为"微观信息经济学"或者"不对称信息经济学"。在本书中,我们认为"不对称信息经济学"是整个信息经济学体系的一部分,它与信息商品的经济分析以及在此基础上的信息经济分析有着内在的逻辑统一关系。

不对称信息经济学主要概括了隐藏行动的道德风险、隐藏信息的道德风险、逆向选择、信号传递与信息甄别五种情况。这五种情况可以概括为两大问题:一类是委托代理问题;一类是逆向选择问题。委托代理概念来源于法律,但经济学上的委托代理关系泛指任何一种涉及非对称信息的交易,交易中具有信息优势的一方称为代理人,另一方称为委托人。在信息经济学文献中,拥有私人信息的一方被称为代理人(agent),不拥有私人信息的一方被称为委托人(principal)。从泛指的角度来看,以上五种类型均可概括为委托代理问题。但是,一般在习惯上,委托代理理论主要研究针对隐藏行动的道德风险的激励机制设计问题,我们在本书中也遵从这个习惯。逆向选择问题是不对称信息经济学的另一类重要问题,与之相对应的解决办法涉及到信号传递与信息甄别。

斯蒂格利茨教授将信息经济学分成两类问题:选择问题(selection problem)与激励问题(incentive problem)。选择问题包括柠檬市场模型与市场信号模型;激励问题包括监督模型与委托代理人架构。

从信息技术与信息经济发展的角度来看,我们可以看到,不对称信息经济学所研究的契约或机制设计问题,其目的在于激励代理人"说真话"。除了机制设计之外,信息技术的发展也在为实现这个目标而努力。比如管理信息系统可以让不同代理层级间的信息传递更加快捷有效;知识管理中的知识共享机制不仅从技术上减少了组织内部的信息不对称问题,更重要的是它作为一种有效的制度在很大程度上消除了诸如隐藏信息的道德风险等问题;又比如竞争情报、广告、信用信息系统等都成为信号传递的重要手段。这些领域的经济规律,同时也属于信息经济(又被称为"宏观信息经济学")领域的研究对象。

诚然,机制设计对于问题的解决更加本质一些,而技术因素则由于近年来的飞速发展而成为一种容易获得的条件,这种容易获得的特性使得它在问题的解决中几乎成为一种隐含的或者说内生的前提条件。但是,信息作为商品有其独特的性质,而信息技术与信息经济的发展又非常迅速,因此存在着种种需要进一步探索与总结的经济规律。信息经济学作为一个有机的完整体系,既包括了机制设计理论,又包括了相关的信息经济理论。在本章中,我们主要讨论逆向选择与委托代理理论。

3.1.2 不对称信息经济学的几种模型

不对称信息(asymmetric information)是指交易双方各自拥有对方所不知道的私人信息。或者说,在博弈中某些参与人拥有但另一些参与人不拥有的信息。在博弈论中,不对称信息结构是信息不完全的类型中的一种典型情况。比如,卖方关于产品质量的信息可能优于买方,而买方关于自己消费偏好与支付能力的信息则优于卖方。

不对称信息经济学所研究的问题可以从以下两个角度进行分类:

从不对称信息发生的时间来看,发生在当事人签约之前被称为事前不对称信息,研究事前不对称信息博弈的模型称为逆向选择(adverse selection)模型;发生在签约之后,则称为事后不对称信息,研究事后不对称信息的博弈模型称为道德风险(moral hazard)模型。事前信息不对称包括逆向选择模型、信号传递模型与信息甄别模型;而事后的信息不对称主要包括隐藏行动的道德风险模型与隐藏信息的道德风险模型。

从不对称信息的内容看,不对称信息可能是指某些参与人的行动,也可能是指某些参与人的知识。研究不可观测行动的模型称为隐藏行动(hidden action)模型,研究不可观测知识的模型称为隐藏知识(hidden knowledge)模型(或隐藏信息模型)。

可以把不对称信息经济学的主要研究模型分为以下 5 类。

1. 逆向选择模型

逆向选择(adverse selection):是一种事前信息不对称。在一个不完全信息博弈中,代理人知道自己的类型,委托人不知道;委托人和代理人签订合同。也就是说,委托人在签订合同时不知道代理人的类型,问题是选择什么样的合同来获得代理人的私人信息。比如在旧车市场上,买者(委托人)对产品的质量不如卖者(代理人)知道得多;在签订医疗保险合同之前,保险公司不知道投保人的健康状况;公司在招聘员工时,雇主不知道雇员的工作能力;在银行与贷款人签订合同之前,银行不知道贷款人的项目风险等。

2. 信号传递模型

在逆向选择情况下,拥有信息优势的一方(代理人)为了显示自己的类型,向委托人传递某种信号,然后双方签订合同。比如在公司招聘中,雇员通过显示自己的教育水平或从业经历来传递有关自己工作能力的信号,雇主根据雇员的教育水平来签订招聘合同;在产品市场上,卖方通过出示产品的质量保证期或权威的标准认证来显示产品的质量。

3. 信息甄别模型

在存在逆向选择的情况下,委托人提供多个合同供代理人选择,代理人根据自己的类型选择一个适合自己的合同,并根据合同条约选择自己的行动。比如,保险公司不知道投保人的风险类型,因此针对不同类型的投保人设计了一系列不同的保险合同,投保人根据自己的风险特征选择相应的保险合同;垄断者不知道消费者的类型,但是通过价格歧视对消费者做出甄别,以获得所有的剩余。

信号传递与信息甄别是逆向选择的特例,是逆向选择问题的两种解决方法。

4. 隐藏行动的道德风险

在签约之后,代理人选择自己的行动,并且和自然状态一起决定一些可观测的结果;委托人和代理人之间的信息不对称在于,委托人只能观测到结果,却不能直接观测其行动本身。比如董事会(委托人)与经理人(代理人)之间,董事会不能完全了解经理人的经营行为,比如工作是否努力,是否积极实施对公司有利的举措,董事会只能了解公司的产出。隐藏行动的道德风险是委托代理理论所关注的主要问题,委托人的问题是设计一个激励合同以诱使代理人从自身利益出发选择对委托人最有利的行动。类似的委托代理问题还有:保险公司的火险部通过一定的激励方法使投保人增加防火措施;经理通过一定的安排促使员工努力工作;债权人通过一定的合同条款,促使贷款人积极规避项目风险;公民作为委托人,如何使他们的代理人政府官员廉洁奉公;等等。

5. 隐藏信息的道德风险

在签约之后,委托人可以观测到代理人的行动与最后的产出,但是观测不到自然的选择,代理人知道自然的选择,但是可能向委托人隐藏关于自然选择的信息或知识。比如在一个公司里,销售人员了解市场的需求及客户的特征,但是经理(委托人)不了解;经理的问题是设计一个激励合同使销售人员有动力针对不同的顾客选择不同的销售策略。

3.2 逆向选择与信号传递

逆向选择是信息经济学的重要问题,针对这个问题,相应的机制设计是信号传递,在有些文献中,又被区分为信号传递与信息甄别两种。下面分别介绍。

3.2.1 逆向选择问题

关于逆向选择,最为经典的问题是旧车市场问题,又被称为柠檬市场问题。后来,在保险、金融信贷、劳动力市场、拍卖、税制设计等领域都有关于逆向选择的深入研究。

1. 柠檬市场

逆向选择模型最初是由乔治·阿克洛夫(George A. Akerlof) 1970 年发表在美国《经济学季刊》上的论文《柠檬市场:质量不确定性与市场机制》(The market for lemons: Quality uncertainty and the market mechanism, *Quarterly Journal of Economics*, 84) 一文中建立起来的。所谓柠檬,在美国俚语中是指次品。在这篇文章中,主要研究了旧车市场上的逆向选择问题,即由于信息的不对称,市场上消费者在购买以前很难确定旧车的质量。结果,低质量的车把高质量的车逐出市场,从而使得市场运行失效。在均衡的情况下,只有低质量的车成交,在极端情况下,市场根本不存在,交易的帕累托改进不能实现。

这个模型可以简单概括如下：

在一个旧车市场上，有多个潜在的卖者 s 和多个潜在的买者 b，卖者知道自己要出售的车的质量 θ，买者不知道，但他知道车的质量分布函数 $F(\theta)$；假定买卖双方均是风险中性的，并且如果没有交易发生时双方的效用为零；

现在买方出价 P，如果卖方接受并成交，

则买方的效用为：

$$\prod b = V(\theta) - P$$

卖方的效用为：

$$\prod s = P - U(\theta)$$

其中，$V(\theta)$ 为买方对车的评价，$U(\theta)$ 为卖方对车的评价，假定 $V(\theta) > U(\theta)$，这样交易才有可能成立；

如果 $V(\theta) < U(\theta)$，意味着卖方不接受买方的出价，则双方的效用为零。

下面分析在不同的情况下市场成交的情况：

(1) 假定买卖双方偏好相同，只有两类卖主的情况

先考虑最简单的情况，假定市场上只有两种类型的车：高质量的车，$\theta = 6000$，和低质量的车，$\theta = 2000$。

现在买者不知道车的质量，因此不能按车的质量分别付款成交，但是他知道车的质量分布，有 6000 和 2000 两种类型，平均质量为 4000，因此会按平均质量 $\theta = 4000$ 给出一个平均价格 $P = 4000$；

在这种情况下，买方的出价低于高质量车的预期价格 6000，因此质量为 6000 的车会退出市场，市场上只剩下质量为 2000 的车；

买方知道，高质量的车在出价 4000 的情况下会退出市场，愿意出售的车一定是低质量的车，因此 $P = 4000$ 不是均衡价格，唯一的均衡价格是 $P = 2000$；

因此，只有低质量的车成交，高质量的车退出市场。

(2) 假定买卖双方偏好相同，但卖主的类型连续分布

现在假定车的质量从 6000 到 2000 是连续分布的，那么仍然可以证明只有低质量的车成交，在极端情况下，交易甚至不存在，如图 3-1 所示。

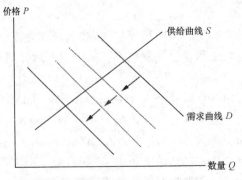

图 3-1 旧车市场上的逆向选择

当买方只愿意支付平均价格时，高出平均质量的车会退出市场；买方预期到这个情况，会

重新计算车的平均质量并支付一个相应的平均价格,从而又使一部分质量较高的车退出市场,如此类推。如图 3-1 所示,需求曲线不断向左移,最后只有质量最低的车成交;由于 θ 是连续分布的,$\theta=2000$ 的概率为零,因此整个市场不存在。

(3) 其他条件下的几个分析结论

可以证明:

① 当买者对车的评价高于卖者时,尽管高质量的车仍然不会进入市场,但交易会发生,市场部分地存在,但交易数量不是最有效的,买者的评价越高,成交数量越大。

② 当卖者对车的评价不同时,均衡交易量取决于买者评价参数与卖者评价参数的共同作用,但是均衡交易量仍然小于对称信息下的有效交易量。导致卖者评价不同的因素之一是卖车的原因不同。在不对称信息条件下,逆向选择的存在,使得有些车尽管买者评价高于卖者,但交易不能发生。但是,买者可以通过卖主卖车的原因来估计卖者的评价。比如,有两个卖车的人,买主并不知道他们对车的评价,但一个人是因为要出国而卖车,另一个却无明确原因,那么买主一般会认为前一辆车的质量要高于后一辆车。

③ 在非对称信息条件下,市场在多大程度上存在,依赖于产品质量的分布函数和买卖双方评价的差异程度。这里的"非对称信息"指卖者比买者拥有更多的信息。如果卖者同样不知道车的真实质量,只知道质量的分布函数,就不会有逆向选择问题,所有的车都会出售,交易量是帕累托最优的。

④ 如果假定买卖双方不是风险中性而是风险规避的,均衡价格和均衡质量都较风险中性情况下低。

2. 逆向选择的其他例子:信贷市场上的配给制

保险公司事前不知道投保人的风险程度,从而保险水平不能达到对称信息情况下的最优水平,即高风险的消费者把低风险的消费者赶出保险市场。比如健康情形不佳者会购买保险,而身体健康者不会购买保险,结果是平均风险提高,保费也跟着提高,保费的提高会使一部分身体较为健康的人退出保险市场,如此不断,极端情况下,市场无法达到有效的规模(罗斯查尔德和斯蒂格利茨 Rothschild and Stiglitz, 1976)。

在信贷市场上,银行(放款人)的期望收益取决于贷款利率和借款人还款的概率两个方面,因此银行不仅关心利率水平,而且关心贷款的风险。

如果贷款风险独立于利率水平,在资金的需求大于供给时,通过提高利率,银行可以增加自己的收益,不会出现信贷配给问题。

但是,当银行不能观察借款人的投资风险时,提高利率将使低风险的借款人退出市场,出现逆向选择问题;或者诱使借款人选择更高风险的项目,出现道德风险行为;从而使得银行放款的平均风险上升。

因为那些愿意支付较高利息的借款人正是那些预期还款可能性低的借款人,结果是利率的提高可能降低而不是增加银行的预期收益。因此,银行宁愿选择在相对低的利率水平上拒绝一部分贷款要求,而不愿意选择在高利率水平上满足所有借款人的申请,这就出现了信贷配给制度。

银行信贷制度包括两种情况:

(1) 在所有贷款申请人中,一部分人得到贷款,另一部分人被拒绝,被拒绝的申请人即使愿意支付更高的利息也不能得到贷款。

(2) 一个给定申请人的借款要求只能部分地被满足(如申请 100 万,但只能得到 50 万)。根据以上分析,银行利率与银行期望收益之间的关系可以用图 3-2 表示。

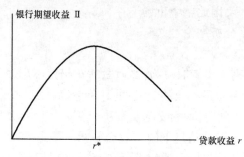

图 3-2 银行利率与期望收益之间的关系

3.2.2 信号传递与劳动力市场模型

1. 信号传递的含义

如前所述,不对称信息导致逆向选择,从而使得帕累托最优的交易不能实现,在极端情况下,市场交易根本不存在。为解决逆向选择问题,可以考虑两种方法,一种是拥有私人信息的一方想办法将其私人信号传递给交易对方,也就是具有信息劣势的一方;或者,信息劣势的一方有办法诱使拥有私人信息的一方显示出其私人信息,这样,交易的帕累托改进就可以出现。前一种情况被称为信号传递,后一种情况被称为信息甄别。

所谓信号传递就是指拥有信息优势的一方提供信号传递,比如通过承诺产品的保修期,请独立的工程师对质量进行检查,上市公司常常请独立的会计师事务所出具盈利证明,雇员在招聘面试中通过显示自己所接受的教育水平来传递有关自己工作能力的信号,等等。

所谓信息甄别就是由处于信息劣势的一方首先给出区分信息优势方类型的不同合同条款,信息优势一方通过选择与自己的类型相符的合同来揭示自己的私人信息,从而使得交易的帕累托改进实现。比如保险公司提供不同的保险合同供投保人选择,投保人通过选择适合于自己的保险合同来显示自己的风险类型。

信号传递和信息甄别可以理解为激励机制的一个特例,激励机制的目的在于使得有私人信息的一方(代理人)有积极性说实话。

2. 斯彭斯劳动力市场模型

斯彭斯(Michael Spence)的劳动力市场模型主要研究劳动力市场的信息不对称及其信号传递过程。劳动力市场上存在着有关雇员能力的信息不对称,雇员知道自己的能力,雇主不知道,但雇员的教育程度向雇主传递有关雇员能力的信息。信号传递的过程可以这样描述:

首先,求职者先行动,选择自己接受教育的程度,并将此信息传递给雇主,求职者为此要支付相应的信号示意成本。在这里,信号示意成本主要是接受教育的成本。一个隐含的条件是:接受教育的成本与能力成反比,不同能力的人接受最优教育程度是不同的。

其次,雇主行动,他们观察到求职者受教育程度的高低,并根据自己关于受教育程度与实际能力之间相关程度的概率判断,来决定给予雇员的工资水平。

(1) 信号传递的基本原理

首先举一个例子来解释信息传递的原理。

例如，假定现有高能力者 H 型和低能力者 L 型两人，由于接受教育的成本与能力成反比，故设 H 接受教育的成本 $C_H = 1$，L 接受教育的成本 $C_L = 3$。现在考虑两种情况：

第一种情况：雇主知道雇员的能力高低分布，也就是说信息是完全的，那么，他按照雇员能力的高低付工资，均衡结果是：

$$W_L = 1, \quad W_H = 3$$

第二种情况：在信息不完全情况下，雇主无法观察职员的能力，但可以观察到其受教育与否，现在雇主根据是否接受教育来定工资，如果：

接受教育，则支付工资 $w = 3$，那么 H 型职员的净收益应为

$$p_H = w - C_H = 3 - 1 = 2$$

L 型职员的净收益应为

$$p_L = w - C_L = 3 - 3 = 0$$

不接受教育，则支付工资 $w = 1$，那么二者都是 $p = w = 1$，对于 L 型职员来说，这个收益大于它接受教育时的净收益 0，所以他选择不接受教育；而对于 H 型职员来说，这个收益小于接受教育时的净收益 2，因此他选择接受教育。

由于高能力的人受同样教育的成本低于低能力的人，因此，高能力的人通过选择接受教育把自己与低能力的人区分开来。如果接受教育的成本与能力无关，教育就不可能起到信号传递的作用，因为低能力的人会模仿高能力的人选择同样的教育水平。

在这个问题中，信号传递发挥作用的关键在于雇主认为受教育程度与工作能力之间究竟有多大的相关性，以及在这种判断下他支付的工资水平，这种判断是他的一个信念。

可以证明，不论雇主的后验概率如何，也就是说无论受教育表示高能力还是低能力，不接受教育总是低能力雇员的最优选择，也就是说接受教育是低能力雇员的劣战略（dominated strategy），但接受教育并不是高能力雇员的劣战略。因此，观察到受教育的信号，雇主不应该认为雇员有任何可能性是低能力的。该模型唯一合理的均衡是：低能力雇员选择不接受教育，高能力者选择接受教育。

因此，通过显示受教育的程度，高生产率者得到了高工资，低生产率者得到了低工资。

从以上的分析可以看出，假设教育本身并不提高工人的劳动生产率，但由于它具有传递信号的作用，因此仍然值得投资。即使从全社会的角度来看，教育的信号传递作用仍然是有意义的：

第一，教育可通过提供信息使雇主将雇员分配在最合适的工作岗位；从而改进配置效率。

第二，如果没有信号传递的话，有才能的人可能离开公司从事相对效率较低的个体工作，从而对社会是一种损失。

从现实情况来看，一般认为教育本身可以提高劳动者的生产率。可以证明：因为教育能够提高劳动生产率，所以无论完全信息情况下，还是在不完全信息情况下，每个雇员都会选择高的教育水平，并且，高能力雇员选择的教育水平高于低能力的雇员。

(2) 信号传递的分离均衡

下面，对上例进行进一步的讨论，如图 3-3 所示。

假设雇主和求职者都是风险中性的，仍然以两种类型的求职者为例：

低生产能力者 L 型：生产能力 $\theta_L = 1$，在人群中的比重 $= q$；

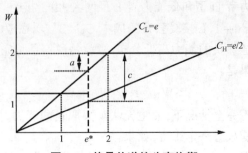

图 3-3 信号传递的分离均衡

高生产能力者 H 型：生产能力 $\theta_H = 2$，在人群中的比重 $= 1 - q$。

在不完全信息并且无信号传递的情况下：由于雇主无法直接观察工人的能力，因此支付给每个工人同样的工资。工资 W 由所有求职者生产能力的加权平均来决定：

$$W = q * \theta_L + (1-q) * \theta_H = q + 2(1-q) = 2 - q$$

现在考虑有信号传递的情况：

假设受教育程度可以用某个数 e 来表示，并且假设对 L 型工人来说，其接受教育的成本和所受教育程度的关系为：$C_L = e$；对 H 型工人来说，其接受教育的成本是：

$$C_H = e/2$$

雇主认为超过某个特定的教育水平 e^* 的工人都是高能力（H 型）的职员，低于 e^* 的则是低能力（L 型）职员。

因此，当雇主观察到一个求职者的受教育程度 $e < e^*$ 时，就支付 $W = 1$ 的工资；反之，只要 $e > e^*$，他就会认为该工人为 H 型，支付 $W = 2$ 的工资。

如图 3-3 所示，先来考虑 L 型工人的情况，如果他接受较高的教育，当 $e > e^* > 1$ 时，L 型工人得到 2 的工资，这时 L 型工人受教育的成本是 e，其净收入是 $2 - e < 1$；如果他选择接受较低的教育，当 $e < e^*$ 时，L 型工人得到 1 的工资，其净收入为 $1 - e < 1$。如果他选择不接受教育，收入就是工资为 1。因此，L 型工人的最优选择是不接受教育，因为这时他能获得最高的净收入 1。

再来考虑 H 型工人的情况，如果他选择接受较高教育，当 $2 > e > e^*$ 时，H 型工人的净收入是 $2 - e/2 > 1$（因为 $e < 2$）；如果他选择不接受教育，净收入是 1；如果他选择接受较低教育，当 $e < e^*$ 时，H 型工人的净收入为 $1 - e/2 < 1$。显然，H 型工人的最优选择是接受高于 e^* 的教育水平。

可见，e^* 的设定能将 H 型工人与 L 型工人分离开来。

下面讨论图 3-3 所示的分离均衡。

① 分离均衡的意思是 L 型和 H 型求职者被清楚地区分开来，L 型不会选择 $e = e^*$，H 型也不会选择 $e = 0$。

② 均衡的结果不是唯一的。只要雇主的信念是任何位于 1 和 2 之间的 e^* 值，都会出现分离均衡的结果，因此实际上有无穷多个可能的均衡和均衡结果。

③ 但是，不同均衡结果，L 型和 H 型求职者的处境并不一样。雇主的信念 e^* 越靠近 2，H 型求职者的处境就越坏（净收益 $= 2 - e^*/2$），而 L 型求职者的境况始终不受影响。而雇主则始终获得正常利润。这说明，e^* 越接近 1，均衡结果越优，是一个帕累托改进过程。

④ 与完全信息的均衡结果比较：完全信息下，求职不用支付信号传递成本（也就是接受教育的成本），但却得到了与信号传递下一样的工资：$W_L=1$，$W_H=2$，而在不完全信息下 H 型雇员的净收益降低。显然，在不完全信息下，求职者因必须支付信号传递成本而降低了自己的福利水平。

⑤ 与不完全信息无信号传递成本比较：在不完全信息并且无信号传递的情况下，L 型和 H 型工人的工资是一样的 $W=2-q$。因为 q 介于 0 和 1 之间，W 就介于 1 和 2 之间。这说明，在无信号传递下，L 型工人的状况得到了改善，而 H 型工人正好相反。因此，L 型工人将偏好无信号传递类型的均衡结果。这种情况就是我们前面所说的逆向选择问题，结果是 H 型工人选择离开，L 型工人留了下来。

⑥ 不管均衡结果怎样，雇主始终获得正常利润，因此雇主无所谓。一旦参与人处于其中某个纳什均衡之中，就没有任何人可以通过单方面的力量跳出这个均衡回到其他状态，即"路径依赖"。

从另一方面来看，如果 e^* 过低，那么所有的潜在雇员都会选择接受教育；如果 e^* 过大，所有的潜在雇员都会选择不接受教育。对于特定的 e^*，如果向接受较高教育的雇员支付过高的工资，则所有的雇员将会选择接受教育；如果过低，则所有的雇员再次选择不接受教育。这样厂商将不能达到区分雇员生产能力的目的。

(3) 信号传递的混同均衡

除了信号传递的分离均衡之外，我们还可以考虑信号传递的混同均衡（证明略）：

① 均衡结果受人群中 L 型工人比例 q 的影响；

② 与完全信息相比，在混同均衡下，L 型工人境况得到改善；H 型工人境况变差了，因为有人"滥竽充数"。

与不完全信息无信号传递相比，只要 $0<e^*<1-q$，无信号传递的结果均帕累托优于有信号传递的混同均衡，因为工人必须额外负担信号传递的成本。

可以证明，无论工资函数如何，一般来说，不完全信息下的均衡教育水平不同于完全信息下的最优教育水平。这种与完全信息下最优水平的偏离就是将不同能力的雇员区别开的信息成本。

3. 与信号传递相关的一些例子

(1) 市场进入博弈

在位者的类型有两种：高成本和低成本。如果在位者是高成本，潜在进入者将进入；反之将不进入。

潜在进入者不知道在位者的类型，但是，可以通过观察在位者的产量水平来判断在位者的类型。

假定低成本企业的最优产量是高的（Q_H）；而高成本企业的最优产量是低的（Q_L）。如果潜在进入者观察到 Q_L 就会认为在位者是高成本的，就会进入。因此，产量水平是一种信号。

(2) 广告的信号传递作用

成本昂贵的广告宣传可以作为一种传递质量信息的信号，广告成本类似于前例劳动力市场中雇员受教育的成本，它的作用是可以将好的企业与差的企业分离开来。原因在于：产品质量较低、品牌较差的企业能够从促销活动中获得的收益比质量好的企业要少，因为消费者通过拒绝购买和扩散效应会使前者的广告宣传无法达到预期目标。因此，只有商品质量好的企业才会进行昂贵的广告宣传,这样广告就起到了一种信号传递的作用。

比如秦池古酒曾经夺得中央电视台的广告标王,风光一时,它的老总说,"开进"中央台一台桑塔纳,"换回"一台奥迪。但秦池酒用各地收购的散装酒(有些甚至是假酒)来勾兑,酒本身的质量不行,广告也救不了命。开进去一辆桑塔纳,什么也没出来。因此,一般来讲,广告能够起到信号传递的作用。

3.2.3 信息甄别

下面,继续讨论上例中劳动力市场的情形:

假定雇主首先行动,在雇员接受教育之前就提出一个合同菜单$\{w,s\}$,雇员选择其中一个与雇主签约,然后根据合约规定接受教育 s,在完成教育后得到合约规定的工资 w。这就是信息甄别模型。

假定雇员的生产率是不可观察的,厂商的合同规定雇员应该完成的工作量与相应的工资(也可以是受教育的程度与相应的工资)。这里约定,工作量与生产率没有任何关系,或者说约定受教育程度不会提高雇员的劳动生产率,它只会增加潜在雇员的成本或减少他们的效用。模型的目的是分析这种条件下的均衡。

罗斯查尔德和斯蒂格利茨所提出的均衡是这样定义的:均衡指存在着一组合同$\{(w_1,s_1),(w_2,s_2),\cdots,(w_k,s_k)\}$,和一个选择规则(selection rule)$R:\theta\rightarrow(w,s)$,使得:

(1) 每一类型雇员在所有可选择的合同中选择一个最适合自己的合同即 θ 能力的雇员选择(w_θ,s_θ),亦即:对于所有的(w,s),$U_\theta(w_\theta,s_\theta)\geqslant U_\theta(w,s)$;

(2) 雇主的利润不能为负;

(3) 不存在新的合同能够使得选择该合同的雇主得到严格正的利润。(这意味着雇主之间的竞争)。

上述定义可以理解为,信息甄别均衡存在的前提条件是:

(1) 所有在市场上可供选择的雇佣合作中,没有一个会给雇主带来预期的损失。

(2) "市场之外"没有可以带来正利润的雇佣合同即所有雇佣合同都已被考虑。

如果均衡是存在的,那么,高生产率者会选择高教育程度高工资的合同,而低生产率者选择低教育程度低工资的合同。厂商就可以把不同生产率的雇员区分开来。同样,如果均衡是存在的,那么均衡一定是唯一的。

在信号传递模型中,均衡可以有多个。因为均衡依赖于雇主有关雇员的后验概率,非均衡路径上的后验概率具有任意性,对应不同的后验概率,有不同的均衡。

与信号系统传递模型不同,在信息甄别模型中,均衡最多只能有一个。雇员行动之后的后验概率不影响雇主的选择,而后行动的雇员具有完全的信息。而且信息甄别下的分离均衡(若存在)正是信号传递下的帕累托最优均衡。

3.3 道德风险与委托代理理论

3.3.1 道德风险

如前所述,道德风险分为隐藏行动的道德风险和隐藏信息的道德风险模型,在道德风险中,委托人的问题是设计一个激励合同以诱使代理人从自身利益出发选择对委托人最有利的行动。

在保险市场上,如果保险条款中不包含防火措施,保险费就必然增加,从而逆向选择问题再次出现;如果保险条款中包含着防火措施,保险公司能保证火灾发生的概率是 0.5% 而不是 1% 吗?因为投保后,投保人在保险公司不知道的情况下不再积极采取防火措施。可以证明:如果火灾发生时投保人可获得全部赔偿,投保人不会采取任何防止火灾发生的措施。

投保人与保险公司之间信息不对称的后果是:随着防火费用的增加,火灾发生的可能性降低;同时,随着保险赔偿额的增加,投保人防火费用下降。也就是说,如果保险费用既定,那么与完全信息条件相比,投保人倾向于减少用于防止不测事件发生的费用支出。这就是"道德风险"。

在公司中,股东持有公司股份,拥有企业,而聘请职业经理来经营企业。股东拥有剩余索取权和剩余控制权;经理拥有酌情权,在企业经营过程中,根据具体情况自主作出经营决定。股东—经理中,股东是委托人;经理是代理人,具有信息优势。股东可以观察到经理的行动结果(如产出)和自然的选择,但却不能观察到经理的行动。在这个委托代理关系中,委托人与代理人之间存在着信息不对称,经理可能会利用酌情权和信息优势为自己(不是公司)谋私利,这就产生"道德风险"。

3.3.2 委托代理理论

1. 委托代理关系的起源

委托代理关系产生于法律领域。如果一方自愿委托另一方从事某种行为并签订合同,委托代理关系即告产生。授权人就是委托人(principal),而获得授权者就是代理人(agent)。通常,委托人和代理人之间的合同明确规定了双方的权利和义务,其中约定在委托范围内,代理人行为的后果由委托人承担。

在经济学中,委托代理关系的理论背景是伯利·米恩斯命题。1932 年,伯利·米恩斯在《现代企业与私人财产》中提出了所有权和控制权分离的命题,突破了传统的企业利润最大化的假说,开创从激励角度研究企业的先河。在股份公司中,企业的控制权大多控制在经理手中。一个问题是:所有者和经营者为什么会分离,所有权和经营权为什么会分离?当时的理论无法很好地解释在什么情况下两权应该分离,最优的分离方式又该如何?历史的经验告诉我们,分工和专业化收益可能是一个原因。

出于对这个问题的研究,又引发了一些新的问题,诸如:为什么经理在实际上控制着企业?有许多的因素,如经理拥有决策权、信息优势以及人力资本的价值,使得他拥有同股东的相对谈判能力。

2. 委托代理关系与委托代理问题

委托代理理论中,广义的委托代理关系泛指承担风险的委托人授予代理人某些决策权并与之订立或明或暗的合约。

狭义的委托代理关系则专指公司的治理结构,即作为委托人的出资人授予代理人(经理人员)在合约(如公司章程)中明确规定的权利(控制权)。凡在合约中未经指定的权利(剩余索取权)归属委托人。

在经济学中,委托代理分析框架可以做如下描述:

(1) 委托人与代理人签订合同,代理人以委托人的名义来承担和完成一些事情,作为报酬,委托人给予代理人一定的收入。

(2) 委托人无法完全观察到或无法完全证实代理人的行为,即代理人是拥有私人信息的一方。信息不对称,导致委托—代理合同必然不完全。

(3) 委托人可以通过观察代理人行为的结果在一定程度上推测代理人的真正行动。影响代理人行动结果的因素并不仅仅是代理人的行动,还可能受到环境或委托人行动的影响。这点很关键,因为如果代理人的行动唯一决定其结果,那么委托人完全可以通过观察结果准确地获得代理人行动的信息。

(4) 委托人和代理人的目标可能并不一致,并且信息不对称也使委托人很难验明代理人的实际行为是否合理,或者验明这一情况的费用会很高,因此,代理人很可能通过不可观察的行为来为自己谋求利益。这就是所谓的"代理问题",所以委托人的问题就是设计激励合同,以便在这种合同下代理人为了委托人的最大利益而努力工作,使委托人和代理人构成的组织能够有效运行。代理问题的存在,使得股东财富受到损失(企业价值下降),这种损失被称为"代理成本"。

委托人和代理人在目标上的不一致性,可以以股东与经理的委托代理关系来说明:首先,股东追求利润最大化,而经理则可能追求自身的长期保障,或者追求企业的规模最大,追求气派和高的管理费用;其次,股东希望经理努力工作,而经理可能对闲暇比较偏好;第三,股东与经理对风险的偏好往往不同,股东可能希望投资较高回报的项目,但经理可能为了较少承担责任而选择低风险低回报的项目;最后,股东与经理对投资时间长短也有不同偏好,经理可能更倾向于在任期内投资短期可以获利的项目以表明自己的业绩,从而有可能损害公司长远发展的利益。

从理论上讲,委托代理关系并不必然会导致委托代理问题,比如以下几种情况:

(1) 如果委托人有完全的理性,那么在签订委托代理契约时,可以把代理人可能的机会主义行为全部想到并写进契约,此时,委托代理问题不会产生。

(2) 如果委托人与代理人不存在着信息不对称,或者说,委托人可以不费成本地监督代理人,此时,委托代理问题不会产生。

(3) 如果代理人没有机会主义动机,完全忠诚,也不会产生委托代理问题。

(4) 如果两者的目标函数完全同构,也不会产生委托代理问题。

关于委托代理问题的产生,可以简单分析如下:

现在假定产出是代理人努力的一个函数,则两者的函数关系可以用公式表示如下:

$$\pi = \pi(a)$$

上式中 π 是产出或利润,a 是代理人的工作努力程度或行动,$\pi(a)$ 是以代理人工作努力表示的生产函数。

该公式表明,不管代理人的目标函数如何,他的工作努力是可以观察到的。这样代理人就不至于损害委托人的利益。退一步,即使工作努力程度是不可观察的,但是如果产出是能够观察到的,而且产出与努力是对应关系,那么代理人的行为(工作努力程度)也可以从产出中准确地推断出来,在此情况下,委托代理问题是不容易出现的。

但是客观上,不确定性和信息不对称性的存在,影响产出的因素除了代理人的努力程度外,还存在着一个外在变量或者说自然的选择,我们假定这个随机变量为 Q,那么上式就可以写成:

$$\pi = \pi(a, Q)$$

此时,代理人的偷懒和机会主义行为就难以推断出来。因为,代理人会告诉委托人,由于受客观环境(即随机变量 Q)的影响,他的行动受到阻碍。而由于信息(对 Q)不对称,委托人无法知道代理人所说的真伪,于是,委托代理问题就产生了。

这就意味着委托人要通过一定的合同条款来激励和约束经理在签约以后能够按照自己的利益行事。对这些最优合同的寻找就构成了规范的委托代理理论。

3. 规范的委托代理理论

所谓委托代理问题,是指由于代理人目标函数与委托人目标函数不一致,加上存在不确定性和信息不对称,代理人有可能偏离委托人的目标函数而委托人难以观察并监督之,而出现的代理人损害委托人利益的现实。

委托代理理论存在两类特别相关的问题。一个是"代理问题",它产生于委托人和代理人之间的目标冲突和改变代理人行为的困难性(或高成本)。

第二个是"风险共享"(risk-sharing)问题,它产生于委托人和代理人对风险的不同态度。

委托代理理论试图模型化如下一类问题:委托人想使代理人按照自己的利益选择行动,能观测到的只是另一些变量,这些变量由代理人的行动和其他的外生的随机因素共同决定,因而充其量只是代理人行动的不完全信息。委托人的问题是如何根据这些观测到的信息来奖惩代理人,以激励其选择对委托人最有利的行动。

在标准的委托代理问题中,分析的重点是委托人设计一系列契约,试图使得预期利润最大,而代理人在愿意接受这些契约的条件下,使得自身的效用为最大;以及从委托人的角度如何使契约更有效地执行。

委托代理理论的两个基本假设为:一是委托人对产出没有直接的贡献(即在一个参数化模型中,对产出的分布函数不起作用);二是代理人的行为不易直接地被委托人观察到(虽然有些间接的信号可以利用)。

在这两项假设下,委托代理理论给出了两个基本观点:在任何满足代理人参与约束(participation constraint)与激励相容约束(incentive compatibility constraint)而使委托人预期效用最大化的激励合约中,代理人都必须承受部分风险;如果代理人是一个风险中性者(risk neutral),那么,即可以通过使代理人承受完全风险(即使他成为唯一的剩余索取者)的办法以达到最优结果。[1]

其中的参与约束,又称为个人理性约束(individual rationality constraint)。是指代理人从接受合同中得到的期望效用不能小于不接受合同时能得到的最大期望效用。代理人"不接受合同时能得到的最大期望效用"由他面临的其他市场机会决定,可以称为保留效用。

激励相容约束(incentive compatibility constraint)给定委托人不能观测到代理人的行动和自然状态,在任何的激励合同下,代理人总是选择使自己的期望效用最大化的行动。因此,任何委托人希望的代理人的行动都只能通过代理人的效用最大化行为实现。[2]

委托代理问题的核心在于,在满足代理人参与约束与激励相容约束的条件下,委托人在可观测到的信息(往往是不完全的)基础上,选择激励合同以诱使代理人选择委托人所希望的行

---

[1] 张维迎著.企业的企业家—契约理论.上海三联书店,1995.9:31
[2] 张维迎.博弈论与信息经济学.上海三联书店,1994:405~406

动。这又被称为契约设计。

4. 代理成本理论

詹森(M. Jensen)和麦克林(W. Meckling)(1976)提出了代理成本的概念,并认为代理成本是企业所有权结构的决定因素。他们认为,代理成本来源于管理人员不是企业的完全所有者这样一个事实。在部分所有的情况下:① 当管理者尽力工作时,他可能承担全部成本而仅获取一部分利润;② 当他消费额外收益时,他得到全部好处但只承担一小部分成本。因此其工作积极性不高,热衷于追求额外消费,使企业的价值小于他是完全所有者时的价值,这两者之间的差异被称为代理成本。

代理成本理论可以被看作是实证的委托代理理论,由阿尔钦(Armen A. Alchian)和德姆塞茨(H. Demsetz)(1972)、詹森和麦克林(1976)提出,着重研究表明委托人和代理人之间关系的均衡合同的决定因素和面临的激励问题,其侧重点在于寻找以最小的代理成本构造可观测合同的方法。

詹森和麦克林认为,代理成本主要包括以下几个方面:委托人的监督成本,担保成本和剩余损失。

(1) 委托人的监督成本,是指委托人为了激励和控制代理人,使后者为前者的利益尽力的成本。包括:董事会、监事会的运作成本;聘请会计事务所进行审计的成本;给代理人的奖励或分工;赋予代理人的职务消费;委托人为以上活动所花费的时间与精力(机会成本)。

(2) 担保成本,是指代理人用来保证其不采取损害委托人行为所付出的费用,以及采取了那种行为将支付的赔偿。包括:承包责任制的承包保证金;另外投资机构代客户理财时,经常以客户委托代理金额的 10% 作为担保金。

(3) 剩余损失,指委托人因代理人代行决策而产生的一种价值损失,大小等于由代理人决策与委托人在假定具有与代理人相同信息和才能的情况下决策所获得的价值的差额。它实际上是代理人偷懒(不尽力)而产生的损失。

从詹森与麦克林的观点我们可以看到:由于委托人与代理人的利益不一致,并且存在信息不对称,双方的契约是不完全的,代理成本必然产生。为了降低代理成本,就必须建立完善的代理人激励约束机制。

3.3.3 代理人的激励机制

1. 激励机制设计的含义

委托代理关系所产生的重要问题是道德风险,使得竞争性的结果不再具有帕累托有效性。如何使代理人具备为了委托人的目的而行事的动机,就是激励机制设计问题。在信息不对称的条件下,所有者控制经理行为的手段是有限的,并且是非常不完善的。那么,为了降低代理成本,所有者能否事先利用合约来限制经理的行为呢?

契约设计或激励机制设计的核心思想如下:

假定:委托人的利润函数取决于代理人努力工作的程度和环境状态。在某些约束条件下,委托人选择代理人的努力程度,并在此基础上约定工资合同,使委托人的预期效用最大化,工资合同取决于委托人可观察的利润。

委托人面临的第一个约束是,代理人必须愿意接受委托人提供的合同,在信息经济学中,这一约束通常被处理为代理人的效用超过一定的数值,可以是他的机会效用,也被称为保留效用,这就是所谓的参与约束。

其次,委托人所提供的合同清单能够激励代理人努力工作。就是说,在假定委托人不能直接观察或推测出代理人行动的前提条件下,代理人为了自身的目的能够按委托人选择的努力去实现委托人希望得到的利润,这就是所谓的激励相容约束。

委托人的最优激励机制设计可以概括为在给定的约束条件下,寻求使得利润最大的努力工作程度和工资合同。或者说,在代理人接受委托合同的条件下,由于代理人可以观察到其努力程度与利润之间的关系,他根据给定的工资合同,选择使得其预期效用为最大的努力工作的程度。当委托人选择的努力工作的程度和工资合同恰好满足这一点时,委托人的利润函数达到了最大化。

设想,一个厂商的利润与作为代理人的经理努力工作的程度有直接关系,与此同时也与外在环境有关,经理的运气概括了外在的条件,其好与坏的可能性分别为50%,如表3-1所示。

表3-1 由代理人的行动与外部环境共同作用下的公司利润

环境 表现	运气好	运气坏
工作不努力	30	10
工作努力	60	30

假设代理人努力工作的成本 $c=3$,不努力工作时付出的成本为零,即 $c=0$,下面来考虑一下激励方案的设计:

(1) 如果实行固定工资制度,委托人给代理人的工资 $w=8$,那么,如果代理人不努力工作,他的净收益 $p_1=w=8$;如果努力工作的话,他的净收益 $p_2=w-c=8-3=5$,显然 $p_1>p_2$。

事实证明,对于代理人来说,无论固定工资定为多少,只要他努力工作是有成本的,他最优的选择就是工作不努力,因为努力工作时的净收益低于不努力工作时的净收益。

(2) 现在考虑激励工资方案的设计,如果委托人根据不同的利润支付给经理不同的工资,比如当利润为60时工资为30,利润为30时,工资为15,利润为10时,工资为8,那么代理人就有积极性选择努力工作。

但是,这只是一个简单的工资设计,事实上,可以设计出更有效的激励工资制度,不仅使得经理在努力工作时的所得高于不努力工作时的所得,并且同时使委托人的利益达到最大化。在这个例子中,给定利润与代理人努力成本,激励的有效性与激励力度取决于合适的工资合同。

2. 代理人的激励机制

激励机制设计的关键思想是把经理努力的结果与他所能获得的报酬相联系,以便激励经理为了自身的利益而努力工作。经营者的目标函数是个人效用最大化。其效用函数为 $\mu = f(x_1, x_2, \cdots, x_i)$,$x_i$ 为经营者的个人收入、职位消费、工作成就感、社会地位和声誉感。所以激励机制的设计应尽量兼顾所有这些变量。

对于代理人的激励可以分为物质激励与精神激励两个部分。

(1) 物质激励

物质激励又包括短期激励与长期激励。

短期激励:包括激励工资制度与效率工资制度。

实行激励工资是因为虽然股东无法观察到经理的行动,但可以观察到其结果,结果与行动之间存在一定正相关关系。因此,股东把工资与结果(产出)联系起来。

激励工资的具体形式有:奖金、利润分成、工资与利润水平挂钩、佣金制、股权激励、工资与股票价格挂钩。但是,经营结果与经营行为之间的相关系数并不等于1,激励工资对经理的激励总是有限的。

激励工资制的问题在于:

第一,经理比股东更加厌恶风险,但激励工资却把经理推到一个风险更大的环境中去。因此,激励工资不是最优的风险分担,一个改进是引进股票期权;

第二,如果经理的责任涉及多方面任务,经理将可能忽略不会得到奖励的工作任务;

第三,业绩考核时间的长短问题,将会影响到经理在长期与短期工作中的不同追求。

效率工资是指股东支付给经理一个较高的、他在其他地方很难获得的工资,并且在任何发现经理进行欺骗或有机会主义时解雇经理。此时,工资固定而且比较高,因为提高了偷懒的机会成本,所以可以发挥作用。效率工资所存在的问题是提高了企业的成本。

长期激励:主要是让代理人拥有部分的剩余索取权,包括年薪制、股票期权与分享制。

(2) 非物质激励

按照马斯洛的需求层次理论,人们在物质需求得到满足后,精神需求将成为新的激励因素,对于企业的经营者而言,当物质和职位需求得到满足,精神方面的需求便成为其继续努力的动力。精神激励主要包括社会地位、个人尊重和自我成就感等内容。

3. 代理人的约束机制

除了激励机制之外,还需要对代理人进行相应的约束。从公司治理结构看,委托人对代理人的约束包括内外约束两个方面。

(1) 内部约束机制

经营决策制度:包括决策主体、决策范围、决策程序、决策责任和风险防范等。对董事长、总经理等的权力进行详细的、定量的规定,形成权力合理分配、互相制衡的机制。

财务控制制度:包括各项经费开支规定,分级审批、财务审计等,财务负责人应直接由董事会任免,并对董事会负责,以形成对经理人员的财务监督。

内部监督制度:包括公司董事会、监事会、企业财务总监,分工检查和监督各项规章制度内的执行情况,防止经理人员作出有损于公司的行为。

股东通过评价经理绩效、检查公司财务、任免董事等形式加强监管。但仍然存在问题:即使存在最优监管但合同也必然不完备,因为经理某些行为总是难以观测;在大公司里,股份可能是很分散的,产生监管上的搭便车现象。

保证金制度:经理必须缴纳一定数目的金钱作为保证金,一旦他们被发现欺骗或偷懒,经理就将失去这笔保证金。工龄—工资制度的实质就是保证金制度。在进入企业之初给予低工资,但到一定年限后给予很高的工资。

(2) 外部约束机制

产品市场的约束:产品市场竞争越激烈对经理的约束力越大。因为,在激烈竞争下,如果企业生产的产品不能适销对路,或者产品成本太高,那么企业就缺乏竞争力,生产率下降,经营萎缩,那些低效率、高成本的企业将被迫退出市场。这对企业经理是一个很大的压力和约束。

资本市场的约束:其对经理的约束表现为两个方面。

第一个方面:债权人与破产约束。当企业经营不善时,资本所有者用脚投票,债权人也可能向公司提出清偿的要求,从而使企业缺乏必要的资本。如果企业破产,将对经理产生很大的打击。在有限责任下债权人比股东更有动机来约束和控制经理。原因在于:债务分散程度低于股票,债权人数量少,搭便车的可能性也小,企业违付债务或破产,债权人都将受到很大不利影响。

第二个方面:股东与收购的约束。如果是上市公司,一旦企业经营不善,股东将实行"两票制":一方面股东通过股东大会"用手投票"改造董事会,并通过董事会罢免总经理;另一方面,股东"用脚投票",致使股价陡落;如果企业价值被低估,就有可能被竞争对手收购,从而导致原经理被撤换。

经理市场的约束:是一种特殊的要素市场,使在职者不敢懈怠,以保持其职位;也使替代者更加努力,以竞争代理人之职。经理在工作时实际上也是在积累"信誉资本",经营业绩差就是低能力的信号,会降低经理信誉。

经理市场可能存在的问题是:经理市场不能有效地根据经理的行为来支付工资;经理对信誉的关切可能导致他们不愿意创新。

关键术语

委托代理关系　逆向选择模型　道德风险模型　信号传递模型　信息甄别模型　柠檬市场　信贷市场上的配给制　斯宾塞劳动力市场模型　代理人参与约束　激励相容约束　代理成本理论　代理人的激励机制　代理人的约束机制

思考题

1. 简述不对称信息经济学的几种主要模型。
2. 柠檬市场的主要研究内容是什么?揭示了什么样的经济原理?
3. 信号传递与信息甄别的主要原理是什么?
4. 委托代理理论的主要内容是什么?
5. 什么是代理成本?
6. 代理人的激励与约束机制有哪些?

第4章 信息商品与信息市场

正如第3章所述,早在1921年奈特就指出,在一个充满不确定性的世界上,一部分人会努力获取信息以寻求获利的机会,而他们也会比其他人得到更多获利机会的信息。1937年,科斯在《厂商的性质》一文中指出"通过价格机制'组织'生产的最明显成本,是发现相对价格的成本。随着出卖相对价格信息的专业人员的出现,这种成本可能减少,却不可能消除"。尽管他的主要目的是说明建立企业的原因,但是却提到了信息的交易可以减少经济运行成本。从微观经济的角度来看,信息商品出现的原因之一是信息不对称与市场运行中的信息不完备。由于市场经济中的信息不完备与交易双方之间所存在的信息不对称问题,人们在市场交易活动中总存在着信息搜寻活动,当信息搜寻活动越来越普遍、复杂、大量时,信息搜寻的专业化分工使得信息本身作为商品在市场上出售,同时人类其他活动领域的信息搜寻也出现了专业化的问题,使得信息商品、信息中介机构普遍出现,与信息内容相关的载体、技术的商品化程度越来越高,并逐渐出现了信息产业。

4.1 信息租与信息寻租

一般认为,信息租是广义租金的一种。在分析信息租之前,先来介绍一下传统的租金理论:

4.1.1 租金与寻租理论

租金理论最初起源于对地租的解释。亚当·斯密、大卫·李嘉图、约翰·穆勒、马歇尔、马尔萨斯、马克思、詹姆斯·安德森等经济学家都对地租理论的发展有所贡献,但主要来源于李嘉图的研究。人们对地租的解释曾经以不同的原则为基础,比如垄断理论、生产力理论、收益递减理论和产权理论等等。

1. 租金理论

李嘉图把地租定义为"为了使用土壤的原始的不可破坏的力量而付给地主的那部分土地产品"(《原理》第二章)。这个定义使人们认识到,一种不花代价的生产要素,只要它具有生产能力和稀缺性,就足以构成它产生一种净报酬的理由。[①] 这个含义不仅解释了地租的性质,也为其他生产要素所产生的租金提供了一个有意义的解释。

李嘉图的论述从研究原始的历史状态开始。起初,只要人口稀少,富饶肥沃的土地用不着全部耕种就足以供应食物,那任何一块土地都得不到地租。但是,要是人口增加到有必要耕种二级质量的土地,一级质量的土地就立刻开始有地租。为了生产和一级质量的土地所生产的相同的收益,二级质量的土地就需要较大的成本支出;因此,只是当增加了的需求量有所提高

---

① [美]约瑟夫·熊彼特著,朱泱等译.经济分析史,第一卷.商务印书馆,1991:398

的农产品价格足以补偿必要的成本的时候,才能耕种二级质量的土地。但是,这种价格给一级质量的土地留下了一笔剩余,它相当于第一级土地所能节约的成本,①以此类推。

地租构成了对"没有成本"的、数量明确有限的东西定价的情况。由于地租不仅包括"对使用原始的和不可毁灭的地力"的支付,而且还包括对地主在土地上所做改良的支付。马歇尔把得自改良(例如排水、设置篱笆等)的收益,称为准地租,以区别于纯地租(又被称为经济租)。

李嘉图对地租的定义被经济学家们广泛接受,发展为古典租金理论。该理论认为,只要一种资源可使用的数量对支付报酬缺乏敏感性,就可以把支付超过资源机会成本部分的剩余称做"经济租"(economic rent)或者准租(quasi-rent)。经济租和准租的区别主要在于这两种对价格无弹性存在的时间长短是不一样的:经济租指的是对在任何时点上都没有弹性的资源的报酬;而准租指的是对短期不敏感、长期可变的资源的报酬。从上述对租金的定义中,有两点至关重要:(短期或长期内)供给对价格变动不敏感;报酬超过机会成本,从而导致超额利润的存在。因而,部分经济学家认为,广义地说,经济中所有资源获得的报酬都可以视为租金,该资源可以是土地、劳动、机器、思想甚至货币。②

产权学派则认为,对于土地所有者来说,地租是出让一定时期的土地使用权所收取的报偿,对于土地使用者来说,地租是取得一定时期的土地使用权所付出的代价。

2. 寻租问题

由于租金的存在,总有人为了获取租金而努力。人们通常把这种行为称为寻租(rent-seeking)行为。

第一次系统讨论寻租的是戈登·塔洛克(Gorden Tullock, 1967c),而第一个提出寻租一词的是安娜克鲁格(1974)。塔洛克认为,那种利用资源通过政治过程获得特权从而构成对他人利益的损害大于租金获得者收益的行为,现在是经济学的一个主题。并且它已经超越经济学,进入到了政治学、东方文化研究和社会学。

塔洛克认为,并非所有投入资源获取租金的行为都是寻租。比如专利制度通过保护人们的创新而使创新者获得了租金,但是这并不构成寻租行为,因为社会福利并没有因此而受到损害反而增加了。但是一个生产陈旧低效抗癌药的生产商,投入资源说服政府通过一项法令,禁止一种抗癌新药的进口,从而使自己获益而使其他人受到损害,这就是寻租。但是,现在也有人把这二者都视为寻租,前者为良性寻租,后者为恶性寻租。一般来讲,人们认为寻租主要是恶性寻租,也就是会影响其他人福利的行为。③

寻租带来的社会成本可以做如下解释。图 4-1 描绘了垄断产品的需求。假设垄断者索要垄断价格 p_m,而不是竞争价格 P_c,就会产生出以长方形 R 表示的垄断租金,而且在垄断产品的产量下会失去消费者剩余三角形 L。本来在完全竞争下是会产生这一消费者剩余的,但现在垄断者并不会提供这一剩余。

在垄断的传统讨论中,一直习惯于把 L 视为垄断所带来的效率损失,把 R 当作是从垄断产品或服务的消费者流向其生产者的一种纯粹收入再分配。现在假设有一个以上的厂商可以提供这种产品,但是它们都投入各种资源来说服当地政府,以得到垄断生产这种产品的权利。

---

① 〔奥〕弗·冯·维塞尔著.自然价值.商务印书馆,1982:161
② 曹和平,翁翕.信息租问题探析.北京大学学报(哲社版),2005,5:86
③ 〔美〕戈登·塔洛克著.寻租:对寻租活动的经济学分析.西南财经大学出版社,1999,5

那么最后获得垄断权的厂商得到了租金 R 或者 R 的贴现值,这可以被认为是成功说服政府所得到的奖励。而其他厂商为了获得垄断权所投入的资源以及福利三角形 L,则成为一种浪费,被称为社会成本。

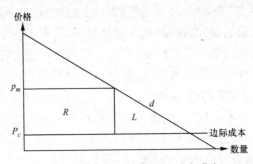

图 4-1　寻租条件下垄断的社会成本

詹姆斯·布坎南(1980a, pp. 12~14)把对社会来说可能是浪费的寻租支出划分为三种类型:(1) 这种垄断权的潜在获得者的努力和支出;(2) 政府官员为了获得潜在垄断者支出的租金而做出反应的努力;(3) 作为寻租活动的一种结果,垄断本身或政府所引发的第三方资源配置的扭曲。①或者说,伴随贿赂的社会浪费在于行贿的交易成本,院外说客的酬金,以及官僚们被安置在能收受贿赂的位子上进行竞争而浪费掉的时间和金钱。例如,到华盛顿的 10 个院外活动家代表 10 个不同的集团,在两三年内每人花费 100 万美元以影响国会让他们享有垄断的权力,最后仅有一人获得成功。垄断给他带来了 1000 万美元的折现值。这就存在从未成功的院外活动家到成功的院外活动家的大量资源再分配。②

4.1.2　信息租问题

按照上文的定义,在很多情况下信息具有"生产能力",并且私人信息具有天然的稀缺性,也就是说信息同其他生产要素一样,也具备了产生租金的条件,而且也同样存在着寻租的问题。

1. 信息租

如前所述,信息成本是交易成本中的一个重要部分,古典经济理论中关于信息完备的假设被证明是不正确的。在经济交往及合约形成过程中,信息不对称现象是难以避免的。而"信息的不可剥夺性和私密性使得信息在合约供需过程中具有成租的性质"③。对于信息租问题的探析,既可以使我们对于不同的信息不对称问题有一个更深的认识,并且可以让我们对于信息之所以成为商品的原因有一个新的认识视角。按照阿罗的观点,经济商品是能够以一个价格进行交易的物品的总称,信息租金就可被看作是信息的价格,那么信息自然也就成为一种商品。④

曹和平等通过逆向选择问题介绍了基于效用的信息租概念,认为信息租是广义租金的一种。信息租作为租金,与传统租金相比,具有许多类似之处。如果把信息泛化看作一种商品,

---

① 〔美〕丹尼斯 C. 缪勒著. 公共选择理论. 中国社会科学出版社, 1999, 4:283~284
② 约翰·伊特韦尔;默里·米尔盖特,彼得·纽曼编. 新帕尔格雷夫经济学大辞典. 经济科学出版社, V4, 1996, 6:157
③ 曹和平, 翁翕. 信息租问题探析. 北京大学学报(哲社版), 2005, 5:91
④ 曹和平, 翁翕. 信息租问题探析. 北京大学学报(哲社版), 2005, 5:90

那么信息租就是为了获得信息商品、消除信息不对称所必须付出的代价。

信息租的概念实际上是处处存在的。在产权界定、组织经济学、机制设计理论等领域,只要存在着不对称信息,就有信息租的问题,寻找最优契约安排的目的就是尽可能减少这种租金。信息租范畴使人们认识到,在某种意义上,人类历史就是一部追逐信息租的历史。

2. 信息寻租

与传统的寻租理论相似,人们为了获得信息租,也存在着相互寻租与反寻租的博弈行为,也会出现租金耗散的问题。信息寻租存在着良性寻租与恶性寻租的区别。所谓恶性寻租就是传统寻租理论,如塔洛克认为的那样,寻租行为使得除寻租成功者之外的其他人受到损害,形成社会成本。而良性寻租则被视为是像专利制度那样使其他人福利增加的行为。

最典型的例子是资本市场,对信息租金的追逐是资本市场信息披露最本质的特征。有私人信息的人必然享有一定的信息租金,也即掌控信息的个体拥有权力,而拥有超级信息的个体具有巨大的潜在利得(比弗,1998中译本)。

信息租金的一种表现形式是直接信息租金,指投资者利用信息能够获利。信息与资源配置相关,拥有信息投资者就有获利的可能。比弗认为,财务信息能影响投资者间的财富分配,接触财务信息的能力不同,可能导致较多信息的投资者以较少信息投资者的代价来增加他们的财富。投资者对财富的追逐,必然导致其对信息的需求,基于投资者福利考虑的强制性信息披露正好满足了投资者的这种需要。[①]

信息租金的另一种表现形式是间接信息租金,经营者利用信息披露提高公司或个人价值。或者说,披露行为本身就能减少公司价值被低估的可能甚至增加公司的价值。经营者对间接信息租金的追逐必然导致自愿性信息披露。

因此,对直接信息租金的追逐导致了投资者对信息的需求,而对间接信息租金的追逐诱发了经营者对信息的自愿供给,政府出于对整个社会福利的考虑介入信息披露,就形成了信息的强制性供给。但是,需要注意的是,信息寻租的动机使得经营者在进行自愿性信息披露的时候是有风险的,这种风险表现为:延迟信息披露,虚假信息披露,模糊信息披露以及选择对自己有利的信息进行披露等,从而可能损害到投资者的利益。比如德隆集团所出现的问题正是如此。为了解决这些问题,需要对自愿性信息披露进行有效管制。比如,建立基于声誉机制的经理人市场,以及建立法律的事后惩罚机制,等等。

今天人类已经进入了信息时代,信息传播的规模空前扩大,呈指数上升,信息寻租的现象在社会经济活动中的权重也越来越大。比如纳斯达克创业板现象,就是人们利用信息不对称中存在的巨大市场收益所创造的金融奇迹。同样,恶性信息寻租的现象也比比皆是,比如上市公司虚假的信息披露现象时常发生。

4.2 信息搜寻

信息搜寻模型描述了在不完全信息条件下,信息搜寻的成本与收益,这意味着信息具有价值,可以作为独立的商品存在,信息搜寻的成本与收益可以理解为市场价格信息作为商品的成本与收益。这个问题的提出使我们能够将前几章学到的不完全信息同我们即将学到的信息经

[①] 王雄元. 自愿性信息披露:信息租金与管制. 会计研究, 2005, 4:26

济问题联系起来,提供了一个过渡的桥梁,将二者顺利地联系成一个有机的整体。

4.2.1 信息搜寻问题

完全竞争市场模型假定市场信息是完备的,也就是说居民和厂商知道每一家商店里商品的种类、质量与价格;假定消费者了解自己的偏好,了解自己喜欢什么;假定厂商知道最合适的技术是什么,知道每一个求职者的生产率,知道原材料供应商的售价,也知道自己的产品价格。

但是事实证明,基本竞争模型关于信息的假设过于简单。经济学家们逐渐认识到,只有把信息的不完全性考虑在内才能解释重要的经济现象。比如在股票市场上,股票价格的高低显示出企业经营业绩的好坏。有效的股票市场假设,如果信息不完全的问题不能彻底解决,那么至少可供利用的信息可以迅速传播给所有的投资者。那么在股票市场上的投资者不断地买进卖出,究竟靠什么来赚钱呢?要么是运气好,要么是在信息传播不完全时,比如根据内部信息进行非法交易。所以比别人得到更有用的信息,或者比别人更早地得到信息,就成了股票投资者们梦寐以求的事情,为此很多人耗尽了精力和才智。

在完全竞争模型中,假设同一种商品在市场上以同一种价格出售。而事实上,相同或类似的商品在不同的地方价格并不一样。人们会发现,一件同样质地同样款式的衣服在不同的商店里价格并不完全相同,比如在一家商店里卖180元,而在另一家商店里卖195元。这种事情很常见,有时候是因为两家商店所提供的服务与购物环境有所不同,有时候完全不是因为这些因素。这就是所谓的价格分散性,又有人将其称做价格的离散。

人们总是想以最低的价格买到同样的商品,这实际上是一个搜集市场信息的过程,被称做信息搜寻。除了消费者所进行的商品价格搜寻之外,大学毕业生需要找到一个好的工作,商家需要找到好的职员,打算出国留学的学生需要找到一个合适的学校,等等。可以设想,如果人们进行信息搜寻是没有成本的,那么人们将会一直搜寻下去,直到使得高价格的商家无人光顾。但是,搜寻是有代价的,人们需要为之付出时间、体力、脑力、金钱以及决策的灵活性。因此,人们在搜寻到一定的次数之后,就停止搜寻了。那么,人们究竟在什么时候停止搜寻呢?乔治·斯蒂格勒的信息搜寻模型可以说明这个问题。

4.2.2 信息搜寻模型

1982年获得诺贝尔经济学奖的乔治·斯蒂格勒,在信息经济学领域做出了重要的贡献,斯蒂格勒在其论文《信息经济学》(George Stigler,1961)里提到:"这里再次指出,在任何一项经济决策和每一次经济交易中都需要信息。"斯蒂格勒的论文涉及到一个重要的问题:同一种商品价格的分散性。他认为同一种商品的价格是分散的,大部分商品的质量是不同质的,搜寻是获得价格信息的最直接方法。

完全竞争市场假设信息完全,同一种商品的价格是同一的。斯蒂格勒指出,作为经济信息的价格是经济行为人在搜寻中获得的,而搜寻信息是有成本的,搜寻信息的成本使得价格的分散性存在。按照斯蒂格勒的观点,信息搜寻成本包括时间和"鞋底"(shoe)两个部分,前者指信息搜寻所耗费的时间,后者则是指交通成本和其他查寻费用。这意味着人们在市场中不可能获得完全信息,信息不完全会导致价格刚性、价格与商品质量差异。更重要的是可以由此推出价格机制运转自身存在成本,完全竞争假设是有缺陷的。

信息搜寻模型主要解决了不完全信息的最佳搜寻次数或搜寻时间。

在信息搜寻模型中,多搜寻一次所带来的价格下降,就是信息搜寻的边际收益,记为 MR;而多搜寻一次所付出的成本,就是信息搜寻的边际成本,记为 MC。如图 4-2 所示,横轴表示搜寻量(比如搜寻时间),纵轴表示搜寻的预期边际收益。搜寻的预期边际收益随着搜寻量的增加而减少,而信息搜寻的边际成本随着搜寻量的增加而增加。以商品价格搜寻为例,当人们刚开始进行搜寻时,会发现每多花一单位的时间进行搜寻,能够发现较大的价格下降,这个下降的量便是这次搜寻的收益。随着人们搜寻范围的扩大,发现更低价格的机会将会减少,或者价格下降的幅度逐渐变小,因为同一种商品的价格分散总会在一个范围之内,而不会无休止的低下去。因此搜寻的边际收益曲线向下倾斜。另一方面,随着搜寻量的增加,人们用于做其他事情的时间减少,意味着搜寻的机会成本增加。

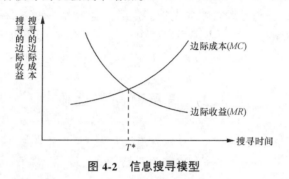

图 4-2 信息搜寻模型

如图 4-2 所示,人们最佳的信息搜寻量 T^*,在 $MR = MC$ 处。只要搜寻的预期边际收益大于边际成本,搜寻就会继续下去,直到二者相等为止。

在信息搜寻模型中,我们需要注意以下几个问题:

(1) 消费者以有限的次数中止信息搜集,部分消费者购物前已有一个可接受的价格。经过信息的搜集(有限次),消费者的可接受价格会限定在一个从最低价到其期望费用之间的区域内,在该区域内的价格,消费者都能接受,销售者的不同价格可以存在,只是高价销售的可能性低。但高价销售商的总利润不一定比低价销售商的低,因为每一个购买者的信息搜寻成本是不一样的,并且销售总利润与购买商品的总人数有关。

(2) 价格高的商品和价格低的商品搜寻的次数会不一样。对于价格高的商品,人们搜寻的次数可能会更多一些,因为每次搜寻的预期边际收益更大。这就是为什么人们在购买大件商品或昂贵商品时,会花费更多的时间搜寻信息的原因。

(3) 当工资上涨时,时间成本提高,搜寻的边际成本因而增加,结果是搜寻次数会减少,而产品的价格差异更大。有时候,交易双方会通过契约的方式来避免昂贵的搜寻成本,比如商场可能会以最低价的承诺来吸引顾客。另外,大的超市或百货商店也起到了信息媒介的作用,节省了顾客的搜寻成本。

4.2.3 信息搜寻与信息商品的出现

价格离散具有三个重要意义:第一,价格离散产生了市场信息的不完备性,也导致了市场代理人之间的信息差别。第二,价格离散产生了有利可图的信息搜集行为,如对市场信息的搜集、储存、传播和利用等。第三,价格离散诱发了信息搜寻的动机并提供了信息搜集的可能。

更进一步地,如果有人专门从事信息搜寻活动,并将搜寻结果加以出售的话,可以把 MC

理解为所出售信息的成本,如果不考虑信息垄断等因素的话,信息的最低价格应是在 $P = MC = MR$。

当然,专职的信息搜寻者会有成本更低的信息搜集渠道与信息传递方式,并且借助于规模经济与范围经济的优势,来进行信息商品的经营。这些行业包括传媒广告、信息中介等。比如,现在中国的房地产市场价格差异极大,作为价格昂贵的商品,人们在购房或租房时,需要花费大量的搜寻成本。如果是在二手房市场上,卖主找到一个合适的买主也不容易。这时,房产信息中介公司就普遍出现,他们通过规模优势,以较低的成本收集大量的信息,然后再将信息出售,信息本身成为商品。

随着信息通信技术与互联网的发展,信息搜寻成本进一步降低。或者说,正是信息搜寻成本的存在促使了信息传递与处理技术的发展。电子商务就是一种以商品信息为主要经营对象的商务模式。需要注意的是,尽管出现了信息中介与电子商务,信息搜寻的成本只能降低而不可能完全消除,因此价格的分散性还是会存在,只是分散的幅度可能有所降低。

4.3 信息商品的性质

从发展历史来看,信息并不是从一开始就成为商品的,也不是所有的信息都会成为商品,而是在特定的历史、技术与经济条件下才成为商品。信息商品具有不同于其他商品的特点,但又可以分为各种类型。

4.3.1 信息商品的分类

按照不同的标准对信息商品进行分类,可以从中抽象出信息商品共有的特点,又可以发现每类信息商品的独特之处。

1. 按照信息商品的产生领域划分

在市场经济高度发达的社会,各行各业的信息都有可能成为商品,从这个意义上说,信息商品的分类在很大程度上类似于信息的分类。信息商品按照产生领域的不同,可以分为以下类型:

(1) 经济信息

经济信息主要产生并应用于社会的各类经济活动。

从宏观的角度来看,经济信息可以根据不同的产业分为农业信息、工业信息与服务业信息。每一大类的信息又可以细分为不同的行业信息。

从微观角度来看,按照商品生产的链条,可以分为研发信息、生产信息、营销信息、管理信息等。其中市场营销信息从微观上来看,即指商品交易过程中关于买卖双方的信息,与第2章和第3章所讲到的信息概念具有相似之处,包括商品的价格、供求、质量信息等。

从目前的情况看来,经济信息已经成为非常重要的信息商品,其最典型的行业是各种性质的咨询业,电子商务企业以及市场中介服务业,比如会计师事务所、审计师事务所、律师事务所等。

(2) 科技信息

科学技术信息是具有原创意义的信息,主要产生并应用于人们的科学技术研究与发明创造活动。科技信息可以分为用于基础研究领域的信息与用于应用研究领域的信息。前者作为科学发现,其研究成果具有公共产品的性质,比如关于宇宙空间的最新发现。后者主要用于生产经营,作为发明创造,具有垄断性质,是一类重要的信息商品。科技信息的商品性质体现在其产权保护制度上,包括著作权保护制度、专利制度、商标保护制度、计算机软件保护制度等。科技信息常常由教育与信息服务业来提供,包括信息服务企业,也包括公益性的信息服务业。

(3) 娱乐信息

娱乐信息主要满足人们的娱乐休闲需要,作为消费品,它是很重要的一类信息商品,以各类文化娱乐信息业为主,比如游戏、影视娱乐、声像服务、文学艺术等各类信息商品。

(4) 政府信息

政府是非常重要的信息生产者,政府信息主要用于公共事务的管理。政府信息包括政治信息与行政管理信息。

广义的政治信息又包括政党信息、军事信息、外交信息、政策法律信息等。政治军事信息常常具有保密性,这意味着它具有稀缺性,在特定的供需条件下,可以作为商品进行交易。但是这类信息不属于典型的信息商品,因此不是我们研究的主要对象。

行政信息包括内部管理信息与外部行政服务信息。由于政府所具有的公共性,大部分政府行政信息属于公共产品,一般不作为商品来出售。目前,世界各主要国家都实施了政府信息公开制度,以免费公开为原则。

2. 按产权性质划分

从产权经济学的角度来看,明晰的产权是商品交易的基础,商品的交换实质上是产权的交换。按照产权性质,可以把信息产品分为公共信息产品与私有信息产品。公共信息产品包括政府信息与其他社会公共信息。具体来讲,包括政策法规、行政服务、文教卫生、社会福利保障等多方面的信息。私有产权是信息商品交易的基础,因而也是信息商品的重要特征。

3. 按载体性质划分

信息商品按载体划分,可以分为印刷型信息商品、光介质信息商品、缩微型信息商品、磁介质信息商品。

4. 按照信息商品的传递技术

可以分为印刷型、模拟型与数字型信息商品。数字信息商品按照其传播路径的不同,又可以分为网络信息商品与非网络信息商品。

5. 按照信息的文本特点

可以分为文字型、图像型、声音型、多媒体型、实物型等类型的信息商品。

4.3.2 信息商品的特点

作为商品,信息商品具有一般商品的共性,比如具有价值与使用价值,具有稀缺性,以私有产权为基础等。同时,它又具有不同于一般商品的特性:

1. 信息商品是一种体验商品

所谓体验商品是指,在使用之前,是无法知道其价值大小的,只有在使用之后,才知道其价值的大小。信息作为体验商品,其生产商的难题在于,人们在使用之前由于不知其价值大小而无法确定其价格,但是在使用之后似乎又不必再购买了。因此,作为体验商品,信息商品的定价就比其他商品的定价更加困难。

许多信息具有体验商品的特征,比如一条能够影响决策的消息。但是对于复杂的信息商品来说,其作为体验商品的特点就不十分明显了。比如一张复杂的设计图纸,使用者可能会在一次浏览之后判断其重要性,但却不大可能获得其全部的价值。商家可以利用体验商品的特点进行信息商品的营销,如今在网上十分流行的软件测试版、免费试用版就是如此。另外,大部分媒体制造商通过品牌和名誉来克服体验产品难题,依靠高质量的内容来吸引消费者为其付费。

2. 具有高固定成本与低复制成本

信息商品的生产主要依靠人力资本与技术资本,在研发环节需要投入大量的资金,包括昂贵的人力资本、大量的技术知识积累、必要的生产设备投资、中试投入以及市场风险等,因此需要很高的固定成本。但是信息商品的复制却是十分简单的,一旦第一本书被印刷出来,生产另一本书的成本就只有几元钱;刻一张光盘只需要不到1元钱,耗资8000万的巨片的成本大部分花在第一份拷贝出来之前。也就是说,一旦第一份信息被生产出来,多拷贝一份的成本几乎为零,这意味着其边际成本几乎为零。

如图 4-3 所示,信息生产的固定成本的绝大部分是沉没成本(sunk cost),即如果生产停止就无法挽回的成本。比如拍摄一部电影,如果拍摄在中途停止,则此前的大部分投资都无法挽回。

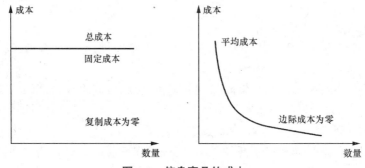

图 4-3 信息商品的成本

这个特点决定了信息商品是一种非常讲究规模报酬的商品,生产规模越大,平均成本越低。即使已生产了数量很大的拷贝,多生产一张拷贝的成本也不会增加,这使得微软公司在扩大市场规模的过程中,不会像波音公司那样受到折旧和持续能力的限制。

为什么互联网上会有免费信息?因为一旦有几家公司在生产时付出了沉没成本,竞争的驱动总是会使价格向边际成本移动。网上的品牌产品(如新闻、电话号码、股价、地图)等,都是以边际成本——零在出售。

作为具有高固定成本与低复制成本的体验产品,信息商品有一些不同于传统商品的营销机会,比如通过互联网发送免费样品,成本几乎为零。

如图 4-4 与图 4-5 所示,信息商品的平均成本与边际成本曲线不同于普通商品。现在考虑一家信息商品企业以向右下方倾斜的平均成本生产着该行业中市场需求的所有产品。如果任何一家新企业想进入这个市场,并且产出数量少于原来的企业,那么它的平均成本将高于原有企业的水平,因为原有企业有可能将产品卖得更便宜。只要原企业的生产数量高于新进入的企业,它的成本就更低,因而会更具有价格优势。正如我们在第 2 章博弈论中学过的,即使原企业只是威胁要降低自己的价格,那么这个威胁将是可置信的。因此在信息商品市场,尤其是内容产品市场,常常不会有许多厂商生产同质商品,后进入者的机会在于创新。

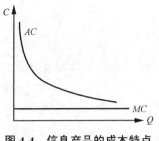
图 4-4　信息产品的成本特点

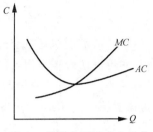
图 4-5　普通产品的成本特点

信息产品的特性决定了市场的竞争性可能遭到破坏。先进入的商家通过高固定成本和规模经济的优势，形成进入壁垒，从而形成自然垄断。但这并不意味着整个市场要被某个厂商所控制，最可能出现的情况是，市场被几个较大的厂商控制，形成寡头垄断。

3．使用的非排他性与非竞争性

非排他性意味着一个个体不能阻止另一个个体消费该种商品，而非竞争性是指一个个体的消费不会减少其他个体的消费量。非排他性与非竞争性是公共产品的特点。比如在一个未坐满人的教室，多坐一个人并不会影响其他人的听课效果；又比如在一国国防力量给定的前提下，多增加一个被保护的人也不会影响其他人使用这种产品。具有非排他性与非竞争性的主要原因是由于产品的技术特征，实现排他的成本过高。比如排除一个人享受一国国防的成本远远高于增加一个人享受国防的成本。

由于复制成本过低，信息商品普遍具有非竞争性与非排他性。实现信息商品的排他性有助于保持信息商品供给的积极性，人们依靠知识产权制度来实现信息商品的排他性，如专利权、著作权等。

4．范围经济的特性

如果同时生产几种产品的支出比分别生产它们要更少，那么，就被称为范围经济。由于具有互补性与兼容性，许多信息商品的生产具有范围经济的特征。以前美国电报电话公司曾经控制着地方和长途电话服务以及电讯研究领域，后来出于反垄断的原因将它拆分时，有些人认为这些活动之间存在着重要的范围经济而反对拆分。微软公司被人们指控为垄断，原因也是因为它同时经营着一些具有范围经济特征的产品。

5．时效性

信息商品的价值具有时效性，包括内容的时效性与传递过程的时效性。内容的时效性是指信息商品的内容对于特定的使用者来说，只在特定的时间内有效。最简单的例子是明天的天气预报是有价值的，而昨天的天气预报对于大多数人来说已经没有价值。传递过程的时效性是说信息在传递过程中具有时间成本，传递时间越长，时间成本越大。比如从网上下载一个软件的时间长短甚至影响人们对它的使用兴趣。

对于不同的人来说，信息商品时效性的作用是不同的。比如过去十年的天气预报信息，对于气象分析专家来说是有价值的，但是对于一般人来说则毫无价值。又比如某企业每天的股价走势，对于投资者具有极强的时效性，而对于研究宏观经济的学者则没有那么强的时效性，对于另外一些人则毫无时效性。信息商品的时效性决定了信息商品被使用的强度，时效性越强，被使用的强度越大，反之则越小。

时效性是影响信息产品定价的一个重要因素，在 4.4 节我们将看到，商家们是如何利用信息商品的时效性来为它定价的。

6. 价值的使用者依赖

信息商品的使用者依赖性包括三个方面：

一是信息商品的价值依赖于使用者的需要与相关知识的积累。信息商品的价值对于不同的使用者而言是不同的，这取决于使用者所具备的相关的知识积累。比如，一个人从一棵苹果树下走过，不巧被树上掉下的苹果打中，于是他捡起苹果把它吃了。牛顿被从树上掉下的苹果打中，却发现了万有引力定律。同样的信息，由于使用者不同，具有完全不同的价值。

二是一些信息商品的价值随着使用人数的增加而减小。比如股票市场的信息，一个重要的求职信息等。这类信息的价值在于它的稀缺性，使用人数的增加意味着它的稀缺性下降，从而价值变小。

三是另外一些信息商品的价值随着使用人数的增加而增加。比如电子邮件假如只有一个人使用是毫无价值的，当越来越多的人使用时，它的价值便会增加。原因在于这种信息商品具有网络外部性。同类的信息商品还有电话、网络游戏等。但这并不是信息商品所独有的，凡是具有网络外部性的产品都具有这种特征，比如铁路、航空等。

4.3.3 信息成为商品的条件

从商品发展的历史来看，相对于羊、粮食这样的生存必需品来讲，信息并不是最早的商品。信息是在特定的经济、历史与技术条件下成为商品的。

1. 信息成为商品的经济条件

从经济特性来看，信息之所以成为商品，是因为它具有以下几个方面的条件：

(1) 信息具有使用价值，能够满足人们某个方面的需求。无论从马克思关于商品的二重性来看，还是从西方经济学的效用价值来看，信息的使用价值满足了人类的某种需要。比如，用于决策的信息可以减少不确定性，有些信息可能满足人们的娱乐需要，有些信息能够满足人们科学研究的需要。信息商品的使用价值，是由信息生产者各种各样的具体劳动创造出来的。信息商品在生产、采集、传递、存储、加工以及利用的过程中都需要花费不同的脑力劳动，这些具体劳动生产出信息商品具有不同的使用价值。

(2) 信息具有价值，它凝结了人类无差别的抽象劳动。马克思主义经济学认为，商品凝结了人类无差别的抽象劳动，信息商品亦不例外，并因此具有价值。

(3) 信息具有稀缺性，因而具有交换的必要。稀缺性是产品进行交换的必要条件，在一定的经济发展历史时期，信息变得相对稀缺，并因此有了交换的必要。

(4) 信息具有私有产权，因而具有了交换的可能性，并因此获得了交换价值。市场参加者总能够获得某些其他市场参加者没有或目前还没有获得的私人信息，于是，市场参加者可以对该信息采取垄断或独占行动，即通过私人信息形式，使信息充分表现出其个人私有权特征。事实上，公共信息是以私人信息的大量产生和传播为基础的，私人信息才是经济信息存在最根本的形式，也是信息作为商品存在的最直接原因。另一方面，以信息商品为基础的信息经济逐渐将信息的公有转变为私人占有，信息在这种转变中通过商品交换的途径给个人带来私人收益，同时，也将以往社会中被认为无用的东西转变为有用的资源。

2. 信息成为商品的历史条件

信息并不天生就是商品，它只有发展到一定的历史阶段，才具备了成为商品的经济条件。

信息成为商品的历史条件可以总结为以下几点：

(1) 物质商品非常丰富

信息是物质的属性，信息商品脱胎于物质商品，并伴随着商品经济的发展，逐步演变成为独立的商品形态登上了历史舞台。只有当物质商品非常丰富，市场交换不断扩大，信息的种类与数量迅速增长，信息的离散性增大，人们搜寻信息的成本越来越高，并且搜寻的收益越来越大时，才会出现专门从事信息收集与买卖的人，信息本身成为商品。

物质商品非常丰富的另一个结果是，人们在满足了生存与生理需要之后，开始追求精神的满足与享受，于是以文化娱乐为主体的消费信息进入交换领域，成为商品。

(2) 社会分工不断深化

随着人类专业化与社会分工的深化，不同行业的专业知识很难为一般人所熟悉，需要专业的信息从业人员进行信息的收集、加工、传播与销售，于是产生了新的行业，信息行业。19世纪初，在英国工业化初期出现的咨询业，表明人类利用信息资源的实践活动开始深化，推进了信息商品化的进程。19世纪末20世纪初，这种社会化的咨询业在美国形成。

(3) 知识分工不断细化

促使信息与知识成为商品的另一个原因是，科技文化的进步使得专业知识的分工进一步深化与细化。这实际上是社会分工的产物，但是其发展具有独立性。随着知识与学科分类的不断细化，专家与普通人之间、不同的学科之间的交流日益困难，专家知识变得稀缺，并且具有了私有产品的垄断性；与此同时，专业信息与知识在生产、管理及各方面的价值却越来越大，在上个世纪，人们发现技术进步对于经济增长的作用不断增大，这使得信息与知识本身逐渐成为商品，具体表现为信息产业内部的行业细分。最为典型的例子是，以生产信息为主的科技研究与以传播知识信息为主的教育、传媒产业迅速发展，信息商品大大丰富。

3. 信息成为商品的制度条件

如前所述，信息具有公共物品的性质，具有非竞争性与非排他性，而信息成为商品的条件之一是信息所有者拥有私有产权。为了使信息商品像物质商品那样能在更大的范围内进行交换，扩大信息的供给，保护信息生产者的生产积极性，需要建立保护其私有产权的制度，这就是知识产权制度。1624年英国《专利法》规定了关于发明创造的信息必须通过市场交换获得。后来又出现了以保护人类智慧创造产品为目的的著作权法与商标法，这标志着独立于物质商品之外的信息商品正式得到社会的承认。

4. 信息成为商品的技术条件

信息在世界范围内成为商品，并在此基础上发展出信息产业，直到整个经济形态变成信息经济，这与信息技术的进步密不可分。正是信息技术的不断进步，使得信息的生产、处理、加工与传递速度大大加快，使得人类信息的总量迅猛增加，直到人们的注意力变得相对稀缺。

在造纸、印刷术、算盘等古老的信息技术发明之后，人们又发明了显微镜、望远镜、计算尺以及各种探测仪器，为人类开发利用信息资源提供了技术条件。而现代通信技术，包括电子计算机、无线电、卫星通信、光导纤维等技术的问世，更大地扩大了信息交流的范围和规模，使得信息渗入到经济活动与人类生活的各个领域，使得信息商品化的深度和广度空前增加，完全确定了信息商品的地位。

4.4 信息成本

与信息有关的成本概念,在不同语境里具有不同的含义。而信息成本与信息商品的成本也有所区别。

4.4.1 信息成本与交易成本

信息成本是交易成本的重要组成部分。说起信息成本,需要先说说交易成本。

所谓交易费用,是指在交换过程中所产生的成本,它影响着经济活动组织与实现的方式。科斯认为,交易费用是获得准确的市场信息所需要付出的费用,以及谈判和经常性契约的费用。威廉姆森(Oliver Williamson)认为,交易费用分为两部分,一是事先的交易费用,即为签订契约、规定交易双方的权利、责任等所花费的费用;二是签订契约后,为解决契约本身所存在的问题、从改变条款到退出契约所花费的费用。

肯尼斯·阿罗认为,交易费用是经济制度运行的费用。包括度量、界定和保证产权(即提供交易条件)的费用,发现交易对象和交易价格的费用,讨价还价的费用,订立交易合约的费用,执行交易的费用,监督违约行为并对之制裁的费用,维护交易秩序的费用,等等。

交易成本分为市场交易成本、管理交易成本与政治交易成本。

市场交易成本包括:搜寻成本与信息成本,如广告、拜访潜在的顾客、股票交易与通信成本;不对称信息条件下讨价还价与决策的成本;监督与执行成本,如保护产权与实施合约的成本。

管理交易成本包括:建立、维持或改变组织设计的成本,比如人事管理、IT 投资、公共关系等成本;组织运行的成本,如信息成本或决策成本,监督成本,工人绩效评估成本与信息管理的成本等。

政治交易成本包括:建立、维护或改变一个系统的正式与非正式政治组织的成本,如用于建立法律框架、行政管理、军事、教育、政党等活动的成本;政策运行成本,如评估、监督、创新与强制执行的成本。

可以看出,信息成本是交易成本的重要组成部分。这里的信息成本实际上是指交易过程中获得信息的成本费用,是第一节所讲到的信息搜寻成本的扩展。这与我们所讲到的信息作为商品的成本有所不同。

4.4.2 作为投入要素的信息成本

作为投入要素的信息,阿罗认为其成本有以下几个特点:

第一,代理人本身就是一种信息投入,是输入代理人信道的主要信息。由于作为信息系统的人脑在信息处理和传递方面受到一定的局限,使代理人被看成是信息生产的一个固定投入要素,并且对之持续投资产生递减收益,比如教育费用的投入。

第二,信息成本部分地属于资本成本,并且是不可逆的投资。

信息成本的不可逆特征表明:① 信息的价值较为确定时,信息的投资需求减少,反之则增加。② 当未来对资本货物的需求呈现出波动,特别是随机波动时,信息的不可逆特征就十分重要。当代理人对某条信道投资并获得该信道,那么,代理人在随后的经济活动中对这条信道的连续使用将比投资于新的信道更为经济。

第三,在不同领域、不同方面的信息成本各不相同。由于代理人本身就是一项信息投入,所以代理人本身就是一种经济信息或市场信号,他们的个人行为对于其他代理人可能具有信号导向作用。

第四,信息成本与信息的使用规模无关。

信息管理包括信息的采集、加工、存储、传递与利用等环节,信息管理成本是指在这些环节上所花费的成本。也就是采集成本、加工成本、存储成本、传递成本与提供利用的成本。在每一个环节上都需要投入人力、资金、设备与组织管理的费用。

信息商品的生产成本由固定成本与复制成本两部分组成。信息商品的特点是具有高固定成本与低复制成本,详见4.3.2节。

4.5 信息商品的价值与定价

4.5.1 价值与价格的关系

经济学有两个基本概念,一是价值,一是价格。在很多文献中,常常看到二者混用的情况,有时又有明显的差别。那么,二者的区别究竟在哪里呢?回答这个问题,要从不同的理论体系来讲,马克思主义经济学认为价值决定价格,价值由社会必要劳动时间决定,价格受到供求的影响围绕价值上下波动。西方经济学则认为二者是一样的,就是价格,是效用价格,决定于供求。信息商品也同样,如数据库或软件,其价格也随供求变化,供给越多,价格越低。

关于价格与价值的关系,有许多不同的观点。北京大学经济学院晏智杰教授关于价格与价值的关系有以下论述:

除去历史上最初出现的实物交换以外,价格始终是一个本质的事实和存在。至于人们通常所说的价值,其实只是价格中的一种形式,即长期价格水准罢了。研究这水准虽然不是没有意义的,但不可忘记更不可颠倒了两者的关系。事实上抛开了价格也就没有了它的长期趋势和表现(价值)。因此,只有从价格的存在和变动中去探求和说明价值,而不是相反……。总之,价格决定是比价值决定更高的层次,更带普遍性的问题,价值决定是价格决定中的一种而不是相反,所以价值的决定理应从属于价格的决定法则。①

定价是企业通过对市场的研究与预测为商品定出价格。企业在定价时考虑到的因素有供求、市场组织如行业垄断情况、同业竞争等情况。它根据市场供求以及成本情况来调整价格。在完全竞争的市场上,商品的价格由市场决定,企业只是被动地接受市场价格。在垄断或寡占的市场上,企业常常在定价行为上具有一定的自主性。

较之于普通商品,信息的价值衡量是比较复杂的。阿托·雷波认为,信息价值的研究方法总体上可以划分为四种:均衡分析方法、统计决策分析方法、多维价值分析方法和认识分析方法。微观意义上的分析一般属于前两种。总体来讲,对于信息价值的研究有两种方法,一种是信息的效用价值分析,一种是信息的劳动价值分析。前者是在西方经济学的框架下来考虑问题,后者是运用马克思的劳动价值论来分析问题。以下分别介绍。

---

① 晏智杰著.古典经济学.北京大学出版社,1998,4:379~380

4.5.2 信息的效用价值分析

效用价值指货币化了的使用价值。经济学家们站在不同的角度,对信息价值的表现形式以及影响价值的因素进行了分析,并且提出了决策信息与市场价格信息的价值衡量方法。

1. 决策信息的价值衡量

肯尼思·阿罗(K.J.Arrow)认为:在分析决策信息时,从信息需求角度,将信息商品的效用价值定义为有信息和无信息两种情况下拥有一定资产的决策者进行优化决策时所得到的最大期望效用的差值。他还证明了在效用函数采取对数形式的条件下,信息商品的效用价值等于该信息商品所包含的信息量。

杰克·赫什雷弗(Jack Hirshleifer)与约翰·G·赖利(John G. Riley)在分析个人在以下两个选择之间如何作出最优选择:(1) 立即采取最终行动;(2) 先获取信息以作出更好的最终决策时,这样分析:[①]

接收到任何一条特定信息 m,一般都会导致对概率信念的修改,进而导致选择不同的最终行动。信息的价值是从对最优行动的修正中得到的期望收益,即从信息服务中得到的期望效用。

用 $X=(1,\cdots,x)$ 表示一组可供选择的最终行动,$S=(1,\cdots,s)$ 表示一组现实状态,个人的行为选择和自然的状态选择相互作用决定了一个相关结果 C_{xs}。在采取最终行动时,每个人都会选择有最高期望效用的行动 x:

$$\operatorname*{Max}_{(x)} U(x) \equiv \sum_s \nu(C_{xs})$$

其中,$\nu(c)$ 是基本效用或偏好比例函数。

将上式进一步改写,最高的期望效用为:

$$\operatorname*{Max}_{(x)} U(x;\pi) \equiv \sum_s \nu(\pi_s \nu(c_{xs}))$$

其中 π_s = 状态 s 的无条件(先验)概率;

现在给定信息 m,令 $\pi_{s \cdot m}$ = 给定信息 m 条件下,状态 s 的条件(后验)概率,消息 m 的价值可定义如下:

$$\omega_m \equiv U(x_m;\pi_{s \cdot m}) - U(x_0;\pi_s)$$

其中 x_0 为没有接收到信息时所采取的最优最终行动,它是根据先验概率 π_s 计算出来的。

ω_m 是从最优行动的修正中所得到的期望收益,是根据个人修正后的概率 $\pi_{s \cdot m} \equiv (\pi_{1 \cdot m},\cdots,\pi_{s \cdot m})$ 计算出来的。很显然期望效用收益不能是负值,否则 x_m 就不会是利用后验概率得到的最佳行动。但即使概率信念被修正,消息 m 也可能不会导致最佳行动的变化,此时 $\omega_m = 0$,即消息 m 的价值是零。

设 C_{sm}^* 表示与状态 s 相应的收入,这一状态是在接收到消息 m 后采取最佳行动时得到的,而 C_{s0}^* 是在最好的无信息行动 x_0 时的收入(即根据先验信念采取的最佳行动),那么消息服务 μ 的价值 $\Omega(\mu)$ 就等于有无消息服务时的期望效用之差,表示如下:

$$\Omega(\mu) = \sum_m \sum_s \pi_{s \cdot m} q_m \nu(C_{sm}^*) - \sum_s \pi_s \nu(C_{s0}^*)$$

[①] 〔美〕杰克·赫什雷弗,约翰·G·赖利著,刘广灵等译. 不确定性与信息分析. 中国社会科学出版社,2000,5:204~214

2. 市场信息的价值衡量

乔治·斯蒂格勒对信息价值的衡量建立在他所创立的搜寻理论基础上,他认为信息的价值可用购买行为中买主预期成本的减少来表示。

$$V \approx \sum_{m=1}^{r} r! \cdot \lambda_m (1-m) r - m \cdot \Delta C_m / m!(r-m)!$$

其中:r 代表卖主人数,m 为搜寻次数,λ 为任意一个卖主的信息被任意一买主接收到的概率,ΔC_m 为每次搜寻时预期成本的减少额。

在斯蒂格勒看来,每搜寻一次所获得的预期成本的节省额可以近似地看作是信息的价值,这实际上是搜寻而产生的价值。

格罗斯曼和斯蒂格利茨(1980)认为,信息价值与掌握该信息的人数有关,而不单纯与搜寻该信息的收益相关。在市场不稳定的条件下,信息灵通的市场参加者将比信息不灵者占有更大的市场优势。但是,信息灵通的市场参加者所掌握的信息的价值,与掌握同样信息的市场参加者的人数成反比。因此,仍会有人对信息收集感兴趣,他们持续搜寻信息直到边际收益等于边际成本。

当信息成为商品之后,信息的定价既与信息价值有关,也与信息市场的结构密切相关。下面先简要分析不同类型的市场结构下,企业一般的定价策略。

4.5.3 一般的企业定价策略

1. 市场结构的类型划分

经济学将市场结构划分为四种类型:完全竞争、完全垄断、寡占与垄断竞争。在完全竞争市场中,商品的价格是在供给与需求均衡的情况下,意即市场出清的情况下的价格,企业只是市场价格被动的接受者。而在完全垄断、垄断竞争与寡占市场中,企业在定价上具有不同程度的自主性。完全垄断与完全竞争的市场较为少见,更多的是寡占市场与垄断竞争市场。

(1) 完全垄断市场

是指整个行业的市场完全处于一家厂商所控制的状态。完全垄断企业是价格的制定者,它可以自行决定自己的产量和销售价格,并因此使自己利润最大化。垄断企业还可以根据获取利润的需要在不同销售条件下实行不同的价格,又称为价格歧视。尽管垄断厂商可以决定价格,但并不是说它可以任意把产品价格提高。当价格定得过高时,销售量可能会变得很小,从而使总收益很小。再说,即使垄断厂商产品与别的厂商的产品有很大差别,如果定价过高,消费者依然会寻找替代品来使用,这不利于垄断产品销售。还有,政府也会加强对垄断产品生产和定价加以管理。在现实生活中,完全垄断的市场几乎是不存在的。

形成完全垄断的条件主要有:

① 政府借助于政权对某一行业进行完全垄断。
② 政府特许的私人完全垄断。
③ 某些产品市场需求很小,只有一家厂商生产即可满足全部需求。这样,某家厂商就很容易实行对这些产品的完全垄断。
④ 某些厂商控制了某些特殊的自然资源或矿藏,从而就能对用这些资源和矿藏生产的产品实行完全垄断。
⑤ 对生产某些产品的特殊技术的控制。

(2) 垄断竞争市场

指一种既有垄断又有竞争的市场。这个市场的特点是：

① 存在许多生产厂家；

② 生产具有差异性的产品，替代弹性比较大，交叉需求弹性比较大；

③ 垄断竞争市场的潜在竞争者容易进入市场。

引起垄断竞争的基本条件是同种产品在质量、包装、牌号、销售条件甚至服务质量上的差别。不同的厂商生产这些有差别的同种产品，每个厂商都享有一部分顾客的偏好，这对产品价格产生一定的影响。如果提高价格，厂商不会失掉所有顾客。从这种意义上说，垄断竞争厂商是自己产品的垄断者。但是由于产品具有一定程度的替代性，厂商之间为争夺更大利润而相互竞争。从这个意义上说，垄断竞争厂商又是竞争者。

由于垄断竞争厂商的产品间有一定替代性，垄断竞争厂商控制价格的能力就受到一定的限制，因而价格竞争利益不大，这使垄断竞争厂商更着重于产品质量、服务竞争及广告竞争等非价格竞争。

(3) 寡占市场

几家大企业生产和销售了整个行业的极大部分产品，每家都在该行业中有举足轻重的地位，这种市场结构被称作寡占市场。在现实生活中，某些产业部门在生产中显示出规模经济，以至于几个实现最优规模的工厂就能够供给整个市场。汽车制造、家用电器等行业是比较典型的寡头垄断市场。

由于寡头市场只有几家厂商，假定寡占企业生产某种同质产品，那么他们在制定价格时就丧失了独立性，每家厂商的产量和价格变动都会显著地影响到本行业竞争对手的销售量和销售收入。即使产品是有差异的，也存在定价和产出决策方面的相互依赖性。虽然在整个市场中可能有许多产品和许多个企业，但企业也许会发现它面对的竞争只是来自于产品特征与其相同的一二个企业，它与其他企业的竞争可能是微不足道的。因此在寡头垄断市场中，企业在作决策时既要考虑其他厂商的决策，同时也要考虑自己的决策对别的厂商的影响。这正是第2章博弈论里提到的应用实例，又称为产业组织理论。在这个相互依存的市场结构里，寡头们会采取某种合作形式的定价策略。最主要的定价模型包括卡特尔定价模型、价格领导模型以及准协议模型。

寡头市场的这个特征，决定了：

① 它很难对产量与价格问题做出像前三种市场那样确切而肯定的答案。因为，每个寡头在做出价格和产量决策时，都要考虑到竞争对手的反应，而竞争对手的反应又是多种多样而且难以捉摸的。

② 价格和产量一旦确定以后，就有其相对稳定性。由于难以捉摸对手的反应，各个寡头一般不会轻易变动已确定的价格与产量水平。

③ 各寡头之间的相互依存性，使他们之间更容易形成某种形式的勾结。但各寡头之间的利益又是矛盾的，这就决定了勾结不能代替或取消竞争，寡头之间的竞争往往会更加激烈。这种竞争有价格竞争，也有非价格竞争。

2. 企业定价目标

根据不同的市场类型，企业会采取不同的定价策略。卡普兰(David A. Kaplan)、德兰姆(Joel B. Dirlam)和兰兹洛蒂(Robert F. Lanzillotti)指出企业极少试图最大化短期利润，企业的五个主要的定价目标是：
① 稳定价格和/或溢价；
② 保持或提高市场份额；
③ 实现既定的投资回报；
④ 适应竞争；
⑤ 考虑到每一独特产品的市场特点。

3. 企业的定价策略

为实现企业的定价目标，企业会采取不同的定价策略，并根据市场变化进行实时的调整。但一般来讲，企业会在估算成本的基础上加上一个合意的估算利润作为新产品的价格。1939年，霍尔(R. A. Hall)和希奇(C. J. Hitch)对38位商人的实证研究表明：有30个宣称他们的基本定价方法是先计算或估计出单位产品的成本，再在此基础上加上一个合意的、"正常"的或习惯的溢价作为商品的价格，以从中获取利润。

在商品的成本估算上，一般会有以下几种情况：

(1) 厂商在估算产品的"单位成本"时，只计较那些较易确认的成本，如劳动力、原材料、燃料及运输成本等。其他一般被列为营业成本，并在单位成本的基础上加上传统的溢价以获得利润时把它考虑进去。这些成本之间的关系多数是任意的，且随着企业的不同而不同。

(2) 在一个生产多种产品的企业中，成本，尤其是营业成本，属于联合成本，这时不同的厂商在其产品之间分摊这些成本时可能会有所不同。

(3) 厂商可能会采用下列方法中的一种或多种来获取有关产品成本的数据。
① 当期实际的单位成本；
② 一段时期内的平均单位成本；
③ 预期单位成本；
④ 标准单位成本，即在正常的或计划的设备利用率下的单位成本。

4.5.4 信息商品的差别定价策略

1. 信息定价的困难

由于信息商品具有公共产品的特性，固定成本很高，而复制成本很低，这使得它的边际成本几乎为零。随着信息使用规模的增加，信息的生产成本增加值很小，或者几乎为零。也就是说，信息的总生产成本与信息使用规模无关。如果按照成本加成的方法来定价的话，使用规模越大，信息的平均生产成本就越低，则其价格越低。也就是说，一方面信息商品的价格与信息的总生产成本无关；但另一方面，信息价格又与使用规模密切相关，信息使用规模及由此形成的预期收益是确定信息价格的主要尺度。因此，信息商品定价的关键在于对预期的使用规模和预期收益进行预测。这使信息定价面临一个困难，那就是信息的使用规模常常难以预测，信息的预期收益也常常难以确定，信息市场有时甚至存在着相当大的风险。

对市场规模的预期影响着企业的定价策略，而企业的定价策略又反过来影响着企业的市场表现。扩大信息商品的市场规模是信息企业提高销售收入的关键所在。为了实现这个目标，信息企业常常采取差别定价或者价格歧视的定价方法。

2. 价格歧视的涵义

假设在一次交易中，有一件商品成本为30元，有一个消费者看到这个商品后认为值50

元,或者说他的最高意愿价格为 50 元。双方经过讨价还价后,以 40 元成交。我们说生产者获得了 10 元的生产者剩余,消费者获得了 10 元的消费者剩余。交易使双方的福利水平都有所增加。

我们定义:社会总福利=生产者剩余+消费者剩余。

所谓价格歧视,又被译作差别定价,是指就同一种商品而言,向不同的顾客收取不同的价格。向每一位顾客收取其刚好愿意支付的价格被称为"完全价格歧视"。泰勒尔在《产业组织理论》中指出:"要想出一个让人满意的价格歧视定义非常不容易,粗略地说,当两个单位的同种商品对同一消费者或不同消费者售价不同时,我们就可以说生产者实行了价格歧视。"

价格歧视可以分为三种:一级价格歧视、二级价格歧视和三级价格歧视。

一级价格歧视是指将消费者最高意愿价格确定为商品卖价的行为,它的特点是完全剥夺了消费者剩余。

二级价格歧视是指垄断厂商把商品购买量划分为两个或两个以上的等级,对不同等级的购买量索取不同的价格。比如对于一种商品,如果购买数量超过一定的限度,则可以获得一个较低的价格或一个价格折扣。二级价格歧视较多地出现在社会公用事业中,比如政府的批量采购常常可以获得一个较大的价格折扣,这可以以政府机关对"格力"空调的采购价格远远低于市场零售价来说明。

三级价格歧视是指垄断厂商把购买者划分为两个或两个以上的类别,对每类购买者收取不同的价格。每类购买者就是一个单独的市场,比如针对中老年人、学生和一般人制定不同的价格。

通过价格歧视的定价策略,生产商可以最大程度地扩大市场规模,获得销售收入。图 4-6 可以说明这个问题。对于一件商品,如果制定高价(如 A),只能向对产品评价很高的顾客出售,所以购买的人比较少,损失了一部分愿意出低价的消费者所带来的销售收入,生产商获得阴影部分的销售收入;如果制定低价(如 B),则购买的人较多,但损失了一部分愿意出高价的消费者所带来的收入,可以获得阴影部分的收入;而如果进行差别定价(如 C),也就是说对那些对产品评价高的人售高价,对那些对产品评价低的人售低价,则可以同时获得愿意出高价者和愿意出低价者所带来的收入,生产商获得的收入大于只定高价或只定低价时的收入。

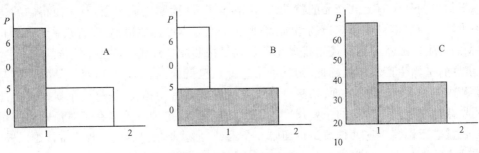

图 4-6 高、低和差别定价

3. 差别定价的难题

要成功地实现差别定价,最大的问题是:如何弄清某人愿意支付的最大金额?如何在向那些不愿意付更多钱的人提供产品时,防止更愿意购买的人利用这一优惠条件?对于普通商品来说,做到这些确实是不容易的,但是,由于信息产品独特的技术特性与销售方式,实现差别定价是相对容易的。

与摆在货架上的普通商品不同的是,信息产品的销售常常是点对点的,或者说一对一的,因此就有了差别定价的机会。另外,信息商品更容易采用技术的手段,使其针对不同偏好的顾客具有不同的功能。下面具体分析。

4. 信息商品差别定价的三种类型

不同于普通商品,信息商品的边际效用常常较低,或为零。比如,人在饥饿的时候,喝五杯牛奶的边际效用是递减的,但都不至于为零。而人如果看过一份报纸,那么他很难会接着再买同样一份报纸来看,也就是说,多看一份报纸的边际效用为零。这与信息商品是经验商品有关系。正是因为这个原因,信息商品较少采用二级价格歧视的方法来定价,也就是说较少根据顾客购买同种商品的数量不同来定价,而主要是采用一级价格歧视与三级价格歧视的方法来定价。前者主要表现为个人化定价,后者主要表现为群体定价和版本划分。

(1) 个人化定价

个人化定价就是以不同价格向每位用户出售信息产品。比如,网上数据库供应商 lexis-Nexis 几乎对每个顾客的要价都不同。你支付的价格可能取决于你是什么类型的实体,你的组织的大小？你使用数据库的时间,你使用数据库的量(随量打折),等等。再比如,一套数字图书馆软件系统,也往往是针对不同的客户,制定不同的价格。比如图书馆的规模、经费情况、地域分布不同,其所购得的同样的数字图书馆软件系统的价格也是不同的。

如果在互联网上进行销售,如利用电子邮件进行销售,在这种一对一的销售状态下,互联网可以跟踪客户的点击流,以根据每位顾客的行为提供个性化的服务和定价。

(2) 群体定价

群体定价属于三级价格歧视,是指对不同群体的消费者设置不同的价格,比如对学生打折。群体定价把价格建立在群体特征的基础上,如具有某种购买历史、邮政编码或行为方式的人被提供不同的价格。比如,出售到发展中国家的教科书同出售到发达国家的同样的教科书,定价是不一样的。

信息产品可以实施群体定价的原因可以归纳为四种:价格敏感、网络效应、锁定与共享安排。

① 价格敏感,是指如果不同群体的成员在价格敏感上具有系统性的不同,就可以向他们提供不同的价格,比如对学生和老年市民提供折扣。又比如软件的当地化版本、在中国出售的经济学教材可能会采用中国的国民生产总值等,并且这些经过本地化的产品根据当地的收入水平与对价格的敏感程度进行定价。

② 网络效应,是指当一位用户对产品的评价取决于多少人使用这种产品时,就产生了网络效应。网络效应产生的原因之一是标准化的问题。对于许多信息产品来说,使用某产品的人数越多,则该产品代表了一种标准化,因此会吸引更多的人使用该产品。企业会利用顾客标准化的欲望,通过向组织提供数量折扣或站点授权吸引他们选择产品。

③ 锁定,是指使顾客习惯于使用一种信息产品,从而产生一定的顾客忠诚度。比如《华尔街日报》曾发起了报纸教育计划,以便宜的价格向商业和经济学的学生提供订阅,还向订报学生的教师提供免费订阅。这样做的好处在于,那些从小习惯了阅读《华尔街日报》的学生,将是未来该报纸的主要订阅者。另外,软件常常向学生打折,也是这个道理。

如果信息产品具有很高的转移成本,打折扣使学生上瘾对企业是有好处的。所谓转移成本,就是放弃某种信息产品,使用另外的同类产品时,所付出的成本。最简单的例子如,用惯了汉语拼音输入法的人,如果改用五笔字型输入的话,需要花时间和精力来学习新的输入方法,这些就是转换成本。转移成本通常包括学习、培训以及时间等成本。如果对某一群体,比如学生的定价能够产生锁定效应的话,那么这种定价就是有益的。

④ 共享安排,是指这样的情况,比如以高价向图书馆出售、以低价向个人出售学术刊物。图书馆愿意支付更高的价格,因为资料在许多使用者之间是共享的。同样的,在出售录像带的时候,要考虑顾客是个人使用,还是将录像带出租。那么,针对录像厅的销售和针对个人的销售,定价是不一样的。

在有共享安排的情况下,如何决定一种产品应该采用个人定价还是群体定价,主要的考虑因素是交易成本:让中介来管理信息和让最终用户来管理信息,哪种方式更经济? 如果是前者更经济,则采用群体定价;如果是后者更经济,则采用个人定价。

(3) 版本划分

版本划分是群体定价的一种特殊形式。版本划分就是提供一个产品系列,让用户选择最适合自己的版本。信息企业根据不同的顾客需求提供不同的版本,一个完整的产品系列会使所提供信息的总价值最大化。设计这些版本时要突出不同的顾客群体的需求。

强调顾客差异使信息企业能够从创造的价值中抽取最大的利润,每位顾客可以选择最合其需求的版本。比如出版商出书时,出版精装书与平装书,就把对此书评价很高用于收藏的顾客和一般读者区别开来,进行了差别定价;一部电影先发行电影拷贝,过一段时间后出售影片的录像带,通过发行时间的先后把对电影评价不同的观众区分开来,实现了差别定价。

对信息企业来讲,需要强调消费者认为有价值的产品差别,以此为基础提供对不同群体有差别性的吸引力的版本。可以从不同的方面对信息产品进行版本划分,如:延迟、用户界面、分辨率、操作速度、格式、容量、特征、完整性、打扰和支持等。可以利用版本划分原理为互联网上的信息增加价值,比如增加被搜索或有超链接可供参考的功能等。

如果市场自然细分,可以相应地设计信息产品,如根据专业用户与业余用户的区别对信息产品进行不同的版本设计。如果市场没有细分,信息企业一般需要选择三种版本,要计划从中间版本中赚最多的钱。

另外,还可以针对不同的用户群体,把不同的互补产品放在一起进行销售,以形成版本差别。如出售电脑时装上了 Windows 操作系统,在有些电脑中根据用户需要又装上杀毒软件或其他软件。

由以上讨论可以看出,由于信息产品低复制成本的特性,规模是信息产品最重要的竞争因素之一。"龙头企业"的产品质量不一定是最好的,但它凭借规模经济享受竞争优势。因此,信息企业参与竞争需要:第一,对产品进行区别,为原始信息增加价值;第二,通过规模经济获取成本领导地位。

关键术语

信息商品　信息市场　信息成本　信息价值　租金　寻租　信息租　交易成本　价格歧视
信息定价

思考题

1. 信息搜寻的基本原理是什么?
2. 为什么会出现信息市场?
3. 信息商品的成本有什么特点?
4. 如何确定市场信息的具体价值?
5. 现代信息企业有哪些定价策略?实施群体定价的原因有哪些?

第 5 章 信息资源经济学

有关信息资源管理的研究,至今已经趋向成熟,出现了一批有价值的论著,国际上也有信息资源管理学会,形成了较完整的理论体系。而对于信息资源的经济学研究却还远远没有引起人们的重视,一些零星的研究散见于信息资源管理和其他方面的著述当中。但是这并不能说明这个领域的研究不重要,恰恰相反,信息资源管理的进一步发展,资源经济学研究领域的进一步完善,信息经济学研究内容的进一步充实,都在呼吁着信息资源经济学的系统研究。针对这样一个远远没有形成研究体系的领域,尽管是作为教材,本章所能提供给读者的也并不都是成熟的研究成果,有些内容尚属探索性质,希望以此引起更多的研究。

另外,本章内容主要是"信息资源经济学"。一个问题或一个领域的研究要成为一门学科,需要很多条件,这里所使用的"信息资源经济学"概念还有另外一层含义:相信信息资源的经济学研究最终能够发展成为一门独立的学科。

5.1 资源与资源经济学概况

5.1.1 资源的一般概念及其性质

关于资源的概念,国内外的专家学者有许多不同的定义。在本节中并不关注一般资源科学范畴的资源概念,而是主要讨论经济学意义上的资源概念,并在此基础上引申到信息资源。在传统意义上,或者说在传统的资源经济学当中,资源即指自然资源,是指在一定的技术条件下,自然界中对人类有用的一切物质和非物质的要素,如土壤、水、草地、森林、野生动植物、矿产、水产动植物、阳光、空气等。由于经济条件和技术水平的限制,暂时难以利用的自然要素,被称为潜在资源。

从生命周期的角度,可将资源划分为可再生资源和不可再生资源。可再生资源一般指能够不断繁衍生长的生物资源和可以循环利用的自然资源。但如果耗用无度,就可能打断再生循环的链条,使其枯竭,如滥砍、滥捕、过度开采等,使得土壤沙化,森林萎缩,有些生物品种逐渐灭绝。不可再生资源是指储量有限、形成速度极其缓慢、一般需要几万年甚至上亿年时间才能形成的自然资源,如矿产资源,金属、石油、煤等。

资源概念一经诞生,就与人类的有效利用密不可分,有些学者甚至认为哪怕是已经被发现的但尚不具备开采条件的自然矿藏也不能被称为资源。而经济学的教科书总是开宗明义:经济学是研究稀缺资源有效配置的科学。因此,经济学意义上的资源有以下几条与生俱来的属性。

1. 稀缺性

就自然资源而言,资源对人类社会系统的关系,是不可逆的。它从本质上规定了资源的"单流向"特征,即资源只能是供体,社会系统是受体。作为供体的资源总是被消耗的,而人类社会的需求却是无限的。因此相对于人类需要来讲,资源总是稀缺的。就单个的消费者而言,由于其存在收入约束和生理约束,如每月的收入是有限的,每天 24 小时是固定不变的,因此可供其支配的资源也是稀缺的。

2. 不均性

资源的质和量往往不可能均匀地出现在任一空间,它们总是相对集中于某些区域,表现出其自然丰度上的差异性和地理分布上的差异性。同样的资源在有些地方可能开发成本更小,开采效率更高。这也是资源稀缺的一个主要原因。资源的不均性使得社会分工和贸易具有了可能性和必要性,由不均性引起的竞争利益也促进了同质资源开发技术的进步和利用效率的提高。

3. 竞争性

竞争性来源于稀缺性。表现在两个方面:其一,在众多的资源构成中,人类社会努力选择在其应用上最为合适的,在经济上最为合算的,在时间上最为适宜的那一类资源,不同的资源在接受开发、提供利用上存在着竞争性。其二,在众多需求者中,均不同程度地需要同一类资源。因此,资源供体的优劣和稀缺特征,必然在资源受体之间引起竞争。也就是说,资源在空间与时间分布上的不均衡性在客观上造成了资源拥有者相互竞争的格局,而为了最有效率地开发利用资源,就存在着开发技术、开发的组织管理等诸方面的竞争。因此,可以说,这种经济选择本身就体现了竞争的内涵。这样的例子不胜枚举,比如各工业国为了石油而进行的政治、经济及军事方面的竞争。历数世界历史上的地缘政治与战争,看起来是国土之争,实际上可以归结到资源之争。

4. 循环性

自然界中,各类资源之间是相互联系的,并按各自固有的规律运动,保持一定的平衡关系,如自然界中水的循环。资源的稀缺性和可循环性为经济学探寻可持续发展的道路提供了可能性,也是近年来资源科学、环境保护科学等迅速发展的动力之一。一些相关理论已经应用于社会实践活动并正在接受检验,比如我国的"退耕还林还草"政策就是可持续发展理论的一个具体应用。

5.1.2 资源经济学的发展历史

在资源经济学中,资源的概念主要指自然资源,或者说是稀缺的自然资源。资源经济学是关于资源开发、利用、保护和管理中的经济因素和经济问题,以及资源与经济发展关系的科学,它研究资源稀缺及其测度、资源市场、资源价格及其评估、资源配置与规划、资源产权、资源核算、资源贸易、资源产业化管理等。一般认为,资源经济学是资源科学的一个重要分支,同时又是经济学的一门应用学科,因此可以说它是一门应用性的交叉学科。

资源经济学的研究可以追溯到 1924 年的《土地经济学原理》(Ely 和 Morhouse)。1931 年,霍林(Hoelling)发表了《耗竭性资源经济学》,提出了资源保护和稀缺资源的分配问题。1940 年又发表了《土地经济学》(Ely 和 Wehrweln),认为土地一词不仅限于土地的表面,它包括一切的自然资源——森林、矿藏和水资源。

到了 20 世纪 70 年代,随着生态保护主义的泛起和资源有限论的确立,资源经济学的研究进入了一个辉煌时期。如邦克斯(Banks)出版了《自然资源经济学》,之后《经济学理论与耗竭性资源》(Dasgupta, 1978)、《自然资源经济学——问题、分析与政策》(Howe, 1979)、《经济学和资源政策》(Butlin, 1981)、《资源经济学——从经济角度对自然资源和环境政策的探讨》(Alan,

1981)、《自然资源经济学》(Daniel, 1986)和《自然资源与宏观经济学》(Peter & Sweder, 1986)等一系列著作相继出版。1989年国内出版了艾伦·兰德尔的《资源经济学》，他认为资源经济学是微观经济学的一个分支，是研究自然资源和环境政策的应用经济学。1999年，英国的罗杰·珀曼，马越等著的《自然资源与环境经济学》(Nature Resource and Environmental Economics)由侯元兆等翻译(第二版)，由中国经济出版社于2002年4月出版，是一部优秀的环境与资源经济学教科书，已被二十多个国家的大学所采用。这本书把可持续发展视作环境经济学的服务目标，把环境经济学视作可持续发展的理论基础，论述了经济效率、市场失灵、公共政策、环境资源的最佳利用、森林问题、污染控制、国际环境经济、环境价值、环境核算等一系列重要的理论、方法和环境经济学的重大问题。

中国的资源经济学研究早期有章植的《土地经济学》(1930)，朱剑农的《土地经济原理》(1940)和张丕介的《土地经济学导论》(1944)。真正意义上的资源经济学研究是在20世纪80年代，涌现出的著作有《资源经济学和农业自然利用的经济生态问题》(牛若丰1984)、《资源经济学》(黄亦妙、樊永廉，1988)、《农村资源经济学》(黄鸿权，1989)、《矿产资源经济学》(贾芝锡，1992)、《资源经济学》(史忠良，1993)和《中国自然资源经济研究》(程鸿等主编，1993)等。

经济学是研究稀缺资源有效配置的科学，资源经济学的资源概念也同样与稀缺性相关。一般认为，已被人类发现的有用的要素才成为资源，那些尚未被发现的、或发现了但无用的要素不是资源。资源包括三大类型：一类是自然资源，有土地资源、生物资源、气候资源、水资源、矿产资源；一类是经济资源，有人力资源和资本资源；一类是社会资源，如人文资源，旅游资源和信息资源。事实上社会资源与经济资源没有严格的区分，在市场化充分发达的经济中，社会资源也同样是经济资源。到目前为止，资源经济学仍然是以自然资源为主要研究对象，经济资源的研究如人力资源和资本资源作为最主要的经济要素，早已发展成独立的学科领域，而社会资源的研究正在由管理学向经济学扩展，比如近年来文化产业、旅游产业、信息产业的研究已有一定的进展。

5.1.3 资源经济学的研究内容与原理

正如经济学家汪丁丁指出，关于土地的应用经济学，这一经济学领域将变得更加引人注目，因为全球资本主义的发展使环境与资源的耗竭迅速成为人类迫在眉睫的现实生存问题。但是由于这一领域的基础，即它的经济学理论研究长期停滞不前，于是当物种生存问题迫在眉睫时，这一问题首先要求经济学家解答的，是资源的理论问题而不是理论的应用问题……就资源的理论问题而言，我们甚至不知道怎样从经济学的角度而不是仅从工程科学角度定义"自然资源"概念本身。显然，传统的"已知储量"不能作为总体资源合理利用和长期技术政策的根据，因为"储量"本身是制度安排、技术进步和知识积累的函数。在特定的制度安排下，原本分类为"可再生资源"的自然资源也很容易转变为"可耗尽资源"，而知识积累往往可以持续发现新的"不可再生资源"，从而把一系列"不可再生资源"安排为"可持续发展"的各个阶段上的资源投入，于是获得了某种"不可耗尽资源"。这段话，基本上反映出资源经济学理论研究的现状。

但是随着人们面临的资源与环境问题的日益迫切，资源经济学研究有着日益迫切的发展动力。秦德先、刘春学在《矿产资源经济学》一书中，主要对矿山企业的经济效益、资源的充分利用和环境保护，勘探成本与利润分析、矿山经营效益、矿床经济评价、矿产资源充分合理利以及矿产资源开发的环境经济评估核算等问题进行了分析。① 一般来讲,资源经济学包含如下主要研究内容:资源及资源问题的界定,资源稀缺及其测度,资源市场与资源贸易,资源价格及其评估,资源配置与规划,资源产权,资源核算及其纳入国民经济核算体系,资源产业化管理,以及部门资源经济学如土地资源经济学和水资源经济学,还包括区域资源经济学。

谷树忠将资源经济学研究的主要原理与方法归纳如下:

最优耗用理论与霍特林定律(theory of resources optimal depletion or Hotelling rule)。最优耗用理论是关于不可更新资源最优耗用速度和条件的理论。对此贡献最大的是哈罗德·霍特林(Harold Hotelling)和罗伯特·索洛(Robert Solow)。达到资源最优耗用状态要具备两个条件。其一是随时间推移,矿区使用费须以与利率相同的速率增长,亦即资源任何时点上时间机会成本应均为零,此为最佳存量条件,并被后人称为霍特林定律;第二个条件是资源品价格等于资源品边际生产成本与资源影子价格的和,此为资源最佳流量或最佳开采条件。

资源稀缺及其度量和指标(resources scarcity)。资源(如耕地和石油)及资源性产品(如农产品和石化产品)的价格及价格指数,是测度资源稀缺状况的主要指标。价格高或价格指数大,说明资源稀缺度高或稀缺度提高;反之亦然。除此之外,资源性产品的生产成本、原位性资源(只可以就地利用而不能移至他地再利用的资源)的租金(如地租和矿区使用费)等,也是测度资源稀缺状况的重要指标。

资源估价与核算原理和方法(resources pricing and accounting)。资源估价是资源有偿利用和资源市场动作的基础。大致有 5 种方法,即收益资本化法(revenue capitalization)、市场比较法(market comparison)、市场趋势法(market trend)、影子价格法(shadow pricing)、竞价法(bidding)等。资源核算(resources accounting)是新近才出现的概念,是对一定时间和空间内的自然资源,在其详实统计、合理估价的基础上,从数量和价值量两个方面,以账户等形式,核实、测算其总量平衡和结构变化状况的过程。

资源代际分配原理(inter generational distribution)。在资源经济学中,认为贴现率的选取对资源的代际分配有着重要影响,并认为政府可以并且只能通过对贴现率选取过程的影响,来影响资源的代际分配过程。通常,降低贴现率可减缓资源的耗用速度并从而可为后代留有更多的资源基础,反之亦然。

资源产权理论(public goods/common property)。资源产权不同于资源所有权或使用权,是包括资源处置权和获益权在内的资源权利束(bundle of rights)。资源经济学特别关注资源共享和共享资源问题,关注资源共享现象出现的原因、共享资源的有效管理途径等问题。

资源效率至上的主张(sovereignty of resources efficiency)。资源经济学特别注重对经济发展中资源效率问题的研究,并主张将经济发展的资源效率置于资源利用的经济效率同等重要的地位;它将资源(自然资本)置于与人力资本和人造资本同等的地位,可以说给予了资源以高度的人格化的伦理对待,更提出资源基础尽可能地不受破坏。②

5.1.4 新古典经济学关于资源配置的研究方法

经济学中关于市场资源配置的研究主要有三大理论体系:新古典经济学、马克思主义经济

---

① 秦德先,刘春学编著.矿产资源经济学.科学出版社,2002,4
② 谷树忠.资源经济学的学科性质、地位与思维.资源科学,1998,1:21

学和新制度经济学。经济学是研究稀缺资源有效配置的科学,因此新古典经济学中一般的研究方法即可认为是有关资源配置的研究方法。资源配置的主体主要有市场、政府和企业三种形式。

(1) 边际分析方法

边际分析方法是新古典经济学中最为一般的分析方法。其特点是:以效用价值论取代古典经济学的劳动价值论。强调经济学研究的出发点是消费而非生产,分析的中心是资源如何通过市场交换来实现最优配置。把微积分数学引入边际分析,使经济学向着数字化和定量化方向发展。

在新古典经济学中,资源的有效配置是其研究的中心问题。稀缺法则是分析资源配置的基本前提或出发点。其研究的基本方法是边际增量方法和均衡分析,力图证明"市场经济是一架精巧的机构,通过一系列的价格和市场,它无意识地协调着人们的经济活动。"边际研究的基本假设有以下几点:

① "经济人"假设。基本含义是把人抽象为追求个人利益最大化的化身,由此否定人作为社会存在的其他一切非经济特征。

② 理性选择或理性行为假设。其含义为经济人在一组可供选择的方案中,必定并且也能够选择能给他带来最大效用或收益的那个方案。

③ 市场完全性。假设市场是完全竞争和信息充分的,不存在交易费用。

新古典经济学分析市场配置资源的基本思路如下:

① 均衡价格论:假设经济是由消费者和生产者两大行为主体构成的封闭系统,所有的生产要素和商品通过市场交换达到系统内物质流与信息流的循环。市场参与者根据自己的最大利益准则不断地调整其需求与供给,最后取得一个均衡点。

② 以边际效用递减律为假定分析消费者的行为。在两种商品的情况下,消费者的最大化理性选择行为可以模型化为:在预算约束下,消费者的购买决策应是两种商品的边际效用相等。

消费者作为要素所有者,也依据效用最大化原则向市场提供生产要素,使其资源得到最佳配置。消费者从其拥有的时间资源的消费中获取最大化效用,必须满足:作为"要素供给"的时间资源的边际效用与作为"保留自用"的时间资源的边际效用相等。

在企业内部,对于生产者而言,边际报酬递减规律为基本假定,厂商的目标是追求最大利润。在二元投入的假定下,其理性选择行为可模型化为:劳动与资本的边际产品相等,这也是厂商在长期生产函数下的生产要素最优组合条件。也就是厂商为了实现既定成本条件下的最大利润,企业应该通过两要素投入量的不断调整,使花费在最后一单位上货币成本所带来的边际产量相等。这是因为在市场环境下,生产者的最大化行为,在企业内部通过要素的最优组合来实现,在市场环境下,还必须通过生产者的最优产量与价格决策来实现。在完全竞争条件下,厂商是既定市场均衡价格的接受者,因此其最大化的行为决策表现为最优产量决策。

完全竞争在长期均衡条件下,不仅能满足厂商利润最大化的一般条件,而且能以最低的成本向社会提供最优产量。这就论证了完全竞争市场可以有效地配置资源。

(2) 市场均衡分析方法

在新古典经济理论中,资源优化配置通过市场均衡来实现,主要有马歇尔的局部均衡和瓦尔拉斯的一般均衡。马歇尔的局部均衡研究单个生产者与消费者在单个市场上如何合理配置资源,实现单个市场均衡。在瓦尔拉斯一般均衡的研究中,将相互联系的市场看成一个整体来研究,提出了一个包含交换一般均衡、生产一般均衡、资本形成一般均衡以及流通和货币理论等四大体系的一般均衡理论。该理论证明,供求相等的均衡不仅存在于单个市场,而且可以存在于所有市场。得出的结论是,完全竞争模型可以实现帕累托最优,这是社会资源配置的最佳状态。

一般均衡理论认为实现资源配置帕累托效率的三个条件是:

① 交换的最优条件:任何两种产品的边际替代率对所有的消费者相等。即所有商品都可以以有效的方式在个人之间分配,从而在个人之间不具有进一步交换的余地。

② 生产的最优条件:任何两种要素的边际技术替代率对所有生产者都相等。即它不可能生产更多的某些产品而不减少其他产品的产量,经济已沿着生产可能性曲线运行,不再有改善的余地。

③ 生产和交换的最优条件:任何两种产品的边际转换率等于它们的边际替代率。即经济中所生产的产品组合反映经济中对这些产品的偏好;或者说,经济在生产可能性曲线上的某一点所生产的产品反映了消费者的偏好。

但事实上,新古典经济学的基本假设却受到了现实的挑战,人只具有有限理性,并且现实经济并非是完全竞争的,还有垄断存在。

在寡头垄断市场条件下,产业组织理论认为,资源配置效率是反映市场效果好坏的最重要指标,这个指标在实际应用中常常使用利润率标准。在完全竞争条件下,价格趋向于包括正常利润在内的最低费用水平,因此认为市场机制下的资源分配是合理的。而在寡头垄断市场下,某产业长时期的高利润率,意味着该产业的过度垄断,阻碍了资源的流入,这正是资源分配不合理、社会资源使用低效率的表现。贝恩等人认为,可用产业的长期利润率是否趋向平均化来测量资源配置是否有效率。并认为产业利润率与其集中度以及由此而来的市场行为有关。高集中度的产业利润率也高,因此有"控制市场结构,以实现资源合理配置的市场效果"。而一些集中度较高的产业之所以利润率不高,是因为处于垄断寡头地位的企业有可能没有认真降低成本。

5.2 信息资源及其经济特征

5.2.1 信息资源的概念

所谓资源,是指能够为人类所识别并获取的物质集合。根据这个定义,信息资源是指能够为人类所识别所获取的信息。在信息资源之外,还存在大量独立存在的、未被人类发现、开发和利用的信息,或者说还存在未被人类所获取的知识。从这个角度来说,信息资源是信息的子集,是在当前信息技术开发水平和认识能力条件下所能够开发与组织的信息。信息资源的形成与人类的需求紧密相关,是人类劳动、交流的必然结果。

迄今为止,关于信息资源的研究已经比较成熟,国内外对于信息资源的概念与内涵时有总结。虽然对于信息资源有众多不同的解释,但相差也并不太大。根据国家信息资源北京研究基地的课题"信息资源开发利用的基本理论"研究报告、谢阳群编著的《信息资源管理》、孟广均等人编著的《信息资源管理》的总结,信息资源的概念主要有以下几种:

霍顿(F.W.Jr. Horton)在1985年将信息资源定义为:从政府文书管理的角度看,信息资源具有两层意思：第一，当资源为单数（resource）时，指某种内容的来源，即包含在文件和公文中的信息内容；第二，当资源为复数（resources）时，信息资源指支持工具，包括供给、设备、环境、人员、资金等。1986年在他与P. A. Marchand合著的"*Infotrends*"一书中，又对信息资源重新进行定义，认为对于整个社会和国家来说，信息资源包括如下四个方面的内容：与信息相关的技能的人才；信息技术中的硬件和软件；信息机构，如图书馆、计算中心、通信中心和信息中心等；信息处理服务提供者。

德国信息管理专家斯特洛特曼（K. A. Stroetmann）(1992)认为，信息资源包括三个组成部分：信息内容、信息系统和信息基础结构。我国学者乌家培先生认为对信息资源有两种理解。一种是狭义的理解，即指信息内容本身。另一种是广义的理解，指的是除信息内容本身外，还包括相关的信息设备、信息人员、信息系统、信息网络等。狭义的信息资源实际上还包括信息载体，因为信息内容不能离开信息载体而独立存在。

美国《文书工作削减法》（PRA）(1995)规定，信息资源指信息与相关资源，如人员、设备、资金和信息技术。美国联邦政府管理与预算局（OMB）A-130号文件(1985)认为信息资源包括了政府信息和信息技术。

我国信息经济学家乌家培认为："对信息资源有两种解释，一种是狭义的理解，仅指信息内容本身。另一种是广义的理解，指除信息内容本身外，还包括与其紧密相联的信息设备、信息人员、信息系统、信息网络等"。

赖茂生教授提出：信息资源是人类活动各个领域所产生和有使用价值的信息集合。本定义包括为人类活动各个领域（包括政治、军事、经济、文化和社会生活等）所产生的和有使用价值的各种信息集合，如数据的集合、（显性）知识的集合；包括各种来源、各种载体、各种表示方式、各种传递方式和渠道以及各种使用场合和用途的信息资源。[①]

从信息资源定义的发展来看，它是随着电子信息技术的发展而不断充实的。综合看来，信息资源是经过人类组织与序化的信息，它主要有两层含义：狭义地讲就指信息内容，广义地讲它包括信息内容、信息技术、信息设备、信息人员与信息机构。

5.2.2 信息资源的经济特征

信息资源与人类的需求紧密相关。它既不同于物质资源，也有别于人力资源与资本资源，具有独特的经济学特征。可以归纳如下：

1. 相对稀缺性

不同于自然资源的可耗竭性，信息资源在客观上是无限丰富的。随着技术的发展，社会分工的深化与人类知识的不断丰富，经过组织序化的信息越来越多，另外科技发现的不断延伸与人类思想体系的扩大，也使得新的信息资源不断增加，因此信息资源存在着不断丰富的趋势。另外，不同于物质资源，作为事物存在的基本属性，信息也不可能耗竭或消失。但是相对于人类需求来讲，特定的信息总是存在于某一个特定的时空点上。而对于特定的人来讲，由于所处的信息环境的局限以及信息获取手段的限制，他所需求的信息与他所能获得的信息之间总存在着差距，因此相对于人的需求，信息总是稀缺的。这也正是无论信息技术如何进步，信息不对称与信息不完全总会存在的原因。

---

① 赖茂生等.信息资源开发利用基本理论研究.情报理论与实践,2004,3:230

信息资源的相对稀缺性还表现为其无限膨胀的趋势与人们处理信息的有限能力之间的矛盾。过多的信息造成人脑的疲惫和种种心理压力，比如紧张焦虑等情绪，反而影响了人脑创造力的发挥和决策的科学性。人的有限理性使得他不可能充分注意所有的可得信息，有用信息淹没在大量的无用信息当中，尽管有了国际互联网，可是从信息的海洋中去搜索与需求相匹配的信息，也仍然非常不容易，甚至会影响决策的时效性。比如说用GOOGLE对某个主题进行搜索，常常会出现上万甚至几十万条信息，而且每天还有新的信息不断增加，就算是跟踪阅读，也是十分不易的。这与其说是信息资源的相对稀缺性，还不如说是信息处理能力或"注意力"的稀缺。无论是哪一种稀缺，都要求人们合理配置信息资源，最大限度地提高配置效率。由此可以推理出一个人们并不陌生的命题：信息资源经济学应该是研究稀缺的信息资源有效配置的科学。

由于信息具有相对稀缺性，专家的作用日益重要。所谓专家，就是在信息资源日益丰富和有用信息相对稀缺的情况下，专门从事专业知识的整合以应付大众需求的人。那么社会是如何来发现大众需求并找出专家的呢？这需要从事信息内容行业的企业家来发现。

2. 空间分布的不均衡性

如同自然资源，信息资源在地域分布上也存在着不均衡性。无论是信息技术还是信息内容，在不同国家、不同地区之间都存在着不平衡发展的特点，被人们总结为数字鸿沟。信息资源的不均衡分布来源于各国各地区社会科技文化的发展水平和历史积累，同时也与自然资源的丰裕度密切相关。这种不平衡还会自我强化，由于技术发展的惯性，信息资源的贫富差距会越来越大。这又被称之为信息经济发展的马太效应。

信息资源空间分布的不均衡性的原因在于信息资源的产生与人类活动密不可分。自然资源天然存在于大自然中，是自然环境赋予人类的生存资料。信息资源来源于人类社会，与人类之间有着更大的互动性。人类不仅仅是信息资源的受体，同时也是供体。自然资源的有效开发受到人类现有知识技术条件的限制，但其存在具有独立性。而对于信息资源来讲，人类的智能水平决定着特定时期或特定个人的信息资源的量与质，影响着信息资源的丰度与凝聚度。在科研和教育发达的国家或地区，信息资源更丰富，而信息资源越是丰富的地区，科技、教育、经济就越发达。

3. 开发利用的竞争性

对于信息资源，从资源的角度讲竞争性，与从产品的角度讲非竞争性并不矛盾。与自然资源相同，信息资源的竞争性是稀缺性与不均衡性的逻辑结果。作为对于人类社会有价值的资源，信息资源的竞争性表现在两个方面：

（1）不同的国家、地区与个人为了寻求更多的发展机会，需要更快更早更多地获取信息。或者说经济的发展要求以更为优越的信息资源优势作为条件或基础。这种竞争在宏观层次上发展到成熟阶段时，表现为传统产业信息化进程之间的竞争。

（2）信息资源自身的规划、布局、建设、开发与利用效率方面的竞争，是制度与技术共同作用的结果。可能是国与国之间、地区与地区之间的竞争，也可能是企业与企业、个人与个人之间的竞争。这种竞争表现在宏观层次上，就是信息产业（广义上包括教育、媒体出版、计算机技术及通信等）产业之间及内部的竞争。

竞争会导致效率的提高，多年来许多学者总在呼吁信息资源的共享，要求有相对统一的管理和规划，避免重复建设和资源浪费。从政府或公益性信息资源的建设来讲，这个观点是正确的。但是从信息资源的市场配置来讲,适度重复有利于形成竞争局面,提高资源利用效率。举个简单的例子,当市场上出现了"中国科技期刊全文数据库"(西南信息中心)、"中国人民大学复印报刊资料全文数据库"之后,"中国学术期刊数据库"的使用价格就大大下降了,而且功能与效率不断提高,消费者从中得到的好处正是来源于"一定程度的重复建设"所引起的竞争。这也说明仅仅从管理学的角度研究信息资源的建设与开发是远远不够的,还需要从经济学的角度研究信息资源的建设、开发与配置效率,这是非常必要和有意义的。

4. 使用技术上的公共性

信息产品在一定程度上具有公共产品的性质,非排他性与非竞争性是公共产品的两个基本特性。在纯个人产品中,财产权决定人们对产品的所有权,拥有财产权的个人可以排斥其他人对该产品的占有。而公共产品却不具有排他性,这或者是因为排他在技术上的不可实现性,比如灯塔上的灯光,一国之内人们对国防的享受。或者是因为尽管排他在技术上是可行的,但排他的成本却可能非常昂贵。信息产品的非排他性原因主要属于后者,尽管有知识产权法律的保护,但信息产品的低复制成本却使得法律的执行成本非常高。

当增加一个人消费某产品的边际成本为零时,这种产品就可以说在消费上是非竞争性的。信息产品正具有这样的特性,当大规模生产时其边际成本也就是复制成本趋于零,即再增加一个人也不会导致他人对该产品的消费。而互联网上的信息更具有这样的特点,在带宽允许的范围内,增加一个人的浏览不会影响他人的阅读。

当信息产品出售之后,生产者很难监督其运行和使用过程,大量的"搭便车者"使得信息生产者的边际收益小于边际社会效益,从而导致信息生产者的成本无法通过市场机制取得有效的补偿,信息生产不足,信息资源配置无效。比如一所大学图书馆购买了某种学术数据库,只允许学校的局域网用户使用,但常常无法控制恶意下载。

使用上的非竞争性与非排他性,导致了信息产品生产的外部性。所谓外部性是指当一方的生产或消费活动,直接成为另一方的生产或效用函数的一个变量时,就产生了外部性。外部性是导致市场失灵的原因之一。

关于外部性,庇古(A. Pigou)曾得出社会福利最大化的又一条件,称为"黄金法则",作为对帕累托边际条件的补充:要使社会经济福利最大化,就要使任一经济行为的边际社会收益等于其边际社会成本。即必须以某种方式让生产者对"负的外部效应"付出代价或从"正的外部效应"中取得效益。外部性使以信息资源有效配置为目标的机制设计面临又一个难题,除了加大政府对知识产权保护力度之外,还需要其他的经济手段与技术手段发挥作用。

这些特点使得信息资源产品在技术上具有公共产品的性质。作为公共产品,纯粹的市场配置会导致效率低下。因此在较大的范围内,信息产品需要由公共部门来提供,这就是为什么科研、教育、信息服务机构大都是政府投资的公益性事业的原因。在考虑信息资源的配置问题时,要分清哪些信息可以由市场来提供,哪些信息必须由政府来提供或资助提供。一般来讲,高使用价值、专用性强的信息产品可以由用户自己开发,比如银行、海关、税务的高保密性的专用系统;高使用价值、用户规模大的信息产品由市场来提供,比如办公软件、ERP 系统等;低用价值、用户规模大的信息产品由公共部门来提供,比如图书馆、情报机构的信息资源。

5.3 信息资源的经济学研究

5.3.1 从经济学角度研究信息资源管理的必要性

对于自然资源,人们除了从工程学和自然生发的角度进行研究外,很早就开始了对其价格、评估、开采成本及收益的分析。而对于信息资源的研究到现在为止还主要属于管理学范畴,信息资源的经济学分析还没有真正开展,但是这样的分析却是十分必要的。为了分析方便,可以粗略地将信息资源划分为企业信息资源、政府信息资源、专门的信息机构资源和互联网信息资源。严格地说,这样的分类并不十分科学,因为它没有包括社会所有的信息资源,而且互联网作为一种信息传播的技术手段,其信息资源与前面三类有交叉和重复。但是这样的分类,可以方便我们从信息资源管理的起源来说明对其进行经济学研究的必要性。这种必要性可以概括为以下几点:

1. 公共管理是信息资源管理的起源之一

所谓公共管理是指运用管理的、政治的和法律的理论及方法,去执行政府在立法、行政及司法方面给予的权力,为整个社会或社会的某些方面提供管理和服务。随着政府职能的不断扩展,公共管理中产生了越来越多的文字记录。为了对记录的生产、整理、保管和处置进行更为系统的控制,在政府内部成立了专门的负责机构,制定了专门的规章制度。可以说,信息资源管理的技术最先是由企业界引进的,但信息资源管理的思想及实践最初却是在政府部门产生的。

近年来,各国政府都在推进政府信息公开化的进程,电子政务、电子政府成为备受关注的热点问题,甚至成为推动政府改革的重要因素。而在实践上电子政务向纵深推进却困难重重,除了管理制度上的原因之外,投入产出、利益补偿等种种难以理顺的关系是关键的制约。所有的制度改进与机制设计如果不符合经济激励原理,它的效果是微乎其微的。要解决这些问题,需要有力的信息资源经济学的理论分析工具。

2. 企业管理是信息资源管理的重要来源之一

信息资源管理最初的研究动力来自于工商管理理论与实践的不断发展。企业的基本目标是追求利润最大化,成本收益分析是其投资与生产决策最基本的出发点。企业信息资源包括信息工作人员、信息设备和信息内容,企业信息资源管理与企业的利润目标紧密相关。因此对企业信息资源的研究决不仅仅是一个管理学的问题,事实上,信息资源管理的研究离不开信息资源经济学的研究,而信息资源的经济学分析又以其管理效益的提高为目标。只有将与信息资源有关的经济学问题分析清楚之后,才有可能设计出真正有效的管理制度,提高管理效率。比如一个企业在进行信息化决策之前需要考虑初期投资及管理过程中的各项成本投入,预测购进系统的收益,以经济效率为目标设计出信息资源的管理制度。因此,信息资源的经济学分析与信息资源的管理学分析是一个问题的两个方面,二者密不可分。

3. 社会信息服务机构的顺利运营同样需要经济学分析

图书、档案及科技信息机构作为公共设施,其信息资源作为公共物品,一开始就是由政府投资建设大众受益。多年来对这类信息资源的研究主要以提高管理与服务效率为目标,重点在于改进科学管理的手段。在将投资和资源分配当作给定前提的条件下,似乎没有对这类信息资源进行经济学分析的必要性和迫切性。直到近年,各国的公共及大学图书馆普遍出现了经费短缺的现象,如何在预算约束下进行有效的资源建设逐渐受到人们的重视。

到 20 世纪 90 年代末期,出现了一些就此问题进行研究的文献,代表性著作有 Bruce R. Kingma 编著的一书《信息经济学:对于信息职业的经济学与成本收益分析指南》[1],介绍了在有限的预算约束下,图书馆管理者应决定实现什么样的服务与资源,及其选择的合理性。利用基本的经济学原理和成本收益分析提供理论与实践之间的合理平衡。另外有《数字信息经济学》[2]一书,对图书馆信息资源数字化进行经济学分析。

4．网络信息资源的经济学分析

自 1990 年以后,全球信息高速公路的发展突飞猛进,网络信息资源呈现出异于传统信息资源的特点。归纳起来有以下几点:

(1) 流动性。网络信息资源在世界各地实时流动,更新速度非常快,有些信息内容存在周期很短。

(2) 无边界性。每时每刻都有新的网站和网页产生,也有一些在灭亡,网络计量学所面对的难题远远超出了传统的文献计量学。

(3) 网络信息资源的自组织与他组织同时发生。随着网络信息资源的组织、检索、管理和传递技术不断发展,各种网站建设、信息架构、搜索引擎渐渐成熟,涌现出一批高效的搜索引擎、专业网站。再加上网络信息资源的进一步丰富,使得信息资源的分类、聚集及规模效应渐渐显现,也因此引发出许多新问题,如网络信息资源的评估、定价、收费、成本与收益、公平与效率等。

(4) 网络企业、网上银行、电子商务等一系列网络经济现象对经济学提出了新的挑战。所有这些都说明仅仅从管理学的角度研究信息资源已经远远不够。而事实上关于网络信息资源的经济学研究早已开始,比较成熟的理论有网络经济学,比较新的研究有电子商务经济学、信息企业的定价策略等。

1995 年 9 月在华盛顿召开了题为"针对信息经济学的挑战性市场解决方案"的会议,并形成了《网络环境下的信息经济学》[3]的论文集。本次会议主要"考察知识基础设施的发展及其对高等教育的经济学影响",探讨了高等教育中的网络与信息资源在持续发展过程中的预算、成本与资金问题。

另外以色列的经济学家谢伊(Oz Shy)的《网络产业经济学》(*The Economics of Network Industries*, 2001)一书从产业组织的角度分析了硬件产业、软件产业、电信、广播、银行等网络产业的特点和市场对策。现在的问题是,对信息资源本身做系统的经济学研究的文献还很少,理论的研究落后于实践的需求。

5.3.2 信息资源经济学研究的意义

经济学研究是以问题为导向的,对理论研究的需要可能来自于实践,也可能来自于理论本

---

[1] The Economics of Information: A Guide to Economics and Cost Benefits Analysis for Information Professionals. 2nd ed. by Bruce R. Kingma. Englewood, CO: Libraries Unlimited, 2001
[2] Economics of digital information, Collection, Storage, and Delivery, edited by Sul H. Lee. Binghamton, NY: Haworth Press, 1997: p.151
[3] The Economics of Information in the Networked Environment, edited by Meredith A. Butler and Bruce R. Kingma. Washington, D.C.: Association of Research Libraries, 1996. p.217

身的发展。目前,信息资源管理的内容体系已基本建立,所使用的分析方法也得到普遍认可。从长远来看,无论是理论还是实践发展,都对信息资源的经济学研究需求迫切,其意义可以归纳为以下几点:

1. 拓展了有关信息资源的理论研究领域

自 20 世纪 50 年代开始,关于信息技术的研究不断发展,并对人类社会产生了巨大影响。而信息资源的研究则起始于 20 世纪 80 年代,经过 20 年的发展,信息资源管理的理论体系已基本确定。尽管人们已经认识到信息资源对现代社会经济发展的重要作用,将它与物质和能量相提并论;尽管资源经济学不断发展,并且随着环境与资源压力的增大而日益受到人们的重视,但是对信息资源的经济学研究仍然没有引起足够的重视。或者说,人们对于信息资源的研究还局限于微观管理层面上,还没有足够多地运用经济学方法进行信息资源有效配置的分析。因此,信息资源的经济学研究对于目前信息资源的理论体系来讲,是一个重要的补充,是信息资源学中与信息资源管理相并列的另一个重要领域。

2. 进一步丰富了资源经济学的研究内容

与其他应用经济学分支相比,资源经济学发展比较缓慢,但其需要纳入的研究对象却在不断扩展。从自然资源扩展到人力资源、资本资源、科技资源与信息资源等,而不同资源的研究方法、研究内容也相差很远。针对这些性质截然不同的资源,既有一些共性的研究内容,比如资源的丰度、有效配置、定价、开发成本与收益核算等问题,又各自具有独特性,比如,科技资源、信息资源、人力资源就有着不同于自然资源的经济与社会特点,因而又需要不同的研究方法。总体来讲,信息资源是人类资源体系中不可或缺并且日渐重要的一个部分,对于信息资源进行经济学研究,无疑是在知识经济时代对资源经济学的丰富与完善。

3. 对信息资源管理实践的纵深发展具有指导意义

当信息资源管理理论日渐成熟时,人们在资源开发、管理、利用中最常碰到的问题就是经济问题。在信息战略的制定、政府信息资源的开发、网络信息资源的利用以及电子商务的实施过程中,无时无处不存在着经济问题。如何有效配置相对稀缺的信息资源,是一个政府、一个市场、一个企业、一个信息机构甚至一个个人都不可避免的问题,因此,信息资源的经济学研究对于社会经济组织的信息问题具有重要的实践指导意义。

5.3.3 信息资源经济学的研究内容

从经济学角度研究信息资源,与从管理学角度研究信息资源,侧重点不同。在孟广均等人提出,信息资源管理学体系由信息资源管理理论、信息资源管理技术、信息资源管理应用三个部分组成。其中信息资源管理理论包括一般理论学科和应用理论学科,而一般理论学科又包括信息资源理论、信息资源管理理论、信息资源管理学方法论、信息资源管理史、信息资源管理比较研究、信息经济学等;而应用理论学科包括图书馆学、情报学、档案学、编辑学、文献信息学、出版发行学、大众传播学等。信息资源管理技术包括软技术学科和硬技术学科。其中软技术学科包括信息需求分析技术、信息源分析技术、信息组织方法、信息检索方法、信息咨询方法、信息资源开发技术、信息资源传播技术、信息产品推销技术、信息系统分析与设计等。而硬技术学科包括信息资源管理自动化技术、信息资源处理技术、信息资源存储技术、信息资源传送技术、数据库技术、网络技术、新型载体技术等。信息资源管理应用包括企业信息资源管理、市场信息资源管理、商贸信息资源管理、金融信息资源管理、科教信息资源管理、政务信息资源管理、社会信息资源管理。①

引人注意的是上述划分把信息经济学归属于信息资源管理的一般理论学科当中,这说明经济学分析对信息资源管理的作用已受到关注,但其重要性仍然没有被充分认识。同信息资源管理相似,信息经济学也是一个由一组相关学科构成的学科体系,包括不对称信息经济学、信息产业经济学、信息系统经济学、信息化研究、信息机构的经济学等。信息资源管理实际上是研究在给定的信息资源状态之下,如何对现有组织机构或社会的信息资源进行科学管理以供有效利用的问题。现在的问题是:给定的信息资源配置状态是否合理?如果要改变现存配置状态的话需要考虑哪些因素?运用什么手段来改变初始配置是最经济的?配置的目标如何评估?显然,要回答这样一系列问题,仅在管理学的范畴内是远远不够的,需要运用经济学的方法对上述一系列问题做出分析和回答。对信息资源的配置、评估、开发、利用及管理当中的一系列经济问题进行研究,可能会形成信息资源管理的经济学研究领域,或者我们把它简称为信息资源经济学。一个学科的产生和形成需要大量的研究成果来支撑,目前信息资源经济学还不具备成为一门独立学科的充足条件,但这个概念能够带来更多的方便,让我们在讨论问题时更有效率。

从学科属性来讲,信息资源经济学应该属于信息经济学的分支。它的主要研究内容应该包括现有信息资源的分布、定价、丰度评估与比较,运用市场及政策手段有效配置资源的方法及原理研究,信息资源开发的成本与收益分析,信息资源管理当中的投入产出分析及效益评价,信息资源及其开发产业对国民经济的作用分析,信息资源开发产业的发展以及信息资源的污染及其控制问题。

需要指出的是,信息资源的经济学研究或信息资源经济学的研究,目前还不是一个十分成熟的领域。关于其研究的内容、方法、范式都还处于探索阶段,在本章中我们认为信息资源的经济学研究属于信息经济学的一个子学科。但是也有观点认为,从信息与信息资源的关系出发,由于二者在不同的研究目标中常常有三种关系:一是信息包含信息资源,二是信息资源包含信息,三是二者是等同的。那么信息经济学与信息资源经济学在理论上究竟是什么关系呢?就目前二者的发展成熟程度来看,信息经济学的体系要相对完备,而且所包含的内容比较广泛,就如同资源经济学只是经济学的一个分支一样,信息资源经济学也只是经济学的一个分支。即或我们选择了信息资源与信息等同的概念,我们也可以说,从资源的角度来研究信息,仅仅是一个方面。因此,我们不主张信息经济学等同于信息资源经济学的说法。

对信息资源经济学研究范围进行明确界定的意义在于,如果将信息资源经济学等同于信息经济学,抑或将信息资源等同于信息,那么信息资源的价格问题就会等同于信息的价格,这将会回到信息经济学中关于信息商品的价格研究中,包括其价格的形成以及信息商品的定价策略,然而这又背离了我们努力用资源经济学的研究方法,从较为宏观的角度研究信息资源价格问题的方向。而如果把信息资源当作一种资源来看待,那么信息资源的定价是一个十分困难的问题。

到目前为止,资源经济学的发展在整个经济学理论体系中是相对缓慢的,一般的自然资源或矿产资源在其定价研究中,被考虑到的都是同质资源的价格,比如石油资源的丰度与价格,煤矿资源的储量与价格,等等。而信息资源却具有不同质性,或者说其特殊性质决定了每一种

---

① 孟广均,霍国庆,罗曼著.信息资源管理导论第二版.科学出版社,2003,7

信息的时效性、经济效益、社会效益都是不相同的,从而形成不同的价格,那么其价值、效益、丰度的量化计算就更加困难。而事实上,此类研究还没有真正开始,或者说,人们更愿意从微观的角度去研究单个信息商品的定价问题,因为这类研究更加实用。另一方面,信息资源也不同于人力资源或资本资源,这两种经济资源具有更加独特的规律,二者的研究内容也大相径庭,但是经济学基本的成本收益、边际分析与均衡分析的框架却是一致的,这也为信息资源经济学的研究提供了启示。

教材的内容应该相对成熟,因此我们不便将还处于初步探索之中的问题写在教材当中,本章所介绍的内容更侧重于信息资源经济学研究的方法,而不是其研究的成果。到目前为止,信息资源研究中有一部分比较成熟的内容是信息资源的配置问题,常见的研究方法是从宏观的角度出发,探讨信息资源的配置机制,包括政府配置机制与市场配置机制,信息资源配置价格的形成,等等。

关键术语

资源　资源经济学　信息资源　信息资源经济学

思考题

1. 资源经济学的研究方法有哪些?
2. 信息资源有哪些经济特征?
3. 信息资源经济学的的意义是什么？应包括哪些主要研究内容?

第 6 章 信息资源的配置与开发利用

对于自然资源,人们除了从工程学和自然生发的角度进行研究外,很早就开始了对其价格、评估、开采成本及收益的分析。对于信息资源的研究,到现在为止还主要局限于管理学范畴,对信息资源的经济学分析已有不小的进展,但还没有系统地梳理展开。就目前研究的情况来看,信息资源经济学研究的内容包括以下一些方面:信息经济学体系中关于信息资源的经济学研究;一般意义上的信息资源经济学研究;企业信息资源的经济学研究;社会信息服务机构信息资源的经济学研究;网络信息资源的经济学研究;信息资源配置研究;政府信息资源的经济学研究;等等。无论是哪种信息资源,都既有共性又有特性。从共性上来讲,信息资源的经济分析包括信息资源的经济特征、信息资源的经济功能与信息资源的开发利用等内容。

6.1 信息资源对经济发展的作用

随着经济技术的发展,信息资源在经济发展中的作用日益重要,对后工业经济具有基础性的支撑作用,是信息经济中与能量和物质同等重要的资源。信息资源对经济发展的基础性支撑作用体现在三个方面:一是宏观层面,信息资源的开发利用对经济社会资源的优化配置发挥着重要作用;二是中观层面,即信息资源的开发利用产业化,形成信息产业,成为新的经济增长点;三是微观层面,也就是企业对于信息资源的利用。

6.1.1 信息对资源配置的重要作用

信息资源对经济发展的重要作用,首先体现在信息对经济社会资源开发与配置的重要作用上,包括以下三个方面:

1. **信息资源开发提高了自然资源的开发能力与配置效率**

相对于人类的需求与现有的开发利用能力,自然资源总是稀缺的。因此,稀缺资源的有效利用就备受人类社会的关注,劳动与资本是资源开发的要素。人类通过开发利用信息资源提高了劳动的水平,比如技术进步与提高劳动者的素质;加速了资本周转,提高了资本的利用效率;同时,市场信息资源的开发利用又大大提高了物质产品的交换效率。这都从本质上提高了自然资源的开发能力与配置效率。自然资源的储量大多是有限的,而且是不可再生的,信息资源的使用将会大大减少资源开发利用过程中的浪费,节省自然资源。从资源的角度来看,信息资源通过提高人类的劳动生产率来满足社会不断提高的物质与精神需求。同时,信息资源作为精神产品,又极大地满足了人类的精神需求,从而提高了人类的生存质量。

从宏观角度来看,信息资源对于国民经济的贡献正日益增大,这表现在两个方面:一是信息资源的开发本身作为一种产业,如内容产业,是信息产业的核心。而信息产业对于 GDP 的贡献已经被世界各国所证明。二是信息资源的有效开发正在大大提高物质资源与能量资源的使用效率,这个过程具体来讲,又被人们称为信息化的过程。这不仅仅具有经济意义,更对人类社会的持续发展有着深远影响。

另一方面,自然资源的有效开发又丰富了信息资源的体系,源源不断地产生出许多新的知识与信息,从而使信息资源体系有无限延伸的趋势。传统理论认为,信息能够减少不确定性。但是,人类的理性是有限的,当信息过多增长时,它对人的决策能力就不再起到积极的作用,反而成为干扰,让人难以做出清晰的判断和正确的决定。因为有时候,决策的正确性并不重要,而时效性却十分重要。因为当可供选择的方案集合中要素太多,并且相差质量不太大时,我们所能做的应该是当机立断地做出决定,因为将太多的时间花在选择上,本身就是一种效率的损失。因此,如同沙里淘金,如何快速地找到所需要的信息就十分重要。从这个意义来讲,信息资源的重要性主要在于其有效的开发利用。

正如此前我们所持的观点,只有经过序化的信息才能称之为信息资源。信息资源有效发挥作用需要经过一个自然的过程:建设(包括采集、整理、加工)、开发(包括分类组织的序化处理、数字化、网络化、知识挖掘)、管理(包括人员管理、设备管理、资金管理、信息建设、开发利用的流程管理、信息库、知识库、数据库的管理)、利用(包括检索、用户培训、深度开发、知识转化等)。从经济的角度来讲,这个过程需要考虑成本分析、资源评价、效益分析,等等,来判断信息机构的存在价值和调整方向。

可以说,社会发展的过程,社会物质产品与精神产品不断丰富的过程,人们生活水平与生存质量不断提高的过程,是伴随着人类知识与信息的不断丰富而产生的。这早就被经济学家们论证过:技术进步对经济增长的贡献不断增加。对于信息资源来讲,这个过程是一个产业化的过程,既包括信息技术与通信产业发展与完善,也包括信息内容产业的形成与发展。如果从狭义来讲,内容产业与信息资源产业在内涵上更加贴近。

2. 宏观经济的管理离不开信息资源的开发利用

现代市场经济的运行,已不再是古典的自由竞争时代,各国经济的运行都离不开第二只手——政府计划的宏观调控。从信息流转的角度看,宏观调控是指政府运用所掌握的经济运行信息,做出有利于促进经济增长、减少失业、保证经济安全、优化产业结构等目标的宏观经济计划。因此,科学的决策依赖于对目前经济信息的准确把握和未来经济信息的合理预期,信息资源,尤其是经济信息资源的开发对于宏观经济的运行十分重要。

政府进行宏观调控所需要的信息包括各部门、各地区的增长状况、结构变化、人力资源现状、重要产业部门的市场状况、物价情况、科技、文化、教育、卫生的最新变化、政府内部的运作及效率情况、世界经济及国际政治的变化及趋势等复杂而庞大的经济变量。政府各级部门在执行多种职能的同时,还有一个重要的任务,就是搜集经济信息并加以汇总、整理、分析,而这个汇总的工作往往由专门的职能部门负责,并定期提供给决策者。从广义上讲,政府的职能就是为市场经济中的各个企业、家庭提供信息,这些信息既包括指导性计划,也包括各种财政、金融政策等信息,这些信息发生作用的方式有引导投资方向、引导人们的预期等功能,从而达到经济管理的目标。

目前我国政府信息资源的开发利用已远远优于计划经济时代。首先是信息来源的准确性大大提高,信息的门类更细,更加符合经济运行的实际情况;其次是信息的处理与传递手段有了极大的提高,这主要归因于信息技术的快速发展与政府信息系统的不断完善,这使得信息的传递更加及时准确;其三是政府的信息取向更加宏观化,由于指令性计划逐渐被指导性计划所代替,微观信息的传递主要依靠市场来传递,这样经济运行中不同领域参与决策的信息更加具有针对性和时效性。最后,也最重要的一点是,随着我国电子政务的发展进程,政府信息资源的开发利用已经受到了更多的重视,并有了长足的发展。

但是,我国目前的宏观经济信息资源的开发仍然存在着一些不足。一是经济信息搜集与处理的体系尚未完全与国际接轨,有些信息还不能完全反映经济运行的新变化。比如尽管信息产业在经济运行中所占的比重已逐渐增大,而且世界发达国家都已有了对于信息产业范围的具体界定和统计数字,我国统计年鉴中对于信息产业的结构划分及统计数字还不够完备;二是由于我国地区经济发展存在极大的不平衡性,各地区政府对于经济信息的提供并不完全规范,仍然有一些数字与经济发展实际情况相距甚远。如我国各省区每年的经济增长率的发布就是一个需要规范的信息问题;三是政府信息的行政性条块分隔还相当严重,许多属于公共信息的部分仍然没有分开。尽管各地都在实施各种各样的信息港工程和政府上网工程,但信息发布量仍然很少,信息的更新非常缓慢,不但影响了信息消费者如科研、教育、各个事业单位对于信息的获取与利用,也使得我国在信息化进程中除了信息基础设施尚不完善之外,还存在信息资源、信息内容远远不能满足需要的障碍。

3. 信息技术的集约化、渗透和扩散作用

从广义上讲,信息技术属于信息资源,信息资源的开发离不开现代信息技术。信息技术与其他高新技术相比,具有更强的渗透作用,更容易与传统及新兴的产业与技术相互结合。如电子通信技术已经广泛应用到所有的传统产业中,并与之紧密结合;制造业中的机械制造业、汽车制造业等都离不开电子通信技术的运用;计算机软硬件技术更是无所不在,几乎所有的第二产业部门和大部分的现代第三产业都在使用计算机进行管理、辅助设计、自动化控制等;网络技术的飞速发展,更是将国民经济体系中所有的产业部门融合为一个整体,传统工业部门与互联网企业的相互购并更是此起彼伏,传统产业部门的企业运用网络技术在互联网上建立网站已成为企业经营不可或缺的步骤;与此同时,教育、金融、商业、医疗、气象、宇航等领域由于信息技术的广泛应用,都已发生了革命性的变化,不但跨越了时空的限制,以更高的效率为经济社会的发展服务,更使得广义的信息产业发展壮大。

信息技术是具有高度创新性的技术,技术更新的周期很短。其后果一是使得信息产业由于技术创新引起的产品价格的不断下降而减少了经济中通货膨胀的因素。二是带动了与信息技术相关或运用信息技术的产业部门技术更新的周期,同时提高了经营效率。如速度不断提高的信息处理和传输技术、容量不断增大的信息存储技术、性能不断完善与灵活的软件技术,使得企业的信息传递更有效率、管理成本下降、产品设计更加个性化,从而使企业的经营模式更加灵活、市场应变能力增强、跨国公司更加富有效率、资本市场的运作更加高效。因而带动了整个经济的创新能力,使得经济以更加集约化的方式运转。

信息技术的增值作用主要体现在作为高新技术的代表,它一旦和传统技术与产业技术相结合,将大大增加产品的附加值。发达国家卖技术,发展中国家卖原料,这似乎已成为全球贸易中的一个定式。我国传统农业、矿产品及原材料工业领域由于技术含量低,利润率很低,与工业制成品之间的价格剪刀差很大,尤其是在中西部地区,造成大量的资本流失,严重影响了经济增长的速度和经济发展水平。以信息技术为代表的高新技术的广泛应用,对经济具有明显的增值作用。如宁夏银川开发区银利电器公司利用互联网,查到了我国太空运载火箭控制系统使用的一种特殊变压器技术,及生产这种变压器所必需的非晶体材料,只用三个月就以极低的成本生产出合格的样品,并顺利通过了中国运载火箭研究院的严格鉴定,并签署了订货合同,使一家规模不大的民营企业,在强手如林的国内市场上占有一席之地。

从地域间的传播来讲,信息技术的扩散速度是前所未有的。人们说地球只是一个小小的村落,也有人干脆称之为数字地球,正说明了信息技术的扩散作用。信息技术的扩散使得企业间的模仿创新相对容易,从而加强企业间的竞争,一方面造成信息产品的不断降价,也成为新一轮创新的外在压力,对经济增长是有好处的。信息技术扩散的另一个作用是发展中国家或信息经济发展的后起国家可以超越阶段,进行跨越式发展,因为旧技术很容易被淘汰,而在新技术的创新、引进与应用上,从某种意义上来讲,大家都站在同一个起跑线上,近几年印度软件业的发展就可以说明这个问题。

6.1.2 信息资源开发是信息产业的重要组成部分

1. 信息资源开发是信息产业发展的基础

信息资源开发是信息产业的重要组成部分,成为新的经济增长点。随着经济发展,对于信息资源的需要逐渐增加,信息资源的稀缺性也日渐显现。因此,信息资源开发的规模逐渐扩大,向着产业化的方向发展。作为开发的对象,信息资源包括源远流长的文化知识资源、作为生产力要素的科学技术资源、瞬息万变的市场信息资源、纷繁复杂的政治、文化、宗教、艺术、娱乐、保健等各种信息及其衍生信息。信息资源广泛存在于人脑、印刷型文献、大众媒体、计算机系统及网络之中。信息资源存在的特点是量大、种类多、形式多样、不断地相互作用、分散、无序并且充斥着大量无用、虚假、有害的垃圾信息。

信息资源的开发同自然资源的开发具有相似之处,都需要投入资本与人力,将资源从自然状态转换成人类可利用的状态。信息资源的开发有两层含义,一是针对不同的决策需要,将现有的信息进行搜集、分析、分类、加工、存储与传递。开发的过程需要现代化的信息处理与传递方法、设备和技术,包括大众传播业、图书情报业、档案业、咨询业、数据库业、网络传输业等。另一层是对已经获得的知识信息进行分析研究,创造出新的信息,这个过程实际上在人脑中进行,因而这种信息的开发是一种高级的过程,其实质是人才智力资源的开发,即所谓"知识与知识作用,可以产生新的知识"。由此产生的信息产业有计算机软件业、科研开发业、企业"外脑"策划服务业、评估业、广告业,等等。

信息资源的开发带动了许多新兴的产业,而这些产业都是经济发展中的朝阳产业,在经济增长中的贡献正日益增大。另外,强调信息资源的开发使我们无法忽视对于人力资源,尤其是人才资源的开发。信息产业是智力密集型产业,人才在其中起着举足轻重的作用。信息产业的国际竞争就是人才的竞争,而现代经济的竞争就是信息经济的竞争。

2. 信息资源产业与信息内容产业密切相关

信息资源开发产业与信息内容产业有着密不可分的关系。信息内容价值增值的过程,实际上是人类运用信息软硬件技术、对信息资源进行多层次开发的过程。在这个过程中信息内容需要借助于信息通信技术进行传递,信息内容传递的组织方式包括教育科研、大众传媒、出版业、互联网产业,等等。可以说,信息资源开发就是信息资源产品向内容产品转化的过程。如同自然资源的开发一样,资源开发在有些国家的产业分类体系里被视为第一产业,制造业是利用资源产品作为能量,或者以资源产品为对象进行深度加工的产业。也就是说,资源产业是一个基础产业,资源产品相对于最终的消费品来讲,是一个经过初级加工的产品。可以相类比的是,信息资源产业在信息产业体系中也属于比较基础的产业,信息资源产品往往是经过初级加工的产品。比如数据库、信息库等,是将分散的、离散的、杂乱无序的信息进行序化整理加工的结果。而内容产业则应是以资源产品为开发对象,对其进行更深度的开发,生产出更有针对性、更具个性化的产品的过程。

信息资源产业与信息内容产业并不像自然资源与制造业那样具有比较清楚的界限。大部分信息资源产品既可以直接为消费者提供服务,也可以成为内容产品制造商再开发的原材料。比如一些大型的基础数据库,如人口、国土资源、地理信息、企业机构信息、科技信息、音像视听、游戏,等等。因此,内容产业相对于信息资源产业来讲,就是对信息与知识开发更有深度、传递更加快捷、使用更加方便的过程,比如数字化、网络化、知识挖掘、咨询、课题研究等行业。

具体来讲,欧盟《信息社会2000计划》中把内容产业界定为:制造、开发、包装和销售信息产品及其服务的产业,其产品范围包括各种媒介的印刷品(书报杂志等),电子出版物(联机数据库、音像服务、光盘服务和游戏软件等)和音像传播(影视、录像和广播等)。1998年,经合组织《作为新增长产业的内容》专题报告把内容产业界定为"由主要生产内容的信息和娱乐业所提供的新型服务产业",具体包括出版和印刷、音乐和电影、广播和影视传播等产业内容。就网络经济而言,凡将文字、语音、音乐、图形、图像等数字化的产业就属于数字化内容产业。内容包括移动通信服务、网络服务、游戏软件、动画、数字视听、数字学习、数据库业、电子出版,等等。

曾民族认为信息内容产业的含义大体包括:信息资源是信息内容的载体;信息技术是信息内容的表达、传递和加工的方法和技术;信息生产关系、信息供需关系、信息行业组织和运行、信息学科理论体系等。说到底,信息内容的开发就是按照社会的需要对信息进行加值处理,以换来用户所需的科学技术、效率、时间、资本、决策的效益。常见的信息加值有以下各种方式:信息采集、筛选、加工;信息的客户化、本地化、产品化、数字化、格式化、多媒体化、结构化、数据库化;信息转换加值、时效加值和网络加值;图书馆服务;出版发行;信息高密度存储和提供;电子出版;情报研究和咨询;网络化信息服务;成果专利;技术市场和信息交流;软件服务、系统集成;教育培训等。[①]

目前我国互联网内容产业主要存在信息深加工度不够和专业化水平不高两大问题。信息的增值来源于对原始信息的组织与加工。尽管近年来中文网站增加迅速,但雷同的、大众性的内容较多,而学术性的或专门化的数据库或网站仍然不多,很多数据不能适时更新。商务网站、政府网站、一些学术性网站都不同程度地存在这个问题。这就使信息价值偏低,低复制成本使一些仅仅提供大众信息的网站难以为继。另一个问题是专业化水平不高,许多门户网站或电子商务网站内容相似,市场定位不够细,目标用户群划分失当,致使用户的深度信息需要难以满足,从而使得潜在的高利润率市场扩展缓慢。

按照国际惯例,从广义上来讲,大的文化产业包括电影、电视、图书、音像、演出、收藏、报刊等文化产品的经营。再对照前已述及的欧盟关于内容产业的界定:制造、开发、包装和销售信息产品及其服务的产业,其产品范围包括各种媒介的印刷品(书报杂志等),电子出版物(联机数据库、音像服务、光盘服务和游戏软件等)和音像传播(影视、录像和广播等)。可以发现,广义的文化产业与内容产业涵义基本上是重合的,从狭义的角度来看,还有所区别。

(1)文化产业包括部分文化事业,也就是不以营利为目的的具有公益性质的文化行业,而

---

① 曾民族."数象信息科学"和当前研究课题.情报理论与实践,1998,21(2):65~69

内容产业则强调以市场经营为主的行业。

（2）文化产业包括许多传统的文化行业，而内容产业注重以现代技术媒介为载体，比如强调数字化、网络化。

（3）文化产业注重服务，而内容产业则强调产品。

（4）文化产业是内容产业的上游产业，也就是说，内容产业的产品是对文化产品的深度加工，通过增加技术含量使产品增值。

（5）文化产业倾向于为大众服务，而内容产业更注重个性化的服务。

如果将信息资源产业也包括进来，对三者进行比较的话，可以发现：信息资源产业的外延要大于文化产业与内容产业，而文化产业与内容产业在外延上则大部分相交。信息资源产业包括社会方方面面信息的采集、整理、开发与利用过程，除文化产业之外，还包括科技信息资源、教育信息资源、政府信息资源、企业信息资源等的开发利用行业。文化产业包括对部分信息资源进行提炼、加工、再创造、并提供服务的过程。内容产业则主要是对易于市场化的信息资源或现有的文化产品进行深度开发、制造产品、包装与销售的过程，是通过增加技术含量来为其增值的过程。信息资源产业、文化产业与内容产业密不可分，但从政府管理的角度来看，却分属不同的行业，行业政策和管理方式有所不同。

目前，我国在电信内容提供、增值服务等环节的产业链上存在一定的利益分配不均，阻碍了信息内容产业做大做强。另一方面，信息内容产业正面临着激烈的国际竞争。比如，韩国网络游戏、电视剧产品蜂拥而入，而且韩国信息和通信部还准备颁布一部法律，要进一步促进数字内容产业的发展。这就对我国信息内容产业的发展提出了严峻的挑战。一方面，需要由政府出面，加强横向的跨行业跨部门的管理，加快立法，加大对公共信息产品的投资与采购力度，比如数字图书馆与数字博物馆等项目，以加快我国信息内容产业的发展。另一方面，需要打破行业垄断，引进竞争，提高我国内容产业的企业竞争力。

6.1.3 信息资源开发利用是企业创新与发展的基础

企业是经济的细胞。企业在参与市场竞争、加强企业管理、创新生产技术方面，由于不完善和昂贵的信息，造成企业在人员激励、要素选择、决策结构化方面，付出了极大的代价。在信息经济中，企业在参与竞争的过程中所依赖的主要资源之一是信息。企业信息资源分为企业的内部信息资源和外部信息资源，前者主要指企业的技术开发、生产、销售、人事、财务等内部信息，后者则指与企业经营有关的政策、法规、技术、市场等各种信息。企业信息资源的有效开发与利用对于企业的管理、技术及市场创新极其重要，是企业决策的重要依据。

1. 信息资源的系统性开发利用能够促进企业的管理创新

借助于信息系统的管理被称为"扁平化"管理，更有人称为"直接管理"。传统的管理以对企业各级进行繁复的组织、协调和控制为特征。相对封闭的部门体系使企业的管理处于相对静止的状态，垂直层与水平层间信息传递速度缓慢。中间管理层的主要作用为监督协调，造成严重的官僚主义及本位主义，使得管理高成本、低效率，甚至出现负效应和内耗。在借助信息系统的管理中，信息流不断地、适时地在各层级间流动，这种动态的流动需要各级管理作出动态的反应。企业不再需要长期维持一个庞大的组织机构，减少官僚作风，降低业务开支，从而最终降低管理成本，提高管理效率。同时，企业内部各创新单位活动能力增强，有了更大的决策权限，也缩短了企业与客户间的距离。因而增强了企业的灵活性，使企业有能力适应新的、多变的竞争环境。目前,用于企业信息资源管理的软件技术发展已经相当成熟,如 MIS、ERP 等系统已经成为企业信息资源管理的重要工具。

2. 企业在技术创新中需要利用大量的技术信息

这类信息资源主要有:一是文献及网络技术信息。在技术创新初期,需要最大可能地识别、把握环境与约束,正确决定技术创新的基本方向、规模和形式。因此,需要进行大量回溯性的文献信息检索。包括专利信息、期刊信息、标准信息等,制定基本的创新决策。二是企业外部的科研机构信息。确定创新方向之后,有必要了解企业外部科研机构信息,以选择合适的科研机构或高校进行技术合作,启动创新项目。三是企业内部信息。在创新活动的中后期,外部信息的作用强度逐渐减弱,随着内部人员对新技术的掌握,内部信息流成为主要方面,对创新活动进行整体协调,保证创新项目顺利完成。确切地说,这个阶段的信息资源开发已成为人才资源的开发。

3. 市场信息资源的开发利用对于企业的经营性命攸关

市场信息资源主要包括供应商、竞争对手、客户、最终消费者信息,以及国家有关的行业政策、国际市场的最新动向、目标市场的风土人情及消费习惯等各种信息。企业了解市场信息,首先要靠推销人员,为其搜集、整理、分析市场信息,其次要注意跟踪专业出版物,还可以通过发信调查市场行情。这些信息的获得,需要借助于完善的高速信息网络系统。从而提高信息的处理速度与传递效率,为决策者提供准确、完善、及时的市场信息。目前,通过互联网进行各项市场及非市场活动已经十分普遍。企业信息化与电子商务技术使得企业信息资源的开发利用效率大大提高,客户信息、市场信息、管理信息与研发信息都得到前所未有的开发与利用。

在现代信息技术条件下,市场信息可以通过竞争情报系统来获得。而竞争情报的获得渠道多种多样,既可以委托咨询中介公司,也可以通过企业的市场分析等手段来获得。目前,获得市场信息的常见软件有客户关系管理系统 CRM 与供应链管理系统 SCM 等。

利用信息系统有效开发信息资源,将给企业的生产方式、经营方式带来深刻的变革。率先通过信息系统进行多方面创新的企业,势必会提高经济效益,在市场竞争中取得决定性的胜利。

6.2 信息资源配置

信息资源的合理配置是信息资源经济学所关心的核心问题。具体来讲,可以分为全社会范围内信息资源宏观配置的理论研究和具体机构的信息资源配置的应用研究两个部分,后者可以分为政府、企业及非营利机构信息资源的有效配置。下面分别加以阐述。

6.2.1 信息资源配置的理论研究

贯穿资源经济学的三个主题是效率、最优和可持续性。资源利用的无效率有生产或技术上的无效率,比如信息资源的浪费,由于技术的落后,使得最终的产出不能达到最优化。这非常好理解,比如在互联网之前的时代,远程联机数据库的使用极其昂贵,人们为了获取某项重要的信息往往要比现在付出更高的成本。另一种无效率的概念是配置上的无效率,这是经济学研究更为关注的问题。因为信息资源具有明显的公共品的特征,很低的复制成本使得产权不能得到有力的保护,哪怕最初的产权界定很容易,由于在产权保护的过程中监督费用过于昂贵,发现和打击盗版要付出很高的成本。信息资源配置的无效率一直是困扰人们的问题,采取什么样的办法来提高资源的配置效率,是信息资源的经济学最终要解决的问题。

"如果对一种资源的利用方式的选择在受到任何可操作的、相关的约束的情况下,能够使目标最大化,那么该选择就是社会最优的选择。"效率与最优并不是同一的概念,信息资源的配置如果没有效率就不能是最优的,但是效率并不是最优的充分条件,换句话说,即使资源配置是有效率的,也不一定令全社会最满意。其产生的原因是,几乎总存在各种各样不同的有效率的资源配置,但从社会观点上看,只有一个是最优的。影响信息资源最优配置的典型问题是数字鸿沟,在市场力量的牵引下,信息资源总是流向最有效率的地方,但是马太效应的存在却不能使由信息资源产生的社会福利达到最大。

资源经济学中另一个重要的主题是可持续性,尤其在自然资源的经济学研究中,资源的耗竭和环境的污染迫使人们在资源开发利用配置的最优概念中,考虑到代际分配的问题,也就是说将照顾后代当作一种伦理义务。在对信息资源进行经济学考察时,可持续性似乎并没有引起特别的注意,但是这个问题是存在的,并且随着电子信息资源的极大丰富和信息技术的不断更新换代而日益重要起来。在信息资源的可持续利用问题上并不存在像自然资源那样所谓的"为将来保存机会"的含义,但是技术的更新使大量的信息资源面临着在将来不可利用的危险,有些软件的向上不兼容使得一些信息资源变得不可解读。另一方面,如同自然资源一样,由于信息获取、处理、传递技术的局限,现在不可用的信息资源,在将来也许具有很大的利用价值,比如在遗传信息的密码破译技术没有成熟之前,我们需要将一些信息资源(包括文献和实物信息)保存起来,以备将来条件具备时再做研究。另外大量的网络信息资源的生命周期十分短暂,尽管这是在市场选择的情况下自然发生的,但如何能挖掘并保存有价值的资源,仅仅依靠市场的力量是难以实现的。

在所有的资源配置方式中,市场是保证效率的必不可少的基础。在一般的生产函数中,把产出 Q 写成资本 K 与劳动力 L 的函数:

$$Q = Q(L, K)$$

如果把信息资源的投入 I 单独分离出来,则可以写成:

$$Q = Q(L, K, I)$$

其中 I 和 L 可能有部分重叠,因为经济中有隐性知识和显性知识之分,显性知识可能作为独立于 L 和 K 的因素,而隐性知识则存在于人脑中,属于 K 的一部分,因此在此表达中 I 确指显性知识或独立存在的信息资源投入。实际上在保罗·罗默(Paul Romer, 1990)、格罗斯曼(Gene M. Grossman)和赫尔普曼(Elhanan Helpman)(1991)提出的新增长理论中,已经将知识与技术对产出的贡献做了具体的研究,并指出知识在经济增长中所起的巨大作用。这在宏观经济学的高级教科书中一般都有详细介绍。

如果在生产中,一类资源及其每一种组分都没有可能被替代的话,那么要维持生产力不变,就意味着每一个生产要素是不随时间而下降的。因此,如果我们想要保持现有的产出规模和产出结构,每种资源投入的比例必须维持在非下降的水平上。一般认为,生产中的投入要素具有某种程度的可替代性,而知识或信息与 L 和 K 相比具有更大的替代性。因此信息资源的市场配置方向总是用来节省人力或物质资本,比如在一些大公司内部,将资深员工解决问题的思维方式和经验固化在计算机软件中,来替代人的工作并以此来减少由于工资刚性而引起的成本。

如果将信息产业作为一种信息资源的配置方式,那么信息生产的有效性指不可能再找到另外一种生产方式,增加一部分信息产品的产量而又不减少其他信息产品的产量,即信息生产的产出/投入最大化。信息生产的有效性要求信息产业在生产可能性曲线上生产,即增加一种信息商品的产量只能靠减少其他信息商品的产量来实现。如果用系统论的方法来考察,可以把信息产业或某个具体的信息行业看作"黑箱",信息资源配置所考虑的是信息产业的投入(包括投入的数量、方式和结构)和产出(包括产出的数量、质量、形式和品种)之间的比例,以此来判断信息资源配置的效率。

由于信息生产不同于物质产品生产的重要特征是易扩散和低复制成本,在生产和交易过程中很难监督其运行和使用过程,需要很高的维护成本,大量的"搭便车者"使得信息生产者的边际收益小于边际社会效益,从而导致信息生产者的成本无法通过市场机制取得有效的补偿,信息生产不足,信息资源配置无效,这就是信息生产的外部性特征。

市场失灵需要政府来纠正。政府在信息资源的配置中所能运用的手段包括行政手段和经济手段。所谓行政手段是指政府的强制性命令、政策和法规等。比如政府在知识产权保护、打击盗版、信息安全等方面加大力度,动用行政命令促进公共信息资源的公开与透明化进程,禁止某些有害、非法、反动信息的传播等。经济手段则指政府通过税收、补贴或直接投资的方式支持信息资源的建设,比如投资建设国家信息高速公路、国家数字图书馆工程,对信息类企业在一定的经营年限内减免税收,或运用财政补贴的方法支持电子政府或政府信息化工程,等等。

6.2.2 政府机构的信息资源配置

政府信息资源是社会信息资源的重要部分,甚至可以说,政府的主要功能之一是信息功能,政府管理社会的主要方式之一是信息方式。政府通过各种渠道收集社会信息,通过统计汇总分析,把握经济社会发展的宏观动态,在信息尽可能完备准确的基础上,制定各项政策以实施管理、调节、干预等各项具体功能。政府是信息内容资源的最大拥有者,也是国家最大的信息内容资源生产者、消费者、发布人。政府的信息活动规模巨大,其内容资源是一种极其重要的国家资源,它记录了政府、社会和经济的过去、现在与未来的情况,是保证政府工作顺利进行的一种手段,是政府进行日常管理的基本工具。

1. 政府宏观经济管理信息系统的结构

从宏观经济管理的角度来看,政府的信息系统可以分为以下几个部分:

(1) 社会统计系统

它由各级统计部门的综合统计系统、各级业务部门的专业统计系统和基层单位的统计机构三个部分组成。它运用大量观察法、综合指标法、统计分组法等统计方法,全面记录了国民经济的发展现状、规模、速度、比例关系和依存关系。统计系统所提供的数据是在大量调查、综合汇总和科学分析的基础上形成的,主要为宏观经济管理服务,同时也为社会科学的研究提供了重要依据,为企业与公众个人了解社会经济的发展状况、发展方向提供了根据。

(2) 社会簿记系统

它由各财政部门和各银行系统组成。其中,银行信息系统是社会经济活动的核算中心和簿记中心。社会簿记系统以货币形式对社会经济活动进行记录、核算、监督和分析。它所提供的会计信息反映了各企业经济活动的收支和盈亏情况,是企业分析经营活动、考核经济成果、制定企业经营决策和经济计划的重要依据;它所提供的财务信息,反映了国民经济各部门、各地区有关财务计划和预算的重要依据;它所提供的银行信息,综合反映了国家财政收支状况、货币资金运动态势、市场供需矛盾变化方向以及各地区、各部门生产经营的实际情况,是宏观经济预测、决策、控制和监督的重要工具。

(3) 科学技术情报系统

科学技术情报系统由各级科研和技术机构组成,其主要任务是进行基础科学的研究,进行应用科学和技术的研究并促进科研成果的转化,为科研机构、企业、政府决策机构提供相关的科研动态信息。

(4) 计划指挥系统

它贯穿于各级政府管理部门,通过各种建议、决议、指示、政策、条例、下达计划任务等经济信息,对社会经济系统的活动进行指挥和调控,也对社会簿记系统和科技情报系统等进行组织和指挥。

2. 政府机构信息资源的配置

从信息资源的配置方式来讲,可以将政府信息资源划分为三个部分:

(1) 国家或政府的机密信息

由于其特殊的性质,资源配置的方式不存在市场或价格机制,而是依靠行政计划进行信息的生产、发布和传播,并且按特定的制度进行管理。

(2) 政府机构在行政工作过程中产生、收集和整理的信息

这是争议最大的一部分信息资源。这部分信息资源中大部分与社会公众密切相关,是公众强烈要求公开共享的部分,也是政府信息化或电子政务所要实现的主要目标。作为公共品,对这类信息资源进行社会共享可以提高社会生产效率,比如企业可以更明确地了解所处的政策环境、相关的行政程序,科研工作者可以更为及时地获得相关研究资料,等等。另外,对这类信息资源的公开可以增加政府工作的透明度,加强社会监督从而提高政府工作效率。

信息公开是信息资源有效配置的前提,信息资源只有在合理的范围内自由流动,才能真正实现生产、交换和分配上的效率。信息公开制度是一种承认公民对国家拥有的信息有公开请求权,国家对这种信息公开的请求有回答义务的制度。因此,广义上的信息公开包含了国家行政机关向公民能动地提供信息和接受公民请求被动地提供信息两方面。作为一种法律制度,它规定了行政机关进行特定信息的提供义务和公民的信息公开的请求权利。其中最为核心的就是,任何人都有权请求公开一切行政机关所拥有的信息,而不论与请求信息的利害关系或者信息的使用目的如何。

世界上政府信息资源公开比较彻底的是美国和日本。1966年美国颁布的《信息自由法》是一项旨在促进联邦政府信息公开化的行政法规。20世纪后半期市民参政浪潮日渐高涨,同时经济贸易的发展越来越要求及时获得信息以及政府政策的引导,因此公众知晓政府机构工作的要求越来越迫切。

《信息自由法》的主要内容是:联邦政府的记录和档案除某些政府信息免于公开外,原则上向所有人开放。公民可以向任何一级政府机构提出查询、索取复印件的申请。政府机构必须公布本部门的建制和本部门各级组织受理信息咨询、查找程序、方法和项目,并提供信息分类索引。公民在查询信息的要求被拒绝后,可以向司法部门提起诉讼,并应得到法院的优先处理。行政、司法部门处理有关信息公开申请和诉讼时必须在一定的时效范围内。克林顿总统

上台后,信息自由法的环境发生了一些变化。1993年10月4日,克林顿总统就《信息自由法》向各州州长及各政府部门负责人发布了备忘录,呼吁各政府机构把率先公布信息,通过对电子信息系统的利用,增进普通公众对信息的获取当作自身的责任。1995年4月克林顿总统颁布了12958号总统令,规定:政府新的机密文件的解密期限为10年;25年以前的机密文件除了特例将自动解密等内容,显示出了冷战之后美国民主主义的理想。据此,包括越战时期的文件,1970年以前的与国家安全有关的公用文件,原则上都可以公开。

1996年美国关于电子信息自由的修正法案中的第2条第2款规定:"本法的目的是:确保公众对行政机关的记录及信息的获取,促进民主主义;改善公众对行政机关的记录及信息的获取;确保行政机关遵守法定的期限;尽可能扩大行政机关收集、拥有、使用、保存和发布的行政机关记录和信息的可用性。"澳大利亚政府大法官在1993年关于信息自由法的备忘录中指出,信息自由法的基础是:政府不仅要公开公众请求的信息,而且要承担说明责任;让公民知晓适合的信息,拥有信息的获取权,比公众直接参与政策的制定过程和参加政府自身更有效;因政府决定而受影响的团体和个人应该了解该决定适用的基准。

日本有关企业信息化的宗旨很明确,那就是为企业提供良好的信息环境,提倡政府信息尽可能公开,以便企业充分利用政府信息资源。日本政府认为:作为一种开发利用周期很长的公共资源,信息资源的开发需要大量的投资,完全依赖民间企业是远远不够的,必须依靠国家的投资;对于企业的信息活动来讲,强有力的外部信息资源保障体系是十分重要的,这也是政策倾向于政府信息公开流通的原因之一。

政府信息资源是社会信息资源中极为重要的组成部分,而其配置机制又与市场信息资源的配置机制大相径庭,因此实现其有效配置的目标就是一个艰巨的任务。政府信息的公开化是一个艰难的历程,因为政府的各个部门除了其社会利益目标外,还有自身的部门既得利益以及预期收益。信息透明虽然是一个社会帕累托改进,但是对于信息拥有部门却可能是利益的损失,信息的公开意味着部分权利的丧失,从而失去相应的权利租金。要实现政府信息资源的最优配置既需要行政的强制命令,也需要利益驱动机制。一项制度安排或行政命令如果不具有经济激励性,其效果往往是令人怀疑的。日本政府在机构改革的过程中,就曾出现过某些部门在信息公开之前,大量销毁文书资料的事情。简单地说,政府部门在信息公开的决策中,如果将既得利益的损失与因为信息公开(尤其是无偿公开)而获得的利益进行比较,那么可以肯定很多部门没有积极性这样做。因此,设计有效的激励机制来促进政府信息资源的公开就十分重要。

(3) 政府专职的信息机构所发布的公共信息

比如由中央及各级地方政府的统计部门发布的数据及调查资料,这类信息的收集需要付出极大的社会成本,作为部门拥有的信息资源,在其公开时往往会出现或明或暗的收费问题。尽管电子政务的发展使这个问题得到一定程度的缓解,但仍然存在着配置低效的问题,有些过程数据、局部数据难以为研究机构、企业或个人方便得到。事实上这类信息是典型的公共产品,具有非排他性和非竞争性的特点,而对其知情却是纳税人的基本权利。因此将它放到政府的公开网站上是提高其利用效率的最好办法。

电子政务是继电子商务之后的又一信息化浪潮,在提高政府工作效率、推进政府改革、拉动信息产业发展等诸多的好处之外,一个重要作用是优化政府乃至整个社会信息资源的配置,提高配置效率。据《北京青年报》报道,有关人士估计2004年中国仅中央层面电子政务预算就在 10 亿元以上。在这样一个大规模的电子政务进程中,提高信息资源的配置效率又多了一层含义,那就是要通过向社会公开招标的方式提高资金效率,严格评估成本效益与项目管理,防止一窝蜂地上项目而造成新一轮的浮夸与浪费。

6.2.3 非营利信息机构的信息资源配置

非营利机构是指为公众利益服务的免税组织,公众愿意对这类组织进行捐赠并从税收中扣除。从法律上来讲,非营利机构是指不宣布营利的、除正常的运转费用之外将所有的收入用于为公众利益服务的组织。这些组织可以是公司性质的,也可以不是。在美国,非公司性质的非营利机构不能获得联邦的免税地位;除了没有股东的情况之外,公司性质的非营利组织与营利组织有许多相似之处。非营利组织有受薪雇员和志愿工作者,但是雇佣税和联邦及州立劳动条例与营利组织没有区别。一般来讲非营利组织的工资很低,这是区别它在多大程度上接近营利性商业机构的标志。大学、医院与大型的国家慈善机构是"非营利的",但是和营利的公司具有同等的工资水平,大型医院的 CEO 们挣的工资和奖金在 50 万到 100 万以上,大学校长有类似的工资水平,但是地方识字培训中心或食品行业工资很低。

非营利机构可以有顾客,可以提供产品或服务,可以需要收入,营销自己,但必须关注顾客和捐赠者的满意度。它必须服务于公众利益,也会像其他的商业机构一样成功或失败,这要看它经营的好坏。非营利机构的信息资源可以分为两大类:

一类是非营利机构内部的信息资源。非营利机构本身可能是信息机构,也可能不是。其内部的信息资源主要为机构的管理决策、日常运转服务。这类信息资源同以下将要论述的企业内部的信息资源或上面已经提到的政府机构用于自身决策的信息资源相似,其配置主要依靠组织内部的权威,比如有 CIO 来主管相关的信息、信息工作人员、信息资金与信息设备。具体来讲,由于非营利机构的社会服务目标,以及受到顾客满意和捐赠者的监督,如果经营不善可能会倒闭等原因,其信息资源的配置更像企业内部的信息资源配置,而不像政府机构那样相对缺少竞争和监督,因此它的配置更考虑成本与经济效益的评价。

第二类是非营利信息机构的信息资源。非营利的信息机构包括政府拨款的公益性信息机构和以民间捐赠为主的信息机构。

以政府拨款为主的信息机构包括公共图书馆、大学图书馆、科技情报机构、科学研究机构等,是社会信息资源的重要组成部分。如果从宏观上讲,这类信息资源涉及到地区间的共享与平衡分布,由于其属于社会公共设施,主要由政府投资,外加社会捐赠,因此这类信息资源的配置与政府初始的投资布局密切相关,也与中央及地方政府不断的发展规划和再投入密切相关。而从微观上讲,一个公益性信息机构的资源配置主要由以下一些因素决定:政府拨款额度、接受捐赠的规模、资源建设效率、资源管理水平、成本控制与服务质量等。

这类机构信息资源的配置,更注重社会效益,而社会效益的计算是极难衡量的。作为投资主体的政府,其考虑的首要因素可能是社会公平,比如缩小地区间的数字鸿沟,考虑到经济不发达地区的长期发展利益等因素。其次,政府的财政拨款会兼顾经济效率,比如在中心城市建立大型的信息中心,以辐射周边地区,或者在高校和科研机构密集的地方建立科技信息机构。在互联网时代,政府会通过建立互联网络和信息资源的数字化,如数字图书馆工程、信息共享工程等,使得已经建设起来的信息资源在更广的范围内流通,发挥更大的社会效益,从而提高配置效率。

作为社会公共品,这类信息资源具有非竞争性和非排他性的特点,也就是说,在一所图书馆座位饱和之前,增加一个人的使用不会增加太多的成本。从微观配置来讲,其资源的配置同样追求经济效率,比如根据享受该公共品的人数和时间长短,来判断资源建设的规模和服务方式;根据预算的约束,来判断资源建设的重点,比如一个大学图书馆会考虑将较多的经费用于购买学校重点学科所需要的文献和数据库,一个公共图书馆会根据用户的文化水平来考虑是否将有限的经费用于建设先进的网络或购买外文数据库。另外,作为机构管理的主要目标,存在一系列的战略、政策和制度条例,来保证信息资源的配置与利用效率,尽管这主要是管理的手段,却不可避免地以经济效率为基础。除了管理手段之外,还有一系列的经济措施,比如成本与效益评价指标,来保证信息资源的有效配置。

尽管是社会公共品,非营利信息机构并非完全不存在竞争。事实上,不同地区的信息机构、同一地区不同类型的信息机构之间,存在着不同程度的竞争。这种竞争一是面向顾客的,即顾客的满意构成了第一重竞争压力;其二是面向政府和其他资金的捐赠者的,因为只有一个高效的、社会形象良好的信息机构才有可能获得更多的经费支持。其三是非营利信息机构的管理者,往往有除了机构的效率与效益目标之外的其他个人目标,比如个人的事业心、声望和晋升的可能性等,这也会促进他从经济学的角度出发,借助于机构内部的权威管理,来实现更有效率的资源配置。因此,这类信息机构尽管不以营利为目的,但是它在一定程度上像商业机构一样面对市场竞争,而市场机制常常是促进资源配置的最有效的机制。

以民间捐赠为主的非营利信息机构,其经费的来源主要不是以政府拨款为主,而是以民间捐赠为主。其主要目标是为社会公众利益服务。这类信息机构包括民间资助的研究机构、学校、各种类型的学会、行业协会等。比如位于美国华盛顿的专业图书馆协会(Special Libraries Association, SLA),是一个国际性的协会,代表了七十多个国家几千个信息从业者的利益。这个协会提供了一系列的项目与服务来帮助它的会员更有效地为用户服务,成功面对信息管理与技术的挑战。SLA 基金发展办公室为协会的会员和合作伙伴提供了在研究、学术、公共关系和其他重要项目上的支持。

这类信息机构的产生主要是由于民间的需要或其他原因比如公益或宗教信仰的原因而建立的。作为特殊的公共部门,它往往为社会弱势群体服务,或者在市场与政府同时失灵的地带产生。从这个意义上讲,它的出现本来就弥补了社会信息资源配置效率的不足。由于经费来源的多样性以及服务目标与宗旨的特殊性,与政府拨款的信息机构相比,这类信息机构的资金使用与分配受到更多的监督。有些公司性质的非营利信息机构由董事会来监督管理者的管理决策,同时与其他同类性质的商业或非商业机构展开竞争。其内部信息资源的配置同下文将要谈到的信息企业的资源配置相类似。

作为社会公共部门,非营利信息机构的经济学研究领域主要包括:预算与收支平衡,信息资源的开发、采集、加工、存储、传递效率的提高,人员与设备的合理利用,市场营销,等等。效率的考虑是经济学研究的核心问题,这对于非营利信息机构的资源配置来讲,也是同样,最典型的例子是无论是什么性质的图书馆,为求生存,图书馆管理者需要依经济学成本最小与效益最大的原理做出每天的决策。

6.2.4 企业信息资源的配置

企业信息资源的配置是在企业追求利润最大化或其他社会目标的前提下,将企业内外部的信息资源在企业各部门、各环节之间进行最有效的分配,其最优的表现就是投入产出比达到最大。显然,企业信息资源的配置效率是由市场价格和企业内部的权威两种机制来决定的。

企业要从市场上获取有关技术、需求、人才、资本、原材料或管理方面的信息,需要按照市场交易的方式,由信息的市场价格决定信息的流向。如果一项专利技术的价格过高,超过了企业预期收益的核算成本,那么交易可能无法达成。又比如一些门户网站把自己拥有的社区成员的信息出售给某家企业,也是买卖双方在谈判的基础上,根据各自的利益和效用达成成交价格。也就是说,在信息市场上,信息资源同其他资源一样是在一只看不见的手的指挥下,流动到效率最高的企业或组织中去。

在企业内部,信息资源主要不是依靠价格机制来配置,而是由组织权威的管理命令来分配。这也是企业存在的原因之一,按照科斯的理论,市场和企业是资源配置的两种可互相替代的手段;它们之间的不同表现在:在市场上,资源的配置由非人格化的价格来调节,而在企业内,相同的工作则通过权威关系来完成。二者之间的选择依赖于市场定价的成本与企业内官僚组织的成本之间的平衡关系。因此在企业内部更强调信息资源的管理或信息管理。近年来,信息管理、知识管理、管理信息系统和企业信息化理论作为企业管理的内容迅速发展,说明在全球化和信息化的浪潮下,企业之间的竞争领域已扩展到了信息管理的领域。

企业内部信息资源的配置主要由CIO或类似角色的管理人员进行决策,但在决策的过程中却不可避免地考虑经济因素,因为管理的最终目的是提高经济效率。比如信息系统的购置、信息管理人员效率的提高,等等,都需要进行成本收益的核算和效益的评估,对这个问题的研究已经比较成熟,主要集中在信息系统经济学、信息化项目管理等学科。

对于信息生产企业来讲,企业的整个生产活动围绕信息产品的生产展开。在其投入的生产要素中,信息资源占有很大的比重。其信息资源的配置效率决定了企业的生产与经营绩效,可以说,整个企业的生产活动就是社会信息资源开发利用的活动。除了内部的信息资源管理之外,企业生产的投入产出比、企业产品的需求与市场价格等都体现了市场机制在资源配置中所起的作用。

对于信息资源的经济学分析是一个复杂而又引人入胜的挑战,就目前的研究状况来看,还有许多未解决的问题,比如公共信息资源的增值与定价问题、政府信息资源公开的激励机制的设计问题、网络信息资源的配置、信息资源的外在性、锁定、成本分析、知识产权等一系列问题,这些问题的存在使未来的信息资源经济学研究充满了挑战与诱惑。

6.3 信息资源的开发利用

6.3.1 信息资源开发利用的概念

信息资源开发利用自古以来就是人类活动的组成部分。现代意义的信息资源开发活动面对的是海量的信息资源、广泛的社会需求和先进的技术方法。它既是一种经济活动,也是一种文化活动。我国政府和图书情报界非常重视这方面的工作,并首创了"信息资源开发利用"这个颇具中国特色的术语。实际上,图书情报工作,特别是科技情报工作的主要内容就是开发利用信息资源。其具体表现形式是信息资源的搜集、分类标引、编目、做文摘、编译报道、建设和维护数据库、开展信息服务和情报研究等。图书情报机构所从事的信息资源开发利用工作在规范性和连续性方面一直是最为突出的,积累了丰富的宝贵经验。

我国政府部门和学术界不同时期提出的相关文件或著作对信息资源开发利用给出了不同的定义和解释,反映了人们对此领域的认识有一个渐进和不断深化的过程。例如,乌家培先生在《信息资源与信息经济学》(1986)一书中指出:"开发狭义的信息资源有两重含义,一是从外延上发掘信息来源、开拓信息渠道、建立信息库存、加速信息流动;二是从内涵上不断重组和加工信息内容本身。利用狭义的信息资源则是在理解原有信息的基础上,扩展联系,挖掘内核,转换思路,进而产生和运用新的信息,使信息内容本身释放潜能,为政府、企业、民众的各类活动服务。"1987年,原国家科委颁发了《加强科技信息资源的开发与利用》的文件,指出开发利用信息资源,就是针对社会的不同需要,对信息进行搜集、处理、存储和传递,以便有效地利用,这是通过各种系统实现的。符福峘先生主编的《信息资源学》(1997)一书认为:"信息资源的开发利用是指将收集到的信息,根据用户的需求,有目的地进行不同类型、不同方式、不同深度地整序和加工,使其增值,并以各种类型的产品和方式提供给用户。开发跟信息系统、机构和人员关系密切,而利用则与用户紧紧联系在一起。"代根兴(2000)将信息资源开发定义为:"人们为使信息资源增值,或使之得到充分利用而对其进行的宣传、报道、重组、转化、再加工、再生产、再创造的能动活动。"[①]

《国家信息资源开发利用规划》(草案,1997)中提出:"信息资源开发利用是指利用现代信息技术采集、处理、传递和使用信息资源,提高信息资源的可获得性、适用性和有效性,提高其数字化、数据库化、网络化和商品化的水平,实现高度共享,为促进国民经济和社会快速健康发展和提高人民生活质量服务。"

为了贯彻落实国家"十五"期间"以信息化带动工业化"的重要战略决策,加强我国的信息资源开发利用工作,2003年国家信息化领导小组办公室组织有关专家进行了系列性专题研究,产生了一系列的专题研究报告。其中,基础理论研究小组的报告中提出:信息资源开发利用指根据社会需要,对信息资源进行采集、处理、存储、交换、共享、服务和应用的过程。信息资源开发主要包括信息的采集、处理、存储部分,包括传统信息资源在内的信息的数字化、网络化过程以及信息挖掘和知识发现过程;信息资源利用的范围主要包括信息的交换、共享、服务和应用。主要是利用信息资源开发的成果来提供产品和服务,也包括对信息资源进行更深度的加工,以满足用户的需要。结合中国的具体情况,报告认为信息资源的开发利用应该包括两方面:

一是传统介质的信息资源的数字化和网络化。这里的传统主要指工业社会中产生的信息资源,即以印刷和纸质为信息处理载体的信息资源;二是数字化、网络化的信息资源的采集、加工、存储、交换、共享、服务和商业运作。

信息资源开发利用、信息资源管理与信息资源建设三个概念之间,既有区别,又有联系。

(1) 从实施过程上来讲,信息资源建设是信息资源开发与利用的基础和起点,信息资源开发与利用则是信息资源建设的目标。而信息资源管理则涉及到对整个信息资源的建设、开发与利用过程的规划、预算、协调、控制与评估过程。

(2) 从实施对象上来讲,信息资源的建设、开发与利用是一个复杂的综合经济生产过程,对于国家或组织来说,主要针对信息内容或信息载体。而信息资源管理则主要是一种管理思想或管理方法的应用,是提高信息资源的配置、协调与利用效率的重要手段,包括信息及其有

[①] 赖茂生.信息资源开发利用基本理论研究.情报理论与实践,2004(3):229~235

关人员、资金、设备等的规范协调与合理配置。

(3) 从工作性质上来讲,对于组织机构来说,信息资源管理属于管理工作范畴。而信息资源的建设、开发与利用则属于业务工作,任务比较明确具体,如信息的采集、加工,信息库或数据库的建设,信息内容和服务的提供与利用等。

(4) 从相互关系上来讲,信息资源管理与信息资源建设、开发和利用之间是互为促进的。科学有效的管理可以提高信息资源建设与开发利用的效率,而有效的开发利用又可以丰富或修正信息资源的管理理论。

6.3.2 信息资源开发的类型与步骤

1. 信息资源开发的类型

按照不同的划分标准与划分方法,可以将信息资源划分为不同的类型。

从内涵与外延的角度,可将信息资源开发分为外延开发与内涵开发。外延开发是指开拓、发掘新的信息源和信息渠道,更广泛地获取信息和尽可能多地搜集各方面的信息;内涵开发是指充分发掘、开拓、利用现有信息,着重对现有信息的深度发掘、分析重组的思维加工,使信息资源的功能放大,不断开拓其新的用途,从而充分发挥信息资源的潜在能量。[1]

从宏观与微观的角度可将信息资源开发分为宏观开发与微观开发。宏观开发是指对全社会的信息资源充分搜集、发掘、科学管理,充分发挥、放大其整体功能;微观开发是指对具体信息资源的充分发掘提炼、加工重组、分析综合、功能扩大和利用,充分发挥其潜在效能。[2]

按信息资源开发的层次可将信息资源开发分为信息序化开发、主题指示开发、知识揭示开发、知识重组开发,知识活化开发等。[3] 也有将它分为可得性开发、可用性开发和高水平可用性开发。其中可得性开发,是使信息资源从无到有,并使之处于可获取的状态;但信息资源的存在并不意味着可以用,还需通过开辟与之相适应的服务项目,使信息资源处于一个用户方便使用的状态,这就是可用性开发;通过对现有信息资源的再加工,使信息资源的利用在量和质方面获得提高,就是高水平可用性开发。[4]

从信息资源存在状态的角度可将信息资源开发分为潜在信息资源开发与现实信息资源开发。其中现实信息资源开发又可分为文献信息资源开发和网络信息资源开发。[5]

从开发方式方法角度可将文献信息资源开发划分为以下 8 种类型。宣传型开发、指导型开发、服务型开发、转化型开发、整理型开发、转移型开发、汇编型开发和研究型开发。[6]

除去上述各种分类方法之外,从信息资源的价值增值方式或开发层次上讲,信息资源的开发包括两个层次:一是载体层次上的开发与增值活动,比如传统介质的信息资源的数字化和网络化,通过改变信息的载体形式,发掘、扩展信息的采集和传播渠道,提高信息的可获取性和可共享性。这个阶段在信息资源开发的产业链上处于上游,属于信息产品粗加工阶段;二是信息内容层次上的开发与增值活动,在载体形式不变的情况下,对信息内容进行加工,提高信息的

---
[1] 陈耀盛主编.信息管理学概论.北京:中国档案出版社,1997,257~258
[2] 代根兴.信息资源开发研究.中国图书馆学报,2000,6:20~22
[3] 同[1],277~278
[4] 毕强、杨文祥主编.网络信息资源开发与利用,北京:科学出版社,2002,99~100
[5] 同上
[6] 同[2]

效用。这在产业链上处于高级阶段,属于信息产品的深加工阶段,也是价值增值的主要来源,是信息内容产业的主体部分。需要注意的是,在很多时候两个阶段并不是截然分开的,二者紧密地结合,价值增值的来源包括载体与内容两个部分。

2. 信息资源开发利用的步骤与方式

我们认为,各种来源、各种形式和内容的信息必须经过识别、采集、加工处理和组织,才能成为有价值的资源。广义地讲,信息资源的开发利用包括信息资源的建设、管理、开发与利用四个大的环节。狭义地讲,信息资源的开发利用主要包括资源发现、检索、分析研究、重组、包装与利用。

其中,信息资源的建设包括:采集、分类、加工、存储、建库。信息资源的开发包括载体开发与内容开发两个部分,载体开发包括检索、数字化、网络化、远程传递与下载;内容开发则包括综合、比较、情报分析、数据挖掘、知识挖掘、形成增值信息产品等;信息资源的利用包括出售或购买、咨询服务、管理决策、研究开发、开拓市场、学习和培训等;而信息资源的管理则贯穿于信息资源生产、传递、存储、开发与利用的整个生命周期,如图 6-1 所示。

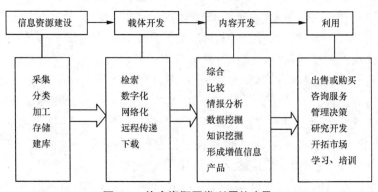

图 6-1 信息资源开发利用的步骤

从一般意义上来讲,信息资源开发利用的步骤包括采集、加工处理、分析、存储、检索、传播与利用等;开发利用的方式包括分类序化、数字化、网络化、分析研究、知识发现、数据挖掘、包装、重组、提供服务与进入决策应用等。

关于信息资源开发利用的具体方式,属于技术层面的内容,本章不再做详细论述。

关键术语

信息资源开发　信息资源配置　信息资源产业　内容产业　政府机构的信息资源配置　企业信息资源配置　非营利机构的信息资源配置

思考题

1. 信息资源对经济发展有哪些重要作用?
2. 信息资源配置的含义是什么?
3. 说说信息资源开发的内涵、类型与步骤。

第 7 章 信息产业结构与发展规律

随着专业化与社会分工的发展,市场交易中的信息越来越丰富,同时与之相适应的科技、政治、文化与社会信息也日渐丰富。随着市场的扩大,市场主体日渐分散,使得信息不对称问题越来越明显,某一类市场作为信息的传递者只能在一定的时间和地点起到局部性的作用,这时市场上便会出现专门的信息企业承担信息的收集、处理加工与传递服务,在市场失灵的公共信息领域,会出现公共的信息服务部门。当信息技术发生了革命性的变化以后,信息企业的数量、规模与行业分布都上升到了足够的程度,从而形成了信息产业。

信息产业是信息经济的主导产业,是经济社会信息化的供给力量。迄今为止,关于信息产业的结构、规模测算、我国信息产业的发展等研究已经比较成熟,而一些新型的信息产业也正备受人们的关注。

7.1 产业与产业结构

信息产业是国民经济的重要组成部分,在一些国家或地区的产业结构中占据先导或支柱地位,同时信息产业内部也包含着许多不同的行业。因此,在学习信息产业的相关内容之前,先来学习一下产业与产业结构的相关知识。

7.1.1 产业的兴衰

1. 产业的生命周期

产业是指现代经济生活中按照一定的社会分工原则,为满足社会某种需要而划分的,从事生产或作业的各行业各部门以及企业和私人服务单位的集合,或者说是为国民经济提供产品或劳务的组织或部门的总称。或者说,是由国民经济中具有同一性质,承担一定社会经济功能的生产或其他经济社会活动的单元构成的具有相当规模和社会影响的组织结构体系。产业的产生、发展过程,其实质是社会分工的产生及不断细化的历史过程。

一般来讲,产业具有三个规定性:规模规定性(构成产业的企业数量、产出量必须具有一定规模)、职业规定性(为社会提供一定的职业或就业岗位)与社会规定性(能够满足社会的某种需要)。

产业的生命周期或者说兴衰过程包括以下四个阶段:产业形成、产业成长、产业成熟与产业衰退。

(1) 产业形成

产业形成指某些生产或有些社会经济活动不断发育和集合,逐步成形进而构成产业的基本要素的过程。包括产业的萌芽和形成两个阶段。

① 产业萌芽的特点是:产品单一,仅有一个或少数几个企业;产品销路不广;成本高、收益少、产量小;没有形成独立的产品体系;产品知名度低。

② 产业形成就其本质而言,是资本在一产业中的形成;是新技术的产生和推广应用;是产业的创新和企业的创新。产业形成的标志是:一定的规模;有专门的从业人员;具有一定的社会影响,承担着不可或缺的社会经济功能;有专门化的生产技术装备和技术经济特点。产业形成的方式有分化、衍生和新生长。

(2) 产业成长

产业成长是指产业形成以后,不断吸纳各种经济资源而不断扩大自身的过程,既有量的扩张也有质的改变。产业成长一般要经过启动、加速和高涨阶段。产业成长的量度包括:① 产出增长率(较高)。② 产业的产值和收入在国民经济中的相对比重和变化。一般处于成熟期的产业产出份额占8%,有的到15%以上。处于形成和衰退阶段的远远低于8%。③ 产业的资产总规模和劳动力就业人数的变化。④ 产业的产品在国民消费总支出中的相对变化率,以反映该产业的需求状况。判定一个产业的成长能力的指标有需求弹性、技术进步、产业关联度、市场潜力、产业在空间的转移活动与产业组织变化活动。

(3) 产业成熟

产业的成熟是指产业经过充分的成长之后达到了极限,产业的生产能力和生产空间的扩大趋于停滞,随后,产业进入一个规模稳定、技术稳定、供给与需求稳定、产品稳定、地位显赫的阶段,这就是产业的成熟阶段。产业成熟的实质是技术成熟、产品成熟、产业组织上的成熟。产业成熟的特点是:① 强盛。② 生产能力接近饱和状态,市场需求饱和,供求矛盾不大,买方市场出现。③ 构成支柱产业地位,其生产要素份额、产值及利税份额在国民经济中较大。

(4) 产业衰退

产业衰退包括绝对衰退与相对衰退。绝对衰退指产业本身内在的衰退规律起作用而发生的规模萎缩,产品老化、功能减退,产业的物质实体缩减。相对衰退指的是产业因结构性原因或无形原因(如替代产业兴起)引起产业地位和功能发生衰减的情况。产业衰退的本质是产业创新能力的衰减或枯竭。

产业衰退的标志和特征:① 生产能力大量过剩,开工严重不足,在较长时间内产品老化、产量负增长,产品供过于求。② 利润率下降,严重亏损,财务状况恶化。③ 企业退出现象大量发生。④ 重要产业或大面积的产业衰退可能引起经济波动。⑤ 产业衰退过程可能出现"复兴"或"中兴",但终久逃不过衰落的命运。⑥ 产业的衰退期延续时间最长。产业自身具有抵制衰退的能力,包括:需求惯性、企业家的努力、企业的技术和产品革新、政府保护等。[①]

2. 产业形成与兴盛的机理

分析产业形成与兴盛的机理,包括如下几个方面:

(1) 产业形成和发展的动力机制主要是利益驱动。如李嘉图的"比较利益论"、"要素禀赋论"、"幼小产业保护论"等都强调了利益驱动对产业形成和发展的重要作用。

(2) 供求机理。钱纳里(H. B. Chenery)等人发现:当人均收入从140美元上升到2100美元时,与最终需求相比,中间需求由50%上升到80%;与总产出相比,中间需求从33%上升到45%,这意味着有利于中间产品型的产业形成与发展,如钢铁产业。

(3) 产业的内在性质和技术经济要求对产业形成与发展的影响和作用机理。如:规模起点高、初始资本数量要求高的产业形成相对不易;技术条件要求高的产业形成不易;现实要素

---

① 钱纳里,鲁宾逊,塞尔奎因.工业化和经济增长的比较研究.上海三联,1989:56~104

赋税状况也有影响;市场容量大的产业发展空间大。

(4) 产业形成和发展的外部推动机理。如自然条件、政治因素、人口、对外贸易等因素可能会促进一些产业的形成与发展。

(5) 产业形成和发展的决策与协调机理。政府根据经济发展阶段、国情等选择产业发展战略,通过产业政策(如财政政策、货币政策、投资政策、价格税收政策)来实现。目标有扶持萌芽产业、保护幼稚产业、选择和支持战略产业和主导产业等。

(6) 产业形成和发展的创新机理。如技术、产品、市场、管理组织等方面的创新会促进产业的形成和发展。

(7) 产业形成和发展的竞争机制。一国产业参与国际竞争的过程可分为四个阶段:要素驱动、投资驱动、创新驱动与财富驱动。

7.1.2 产业结构及其演化

国民经济的总体由许多的产业部门组成,各产业部门之间相互联系、相互作用,每一个产业的发展变化都会对其他产业产生影响。作为一个有机的整体,各产业在经济发展的不同阶段形成不同的关系结构,各产业部门的彼此之间以及内部行业之间所形成的生产联系和数量联系,被称为产业结构。

1. 产业分类

在产业分类法当中,最基础的、并且受到世界各国广泛采用的是三次产业分类法。英国科林·克拉克(C. G. Clark)在1940年《经济进步的条件》一书中首次提出把全部的经济活动划分为第一次产业(primary industry),第二次产业(secondary industry)和第三次产业(tertiary industry)。

三次产业分类法的标准是产业的生产物的来源。第一次产业生产物取自于自然,第二次产业加工取自于自然的生产物,第三次产业是繁衍于有形物质财富生产之上的无形财富的生产部门。各国对三次产业的具体划分有所不同,如矿业在澳大利亚、新西兰被划分为第一产业,而在日本、美国则被划分为第二产业。但总体来讲,第一次产业为农业产业,第二次产业为工业产业,第三次产业为服务产业。

为统一世界各国的产业分类,联合国曾颁布过《全球经济活动的国际标准产业分类索引》,被称为标准产业分类法。它把全部的经济活动分为10个大类,然后在各类下面层层细分,形成大、中、小、细四级。10个大类是:① 农业,狩猎业,林业,渔业;② 矿业和采掘业;③ 制造业;④ 电力,煤气,供水业;⑤ 建筑业;⑥ 批发与零售业,餐馆与旅店业;⑦ 运输,仓储与邮电业;⑧ 金融,不动产业,保险业,商业与服务业;⑨ 社会团体,社会及个人的服务;⑩ 不能分类的其他活动。

2. 产业结构的演化规律

产业结构是一个不断发展的动态体系。影响和决定产业结构的因素包括:需求结构(个人消费结构,中间需求和最终需求的比例,最终需求中消费和投资的比例)、投资结构、资源结构(自然资源禀赋、劳动力和资本的拥有状况及它们之间的相对价格)、科学技术(影响需求和供给)、世界经济(国际贸易、要素的国际间流动)以及不同时期的重大经济政策等。

库兹涅茨(Simon Kuznets)从分析各国国民收入和劳动力在产业间分布结构的演变趋势的统计资料中总结出产业结构演变的基本规律:

第一,农业部门(即第一产业)实现的国民收入,随着年代的延续,在整个国民收入中的比重与农业劳动力在全部劳动力中的比重一样,处于不断下降之中。

第二,工业部门(即第二产业)的国民收入的相对比重大体来看是上升的,然而,将各国的情况综合起来看,工业部门劳动力的相对比重却是大体不变或略有上升。

第三,服务部门(即第三产业)的劳动力相对比重在所有的国家里都是上升的。但是,国民收入的相对比重却未必与劳动力的相对比重的同步上升。综合起来看,大体不变,略有上升。

三次产业的演进轨迹一般是从劳动集约型到资本集约型再到技术集约型。在一些国家,政府会通过一定的政策来调整产业结构,达到优化产业结构的目标。

3. 产业结构的优化

产业结构的优化是一个相对的概念,其含义包括:

(1) 产业结构合理化。指在一定的发展阶段上,根据消费需求和资源条件,理顺结构,使资源在产业间合理配置,有效利用。产业结构合理化的标志是:工业内部结构比例关系协调,经济效益较好,工业部门结构具有开放性,有序变动性。一般来讲,分析产业结构优化程度的方法包括:国际比较法(三次产业的升降),影子价格法(用各产业部门的影子价格与其整体影子价格平均值偏离程度来衡量,偏离越小,产业结构就越合理)。

(2) 产业结构高度化。指代表现代产业技术水平的高效率产业部门比重不断增大,经济系统内显示出巨大的持续创新能力。产业结构的高度化主要表现为:高加工度化,高附加价值化,技术集约化,工业结构软性化。

(3) 产业的均衡发展。指产业部门间的均衡协调发展和产业发展的稳定性(即从时间序列的产业波动性来评价产业的均衡性)。

(4) 产业发展的效率。这里强调产业发展速度、质量和效率的统一。

4. 产业结构的成长模式

产业结构的成长有三种模式:

(1) 纯粹市场机制模式。产业的发展由市场自发调节,以竞争为主要动力,政府不施加任何影响。其基本特点是:① 由于有发达的市场机制做基础,产业结构的成长侧重于产业结构内部的自均衡。② 外部的政策力量是间接性的,它的隔离层是一整套以税收、利率及货币供应等为主体的市场参数体系。③ 产业结构政策大部分侧重于需求方面。

(2) 市场垄断模式。由政府来规划产业结构的高度化,即实现高效益的产业结构的目标,确定带动整个经济起飞的"战略产业",并通过政府的经济计划、经济立法和经济措施,扶持"战略产业"的起飞和诱导经济按既定的目标发展。

在这种模式下,政府的干预程度比较深,直接深入产业结构的内部,但市场作用没有取消。垄断加强了市场的组织程度,虽然市场价格等参数系统因垄断而变形,但对经济的调节作用却大大加强了。垄断模式的出现原因主要有:① 市场经济的历史基础薄弱。② 可支配资源的天然短缺。③ 国家具有控制和干预经济的历史传统。④ 有短期内提高经济水平的战略目标。

(3) 中央计划模式。有利于迅速地调配和转移资源,从而扶持在产业结构变革中起关键作用的重点产业。但是,却不能保证成长过程中产业之间的相互协调的程度,从而导致产业结构的种种矛盾。

7.2 信息产业的结构

如7.1节所述,代表现代产业技术水平的高效率产业部门的比重不断增大,意味着产业结构的高度化,是产业结构优化的重要内容。20世纪80年代以后,以信息技术为基础的信息产业成为高技术产业的主导,标志着信息时代的真正来临。一般认为,信息产业是第三产业的重要组成部分,也有人认为信息产业是独立的第四产业。信息产业的形成、成长与逐渐成熟过程符合一般产业的发展规律。

7.2.1 信息产业的形成

信息产业是指国民经济活动中与信息产品和信息服务的生产、流通、分配与消费直接相关的产业集合。信息产业形成的原因是社会信息分工与专业化的发展。

随着社会生产系统和市场交易体系的逐渐复杂,人们所需要的信息产品的品种与数量也日渐多样化。由于不确定性永远存在,人们对信息的需求也总是存在。当这种需求达到一定的程度时,信息的收集、生产、加工与传播便逐渐朝着专门化与产业化的方向发展。

当信息的收集、鉴别、加工和组装生产等生产活动达到一定规模时,就会使信息的专业化生产逐渐成为独立的产业,在更优规模上进行生产,为其他产业提供信息产品和服务,而成本远较其他产业自己生产同类产品为低,信息产业从而取得了规模经济性。从本质上讲,决定信息产业独立化的直接动机是信息产品生产成本的节约。而对于全社会来讲,则是节约了市场的交易成本。

信息产品生产成本节约的另一个途径是范围经济性。所谓范围经济性是指企业通过扩大经营范围,增加产品种类,生产两种或两种以上的产品而带来的单位成本的降低。例如,网络经济中自然存在着产品关联现象,包括生产过程、影响过程、服务过程等。范围经济是信息产业的一种普遍现象。比如,市话服务、长话服务、电讯产品就是关联产品;ISP、ICP、IDC也是关联产品;微软公司的操作系统、办公软件、浏览器等也是关联产品。范围经济与规模经济一样,能显著地降低企业的运营成本,还能增强抗风险能力。因此,在信息产业中,范围经济更能加强企业的竞争优势,其重要性甚至要大于规模经济。

信息产业的形成与发展得益于信息产品生产的规模经济性与范围经济性。无论是规模经济还是范围经济,都大大降低了信息企业的生产成本,从而使得企业发展的数量与规模逐渐达到产业化的要求,这个过程的实质是以追求低生产成本为动力的。

如今,许多国家的信息产业已经成为本国或本地区的先导或支柱产业,正处于形成或成熟发展阶段。在中国,信息产业对中国经济的发展起到了极大的促进作用。

7.2.2 信息产业对中国经济发展的促进作用

如同在世界很多国家一样,自20世纪后半期至今,信息产业对中国经济发展起到了很大的促进作用,具体表现在产业结构优化、经济的可持续发展与国际竞争力提高等方面。

1. 信息产业对产业结构优化的贡献分析

经济结构包括产业结构、所有制结构和地区结构。信息产业对经济结构调整的贡献主要体现在促进了产业结构的优化。

让我们来看看我国三产业结构的变化情况。我国第一、二、三产业占 GDP 的比重在 1995 年分别为 20.5%、48.8% 和 31.7%；1997 年为 19.1%、50% 和 31.9%；1999 年为 17.3%、49.7% 和 33%；2004 年为 13.1%、46.2% 和 40.7%。可以看出，中国三产业结构的演变趋向合理，第三产业的发展比较明显。近年来第三产业的发展在很大程度上归功于邮电通信、金融、房地产、教育、新闻出版等信息产业的发展，第二产业中的信息技术设备制造业也有了显著的发展，而一些传统工业的发展则比较缓慢，甚至被淘汰。

信息产业对产业结构的优化作用主要体现在以下几个方面：

(1) 信息产业自身作为高新技术的代表和高效率的产业，其发展壮大促进了产业结构中朝阳产业的比重，提升了产业结构的高度。

(2) 信息产业的发展促进了传统产业的信息化，提高了传统的工业和农业的生产经营效率。尤其是企业的信息化大大提高了企业对市场的反应速度和企业的创新能力，降低了企业的管理成本和交易成本，增加了现代企业的竞争能力。

(3) 信息产业以快速的技术创新为标志，带动了一大批高新技术产业如生物、航空航天等高新技术产业的发展，使国民经济的产业结构更加合理化。

(4) 信息产业不断更新并创造着人们的消费需求，改变人们的消费结构，从而促使人们的消费从过多依赖自然资源和物质产品转向更加倚重于信息资源和信息产品的消费上。消费结构的改变影响着产业结构向着资源利用效率更高、更加合理的方向转变。

(5) 信息产业相对于传统产业具有更高的利润率，吸引更多的物质资本与人力资本的投入，也促进了国民经济中投资结构、产品结构向着技术进步的方向转化，从而促进了产业结构的优化。据英国《经济学家》周刊报道，电信、传媒和技术产业在资本市场上的重要性日益增加。1997 年，上述产业在新兴市场吸引了私人投资的 12% 和发达国家市场 10% 的私人投资。2000 年上半年，新兴市场私人投资的 44% 为电信、传媒和技术产业所拥有，发达国家市场的这一比例约为 22%。在新股发行市场上，2000 年上半年这些行业所占的比重，在新兴市场上为 77%，在发达国家市场也达到了 75%。2000 年中国股市的走向基本上也是这个趋势。

2. 信息产业对经济可持续发展的贡献分析

信息是与物质和能量相并列的重要资源。作为智力开发活动的成果，信息资源具有广泛的共享性、可再生性和无限的开发性。由于知识、信息在使用之后并不会耗竭，知识与知识的作用会产生新的知识、信息，而不会造成环境污染，信息产业因此被称为无烟工业。知识、信息一旦与物质和能源相结合，必然会大大提高它们的利用率，减少浪费，并产生很高的附加值。作为高新技术产业的代表，信息产业不但可以促进产业结构的优化，而且其本身就具有可持续发展的特征，能够减少经济发展对于自然资源的依赖程度，减轻环境压力，对于经济的可持续发展具有很大的推动作用。

社会信息化程度的提高，对经济和社会的可持续发展产生重要作用。企业信息化使整个企业活动方式面临着根本改变。信息技术的广泛采用使得企业大大加快新产品和新技术的研究开发速度，对资金、原材料、劳动力的利用率将大为提高。市场信息的快速传递减少了企业生产的盲目性，并可以降低成本，减少资源浪费。农业信息化增加农户的市场反应能力。提高农业科学技术的推广与应用，从而提高土地资源的生产效率。另外，信息通信技术的高度发达，提高了生态保护、水土流失治理的统筹安排和技术推广的效率。最后，人类消费的信息化将减少交通运输、商业空间的紧张程度，从而减轻环境污染，提高城市的环境质量。

教育事业和产业的快速发展,提高了劳动者素质,为经济与社会的可持续发展打下基础。教育的发展对控制人口增长,减轻就业压力也有重要作用,使人们对环境、生态、发展问题有更全面、系统的认识,从而更自觉、更有能力运用知识和技术参与到可持续发展的活动中来。同时,教育的信息化使人们通过信息网络获取知识更为容易,从而大大缓解有些地区教育基础设施及师资力量建设落后的压力,对我国人力资源的可持续发展大有帮助。

最后,以信息技术为核心的高新技术产业的发展可以在一定程度上带动环保和治理污染技术的普遍采用,从而提高经济持续发展的环境容量。尤其在西部地区,工业结构中重工业所占比重较大,许多中小企业的技术水平较低,几乎没有环保设施,废料、废渣、废水、废气加上城市汽车尾气的排放相当严重。矿山开采后的复垦和生态植被的恢复也是一个重要的问题。环保产业的兴起,不仅促进经济发展,还可以增加就业机会。

从近年来经济运行的实际情况来看,我国信息产业对于经济的可持续发展确实正在起着日益重要的作用,但与发达国家相比还相差很远。如在我国目前的经济发展中,科技进步对经济增长的作用率只占27%,能源利用率低于30%,而发达国家科技进步对经济增长的贡献达到了60%~80%。因此,大力发展信息产业,对我国经济的可持续发展有着重要意义。

3. 信息产业对中国经济国际竞争力的贡献分析

2006年1月26日,国家统计局局长李德水在国务院新闻办举办的新闻发布会上发布了中国(大陆地区)GDP的初步核算结果:2005年GDP总量达182321亿元,比上年增长9.9%,约合22612亿美元,有望超过英国,跃居世界第四位。他同时指出,位次并不重要,关键是竞争力和综合国力。2005年9月28日,设在瑞士日内瓦的世界经济论坛(WEF)公布2005—2006年全球竞争力报告,中国内地的总体排名由2004年的46位下降为49位。同年4月,位于瑞士洛桑的国际管理发展研究院(IMD)发表2004年国际竞争力年鉴,中国内地的总体排名由2003年的29位上升为24位。经济的全球化意味着经济的竞争扩展到了世界范围。信息产业的发展不但加速了这个趋势,而且直接影响着一国经济的国际竞争力。我国电子信息产业一直保持了高速增长的态势。1980年的销售收入只有100亿元,而2005年已达到3.3万亿元,增长了330倍,产业规模已居世界第二位。但与世界发达国家相比,尤其在核心技术方面,还处于比较薄弱的地位,这也影响了中国经济的国际竞争力。差距主要表现为:

首先是我国在IT领域的关键技术还很落后,比如高速CPU芯片和存储器的设计与制造、基础性软件及一些大的应用系统的开发能力还比较薄弱。目前,国内生产的IC产品只能满足国内市场的20%,软件产品只能满足国内市场需求的30%。以软件业为例:在美国,软件产业已经成为继汽车和电子产业之后的第三大产业,是美国经济增长最快的领域。90年代以后,美国软件业以每年12.5%的速度增长,几乎是美国同期国民经济增长率的2.5倍。发展中国家在软件产业发展上以印度较为突出,在世界银行对7个软件出口国的比较研究中,从提供软件服务的规模和质量来看,印度列为第一。1999年,印度的软件出口额就已达40.5亿美元,已有170个软件企业通过了ISO 9000质量认证。印度政府计划到2008年实现软件产值870亿美元、其中出口500亿美元的目标。与此相比,中国软件产业发展显得步履缓慢。根据CCID(信息产业部计算机与微电子发展研究中心)发布的数据,1999年,中国计算机软件市场销售总额仅为176亿元,2000年的销售额预计为210亿元。

其次是信息产业的发展基础十分薄弱,产业结构不合理,企业规模小,效益不高,重复分散,缺乏竞争力。几年前,国内从事软件开发的企业虽已有数千家,其中有100多家外资、合资企业,大多数企业中软件人员一般在50人左右,只有少数达到近200人,而达到1000人规模的只有两三家。中国软件业无论从产业规模、企业实力,还是从技术水平、创新能力、竞争能力来说,都处于初级阶段。

第三,在管理体制和政策法规环境上还存在着与信息产业高速发展不相适应的问题。尽管从1999年下半年开始,国家及地方政府出台了一系列促进软件产业发展的政策措施,软件产业投资量有较大幅度的增长,初步形成了有利于软件产业发展和软件市场增长的有利环境,但是整个软件产业的发展情况仍不理想。2000年6月24日,国务院出台了13个部委联合制定的《鼓励软件产业和集成电路产业发展若干政策》(即18号文件),从投融资政策、国内外上市、产业技术、出口、收入分配、知识产权保护等诸多方面为我国软件产业和集成电路产业发展提供了政策保障。目的在于增强信息产业创新能力和国际竞争力,带动传统产业改造和产品升级。

该政策颁布实施后,我国软件产业和集成电路产业得到了快速发展。2004年我国软件产业总产值已达2300亿元,软件出口达28亿元,通过认证的软件企业有10871家,产品20736个,通过CMM各级认证的企业有221家。但是利润率却在持续下降,平均利润率仅为7%,远低于美国、印度、欧洲和日本等国家和地区25%的利润率。产业规模虽与印度相当,但出口额只有印度的1/10。仍然存在产业基础薄弱,缺乏国际竞争力等问题。[1] 2005年我国集成电路产业销售收入约750亿元,其中设计、制造、封装测试业分别占17.5%、37.2%和45.3%。技术密集、利润高的上游产业有了较快发展,终结了"缺芯少魂"的状况,但整体实力依然弱小,企业的股东回报率仍小得可怜。[2]

7.2.3 信息产业的结构与分类

随着信息产业体系的发展,关于信息产业的结构划分在不断地发生变化。目前,世界各国对于信息产业的界定不完全相同,但主要内容是基本一致的。

1. 美国、欧洲和日本对信息产业的分类

对信息产业进行开创性研究并产生深远影响的是美国经济学家马克卢普。1962年在他出版的《美国知识的生产和分配》一书中,首次将人类的知识生产活动从其他的经济活动中区别了出来,并将人类知识和信息的生产、传播和利用过程称为"知识产业"。他提出:"知识产业是一类为自己所用而生产知识、从事信息服务或生产信息产品的机构。"他还将知识产业划分为教育、研究与开发、通信媒介、信息设备、信息服务。

美国信息产业协会(AIIA)早年曾经将信息产业定义为:"是依靠新的信息技术和信息处理的创新手段,制造和提供信息产品和信息服务和生产活动的组合。"该机构以信息为核心,把信息产业分解为八个分支,包括:广播网、通信网、通信技术、集成技术、信息服务、信息包、软件服务、信息技术。

美国商务部在其发布的《数字经济2000年》中,按照美国1987年《标准产业分类》(SIC)来定义信息技术产业,包括硬件产业、软件产业和服务业、通信设备制造业、通信服务业四部分。其中硬件产业除了包括计算机、办公机器、电子元器件、测量和实验分析工器具的制造外,还包括了计算机及其设备的批发和零售;在软件产业和服务业中,除了计算机和有关的服务外,还

---

[1] 我国软件业总产值年均增速超过38%. http://www.XINHUANET.com. 2005年6月15日
[2] 我国半导体产业增势依然强劲. 经济参考报,2006年1月18日

包括了软件的批发和零售。

《北美产业分类体系》(NAICS)是美国、加拿大、墨西哥三国1997年制定的新的产业分类标准,并在这些国家的统计调查中使用。NAICS2002版(见表7-1)中所列的信息业是由从事以下活动的企业构成:(a) 生产、分销信息和文化产品;(b) 提供发送或发布这些产品以及数据或通信的方法;(c) 数据处理。该产业涵盖以下产业:出版业(含软件出版业和传统出版业);电影和录音产业;广播业(含无线电广播和电视、有线电视和其他订阅节目);互联网出版和广播业;电信服务业;互联网服务提供商、网络搜索门户和数据处理产业;其他信息服务产业(含新闻辛迪加、图书馆、博物馆等)。它把信息技术设备制造业,如芯片、计算机、路由器、网络基础设施等均划归制造业,与钢铁、汽车等同类。该分类体系反映了一种新的产业结构,显著地突出了信息内容和服务在信息产业中的主导地位。

表7-1 NAICS 2002 中的信息业

51	Information 信息业
511	Publishing Industries (except Internet) 出版业(不含网络出版)
5111	Newspaper, Periodical, Book, and Directory Publishers 报纸、期刊、书籍和目录出版业
5112	Software Publishers 软件出版业
512	Motion Picture and Sound Recording Industries 电影和录音业
5121	Motion Picture and Video Industries 电影和录像业(包括生产、发行、放映和后期制作等)
5122	Sound Recording Industries 录音业(含制作、集成化制作、发行、音乐发行、录音棚等)
515	Broadcasting (except Internet) 广播业(不含互联网)
5151	Radio and Television Broadcasting 无线电广播和电视业
5152	Cable and Other Subscription Programming 有线电视和其他订阅性节目
516	Internet Publishing and Broadcasting 网络出版和广播业
517	Telecommunications 通信业(有线、无线、卫星、通信转卖、电缆等)
5171	Wired Telecommunications Carriers 有线通信业
5172	Wireless Telecommunications Carriers (except Satellite) 无线通信业(不包括卫星通信)
5173	Telecommunications Resellers 通信转卖
5174	Satellite Telecommunications 卫星通信业
5175	Cable and Other Program Distribution 电缆和其他节目发行业
5179	Other Telecommunications 其他通信业
518	Internet Service Providers, Web Search Portals and Data Processing Services 网络服务提供商、网络搜索门户和数据处理服务业
5181	Internet Service Providers and Web Search Portals 网络服务提供商、网络搜索门户
5182	Data Processing, Hosting and Related Services 数据处理业、主机提供和相关服务业
519	Other Information Services 其他信息服务业(包括新闻辛迪加、图书馆、博物馆等)

欧洲信息提供者协会(EURIPA)认为:"信息产业是提供信息产品和信息服务的电子信息工业。"

日本科技与经济协会认为信息产业包括信息技术产业(机器产业、软件产业、提供信息媒介产业)和信息商品化产业(新闻业、出版业、数据库产业、咨询业、代理业、教育产业、教养产业)。

经济合作与发展组织(OECD)关于信息产业的构成体系是为了在统一的定义下按照可比的口径测量各成员国信息和通信技术部门的产出,在其出版的《信息和通讯技术部门的测量》中以联合国统计委员会制订的《全部经济活动的国际标准产业分类》第三版产业级为基础制定的,包括的类目有:制造业中的办公、会计和计算机器;绝缘线和电缆;电子管和显像管及其他电子元器件;电视、无线电发射机,有线电话和电报设备;电视、无线电接收机,音像录放装置和相关制品;测量、检查、检验、导航和其他用途的工具;工业加工控制设备;服务业中的机械、设备和物资的批发;办公机器和设备的出租;电信;计算机和相关活动。需要注意的是,OECD定义的是信息和通信技术,即ICT产业,包含了电子信息技术设备制造业。

2. 我国的信息产业分类体系

中国科技信息研究所刘昭东提出:"信息产业(简称信息业)是指从事信息技术研究、开发与应用,信息设备与器件的制造,以及为经济发展和公共社会需求提供信息服务的综合性生产活动和基础结构。"他将信息产业分为两大部分:第一部分是信息技术和设备制造业,第二部分是信息服务业。其中,第一部分包括:微电子技术与器件制造业;计算机技术与硬件、软件产业;通信与网络及设备制造业;多媒体技术与设备制造业;缩微复印技术与设备制造业;电子出版技术与设备制造业。第二部分信息服务业包括:传统的信息服务业和电子信息服务业。传统的信息服务业主要指以印刷文本为主体的信息服务业,包括科技情报、图书、文献、档案、标准、专利与图纸;电子信息服务业包括计算机信息处理、软件生产、通信网络系统、数据库开发应用、电子出版物、办公自动化与以计算机和网络传输为基础的信息提供与咨询。[1]可以看出,这种划分比较注重信息服务业。

武汉大学马费成教授在其所著《信息经济学》一书中认为,信息产业包括:(1)信息开发经营业,含研发、技术开发、技术推广、信息采集、信息处理、信息商品生产销售、软件开发、信息系统开发、数据库建设等行业;(2)信息传播报道业,含新闻通信、广播电视、报纸杂志、印刷出版、音像影视、气象、测绘、计量、勘察等行业;(3)信息流通分配业,含邮政、电信、数据通信、计算机通信网络、教育、教养等行业;(4)信息咨询服务业,含公共信息提供、行业信息提供、信息咨询、信息中介、计算机检索等行业;(5)信息技术服务业,含数据处理、计算机、复印等信息设备的操作和维修、软件提供、信息系统开发等服务行业;(6)信息基础设施业,含计算机设备制造业、印刷设备制造、广播电视设备制造、信息媒介制造、信息建筑物建造装修等行业。[2]

考虑到我国的实际情况和国际比较的需要,国家统计局2002年修订了《国民经济行业分类与代码》,信息产业分类将按照新修订的行业分类进行划归。基本框架是:第一部分,电子信息设备。包括电子信息及相关设备制造、电子信息设备批发和零售、计算机及通信设备租赁;第二部分,电子信息传播。包括:电信服务、广播电视服务、卫星通信、网络服务;第三部分,电子信息技术服务。包括计算机技术服务、软件设计服务;第四部分,其他信息服务。包括新闻、出版、广播、电影、电视、音像以及图书馆和档案馆活动。

2005年,根据我国信息产业的快速发展和社会需要,原《中国电子工业年鉴》正式更名为《中国信息产业年鉴》。该《年鉴》(2005)的主要栏目设置为:总论、专论、国民经济和社会服务信息化、信息产业经济运行综合统计资料、产业发展、科技进步与发展、市场运行、国际合作与产品进出口贸易、地区信息产业、政策环境、企业篇、大事记和附录等。其内容涵盖了计算机、软件、通信设备制造业、电子元器件、消费类电子、半导体、信息化建设、IT信息服务等多个专业领域。体现了我国在电子信息产品制造业、通信业、软件业、信息化建设及信息技术应用等

---

[1] 刘昭东.关于中国信息产业发展问题的思考.情报资料工作,1993(3)
[2] 马费成等著.信息经济学.武汉大学出版社,1998,2

信息产业领域取得的成就。

7.2.4 信息产业的发展规律

与传统产业相比,信息产业既遵循产业发展的一般规律,又有独特的技术经济发展规律。

1. 信息产业的边际收益递增规律

在新经济发展最快的那一段时间里,人们注意到信息产业呈现出边际收益递增规律。在传统产业中,在给定的技术条件下,当使用的某种投入物(其他投入物固定)增加到一定量时,投入产出曲线上最终必然会出现这样一点,在它以后产出下降。也就是说,在此点之前会出现规模递增效应,而当投入超过此点时,收益开始递减。边际收益递减与物质、能量资源的稀缺性、技术进步的相对稳定性和市场容量的饱和性相关。

在信息产业兴起初期,其中的软件产业和硬件产业都曾出现过边际收益呈现出递增趋势,主要有以下四个原因:

(1) 信息产业主要领先于知识和智力资本,在初期较大的研发投入之后,企业后来边际劳动的产出量受到物质资本的限制要远远小于传统产业。比如在软件产业,可以不增加或少量一般的机器与厂房,主要依靠员工的头脑。

(2) 信息技术进步速度快。即使在计算机硬件行业,传统边际收益递减规律得以起作用的一个假定(即技术进步的稳定性)也是不存在的。由于计算机制造的核心技术进步很快,每一代计算机硬件产品的产量总是在达到边际收益开始递减的时点之前就已发生了技术进步,故看起来总是处于边际收益递增阶段。

(3) 信息产业技术的研发需要大量的资金投入,这成为其他企业进入的壁垒。同时,由于信息产品核心技术最初的垄断性,其最初的价格也是体现技术创新的垄断价格。而信息产品的复制或大批量生产成本却极低,这使产品的边际成本几乎为零,因而即使信息产品的价格不断下降,产品的边际收益仍然是增加的。

(4) 在信息产业中处于领先地位的企业,其顾客有一种适应性,又被称为锁定,因而其产品往往在无形中成为行业标准。因此,对于信息企业来说,重要的是市场占有率。许多企业的概念炒作也是为了吸引更多的注意力,它会使行业中的领先企业不断按自己的概念来更新技术,保持边际收益递增的趋势。

由此可以进一步看出,信息产业的边际收益递增规律发生作用需要有以下三个条件:

(1) 掌握核心技术。但是像硬件行业的加工组装企业,因为其实质上仍是劳动或资金密集型企业,故边际收益递减规律仍然起作用;

(2) 信息企业的技术创新方向正确。如果技术创新不能产生较大的市场需求,那么无疑是会造成边际收益递减的;

(3) 企业的品牌和市场份额处于行业领先地位或第一的位置。否则,即使是一个更能满足需求的产品,因先前的产品已经形成了标准垄断地位,它也不容易获胜。在巨大的固定成本(如研究开发成本)未收回之前,它仍然无法体现出边际收益递增规律。

信息产业的边际收益递增规律对我国信息产业的发展很有启发意义,表现如下:

(1) 国家应大力扶植在特定领域有前途的信息企业,适度鼓励企业联合,在技术开发上给予政策倾斜和资金支持,开发出适应国情的核心技术。

(2) 信息企业要树立创新观念。在信息产业中,没有创新就不能生存,更不用说收益递增了。正如信息业巨人微软所说:"微软离破产只有十八个月"。

(3) 要发挥比较优势,在劳动密集型行业领域争取占领较大的市场份额,以此树立品牌和积累资金,再酌情开发有优势的核心技术。

(4) 企业要重视营销创新。信息产业是一个供给带动需求的行业,信息企业所要推销的不仅是一种产品或服务,而是一种全新的消费概念和品牌形象。

2. 信息产业的关联效应

信息产业对经济发展的推动作用,不仅仅是通过自身不断扩大的规模和在 GDP 中所占的比重不断增加来实现的。作为高新技术产业,它对经济中的其他产业也有很强的关联效应。

首先是信息产业具有很强的回溯效应。由于信息产业的发展,人们对人力资本的概念有了新的认识,由此大大促进了科技与教育的发展,尤其是与信息产业有关的科技事业和教育产业发展十分迅速。其意义不仅仅有利于信息产业的发展,而且对国民经济的发展具有很大的推动作用,同时还引起了硅提炼、集成电路等行业的迅猛发展。

其次是旁侧效应。由于计算机、通信、互联网产业的发展,带动了一批金融、法律咨询、房地产、建筑、餐饮等服务业。如美国硅谷周围整个经济的繁荣都是由信息产业的发展带动的。我国中关村地区的发展尽管不如硅谷那么辉煌,也同样体现出产业聚集的规模效应。通信业、家电业、传媒业的蓬勃发展同样也具明显的旁侧效应,这在中国已非常普遍。

第三是前向效应。信息产业的发展可以带动国民经济中运用信息技术部门的发展,而运用信息技术的经济部门又十分广泛,几乎渗透到经济的所有部门和行业。信息产业前向效应的实质是通过国民经济的信息化推动经济的发展。经济和社会的信息化对经济发展的推动作用,已被世界发达国家经济的发展所证实,也已成为我国今后的重要战略性任务之一。

3. 信息产业与菲利浦斯曲线

在经济运行过程中,较少的失业导致工资的迅速上升,而这又通过通货膨胀螺旋带来价格水平的更迅速上升。失业与通货膨胀之间的这种替换关系可以用菲利浦斯曲线来描述:低水平的失业率伴随着高水平的通货膨胀。美国在 20 世纪 60 年代和 80 年代早期及后期,日本在 70 年代中期到 80 年代末,其经济发展都体现出这个规律。对于菲利浦斯曲线有例外的情况有两次,一次是 20 世纪 70 年代到 80 年代两次石油危机时期,出现了高失业率与高通胀率并存的"滞涨"。另一次是 20 世纪 90 年代整十年美国出现的"新经济"时期,出现了低失业率与低通胀率并存的现象,而这一次例外与信息产业的发展密不可分。

信息产业对菲利浦斯曲线的影响主要体现在两个方面。一是信息产品和服务价格下降对抑制通货膨胀起了很大的作用。在 1996 年和 1997 年,美国 IT 产品价格下降了 7%,导致总体通货膨胀率达到 1.9%,与非 IT 部门 2.6% 的通货膨胀率相比减少了 0.7 个百分点。但信息产业的贡献不仅限于此,信息产品和服务价格的下降还使美国 1996 到 1997 年总体通货膨胀率从 2.3% 下降到 1.9%,而各个非 IT 部门的通货膨胀率仅下降了 0.2 个百分点。其他行业由于使用了 IT 产品和服务,也对控抑制通货膨胀做出了贡献。

7.3 信息产业的测度

信息产业在国民经济中的比重反映了一个国家或地区信息经济的发达程度,也是一国或一个地区国民经济的现代化程度、国际竞争力的重要标志。自 1977 年以来,美国、德国(前西德)、日本、英国、法国、加拿大、韩国、新加坡等一些国家的政府、研究机构或个人对自20世纪50年代以后信息产业的规模进行了测度并做了相应的比较分析。我国一些省市自1986年以来也先后对本地区的信息产业规模进行了测算。

7.3.1 波拉特测算方法

对信息产业规模的测算最早是由美国经济学家波拉特在马克卢普所开创的有关知识产业理论的基础上提出的。

以信息活动的产品和服务是否在市场上直接出售为判定标准，波拉特将国民经济中的信息部分划分为两大部分：第一信息部门(Primary Information Sector，简称PIS)和第二信息部门(Secondary Information Sector，简称SIS)。第一信息部门包括所有直接向市场提供信息产品或信息服务的企业或部门；第二信息部门包括政府或非信息企业为内部消费而创造的一切信息产品或信息服务。根据美国产业划分标准，第一信息部门包括知识的生产与发明业、信息的分配和传递业、风险管理业、市场调查和协调业、信息的处理和传输业、信息商品业、某些政府活动和信息基础设施等8大类，主要测算信息部门创造的增加值在国民生产总值中的比重，采用了最终需求法和增值法。第二信息部门指非信息行业中内部消费所提供的研发、数据处理、通信传播、打字、管理等信息服务，包括管理人员、科技人员、计算机有关人员、财会人员、图书情报人员、市场调查人员等。

为了将信息劳动者从现有的职业分类中分离出来，波拉特从美国422种职业中归纳出5大类属于信息劳动和信息服务的职业，即知识的生产者、市场调查和协调专家、信息处理者、信息机器工作者，同时根据典型调查将28种混合性质的职业按一定的百分比划分出信息工作者，比如对售货员、护士等职业的人仅定其50%为信息工作。

波拉特方法具有国际通用性，用这种方法进行测算，便于同国际和国内的同类数据进行比较。测算指标为第一、第二信息部门的增加值占国民(国内)生产总值GNP(或GDP)的比重及信息部门就业人数占社会总就业人数的比例。

第一信息部门的测算，主要通过测算信息部门创造的增加值在国民生产总值中的比重，增加值采用测算GNP的一般方法来计算。

第一信息部门的增加值有三种计算方式：[①]

$$增加值 = 行业净产值 + 固定资产折旧 \qquad (1)$$

$$增加值 = 利润 + 税金 + 工资 + 职工福利 + 利息 + 固定资产折旧 + 其他 \qquad (2)$$

$$增加值 = 波拉特相关系数 \times 行业总增加值(或行业国民收入) \qquad (3)$$

第二信息部门主要指在一个机构内部提供信息服务的组织，但其服务不对市场出售。其测算方法是将可测算的两个投入量——第二信息部门中的信息劳动者的收入和第二信息部门中信息机器设备的折旧分别计算出来，两者之和即构成第二信息部门产值的近似值，采用如下公式计算：

$$增加值 = 第二信息部门就业人数 \times (人均工资 + 人均固定资产折旧) \qquad (4)$$

---

① John Weiss. Economic Policy in Developing Country. Prentice Hall//Harvester Wheatshelf, 1995

7.3.2 相关的测度结果

中国与世界各国信息产业规模的比较如表 7-2 所示。

表 7-2 中国与世界各国信息产业规模的比较

类别	国家	年份	信息部门产值占 GNP 或 GDP 的比重(%)			信息劳动力占社会劳动力总数的比重(%)
			第一信息部门	第二信息部门	合计	
经济发达国家	美国	1958	19.6	23.1	42.7	42.0
		1967	23.8	24.7	48.5	45.0
		1972	24.8	—	—	—
		1974	—	24.4	—	49.0
	日本(GNP)	1960	14.1	15.4	29.5	21.0
		1965	14.1	16.5	30.6	26.0
		1970	12.7	16.8	29.5	29.0
		1975	14.5	20.1	34.6	34.0
		1979	14.7	20.7	35.4	38.0
	英国	1963	16.0	13.8	29.8	—
		1971	—	—	—	37.0
		1972	22.0	10.9	32.9	—
	法国	1962	21.6	—	—	—
		1968	22.8	—	—	—
		1973	24.8	—	—	—
		1974	19.1	—	—	—
		1975	—	—	—	32.1
	瑞典	1970	16.9	—	—	—
		1975	17.8	—	—	36.0
	澳大利亚	1968	14.6	—	—	—
		1974/75	18.5	—	—	—
		1977/78	22.0	—	—	—
		1978/79	23.2	13.8	37.0	46.4
	欧共体	1985	—	—	66.7	55.0
经济次发达国家	匈牙利	1982	16.3	19.2	35.5	
	韩国	1980	19.9	17~21	37~41	14.3
	新加坡	1973	12.76	11.6	24.36	—
	新西兰	1972	—	—	18.6	—
	委内瑞拉	1978	10.2	10~15	20~25	26.3
发展中国家	中国	1982	9.0	6.0	15.0	8.8
	马来西亚	1975	9.0	7.0	16.0	
	斐济	1977			16.7	
	印度尼西亚	1975			8.9	
	菲律宾	1975			12.8	
	泰国	1975			9.9	
	巴布亚新几内亚	1976/77			11.6	

数据来源：谢康.国际信息经济的规模与发展比较.情报学报,1994,13(4):245~246

表 7-2 的数据是目前可以搜集到的用波拉特方法计算的各国信息产业规模的数据,已经相对陈旧。表中的数据主要集中在 20 世纪 60 到 70 年代,主要原因是在这段时期西方国家的信息产业正处于一个发端与上升的时期,使得波拉特的测算方法广为传播,留下了大量的测算数据。进入 20 世纪 80 年代,尤其是 90 年代以后,信息通信技术、互联网产业、软件产业迅猛发展,迅速渗透到经济的各个产业中去,同时信息产业内部分化加快,产业结构日趋复杂,信息产业内部各产业的规模迅速增长,使得各个具体信息产业的规模与增长速度的测算更有实践指导意义,而利用波拉特方法进行信息产业的总体测算则比较困难,因此也相对减少。波拉特的测算方法在宏观经济的研究上仍然是有意义的,这些测算结果对信息经济的发展历史、国际比较仍然具有重要的参考价值。从信息产业的研究历史来看,迄今为止,波拉特的测算方法仍然是最重要的内容之一,具有开创性的意义。

但是,应当注意的是,波拉特所界定的信息产业与产业界所说的信息产业在内涵上是不等同的。据美国商业部测算,1995—1998 年信息技术及相关产业对美国 GDP 增长的贡献率占 1/3 以上。1993—1998 年美国信息技术产业占 GDP 的比重由 6.4% 上升到 8.2%,广义的信息产业产值比重高得多,有人估计达到 50% 以上。[1]

7.3.3 信息产业的统计评价指标

目前,各国政府基本上都有信息产业的分类与统计指标。这里以大连市信息产业局的研究成果为例,将信息产业的统计指标大致分成微观统计指标与宏观统计指标。[2]

1. 微观统计指标
(1) 企业基本情况;
(2) 企业人力资源情况;
(3) 企业产品情况;
(4) 企业经济指标:包括资产负债表、损益表;
(5) 劳动效率方面的指标——全员劳动生产率;
(6) 企业盈利能力方面的指标——总资产贡献率;
(7) 企业偿债能力方面的指标——资产负债率;
(8) 企业产出效率方面的指标——成本费用利润率;
(9) 企业发展能力方面的指标——资产保值增值率;
(10) 产品市场占有率。

2. 宏观统计指标
(1) 信息产业总量规模指标;
(2) 信息产业主要结构指标;
(3) 信息产业主要产品产、销、存指标;
(4) 信息产业综合经济效益指标;
(5) 信息产业增长率;

---

[1] 王峰明. 新世纪新挑战新战略——就学习十五届五中全会精神访林兆木教授. http://www.szps.gov.cn/bbs/article.asp?id=203, 2002-11-13
[2] 大连市信息产业局规划计财处. 信息产业统计与评价指标体系的研究报告. 2003, 2, http://www.niec.org.cn/gjxxh/xsyjss02.doc

(6) 信息设备制造业对信息产业增长的拉动率;
(7) 邮电通信业对信息产业增长的拉动率;
(8) 软件业对信息产业增长的拉动率;
(9) 信息服务业对信息产业增长的拉动率;
(10) 信息产业对国内生产总值增长的拉动率;
(11) 信息产业增加值占 GDP 比重;
(12) 信息产业硬件与软件比例。

其中,信息产业综合经济效益指标包括中间消耗占总产出比重、利税占总增加值比重、全员劳动生产率(万元/人)、劳均利税率(万元/人)、每百元资产创造的增加值(元)、每百元资产创造的利税(元)。

3. 指标解释

(1) 总产值

信息设备制造业总产值 = 产品总量×单位产品出厂价格;

软件业总产值 = 产品总量×单位产品出厂价格;

通信业总产值 = 通信业总收入×为生产服务的比重。

(2) 总产出

信息设备制造业总产出 = 产品销售收入 + 其他销售收入 + 产成品、在制品、自制半成品、发出商品库存期末期初差额 + 自制设备 + 机器设备大修理价值;

邮电通信业总产出 = 全部营业收入;

软件业总产出同信息设备制造业总产出;

信息服务业总产出 = 服务总收入(不包括再分配收入)。

(3) 增加值

增加值 = 固定资产折旧 + 劳动者报酬 + 生产税净额 + 营业盈余。

其中,固定资产折旧 = 报告期计提折旧;

劳动者报酬 = 工资性收入 + 福利保险费 + 其他收入;

生产税净额 = 生产税额 - 补贴收入;

营业盈余 = 营业利润 + 补贴收入 + 其他。

信息产业增加值占 GDP 比重 = 信息产业增加值/GDP×100%。

(4) 固定资产值

固定资产原值 = 固定资产原始价值;

固定资产净值 = 固定资产原始价值 - 固定资产累计折旧。

(5) 中间消耗

中间消耗 = 物质消耗 + 劳务消耗。

其中,物质消耗 = 外购材料 + 外购燃料 + 外购动力 + 外购其他物质产品及生产性劳务;

劳务消耗 = 利息支出 + 广告费 + 财产保险 + 职工教育费 + 差旅费 + 会议费 + 管理费等。

中间消耗占总产出比重 = 中间消耗/总产出×100%。

(6) 利税

利税占总增加值比重 = 利税总额/总增加值×100%;

劳均利税率 = 利税总额/全部职工人数。

(7) 其他

① 全员劳动生产率 = 销售收入(营业收入)/全部职工平均人数；

② 信息产业对国内生产总值增长的拉动率 = 信息产业总产值增加值/国内生产总值增加值×100%；

③ 总资产贡献率 = (利润总额 + 税金总额 + 利息支出)/平均资产总额×100%；

④ 资产负债率 = 报告期末负债总额/报告期末资产总额×100%；

⑤ 成本费用利润率 = 利润总额/成本费用总额×100%；

⑥ 资产保值增值率 = 报告期末所有者权益/报告期初所有者权益×100%；

⑦ 产品销售量市场占有率 = 某种产品销售量/所有同类产品销售量×100%；

⑧ 产品销售额市场占有率 = 某种产品销售额/所有同类产品销售额×100%；

⑨ 信息产业增长率 = (报告期增加值 - 基期增加值)/基期增加值×100%；

⑩ 信息产业软件与硬件比例 = 软件总产值/硬件总产值×100%。

7.4 我国信息产业的区域发展

受经济发展的区域不平衡性的影响，我国的信息产业也呈现出一些明显的区域特征。

7.4.1 影响我国信息产业区域不平衡发展的主要经济因素

影响我国信息产业区域不平衡发展的主要经济因素包括：区域产业结构、区域城市布局与区域科技文化水平三个方面。

1. 区域产业结构的影响

一个地区产业结构的高级化和变动导向，直接影响着这个地区产业结构的信息化程度和信息产业的发展。如果一个区域的产业结构向高技术化方向转变，它的产业信息化速度将逐渐加快，对信息商品的有效需求具有很大的潜力，信息市场的买方和卖方都会在这个地区有大的发展。

如果一个区域以结构调整导向为主，建立起以主导产业为核心、自然资源开发与加工制造业协调发展的产业结构的话，那么随着第二产业的发展，结构导向与技术导向必然相互结合，产业结构由集约化的初级阶段向高级阶段发展，现代信息技术会逐渐渗入其中，对于信息技术与信息商品的需求开始可能比较缓慢，但最终却有着较大的潜力。

如果一个区域以资源为导向，以自然资源的开发为主，资源型产业占主导地位的话，其信息需求处于较低阶段，信息化进程将比较缓慢。目前我国的发达地区，尽管产业结构相对进步，但技术密集、知识密集的产业还处于起步阶段，在这些地区的信息产业已有了较快的发展，但与世界发达国家相比还比较缓慢。在一些连工业化也尚未实现的地区，花大力气建设的信息基础设施和用大量资金购买的信息设备可能会闲置起来，造成贬值与浪费。

2. 区域城市布局的影响

世界上信息网络的地域结点往往是一个个城市，故一个区域的城市布局、数量、规模会影响一个地区的信息产业或信息市场。作为信息网络结点的城市，把邻近地区联系在一起，使信息网络以城市为中心向四周辐射。我国城市的规模有大有小，既有上千万人口以上的大都市，更多的是中小城镇。一个地区的城市规模，包括人口数量、工业状况、产业结构状况、科技、文化和教育的发达程度,决定着这个地区的人口素质、经济收入、管理水平及技术创新程度,从而决定了这个区域对于信息技术及信息商品的市场容纳量。国家所进行的"金"字系列工程、几大信息港的建设以及各省区的信息化工程,主要是在各大型城市进行的。因此,在工业化与城市化程度较高的地区,其信息化程度也比较高,信息产业相对发达。

3. 区域科技文化水平的影响

信息产业属于高技术产业,它首先在科技文化比较发达的地区兴起,如美国以斯坦福大学为中心的硅谷是世界信息产业的核心地区。我国高校云集的北京中关村地区也被人们称为中国的硅谷。由于科技文化在地区间的发展程度不一样,信息产业在不同的地区也呈现出不同的发展。在科技实力雄厚的地区,信息基础设施的建设比较快。在互联网开通之后,各地网上信息资源的建设状况更能说明这一点,在有些地区信息高速公路上有路无车或有车无货的现象反映出这一地区落后的科技发展水平。

科技的发展与经济的发展相辅相成,信息产业作为高技术产业,是智力密集型产业,其发展取决于雄厚的人才优势,取决于一个地区人口的科技素质与信息意识。在经济落后的地区,人才资源流向发达地区,造成信息产业发展缓慢,信息市场相对较小。比如,一些数据库生产商在发达地区举行的新产品发行演示会上,参加者众多,订购十分踊跃,而在边远地区的一些城市,与会者反应十分冷淡。究其原因,不只是购买力的不同,更重要的是科技发展水平与信息意识的差距。

7.4.2 东、中、西部地区信息产业发展的环境条件

我国东部沿海省区总的经济发展水平很高,又享有特殊的开放政策,信息产业的发展具有良好的经济技术基础,产业信息化程度较高。西部地区除四川和陕西的经济发展水平比较高,在西部地区信息产业的发展中起到带头作用外,其余的主要是少数民族地区和不发达地区。中部地区在地理位置与经济发展程度上处于东、西部地区之间,在信息产业的发展方面具有较好的经济和科技文化基础,是我国信息产业及信息市场极有发展前途的地带。表7-3列出了我国东、中、西部地区中的一些与信息产业发展有关的主要社会经济指标。

表7-3 1996年东、中、西部与信息产业发展有关的主要社会经济指标

	东部地区		中部地区		西部地区	
	地区	比重①	地区	比重	地区	比重
城市数(个)	321	48.2	212	31.8	123	20.0
从业人数(万人)	25050.2	48.8	17271.3	33.7	8979.1	17.5
工业企业单位数(乡及乡以上,个)	281141	56.2	151243	30.2	68114	13.6
年末电话机数(个)	4327.9	65.8	1603.0	24.4	643.6	9.8
高校数(个)	433	42.0	391	37.8	208	20.2
文献情报机构数(个)	167	39.8	166	39.5	87	20.7

数据来源:中国统计年鉴1998

东部:北京、天津、河北、辽宁、上海、江苏、浙江、福建、山东、广东、海南。
中部:吉林、黑龙江、山西、内蒙古、安徽、江西、河南、湖北、湖南。
西部:四川、贵州、云南、西藏、陕西、甘肃、青海、宁夏、广西、新疆。

---

① 这里比重指占全国总数的百分比。

从表 7-3 可以看出,东、中、西三大经济地带在城市数、工业企业数、高校数及信息通信设备拥有量方面存在的差别,尤其是西部地区的经济发展及信息产业的发展与东部地区相比有着明显的差距。东部地区经济发达,信息基础设施比较完善,与国际联系紧密,市场信息、技术信息比较先进,信息意识强。近年来利用科技、金融、市场信息等手段进行宏观调控已取得一定的成效,在硬件、软件、信息服务业方面都有长足的发展。中部地区信息化程度较高,尽管一些省区经济比起东部地区起步较晚,但由于与东部等大城市联系紧密,信息产业发展和信息化建设速度很快。西部地区为少数民族聚集的地区,工业发展程度低,存在着严重的二元经济结构,信息应用水平低,信息基础设施差。对这个地区的信息产业的培育,既要抓基础设施建设,更要注重在农业产业化基础上对农业与传统工业进行信息化改造,增强信息意识,提高信息利用的质量,真正做到利用信息扶贫攻坚,促进经济、科技的发展,使有限的资金充分发挥作用。

从信息产业的布局和市场的开发角度看,三大经济地带是一种宏观的大区域划分。而近年来自然形成的、与地域经济文化相关的几大经济圈的信息产业发展,受到了政府和经济界更多的关注。珠江三角洲、长江三角洲和环渤海地区已经成为我国信息产业发展的中心。

7.4.3 长江三角洲的信息产业

长江三角洲地区(也简称为"长三角")位于我国大陆海岸线中部、长江入海口,横跨上海市、江苏省和浙江省,地域相连、人缘相亲、文化相近、经济相融,自然条件优越,区位优势明显,经济基础良好,科技和文化教育事业发达。改革开放以来,依托上海发达的工商业,再加上人才资源充裕、政策导向正确等多方面因素,使得该地区成为我国经济最发达、开放度最高、最具发展活力的地区之一,并逐渐形成了以上海为龙头、苏浙为两翼共同发展的大都市圈,也是当今中国最活跃、最具国际竞争力的地区之一。中国经济实力最强的 35 个城市,有 10 个在"长三角";全国综合实力百强县(市),"长三角"占了一半。

"长三角"发展信息产业的优势还有四个方面。一是这个地区城市化水平比较高,腹地比较广阔,有一个省级市(上海),4 个副省级市,11 个地级市,67 个县级市,1479 个建制镇。这是发展信息产业非常优越的地理位置和巨大的市场空间。二是这个地区的第二产业比较发达,制造业优势突出,比较完整的产业配套体系,高新产业支撑力很强。三是拥有大量高等院校和科研院所,有着优秀的人才队伍,高新技术创新能力比较强。四是在资金方面它背靠中国国际金融中心,又有了江浙强大的民营资本,完全可以为本地的高科技企业提供雄厚的资金支持。在近几年中它抓住了世界跨国公司向中国大规模转移生产能力的契机,在高技术领域已经形成了比较完整的产业链,完全有可能形成大型的高科技产业群。存在的问题是:产业布局比较分散,不能形成合力,计划整体性不强;产业结构重复系数很高,上海和浙江之间达到 0.72,上海和江苏之间 0.76,将近 0.8,江苏和浙江达到 0.97 的同步系数;环境治理任务重,污水排放量占全国 10%。

20 世纪 90 年代以来,上海在全面实施城市信息化战略的过程中,把信息产业放在优先发展的位置加以全力推动。在信息产业部的大力支持下,"九五"后期以来上海信息产业保持年均 20%以上的增长。特别是 2000 年后,我国台湾省电脑产业向该地区的投资大幅增加,促进了这一地区电子信息产业的发展。已形成以半导体制造、笔记本电脑、手机及零部件生产为主的超大型信息产业基地。仅境外电子企业就达 2000 余家,世界 500 强落户此地者超过 200 家。上海市信息产业的总产值在 2000 年就已突破 1000 亿元,占当年全国信息产业工业总产值的七分之一,超过汽车、石油、钢铁成为该市第一支柱产业,集成电路的生产量更占到了全国的44%。2002年上海市信息产业产值占其国内生产总值的比重已达到9%,略超出美国1998年的8%。

2004年电子信息产品实现销售收入3728.7亿元,比上年增长49.6%。其中集成电路制造业进入快速成长期,实现销售收入232亿元,同比增长1.1倍,由浦东微电子产业带、漕河泾高新技术开发区和松江出口加工区构成的"一带两区"成为唯一的国家级微电子产业基地,共有7条8英寸生产线投入生产;电子计算机制造业继续保持快速增长,实现销售收入1909.5亿元,同比增长70.1%;通信设备制造业从低谷回升,实现销售收入388.4亿元,同比增长13.2%。软件产业实现经营收入302.8亿元,同比增长50.5%。信息服务业完成经营收入655.6亿元,同比增长30.8%。其中电信服务业收入284.9亿元,同比增长11.9%;广电经营收入23.6亿元,同比增长7.2%;网络服务收入44.3亿元,同比增长88.11%。已经吸纳了全市近40万就业人口,贡献了全市1/3的出口额,产业增加值占全市GDP的比重达到11.3%,稳居上海第一支柱产业的地位。

近年来,上海通过政策聚焦和市场培育,充分利用了国内国际两种资源、两个市场,特别是抓住了全球信息产业格局调整的机遇,信息产业发展呈现高度国际化的特征。正在制定的上海市"十一五"信息产业专项规划,将以增强自主创新能力和优化产业结构为重点,实施"走出去"战略和"大公司"战略,着力把握国际制造业和服务业转移的趋势,坚持国际化、规模化、专业化、自主创新的发展思路,依托骨干企业、基地园区和行业协会,充分发挥政策措施、标准规范、知识产权的支撑作用,处理好规模扩大与效益提升、总量增长与结构优化、政策导向与市场配置、自主发展与对外合作、建立竞争机制和健全公共服务的关系,努力提升信息产品制造业水平,扩大信息服务业规模,打造国际知名品牌和企业,加速新业态的形成和壮大。在软件、集成电路两大核心产业中培育更多高度国际化的大企业;在第三代移动通信、数字音视频、汽车电子、半导体照明、数字内容等产业,不断巩固和提升上海信息产业在国际产业分工中的地位,进一步形成并巩固国际竞争优势。

江苏省位于中国的东部沿海,地跨江淮两条重要水系,中国第一大河长江下游的黄金水道贯穿全省,江苏濒临东海,与中国第一大城市上海为邻。地理位置十分重要。2003年江苏GDP突破12000亿元,比上年增长13%。全省实现工业增加值5800亿元左右,同比增长17.5%,占全省GDP的比重由上年的46%升至48%左右,超过浙江省,首次名列全国第一。工业实际利用外资124.4亿美元。也位居全国第一。江苏省历来是中国电子信息产业的重要基地。近年来,随着江苏信息化带动工业化战略的全面实施和产业结构调整力度的加大,信息产业已呈现出良好的发展势头,产业特色和产业优势逐步形成。至2004年,江苏省信息产业已连续12年居全国第二。电子信息产业实现工业增加值1096亿元,占全省GDP比重超过7%。以8个省信息产业基地和5个软件园为依托,从南京到苏州的沿沪宁线电子信息产业带框架基本形成。2005年前10个月,电子信息产业销售收入、利税强势增长,占全国比例双双突破五分之一。到2005年底,电子信息产品制造业将实现销售收入6300亿元,成为全国电子信息产业发展的第一增长极。今后,江苏电子信息产业将在继续扩张规模的基础上,增强自主创新能力和提升发展质量,优先发展软件和集成电路两大核心产业,重点培育自主知识产权和自主品牌,大力提高自主创新能力和国际化水平,促进由信息产业大省到信息产业强省转变。作为长三角经济区的重要一员,江苏省在与国际接轨上完成了一系列卓有成效的工作,制定了江苏国际制造业基地建设规划,加快推进制造企业信息化应用水平,提高企业的运行效率和经营能力,全面提升"长三角"制造企业国际竞争力。

浙江省自 20 世纪 90 年代以来,信息产业规模逐步扩大,以年均 33% 的速度持续、快速增长。近年来在"以信息化带动工业化"的发展战略指引下,优先发展软件产业,大力发展电子信息产品制造业与信息通信服务业,实施"信息强省",使浙江电子信息产业得到蓬勃发展。电子信息产品制造业、软件业、信息通信服务业等都有了全面发展,产品覆盖广泛,门类特色明显。其中三分之一以上的产品出口欧、美、东南亚等国际市场,综合经济指标、外贸出口额和经济效益等均居全国各省(市)前列。电子信息产业已经成为浙江经济的先导产业、基础产业和支柱产业。2004 年浙江省电子信息产业销售收入达到 2003 亿元,8 家企业进入全国电子信息百强,12 家企业入选全国软件百强,15 家软件企业列入国家重点规划布局,23 家企业入围全国电子元器件百强。初步形成了"两带十园"信息产业格局。2001—2004 年,浙江省信息产业优势企业共建立了 18 个信息产业集聚区。今后,浙江省的发展思路是:强化技术创新,推动企业成为技术创新的主体;推进制度创新和管理创新,促进优势企业可持续发展;实施名牌战略,大力培育特色优势产品;积极改善投资环境,吸引国际知名的跨国公司到浙江省设立研究开发中心,逐步实现生产、科研开发、产品设计、融资、管理等本地化;坚持实施"走出去"发展战略,积极鼓励能够发挥比较优势的企业开展对外投资,有竞争优势的电子信息产品出口企业在境外设立加工企业,或到国外建立具有自主知识产权的生产和销售网络,帮助优势企业将特色优势产品进入跨国公司配套和国际连锁销售网络,参与国际产业链分工和合作。

目前,"长三角"地区正在构造大交通平台和政策协调平台,构筑二小时都市圈。2005 年 5 月 31 日,在上海国际会议中心召开长江三角洲物流信息一体化专题会议。会议中上海市信息化委员会与江苏省信息产业厅、浙江省信息产业厅签署了关于加强长江三角洲地区信息技术应用合作协议,上海亿通国际股份有限公司和南通港口集团有限公司签署了长江三角洲地区物流信息一体化合作协议。它标志着"长三角"地区经济一体化建设又迈出了坚实的一大步。

7.4.4 "泛珠三角"地区的信息产业

所谓"泛珠三角",指的是广东、福建、江西、广西、海南、湖南、四川、云南、贵州等 9 个省(区),再加上香港和澳门两个特别行政区(即"9+2")而形成的超级经济圈。它位于我国广大的华南、西南地区,地域辽阔,面积 199.45 万平方公里,人口 4.46 亿人,占全国面积的 20.78%,人口的 34.76%。相互联系比较密切,直接或间接都与珠江流域的流向、珠江最后流入南海而形成的经济流向和文化有关。2002 年 9 省(区)国内生产总值 34474.2 亿元,占全国的 33.67%。

"泛珠三角"区域拥有巨大的市场优势、低廉的成本优势和显著的产业集聚效益,整机制造业和半导体配套产业也不错。可以充分利用这些优势,吸引全球信息产业加快向区域转移。虽然泛珠江三角洲区域合作和发展构想近期才明确地提出来,但实际上,长期以来,广东与本区域内其他省区在产业发展、交通运输、物资交流以及文化旅游等众多领域都有紧密的合作。据不完全统计,"九五"时期以来,广东与八省区(不包括港、澳)签订的经济技术合作项目超过 8000 个,协议金额累计达到 5500 亿元。另外,改革开放 20 多年中,港澳客商先后到珠三角地区兴办企业超过 7 万家,使该地区逐渐发展成为世界最重要的制造业基地之一。随着中国加入世界贸易组织,签署《内地与香港关于建立更紧密经贸关系的安排》(CEPA)及兴建港珠澳大桥等战略举措的实施,区域政府间加强战略合作、共创地缘优势已成为一种客观要求。这样,"泛珠三角"经济区便迅速浮出水面。

2003年11月中旬,这个"9+2"区域的科技厅(署)长在广州签署了《泛珠三角区域合作协议》,实行科技资源的开放和共享,包括相互开放重点实验室、工程技术研究中心、中试基地等,成为建立"泛珠三角"科技合作平台的重要起点。然后,9省区的信息产业厅长举行联会,宣布将联手香港、澳门特区,共同推动"泛珠三角"地区信息化协调发展,并签订了《"泛珠三角"信息产业及信息化合作的协定》。这也是继长江三角洲地区之后的又一个非常有实力的经济圈,尤其在信息、电子方面,泛珠三角区的优势更明显。2004年11月12日,信息产业部确定广东省珠江三角洲地区为首批国家级电子信息产业基地。此次信息产业部授予首批国家级电子信息产业基地的共有9个城市和地区,它们是北京、天津、上海、青岛、苏州、杭州、深圳、福州、厦门沿海地区、广东珠江三角洲地区。在9个国家级基地中,广东省占了2个。泛珠江三角洲形成了计算机、通信产品、家电、软件等产业基地。

信息产业是这一区域的重要经济成分。广东省电子信息产品产值2004年完成7454.33亿元,连续十四年高居内地第一,销售收入、利润总额、产品出口均占全行业三分之一强。2003年中国电子信息百强企业中广东省有24家,14家重点通信设备企业中近一半集中在珠江三角洲地区。广东省是国内最大的进口集成电路市场,约占全国的70%。2002年全省集成电路及微电子组件进口约139亿美元,数量239亿个。而同时,由于广东省家电和玩具制造业发达,中低端集成电路制造技术成熟,完全有条件承担中低端集成电路产业转移。目前,经国家认定的33家集成电路设计企业中,广东有7家。为此,广东将建设"集成电路设计产业化应用基地"和"集成电路设计研究开发基地"。据悉,广东省将以产业结构调整为主线,实施关键领域重点突破,在集成电路、光电子器件、嵌入式软件、汽车电子、娱乐玩具电子等重点领域加强研发,突破关键技术瓶颈,建立持续创新体系,增强产业竞争力,力争使珠三角地区形成全球重要的电子计算机制造基地、全球通信设备制造基地、全球家用视听设备制造基地、全球电子元器件制造基地、国家汽车电子和娱乐玩具电子制造基地以及国家软件产业基地,实现由"电子大省"向"电子强省"的迈进。

2005年,广西加快构建畅通快捷的物流通道体系、运输体系、大通关体系、商品和要素市场体系,目的是使广西成为连接东盟市场、西南市场、华南市场、中南市场,东西互动、南北贯通的物流中心,大力促进"泛珠三角区域"与外界的合作。贵州省积极推进产业基地和产业园区建设,以贵阳为中心,辐射毗邻的中心城市,构建电子信息产业带。云南在向"泛珠三角区域"内的省份学习的同时不忘"走出去",吸收国外的信息产业经验,打开国际市场。2005年的第十三届中国昆明出口商品交易会上,由省信息产业办牵头,吸引了多达15家韩国的IT企业展团首次进入昆交会,促成了云南和韩国IT企业的"相亲",希望借此把昆明打造成面向东南亚、南亚的国际信息产业基地。

2000年以来,重庆信息产业发展硕果累累,电子信息产业上升势头很猛。预计2005年实现销售收入210亿元,同比增长45%;其中软件产业60亿元,同比增长48%。五年间,电子信息产业规模扩大了15倍,软件产业扩大了20倍。"十一五"期间重庆市信息产业要着力实施"1162"工程,即:投资100亿美元;产出1250亿电子信息产业销售收入,重点发展集成电路、软件与信息服务、新型元器件与汽车电子、信息家电、通信产品、数字化仪器设备与数字医疗等6个产业领域,建设西永微电子工业园和北部新区2大基地(园区)。

湖南省毗邻广东,处于沿海的内地,内地的前沿,有一定区位优势。有73所高等院校,拥有一批高素质的科技人员,银河10亿次巨型计算机制造技术达国际领先水平。2003年电子信息产业完成工业总产值220亿元,增长30%;完成销售收入130亿元,增长30%;实现利税12亿元,增长48%;软件产业实现销售收入65亿元,增长30%。为了对接泛珠三角,湖南准备建设四大基地,即产业转移基地、劳务输出基地、旅游休闲基地和农副产品加工基地。通过主动融入泛珠三角经济圈,有利于改善湖南的产业结构,加快工业化的进程,带动经济起飞。

江西省在我国区域竞争格局中具有独特的区位优势,是唯一与珠三角、长三角、闽三角都毗邻的省份。信息产业领域的投资,主要来自珠三角和港、澳、台地区,占到外来投资总额的80%以上。在市场的推动下,珠三角不少IT制造业大公司如友利电、格林科尔、先科、TCL、新索丽等知名企业先后落户江西,创造出许多新的双赢合作模式。该省表示要主动接轨珠三角、长三角、闽三角,融入电子信息与现代家电产业全球化潮流。

福建省的信息产品制造业增长势头强劲,产业规模在2005年得到了进一步扩大,软件产业集聚效应初步体现。福州、厦门两地软件产业规模占全省的96%.该省信息产业厅积极促进信息产品出口额的增长。台资企业产值占福建全行业总产值的46%。2005年信息产品前三季度出口额占全省外贸出口额的三分之一。今后福建将继续探索加强闽台信息产业合作的有效途径,为泛珠三角地区信息产业的发展做贡献。

与港澳联手后的泛珠三角区对各省(区)发展的效应显然是非常重要的。这种区域合作的一个重大优势是可以把区域内分散的技术资源集中起来,在市场前景好、带动作用强、产业关联大、核心竞争力显著的领域,攻克一批具有自主知识产权的产业关键技术和共性技术以及重点产品,增强创新能力和产业发展后劲。可以建立官产学研用相结合的泛珠江三角洲技术研发联盟,政府采取一定的鼓励手段,引导区域内企业与高校、科研机构、用户之间建立技术研发合作关系,集中技术资源,强化技术协作和利益共享,建立重点科研项目和重点实验室,共同开发关键技术和重点产品。

通过泛珠三角地区信息产业的一体化协调发展,实现强者恒强,弱者趋强,整体推进,不仅提升信息产业在经济发展中的地位,而且会对整个区域经济起到倍增作用。达成这一目标,关键在于促进"泛珠三角"地区丰富资源的深入挖掘和有效配置,在于发挥优势,发展特色,在于不断提升整体的吸引力和竞争力。今后,"泛珠三角"各省区将在以往良好的合作基础上,在信息产业领域进一步发挥互补的优势,推动各种信息资源的融合,在政府层面、基础设施、大型项目以及重点应用等各方面开展更紧密的交流合作,形成区域信息产业及信息化联动发展的良好局面。

7.4.5 环渤海地区的信息产业

含京、津、冀、鲁、辽五省市的环渤海地区是我国著名的三大三角洲之一。其区域形成、经济互动和地区合作深受社会各界关注。生产经营集中在电子信息、通信、生物医药、光机电一体化,新材料,绿色能源等高科技领域。各种资源非常丰富,包括人力资源,科技资源,信息资源,政策资源和资金资源,实现优势集聚的潜力巨大。这些宝贵的资源在集聚战略作用下相互作用,形成经济市场,就可以吸引外部的资源,创造资源在经济中所起到的积聚作用,产生巨大的价值。虽然环渤海地区各省市的信息产业发展势头良好,但普遍没有摆脱封闭发展模式,存在产业同构、恶性竞争现象。与长三角、珠三角比,这一地区信息产业发展相对缓慢,区域经济分工、合作的态势尚未形成。

该地区的突出特点有:(1)各区的经济互补性强。北京是全国的政治中心、科技文化教育中心,原创技术多,以第三产业为主,是我国微电子产业的发祥地,重点科技开发能力强,综合优势较强;天津:天津地处近海和出海口,有繁荣的贸易区,以制造业为主,微电子制造业很强;山东具有整机应用和进出口优势;河北的基础材料和辽宁的电子器件制造业也都有一定竞争力,是京津产业转移低成本的比较理想的辅地。(2)有高端的人才和科技优势,其半导体基础研发人员在全国首屈一指,从人才资源、智力资源来看,环渤海地区是最强的。可以支撑区域经济长期、快速发展。(3)产业聚集基础好。(4)基础设施和信息网络具备了一定的规模。(5)文化底蕴趋同。整个环渤海地区发展信息产业可以优势互补。"一旦联手,环渤海地区依靠其得天独厚的人才优势和已有的产业基础,信息产业将快速崛起!"[①]

2003年,区内各省市都感到单打独斗越来越难了,必须研究如何整合资源。他们开始酝酿将"合作"这一主题词纳入各自的"十一五"信息产业规划,并在年底签订了具有标志性意义的《环渤海信息产业合作框架协议》。合作成员有上述五省市外加内蒙古自治区和大连市,形成了"5+2"的阵容,商定建立环渤海信息产业联席会制度,承诺将在信息产业方面加强沟通与合作,推动环渤海地区信息产业协调发展。这份合作协议的签订,表明了政府间的合作意识增强,对避免恶性竞争,实现互补多赢,将起到积极作用。但要真正实施和取得实效,并不容易。据调查,合作有一定难处,如天津希望北京牵头,而北京有许多顾虑;河北的定位很难承接京津的产业转移;辽宁的传统产业正在升级改造,高新技术产业的资金、人才短缺;等等。

根据协议,各省市将从多方面加强信息产业合作,重点解决产业同构问题,加强"十一五"信息产业发展规划编制过程中的沟通和协调,推进区域性的资源配置、产业转移和产业对接,促进用信息技术改造和提升传统产业。各省市将集中技术和资金资源,引导区域内企业与高校、科研机构、用户之间建立技术研发合作关系,强化技术协作和利益共享;加强科技研发合作,共同开发关键技术和重点产品,变区域优势为发展强势。此外,"5+2"各成员还将共同建设公共信息交换平台,推动以电子商务为主体的各项应用服务的发展。

2004年,北京市实现电子信息产业总产值1131.52亿元,同比增长14.1%;销售收入1217.90亿元,同比增长15.9%。软件收入520亿元,同比增长35%。今后的重点是抓住具有自主知识产权的关键技术打造产业链,如嵌入式CPU技术、大规模图形图像专用芯片技术、手机核心技术和生物芯片技术、集成电路设计等。通过打造网络计算机、手机、智能IC卡、数字影像等产业链,进一步带动软件和集成电路设计产业的快速发展。引导成立各种形式产业战略联盟和企业联盟,探索建立新的产学研结合、优势互补与良性互动的模式,解决产业发展中的瓶颈问题。完善北京集成电路设计服务体系建设,进一步聚集资源开发新一代产品。以科技奥运为契机,瞄准电子终端产品发展的发展方向。加快实施"数字中关村"工程,建立园区地理信息系统、数字图书馆群、超级计算中心、远程教育系统、智能化交通管理系统。

天津市2004年电子信息产业完成总产值1423.5亿元,同比增长38.2%;完成出口交货值813亿元,同比增长51.8%;实现销售收入1385.9亿元,同比增长42.9%;实现利润147.1亿元,同比增长335.4%,利润率高达10.6%;税收总额15.4亿元,同比增长37.2%。信息服务业总收入107亿元(不含嵌入式软件)。全年电子信息产业销售额达到1493亿元,比2000

---

① 环渤海信息产业一体化呼之欲出.http://www.ccw.com.cn/cio/hydt/htm/2004-12-17

年翻一番。信息产业总规模占全国2.65万亿的5.66%,但利税总额占全国1500亿的10.83%,跃升为全国投资回报率最高的地区。天津市是国家首批认定的九个国家级电子信息产业基地之一。全市共有网络增值信息服务商230家,经认定的软件企业137家,系统集成企业50家,系统监理企业5家。与环渤海各省市间的互动和协作也在不断加强。

山东省2004年电子信息产业完成销售收入2357.3亿元,同比增长30%;利税合计121.85亿元,同比增长35.12%;其中利润总额75.2亿元,同比增长40.57%;出口交货值384.04亿元,同比增长44.95%。山东省信息产业厅负责人表示,今后加大结构调整力度,向制造业强省迈进,承接日韩资本和IT产业向山东转移。搞好8大电子信息产品生产基地(产业园)、20个研发中心、3个集成电路设计中心建设,培育一批拥有自主研发能力的企业,提高大企业产品的核心竞争力。

辽宁省把信息产业视为振兴老工业基地的支柱产业和基础产业,放在十分突出的战略地位。提出要抓住实现辽宁老工业基地的振兴为契机,以改革开放为动力,以沈阳、大连产业区域为中心,以园区建设为重点,加快结构和体制创新,进一步加强信息技术应用,积极发挥信息产业在辽宁老工业基地调整、改造、振兴中的重要作用,努力实现IT强省和辽宁信息产业的跨越式发展。

河北省计划在未来5年内进一步加强与环渤海各省市的合作,优化投资环境,主动接受京津辐射,形成若干与京津等地产业互补、各具特色的信息产业研发、生产、加工基地和专业园区,形成环绕京津,贯通石、保、廊、唐、秦的信息产业带。

7.5 我国信息产业的梯度转移

梯度在经济学上用来表示经济发展程度不同的地区以及经济由高梯度地区向低梯度地区过渡的空间变化过程。梯度理论是重要的区域经济理论,它反映了区域不平衡发展中的经济发展规律,但是同时也可能造成更大的区域经济差距。对于信息产业来说,它可能造成数字鸿沟,具体情况要看产业的极化效应与扩展效应两种力量哪个更大。

7.5.1 我国信息产业的梯度发展

1. 我国信息产业梯度发展的历史状况

就信息产业而言,也存在空间梯度布局。对于经济梯度的划分,德国科学家采用多元分析法,按照人均销售总额、人均GNP等多项经济指标加权相加进行量化计算。

(1) 2000年以前我国信息产业的梯度布局

波拉特方法已是广为使用的成熟方法,有些学者也对它进行过修正。对于信息产业梯度的计算与划分,我们采用了两种方法对我国部分省市进行了测算,一是信息产业规模法(见表7-4),二是信息化指数测算法(见表7-5)。测算时,信息部门产值占GNP或GDP的比重以及信息劳动力占社会劳动力总数的比重可被看作是综合的指标,并且与经济的发展水平密切相关。在这里主要利用已经测算出来的数据进行分析比较,以找出存在的梯度层次。

表 7-4　我国部分省市信息产业规模比较

省市名称	年　份	信息部门产值占 GNP 的比重(%)			信息劳动力占社会劳动力总数的比重(%)
		第一信息部门	第二信息部门	合计	
北京	1985	21.1	7.9	29.0	30.3
	1986	21.6	6.6	28.2	30.9
	1987	22.4	8.4	30.8	26.3
	1988	23.0	9.1	32.1	30.2
	1989	26.8	9.6	36.4	32.1
	1990	30.5	7.9	38.4	34.4
上海	1985	17.8	4.1	21.9	21.64
天津	1990			27.41	20.94
江苏	1986	13.91	4.83	18.74	10.49
岳阳	1987	8.78	6.12	14.90	
宁夏	1990	8.59	4.73	13.32	11.22
	1995	12.48	5.74	18.22	14.68
吉林	1990	12.74	7.04	17.98	15.74

表 7-5　以 1965 年为基年计算我国 1988 到 1994 年的信息化指数

日　本		香　港	广　州		湖　北		广　东	珠江三角洲	天　津
1965	1973	1988	1988	1991	1986	1990	1988	1988	1994
100	236	22287	691	956.8	38.1	42.3	92.0	159.2	81.4

数据来源:贾怀京,许飞月.信息化指数模型及 1985—1994 年我国信息化水平的测定.情报学报,1997,12(6):461

以 1990 年为例,将北京、天津、宁夏、吉林信息产业规模用图 7-1 和图 7-2 分别表示信息部门产值比重比较和信息劳动力人数比重比较,可呈现出明显的梯度分布。

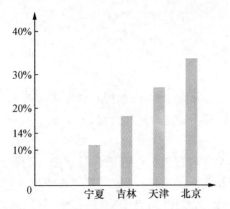

图 7-1　1990 年信息部门产值比重梯度分布

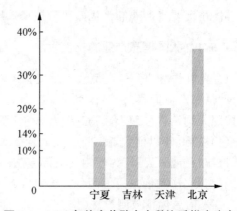

图 7-2　1990 年信息劳动力人数比重梯度分布

表 7-5 是以日本 1965 年为基年的我国部分省区的信息化指数比较,也呈现出明显的梯度分布。

信息化指数不直接测量信息产业的规模,而是用来考察一个国家或地区的社会信息化程度,也可以反映出地区间信息经济的差距和层次。由于基年的选择不同,信息化指数值并非绝对不变,在这里有意义的是比较它们的差距。其得出的结果同波拉特方法得出的结果基本上是一致的。这充分说明信息化建设同信息产业的发展密不可分,经济信息化将推动信息产业的发展。

由表 7-4 和表 7-5 可以看出,不同地区之间信息产业的规模呈现出梯度层次布局。总体来讲,东部沿海地区及一些大城市信息产业的梯度较高,如香港、北京、上海、广州、深圳等地,其次是天津、南京、武汉、重庆、成都,再次是西安、辽宁、沈阳等地。而在 2000 年以前西部地区的一些边远省区信息产业还很弱小。

(2) 2000 年以后我国信息产业发展的梯度布局

根据国家统计资料,2000 年以后,我国信息产业的发展仍然呈现出梯度布局(以电子信息产业的产值为例)。

第一梯队:广东省从 1990 年到 2003 年电子信息产品产值连续 13 年高居全国第一,销售收入、利润总额、产品出口均占全行业三分之一强。2004 年,江苏省信息产业已连续 12 年居全国第二,电子信息产业实现工业增加值 1096 亿元,占全省 GDP 比重超过 7%。到 2005 年底,电子信息产品制造业将实现销售收入 6300 亿元。2004 年,上海市电子信息产品实现销售收入 3728.7 亿元;浙江省电子信息产业销售收入达到 2003 亿元;天津市电子信息产品制造业完成工业总产值 1423.5 亿元,同比增长 38.2%;北京电子信息产品工业总产值 1131.52 亿元,同比增长 14.1%;销售收入 1217.90 亿元,同比增长 15.9%。

第二梯队:四川 2004 年软件业年销售 100 多亿元,信息产业年收入近 600 亿元、产业规模居中西部前茅的实力。陕西省 2003 年信息产业共完成工业总产值 452.3 亿元,同比增长 20.4%。辽宁省 2003 年电子信息产品制造业实现销售收入 406 亿元。湖北省信息产业结构已发生质的变化,实现了跨越式发展,2004 年实现产值 380 亿元,比上年净增 100 亿元。

第三梯队:重庆 2005 年信息产业电子信息产业预计实现销售收入 210 亿元,同比增长 45%;其中软件产业 60 亿元,同比增长 48%。山西省 2003 年信息产业营业收入由 92 亿元增长到 180 亿元,成为山西经济发展中新兴的支柱产业。安徽省 2004 年信息产业产值同比增长 54.1%,达到 210.3 亿元。黑龙江 2003 年电子信息产品制造业总产值达到 149 亿元。河南省 2004 年信息产业实现产品销售收入 168 亿元,比 2000 年增长了 137.96%。河北省 2004 年信息产业实现产品销售收入达到 140 亿元,在全国排第 15 位。吉林省信息产业发挥比较优势,保持了较快增长,2003 年电子信息产品制造业产值 102 亿元。

第四梯队:云南省 2003 年信息产业实现总收入 115 亿元,增长 8.2%,电子信息产品制造业销售收入 24 亿元,增长 8%,信息产业工业增加值 59.8 亿元,增长 30.6%。甘肃省 2005 年电子信息产业预计实现销售收入 28 亿元。新疆 2002 年信息产业完成总产值 98.6 亿元,其中,电子信息产品制造业产值 4 亿元(其中电子铝箔材料 1.3 亿元)。宁夏截至 2005 年 11 月信息产业收入达 1 亿多元,其中软件产品收入 4680 万元,软件服务收入 978 万元。[①]

可以看出,2000 年以后,我国信息产业的发展格局有所变化,但仍然呈现出明显的梯度布局特征。

---

① 信部规[2004]218 号.关于贯彻实施东北地区等老工业基地振兴战略的意见. 2004-08-18 中国电子报. http://www.hnii.gov.cn/mylt/yjdt1.asp?theid=852

（3）2002—2003年我国信息产业梯度布局的变化

各地区信息产业的发展规模呈现出梯度布局特征,但是信息产业的发展格局并不是一成不变的。根据信息产业部经济体制改革与经济运行司的研究,从2002年到2003年我国各地区信息产业的所占的份额有所变化。比如北京、天津所占比重减少,而上海、江苏、山东、福建则有所增加,如图7-3、图7-4所示。

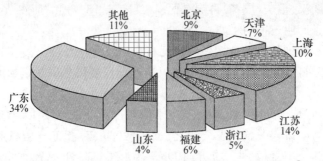

图7-3　2002年我国各地区电子信息产业规模发展状况[①]

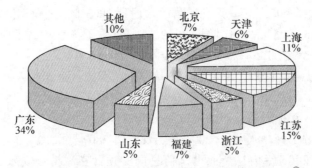

图7-4　2003年我国各地区电子信息产业规模发展状况[②]

如上所述,我国信息产业的多级不平衡发展受经济、政治、科技、教育、文化等各方面因素的影响,呈现出从东到西、由南向北的递减的梯度布局。无论是信息产业规模,还是信息化指数,都随着经济发展和产业结构的演进而不断变化,但是信息产业的梯度布局不是一成不变的,各地区信息产业的发展速度并不同比增长,有时会出现局部的反梯度发展。

2. 我国信息产业的梯度发展情况分析

世界电子信息产业发展呈现出全球化和区域化趋势,其全球化特征包括全球性采购、全球性生产、全球性经销,而且产业梯次转移发展的趋势十分明显。据统计,在全球电子信息产业总规模中美国占28%,日本占23%,西欧占20%,我国仅占4.2%。[③]

在信息产业链上,研发与技术创新产业需要大规模的资本与人力投资,同时回报率也比较高,而加工、制造与贸易服务业则基本属于劳动密集型的产业,投资回报率较低。一般认为,信息产业研发业的利润率在30%～40%,而加工制造业的利润率则在5%～15%左右。世界信

---

① 信息产业部经济体制改革与经济运行司.2003年我国各地区电子信息产业产业规模发展状况. http://chinese.mediachina.net/index_market_view.jsp? id=23985, 2003-06-02
② 同上
③ 全球电子信息产业梯度转移与我国彩电产业发展.2003-02-10. http://chinese.mediachina.net/index_market_view.jsp? id=23985,中华传媒, 2003-06-02

息产业的发展表明,芯片设计、大型软件开发等核心技术主要分布在美国等发达国家,而电脑配件制造与加工组装、半导体制造、笔记本电脑、手机及零部件生产业则主要分布于台湾地区和祖国大陆等地区。总体上讲,信息产业的梯度转移可以分为国际性、区域间与区域内转移三种情况。

世界发达国家和地区为掌控和保持垄断地位,将逐渐成为基础技术研究基地。台湾等技术相对成熟的地区逐渐发展为产品研发基地。中国台湾是上一轮世界信息产业布局中兴起的一个加工基地,是世界信息产业梯度转移的受益者,经历了代加工(OEM)到代设计(ODM)再到自创名牌(OBM)的三个发展阶段。在吸收、引进技术的同时,自身信息技术水平已经得到了显著的增强,逐步兴起了一批自主开发经营、具有先进技术水平的跨国企业集团。1999年美国《商业周刊》全球信息企业100强当中,台湾有7家企业名列其中,以这些企业为代表的台湾信息产业,成为国际信息产业链中不可或缺的一部分。[1]

我国东南沿海等技术经济发展环境较好的地区有可能成为世界信息产品新的生产基地。从20世纪90年代末期开始,苏州抓住国际产业资本,尤其是台湾IT产业资本向长三角地区转移的机遇,积极招商引资,建立了出口加工的IT产业集群,电子信息产业得到了很大发展,从而迅速提升了苏州的产业结构。云南昆明认为,因为国际制造业转移和国内沿海地区产业的梯度转移,为信息产业的设计及制造提供了巨大的市场空间。

从区域内的情况来看,各大经济区信息产业的分布明显存在着从中心城市向周边省市扩散与转移的趋势。随着区域中心城市信息产业的发展,技术、人才与资本势力逐渐雄厚,其重心逐渐向产业链的上游移动,重视研发与自主创新,注重走国际化的道路。一些回报率较低、劳动密集型的产业则逐渐转移到周边劳动力价格相对较低、环境压力较小的地区,从而带动区域内信息产业的发展。在这个过程中存在着明显的产业集聚效应与规模效应。7.4.3节到7.4.5节的内容充分说明了这种情况。

湖北省提出在中部崛起战略中应坚持走新型工业化道路,充分发挥比较优势,按照产业梯度分工和社会化大生产原则,加快与中部各省的产业合作,形成城市合理分工的产业布局。

湖南郴州提出要引进战略投资者,主动承接国际产业与沿海产业梯度转移,把郴州建设成为全省电子信息产业基地。

贵州以"泛珠江三角经济区"进一步紧密合作发展为契机,在产业的梯度转移中进一步整合资源,发展和壮大电子产品的产业链。

江西提出,发达国家和地区正在加快产业更新和转移的速度,沿海地区也在加速结构调整,一些产业呈现出由东向西、由沿海地区向内陆腹地大规模梯度转移的趋势,其中珠江三角洲地区(下称珠三角)向其经济圈地域梯度转移的规模较大、速度较快。江西省处于独特的经济发展区位,在产业群的转移中,IT产业应成为江西省吸纳的主要产业。[2]

信息产业的梯度分布与转移规律从空间上揭示了信息产业产生、发展、成熟与衰退的过程,也是信息产业链布局不断调整与优化的过程。其中,既有产业发展的内在动力,也有政策导向等外部因素的导向。

---

[1] 金谷,赵智敏.台湾信息产业发展的借鉴和启示.信息化建设,2001-08-30
[2] 承接珠江三角洲地区IT制造业梯度转移的机遇与对策.中国江西IT网 http://it.jxcn.cn/itnews/itkx/200510/10884.html, 2005-10-19

7.5.2 影响信息产业梯度转移的因素

信息产业的梯度转移是指信息技术、信息部门或信息产业逐渐从高梯度地区向低梯度地区的转移过程,经济技术在发展过程中,内在的力量可以实现这种转移,政府的政策引导与支持可以加速这种转移,信息产业的梯度转移受技术、资本、人才与市场等因素的影响动态进行。

1. 技术的吸引力

信息产业作为高新技术产业,从较发达的地区向外辐射传播,首先是向着技术梯度差距较小,对于信息技术的吸引力大于排斥力的地区转移。在一个信息产业或信息化比较发达的地区,一些部门或行业由于技术创新,原有的技术逐渐成熟,失去了高额利润和竞争力,会向着最有能力接受它的梯度较低的地区转移。在一些高校聚集的城市与地区,由于自身具有雄厚的科技势力,往往容易接受信息技术和信息产业,比如北京的中关村地区与西安的高新技术开发区等,对于信息产业存在着强烈的技术引力场。

2. 资本的吸引力

一个地区经济发达,常常表现在雄厚的资金上。信息产业在我国属于新兴的产业,许多信息部门和信息化建设的项目,需要大量的前期投入,因此信息产业会向着经济发达、资本势力雄厚的地区转移,比如广州、深圳、南京、山东等地的信息化建设和信息产业的发展要快于其他地区,与它们的经济发展水平密切相关。

3. 人才的吸引力

高素质的专业人才,是信息技术转移的载体。美国的硅谷是世界信息产业最为发达的地区,原因是作为高校云集的地区,它本来就拥有众多的专业人才,同时,它又吸引了世界上各个国家最为优秀的人才。在我们国家,人才东流的热潮持续不断,对于东部地区信息产业及信息化建设的发展做出了巨大的贡献。现在,信息产业及信息化建设已从东部地区的大城市向外扩展,能够首先接受它的地区应该是人才资源较为丰富的地区。

4. 市场的吸引力

市场需求是技术创新、服务创新、产品创新的原动力。在一些居民收入较高,科技文化素质较高的地区,人们对于信息商品、信息通信服务更愿意也更有能力消费;人们的消费观念也容易更新,比如对网络信息、电子邮件、电子商务、电子金融、电子政府等更容易接受。这样的地区或城市与信息产业梯度最高的中心城市之间差距较小,是信息产业最容易扩展的地区。

5. 政府的政策导向

在中国,影响信息产业发展的重要因素之一是政府的政策导向。近年来我国的国家信息化政策已经取得了十分明显的成效。在一些省市,地方政府将信息产业列为支柱产业或先导产业,会为之提供相应的优惠政策,包括投资、招商、引才、土地审批等方面,从而促进了信息产业的迅速发展。比如,很多省市大力高新技术园区、经济开发区、信息港以及数字城市,并把信息产业列为重点支持的产业。这已经成为近年来我国信息产业发展的重要动力之一。但同时也要看到,地方政府的信息政策应结合本地区的经济发展特点,有的放矢,才能真正取得显著成效。

影响地区信息产业发展的因素还有地区文化、教育、产业结构、资源优势等诸多因素。而工业化是一个地区信息化和信息产业的发展的基础。信息产业的梯度布局在一段时期内是相对稳定的,但它也在不断变化,而这取决于区域经济发展的速度及产业结构的变化方向。

7.5.3 信息产业梯度转移的动态过程

信息产业从高梯度地区向低梯度地区的转移是一个动态的过程,在这个过程中,存在着三种效应:极化效应、扩展效应和回程效应。

1. 极化效应使核心区信息产业的规模进一步扩大

由于经济发达的大城市一般具有完善的教育体系,强大的科技势力,雄厚的资金,良好的交通、通信基础设施以及发育完善的市场体系,对于信息产业的发展极为有利。同时,这些优势又会进一步聚集资金、技术、人才,加强该地区信息产业发展的基础。例如,北京中关村地区是近年来中国信息产业发展较快的地区,处于全国信息产业梯度的高端,不断吸引着国内外大量的资金和人才的流入,极化效应十分明显。另外,上海、广东、江苏、天津等省市,信息产业规模处于高梯位,信息产业的规模逐步扩大,并带动相关产业的发展,增加信息部门的劳动力人数,从而使信息经济快速发展。

2. 扩展效应使低梯度地区的信息产业加快发展

国际、区际及区域内信息产业的转移趋势充分反映了该产业的空间扩展效应。我国已经成为世界的"加工厂",在信息产业方面也不例外。同样,在国内信息产业的扩展效应也是比较明显的,一些低端的加工组装、信息及网络服务已经大量扩展到了许多经济相对落后的地区。这也在客观上反映了我国信息产业也信息化发展的进程。

3. 回程效应拉大地区间差距

回程效应与扩展效应作用相反,是指高梯度地区由于投资、技术、人才环境的进一步改善,极化效应进一步加强,并且可能获得国家产业政策的支持,大量吸引落后地区的资金和人才,削弱落后地区经济的发展,包括信息产业的发展,拉大梯度落差。近年来,回程效应的确使西部一些落后地区高新技术产业的发展面临困难,信息产业发展缓慢。

总之,信息产业的区域发展取决于这三种效应的作用力度,同时受到地区信息政策的影响。这使得信息产业的区域发展不平衡格局并非一成不变,在一个较长的时间段内,信息产业地区间的梯度布局会发生变化。

7.5.4 我国信息产业区域协调发展的对策

我国是一个地域辽阔的国家,信息产业已有了相当程度的发展。从上文的分析来看,经济自身的发展尽管有使信息产业不断发展的内在力量,但也可能使高梯度地区和低梯度地区间的差距逐渐拉大,从长远看,这将会影响到信息资源的有效配置、信息化建设的进程、信息产品的分配乃至信息产业的总体发展。因此,有必要运用梯度规律,为我国信息产业的宏观发展提供参考。

1. 制定合理的信息产业结构政策和区域组织政策

我国信息产业仍属于国家重点支持的产业。对于一些信息产业比较发达的省区,国家采取一系列的倾斜政策,以促进民族信息产业的发展壮大,这实际上加强了极化效应。但从世界信息产业的梯度布局来看,我国的信息产业仍处于较低的梯位上,这些政策正是为了使我国的信息产业向较高的梯度迈进,以跳跃式的发展赶上发达国家。信息产业包括许多的行业和部门,有很高的关联度,信息内容产业和咨询业是我国信息产业结构优化的重点所在,需要大力支持。对于一些地区的信息产业十分落后,利用信息技术对传统工农业的改造很缓慢,也需要国家或地方政府寄予一定的政策引导和财政支持,促进信息技术的扩展和传播。因此既要制定保证信息产业顺利发展的产业结构政策,又要从一开始就重视信息产业的区域协调发展,避免重复建设和资源浪费,制定合理的产业组织政策。

2. 加强区域信息化建设,带动区域信息产业的梯度升级

区域信息化建设包括信息资源的共享、信息基础设施的建设、信息人才的培养、信息市场的完善、传统产业的信息化改造、企业信息化、政府信息化等方面。有些经济比较落后的地区还不具备信息产业发展的条件,需要在大力发展工业化的基础上,注重具有地区特色的信息化建设,为接受信息产业的梯度转移,甚至跨越式或反梯度发展创造有利条件。

3. 正确认识梯度理论,加速信息产业的发展

梯度转移理论反映了经济技术区域发展的一般规律,但并不意味着落后地区没有机会赶上或超过发达地区。东部地区具有经济基础、产业结构、资金、人才、技术等方面的优势,有利于信息产业的发展。西部地区经济落后,工业基础薄弱,信息化程度低,信息产业比较弱小。中部地区处于距东部最近的梯次上,是信息产业扩展的首要选择。在各梯度内部,又存在着以产业发展极为中心的梯度,一般是发达的中心城市处于最高的梯度上,一些中小城市处于较低的层次。如西安、成都、重庆的信息产业已有相当的规模,成为西部地区信息产业的高梯位。低梯度地区信息产业的发展不可能超越工业化阶段,一步到位,但是随着国家政策向中西部地区的倾斜,抓住机遇,发挥自身优势,也可能发挥后发优势跨跃式发展。

我国信息产业发展具有明显的区域不平衡发展的特征,各地区之间也存在一定程度的条块分割。梯度转移理论是一个很有价值的理论工具,有助于正确把握我国信息产业的发展方向、发展阶段和宏观布局。我国信息产业部 2006 年初提出,按照中央关于东部地区加快发展、西部大开发、振兴东北老工业基地和中部地区不断崛起的要求,各地区应充分发挥自己的比较优势和区域特色,通过东部沿海地区电子信息产业加快结构调整,推动向中西部地区和东北老工业基地的梯度转移,实现资源合理流动和区域协调发展。[①]

关键术语

产业　产业的生命周期　产业结构　产业结构优化　产业结构升级　支柱产业　先导产业　信息产业　信息产业的规模测算　波拉特　梯度理论　极化效应　扩展效应　回程效应　信息产业的区域发展

思考题

1. 什么是产业？产业是怎样划分的？产业的生命周期包括哪几个阶段？
2. 信息产业如何分类？
3. 说说波拉特关于信息产业的测算方法。
4. 我国信息产业的区域布局是怎样的？
5. 信息产业的梯度转移原理是什么？

---

① 信产部关于加快推进电子信息产业大公司战略的指导意见. http:www.guangdongdz.com. 2006-1-9

第8章 信息化与经济发展

信息化社会是人类社会一个崭新的经济技术发展阶段,它在工业化的基础上产生,并以巨大的力量向前发展。信息化深入到经济社会的各个领域,包括企业信息化、行业信息化、区域或城市信息化、政府信息化及公共事业信息化等。经济信息化离不开产业化,最终需要落实到企业信息化上来。由于企业信息化有着极为丰富的内涵与经济规律,将在下一章专门介绍。关于信息产业与信息化的区域分析我们在上一章中有所介绍,本章不再赘述。本章重点介绍信息化的起源、信息化水平的测算与典型产业的信息化等内容。

8.1 信息化的起源

信息化是在工业化的基础上产生和发展的,它带动、促进了工业化的发展,并和工业化紧密融合在一起向前发展。

8.1.1 信息化的概念

"信息化"是一个具有"中国特色"的概念,其英文译法有"informatization"、"informationization"、"informationalization"、"informization"等不同形式,其构词主要是信息"information"动词化之后的名词化,现在以第一种译法较为常见。"化"在汉语字典里有这样一种解释:后缀,加在名词或形容词之后构成动词,表示转变成某种性质或状态。可以说,它表达了一种动态的过程,比如"机械化"、"工业化"与"现代化"等。

最早使用"信息化"一词的是日本科学技术和经济研究团体。该组织在1967年用这一术语来描述人类社会由工业社会向信息社会过渡的社会进化过程,即在整个社会经济结构中信息产业获得长足进步并逐步取得支配地位的这样一种社会产业结构演进过程。[1]

1986年,中国国家科委下属的中国科技促进发展研究中心等14个单位在北京召开了"首届中国信息化问题学术讨论会",并编辑出版了论文集《信息化——历史的使命》,首次开始讨论中国的信息化问题。

林毅夫、董先安在题为《信息化、经济增长与社会转型》(2003,5)的研究报告中指出,信息化,是指建立在IT产业发展与IT在社会经济各部门扩散的基础之上,运用IT改造传统的经济、社会结构的过程。[2] 这个概念简洁地指出信息化的主要技术基础是IT产业的发展与应用,其主要特征则是明显地改变了经济与社会结构。

国务院信息化工作领导小组1997年全国信息化工作会议上提出:国家信息化就是在国家统一规划和组织下,在农业、工业、科技、国防及社会生活各个方面应用现代信息技术,深入开

---

[1] 乌家培. 经济、信息、信息化. 大连:东北财经大学出版社,1996:286
[2] 林毅夫,董先安. 信息化、经济增长与社会转型. 中国经济研究中心网站,2003,5,8

发、广泛利用信息资源,加速实现国家现代化的进程。

《国民经济和社会发展第十个五年计划信息化重点专项规划》是我国编制的第一个国家信息化规划,其中指出"信息化是以信息技术广泛应用为主导,信息资源为核心,信息网络为基础,信息产业为支撑,信息人才为依托,法规、政策、标准为保障的综合体系。"[①]

信息化的实质是经济各个部门与产业的信息化,信息作为资源的价值日益重要,信息作为生产要素的作用空前提高,信息的流动极为频繁,并因此使得信息资源开发技术、信息处理技术得到普遍的应用,经济的各个环节与信息技术紧密结合。信息化深入到经济的微观与宏观各个领域,它包括三个层次:一是通过信息技术在企业中的广泛应用所形成的企业信息化;二是通过信息通信与网络技术在网络组织、产业链、产业集群中的应用以及信息的流动与共享形成整个产业的信息化;三是通过通信系统、信息服务业、咨询业等实现的社会生活的信息化。信息经济的两大基本特征,一是信息产业的发展与成熟,一是社会经济信息化的普及与深入。

8.1.2 信息化与工业化

信息化与工业化密不可分,一般认为,信息化产生于后工业社会。信息化在工业化的基础上产生,又带动和促进了工业化的发展。事实上,信息化一直是和工业化紧密地结合在一起发展的,并有力地推动农业、服务业与其他产业的发展。

1. 工业化

工业化进程与工业结构的演变是现代社会产业结构演变的重要内容。所谓工业化,是指大工业在国民经济中发展并达到占统治地位的过程,即国民经济结构发生了以农业占统治地位向工业占统治地位的转变,它使一个国家由传统的农业国变为现代的工业国。工业化是一国经济发展和社会进步的必经阶段,也是社会生产力发展到一定阶段的重要标志。钱纳里认为工业化是以经济重心由初级产品向制造业生产转移为特征的,其原因是国内需求的变动,工业产品中间使用量的增加,以及随要素比例变动而发生的比较优势的变化。

一般认为:工业化的过程可以分为三个阶段:

第一阶段,工业由以轻工业为中心的发展向以重工业为中心的发展推进的阶段,即"重工业化"。一般地说,资本主义国家的工业化过程是从轻工业起步的。

第二阶段,在重工业化过程中,工业结构又表现为以原材料工业为中心的发展向以加工、组装工业为中心的发展演进,即"高加工度化"。

第三阶段,在"高加工度化"过程中,工业结构进一步表现为"技术集约化"趋势。这种趋势不仅表现为所有工业各部门将采用越来越高的技术、工艺和实现自动化,而且表现为以技术密集为特征的尖端工业的兴起。

工业化是经济发展的重要阶段,反映其演进的内容主要有三方面:一是人均收入水平的变动;二是三次产业产值结构和就业结构的变动;三是工业内部结构的变动。产业结构和就业结构的变动与科技进步的水平密切相关。

根据库兹涅茨实证研究得出的一般模式,从三次产业国内生产总值(GDP)结构的变动看,在工业化的起点,第一产业的比重较高,第二产业的比重较低;由于市场经济国家在工业化开

[①] 我国"十五"计划信息化重点专项规划颁布,http://www.china.org.cn/chinese/2002/Oct/219553.htm

始时市场化得到较大进展,以商业、服务业为基础的第三产业的比重较高。随着工业化的推进,第一产业的比重持续下降,第二产业的比重迅速上升,而第三产业的比重只是缓慢升高,当第一产业的比重降低到 20% 以下,第二产业的比重上升到高于第三产业而在 GDP 结构中占最大比重时,工业化进入中期阶段;当第一产业的比重再降低到 10% 左右,第二产业的比重上升到最高水平时,工业化就到了结束阶段。而之后,以制造业为发展核心的工业化逐渐被第三产业的发展所取代,即产业结构由物质生产部门向非物质生产部门转移。

工业化国家的这种产业结构的转变主要是在第二次世界大战之后实现的。1950 年时除美国的第三产业在国内生产总值中所占的比重略超过 50% 之外,其他发达资本主义国家仍然以第一和第二产业占据着最大比重,当时第三产业在它们的 GDP 中一般只占 30%~40%。进入 20 世纪 90 年代之后情况有了很大变化,西方发达国家服务业在 GDP 中所占的比重已经提高到 60%~70%,比战后初期所占的比重提高了 1 倍或接近 1 倍。而主要西方发达国家农业在 GDP 中所占的比重,在进入 90 年代以后,大多已相对稳定在 2.0%~3.0% 的水平上。[①]

2. 后工业社会

工业社会可以分为三种类型:前工业社会、工业社会和后工业社会。

前工业社会是指生产力发展水平不高,机械化程度很低,主要以农业、渔业、采矿等消耗天然资源的经济部门为主的社会形态。工业社会的主要特征是大机器工业生产取代一批以往的农业、手工业生产。生产力水平大幅度提高,经济部门主要以制造业即第二产业为主。

关于后工业社会的特征,学者们有一些不同的归纳。丹尼尔·贝尔与汤姆·斯托尼尔的观点具有代表性,下面分别介绍:

丹尼尔·贝尔在其《后工业社会的来临》一书中提出"后工业社会"的突出标志是:从事制造业的人数急剧下降,从事服务业的人数急剧上升;从事脑力劳动、管理工作的人数超过从事体力劳动的工人总数。丹尼尔·贝尔认为,后工业社会还有其他五个特征:① 服务经济取代商品经济;② 有效地规划和控制技术的发展;③ 专业技术人员在社会上起主导作用;④ 科学理论知识成为社会的主要战略资源;⑤ 智力和技术成为决策的新型的工具,教育被打上前述特征的烙印并为此服务。丹尼尔·贝尔进一步论证说,后工业社会因为两个主要理由而成为一个知识社会:① 革新的源泉日益从研究和发展中衍生出来;② 国民生产总值和就业的份额在知识领域中日益增加。

汤姆·斯托尼尔概述了后工业经济(即信息经济)的七个特征:

(1) 是知识工业占主导地位的服务经济,而不是制造业经济;

(2) 劳动力以信息工作者为主体,而不是以机器操作者为主体;

(3) 以信息为基础,其特点是信用信息的流动,而不是现金交易;

(4) 主要是制度经济,而不是自由市场经济,因而出现了三大经济结构:政府、大公司和工会;

(5) 不局限于一国范围,基本上是跨国经济;

(6) 无论个人还是公共部门都变得空前富裕;

(7) 社会经济的变化速度加快,正以几何级数的速率发生变化。

[①] 郭峰. 工业化、信息化与经济现代化. 经济评论,2002,3

3. 信息化与工业化的关系

从发达国家的发展历史来看,信息经济产生于后工业经济时代,但是正如工业经济不能完全代替农业经济一样,信息经济需要以工业经济为基础,并与工业经济相互融合发展。人们简单而形象地称之为"鼠标加水泥"。从信息化与工业化发展的历史来看,二者之间的关系如下:

(1) 工业化是信息化的物质与技术基础

在信息化程度较高的国家,虽然物质生产部门在国民经济中的比重下降,但其产量和劳动生产率仍然大幅度增加,只是第三产业的发展更快。美国的工业在国内生产总值中所占的比重,从1960年的38%下降到1990年的25%,但其工业总产值却从2000亿美元增加到18000多亿美元,比重下降了13%,产值却增加了9倍,即使是排除通货膨胀的影响,增加也是相当可观的。

信息化与工业化的本质动力都是技术进步。"无论在何处,工业化都意味着增加固定资本数量;意味着在技术上、组织规模上、农业劳动力和小手工艺工人向工厂工人转化上的种种变革;意味着愿意并且能够从事企业家活动的人出现"。[①]

推动工业化发展的四次科技革命是蒸汽动力、电能、原子能与微电子及光电子技术。有人把20世纪中叶以来计算机与通信技术视为第五次科技革命,而信息化正是在这个基础上萌芽和兴起的。从这个意义上讲,工业化为信息化提供了物质基础和技术基础。

(2) 信息化带动工业化发展

信息技术在工业中的普遍应用大大促进了工业化的发展,其典型的过程是企业信息化。当信息技术渗透到研发、生产、设计、管理与营销等各个环节,信息资源与知识的价值对于企业的效率作用大大提高,企业竞争力增强,并进而带动产业的发展。

尚未完成工业化的国家在信息化发展过程中,需要积极发挥政府的政策引导作用,既不能错过信息化发展的历史机遇,也要兼顾工业化的发展水平。在一定的发展阶段,信息化可以促进工业化的发展。

中国许多地区,尤其是中西部及东北老工业区,工业结构以重工业为主,支柱产业为冶金、化工、建材、机械、农副产品加工等,尽管一些行业的设备已得到改进,但信息化、智能化相当落后,新产品开发、新技术应用的速度十分缓慢,信息渠道不通畅,信息利用能力差,给管理决策带来障碍。发展企业信息化与电子商务,从企业的研究开发、设计生产、经营管理到市场营销等一系列环节进行信息化改造,使企业能充分、快速、高效地获取和利用信息,从而获得一定的竞争优势。同时促进了电子信息、通信网络与信息服务业的发展。信息化在促进工业化的同时,也刺激了信息产业与信息经济的发展。

中国在致力于工业化建设的过程中,应注重技术创新,积极利用信息技术改造传统农业与工业,提高企业素质,使经济增长方式由简单扩张的粗放型经营转向注重质量与效益的集约型经营,使工业化与信息化产生互动效应,从而加速产业结构的优化升级,实现以信息化带动工业化的战略目标。

---

① 亨廷顿.现代化:理论与历史经验的再探讨中文版.上海:上海译文出版社,1993:180

8.2 行业信息化

信息技术在经济社会的各个领域广泛渗透,对经济结构的调整和传统产业的改造发挥着重要作用,成为推动行业信息化的主要因素。从本质上来看,所谓的行业信息化,就是各个产业(包括传统产业与现代高技术产业,细分则至各行业)通过对信息技术的应用,充分开发利用信息资源,提高产业的产出效率并促进产业的升级与结构优化的过程。行业信息化是经济信息化的重要方面。本节将首先简要介绍我国各行业信息化的概况,然后重点介绍我国信息化的重点行业——农业信息化的状况。

8.2.1 我国行业信息化概述

同世界许多国家一样,我国的信息化建设也具有明显的政府引导特征。政府政策在各行业的信息化过程中起到了重要的引导与推动作用。从 20 世纪 90 年代初至今,我国的"金"字工程取得了显著的成效。另外一些行业则通过借助于外在的技术条件与内在的发展动力,逐步实现了信息化,比如服装业、养殖业、娱乐业、汽车业等等。

1. 我国的"金"字系列工程

我国的"金"字系列工程从"三金"开始,已经发展到了"十二金",几乎覆盖了与政府公共管理相关的各个领域。

(1) "三金"工程

三金工程是我国中央政府主导的以政府信息化为特征的系统工程,是我国政府信息化的雏形。1993 年,国务院信息化工作领导小组拟定了《国家信息化"九五"规划和 2010 年远景目标(纲要)》。国务院要求当时的电子部与有关部委大力协调,抓好几项重大的信息工程。1993 年底,为适应全球建设信息高速度公路的潮流,中国正式启动了国民经济信息化的起步工程——"三金"工程,即金桥工程、金关工程和金卡工程。

"金桥"工程又称经济信息通信网工程,它是建设国家公用经济信息通信网、实现国民经济信息化的基础设施。"金关"工程又称为海关联网工程,其目标是推广电子数据交换(EDI)技术,以实现货物通关自动化、国际贸易无纸化。"金卡"工程又称电子货币工程,它是实现金融电子化和商业流通现代化的必要手段。

(2) "十二金"工程

2003 年,根据国务院信息化工作办公室出台的中国电子政务战略规划,中国电子政务建设工作主要围绕"两网一站四库十二金"重点展开。其中,"一站"是指政府门户网站;"两网"是指政务内网和政务外网;"四库"指人口、法人单位、空间地理和自然资源、宏观经济等四个基础数据库;"十二金"则是十二个行业的业务应用系统,包括金关、金税、金保、金财、金盾、金审、金质、金水、金农、金宏、金智、金卫等工程。

"十二金"工程的重点业务系统分为三类,第一类是对加强监管、提高效率和推进公共服务起到核心作用的办公业务资源系统、宏观经济管理系统的建设;第二类是增强政府收入能力、保证公共支出合理性的金税、金关、金财、金融监管(含金卡)、金审等 5 个业务系统的建设;第三类是保障社会秩序、为国民经济和社会发展打下坚实基础的金盾、金保、金农、金水、金质等

5个业务系统的建设。[1]

2. 几个重要行业的信息化状况

2004年,国家科学技术部对国内1000多家企业信息化状况进行了调查,涉及航空/航天、汽车/船舶/交通、家电/电子、机械和建筑等五个行业。调查数据显示,制造业信息化在上述五个行业都取得了显著的成效。除了二维CAD以外,其他各种信息技术软件/系统普及率五个行业的平均值均高于全部被调查企业信息技术应用普及率;特别是三维CAD技术普及家五个行业的普及率平均值达到了64.6%,高出全部被调查企业信息技术普及率(54.2%)10.4个百分点;CAE软件不仅行业应用性强,而且技术应用门槛非常高,各行业CAE普及率均高于全部被调查企业的CAE软件普及率,见表8-1。

表8-1 2004年我国五大行业信息化状况比较

行业	2D	3D	CAPP	CAM	CAE	PDM	ERP
航空/航天	73.7%	84.2%	15.8%	26.3%	10.5%	21.1%	10.5%
汽车/船舶/交通	70.3%	62.2%	32.4%	2.7%	8.1%	16.2%	13.5%
家电/电子	56.0%	70.0%	12.0%	4.0%	8.0%	6.0%	8.0%
机械	79.1%	49.3%	28.4%	10.4%	9.0%	14.9%	15.7%
建筑	78.6%	57.1%	7.1%	7.1%	0.0%	0.0%	7.1%

资料来源:科学技术部调研报告2004

(1) 机械行业信息化状况

此次调查数据表明,机械行业在"九五"CAD应用基础上更进了一步。二维CAD普及率在各行业中居于首位高达79%。在扎扎实实开展CAD技术应用基础上,企业开始向ERP进军、向管理信息化要效益。ERP软件/系统普及率也居各行业之首。调查数据显示,有15.7%的企业已经实施了ERP,高出所有被调查企业ERP普及率平均值(10.4%)5.3个百分点。同时,机械行业CAPP、CAM、CAE、PDM各项软件/系统的普及率均高于所有被调查企业各项技术应用普及率,见表8-1。

(2) 航空/航天行业信息化状况

我国制造业信息技术应用最早起源于航空/航天领域。目前,航空/航天行业依然以其技术含量高、软硬件系统先进、人员整体素质高、技术能力强等优势在行业信息化中居于领先地位。航空/航天领域是国外三维CAD/CAM/PLM系统厂商追逐的热门行业,其三维CAD等产品绝大多数采用国外产品,信息技术应用也呈现出独有的特色。根据数据统计分析,其三维CAD、CAM、CAE和PDM软件/系统普及率均高于其他行业。

(3) 汽车/船舶/交通行业信息化状况

在汽车行业,二维CAD比三维CAD的普及率也比较高。同时,因汽车行业整车和零部件企业的划分,又使得企业对二维、三维CAD功能的应用更具有特殊性。汽车行业设计主要用三维CAD,特别是整车设计。出工程图和零部件制造对二维CAD应用更多。汽车整车重视装配功能,零配件注重特征设计。统计结果表明,汽车/船舶/交通行业企业CAPP普及率达到32.4%,在各行业中居于首位;CAM普及率偏低,仅为2.7%。

---

[1] 计世资讯(CCW Research).2003年上半年中国政府机构IT应用与市场研究报告.http://www.ccwresearch.com.cn/cn/tendency_2003/2003_up/content/content_10.asp

(4) 家电/电子行业信息化状况

家电/电子行业的信息技术应用有其行业自身的特殊性。三维 CAD 应用普及率达到 70%，CAE 软件应用普及率为 8%，行业排名分别居第二位和第三位。二维 CAD 因其行业应用的特殊性和需求，在行业的普及率仅为 56%，低于所有被调查的行业。值得关注的是，家电/电子行业的 ERP 应用普及率仅为 8%，在五个行业中排第四位。

(5) 建筑行业信息化状况

在建筑行业，除 CAD 软件以外，其他软件/系统应用的普及率均低于其他行业。一方面因为整个建筑行业问卷反馈率仅为 5.5%，在各行业中数据量最少，难以反映行业整体信息化状况；另一方面，由于本次调查是面向整个建筑行业，而其中建筑机械行业领域的调查反馈量有限，难以反映诸如 CAPP、CAM 特别是 CAE、PDM 应用和需求的建筑机械特点数据。[1]

(6) 教育行业信息化状况

从高校"211工程"建设到中小学"校校通"工程的实施，"九五"期间我国教育信息化发展迅速。截止 2002 年，近 75% 的高等院校建有校园网，近 15 万所中小学校开设了信息技术课，城域网和校园网近 2 万个。从 1999—2002 年，教育信息化市场每年都以超过 10% 的速度增长。2003 年教育行业信息化总投资达到 226.8 亿元人民币，比 2002 年增长 9%，教育信息化投资逐渐趋向平稳增长，同时，教育信息化建设的重心将从城市转向广大的农村市场和西部地区。[2] 2005 年，全国各地的教育信息化建设力度进一步加大。农村中小学现代远程教育系统建设、高校信息化建设、教育城域网建设等工程，有力促进了教育信息化市场的稳步发展。继 2004 年 270.5 亿元的总体市场规模之后，2005 年的规模又增长 18.9%，达到 321.5 亿元。由国家发改委、财政部、教育部共同实施的"百亿工程"（农村中小学现代远程教育工程）2004 年启动后，2005 年开始在全国各地陆续展开。国家将用 5 年时间投资 100 个亿，为农村中小学配备电视机、卫星接收系统、计算机教室、光盘等教学设备。目前，该工程正在深入到三、四级城市。[3]

8.2.2 我国农业信息化状况

"三农"问题包括农民、农业与农村问题，历来受到我国政府的高度重视。提高农业效率，增加农民收入，改善农村环境，直接关系到我国经济发展、社会稳定与人民生活水平的提高。随着我国信息化进程的深入，农业信息化成为目前我国信息化建设的最重要领域，受到中央与地方政府以及信息化各界的高度重视。

1. 农业信息化的概念与评价指标

农业信息化是利用信息网络技术，充分开发、利用、传播农业信息资源，提高农业生产经营效率的过程。农业信息化的实现需要通过农业信息系统来实现，主要包括如下四个子系统：农业政策信息子系统、农业科技信息子系统、农业投入品市场信息子系统、农产品市场信息子系统。

---

[1] 科技部调研报告 2004. 我国行业信息化现状. 先进制造技术动态, 2005, 4(总第 31 期), http://lib.sia.cn/nbzy/DT200504.pdf
[2] 计世资讯(CCW Research). 彻底调查：2004 年 9 大行业信息化趋势报告. http://bbs.c114.net/uploadImages/20053151729798225.doc, 2005, 2
[3] 首席信息官. ICXO.COM 2006-02-16

衡量农业信息化的指标与国民经济信息化指标有共同性,但也有其特殊性。农业信息化水平的评价包括:① 农业信息化的基础设施建设,含通信网络、计算机网络、宽带、分布情况、电话用户等;② 农业信息技术装备,含计算机的拥有量、网站数量及其他通信设备能否保证信息传播畅通;③ 农业信息资源的开发利用,含农业数据库的种类和数量、农业信息资源获取量和网络、农业信息资源的再开发和利用;④ 农业信息技术的普及和应用,含各种农业信息技术的用户数,按主要农业信息技术在各个行业的应用,如农业专家系统的种类和实际应用的普及率;⑤ 农业信息化对农业发展的贡献率,含农业信息技术的采用在农业生产总值中所起的增值作用,即在农业总产值中所占的比重。[①]

2. 我国农业信息化的发展历史与现状

信息技术在我国农业领域的应用虽起步较晚,但发展较快。1979 年从国外引进遥感技术并应用于农业,首开信息化农业的先河。1981 年中国建立第一个计算机农业应用研究机构,即中国农业科学院计算机中心,开始以科学计算、数学规划模型和统计方法应用为主的农业科研与应用研究。1987 年农业部成立信息中心,开始重视和推进计算机技术在农业领域的试点和应用。1994 年以来,中国农业信息网和中国农业科技信息网的相继开通运行,标志着信息技术在农业领域的应用开始迈入快速发展阶段。

目前,信息技术已广泛应用于农业生产的各个环节。如利用计算机技术,对农作物的选种、灌溉和施肥等不同管理环节进行优化处理;向农民提供信息咨询,指导农民科学种田;对农作物病虫害、产量丰歉等进行预测预报,帮助农药企业合理安排生产,辅助农民科学调整生产结构;对不同类型的农业经济系统、土壤—作物—大气系统等进行仿真,辅助农业管理者编制农业规划和生产计划;根据各种动物营养需求,利用计算机分析技术进行饲料配方;通过互联网开展农产品销售,扩大农产品的出口与销售份额。目前,我国已建起了一批农业综合数据库和各类应用系统,其中以粮棉油为主的信息技术成果约占 1/3。

截止 2005 年 7 月 23 日,在中国农业信息网上自愿登记注册的农业网站已达 4372 家。已有 83% 的地级和 45% 的县级农业部门建立了农业信息网站。全国乡镇农村信息服务站中有计算机并可以上网的有 1.7 万多个,占乡镇总数的 41%。广西、黑龙江、河北等省的省、地、县、乡四级网络已全线贯通。[②]

3. "金农"工程

"金农"工程是我国以政府为主导的重大的农业信息化工程,在 1994 年 12 月在国家经济信息化联席会议第三次会议上提出,旨在于建立农业综合管理和服务信息系统,加速和推进农业和农村的信息化。

其核心机构是金农工程国家中心,承担下列任务:① 网络的控制管理和信息交换服务,包括与其他涉农系统的信息交换与共享;② 建立和维护国家级农业数据库群及其应用系统;③ 协调制定统一的信息采集、发布的标准规范,对区域中心、行业中心实施技术指导和管理;④ 组织农业现代化信息服务及促进各类计算机应用系统,如专家系统、地理信息系统、卫星遥感信息系统的开发和应用。"金农"工程的系统结构基础是国家重点农业县、大中型农产品市场、主要的农业科研教育单位和各农业专业学会、协会。

---

① 傅洪勋. 中国农业信息化发展研究(一). http://www.gansuit.com/text/nongye/xxfzyj1.htm
② http://www.gd.agri.gov.cn/bmxx/zssydw/xxzx/zhxx/t20050829-139649.htm

我国"金农"工程建设所需投资以中央投入为主导,地方投入为基础,采用国家、部门、地方和社会等多条渠道筹集,以财政拨款为主,银行贷款为辅,利用外资为补充的多种方式解决。国家投资要本着中央与地方"分灶吃饭"的原则,集中使用,发挥主导作用,以此促进系统标准的同一、网络的开放互联和信息资源的开发共享。预计投资12亿元。第一阶段投资5.7亿元,其中各级财政拨款占87.5%,贷款占12.5%。第二、三阶段投资6.3亿。金农工程完成以后,我国农业生产可望有一个大的飞跃和提高。

"金农"工程 一期建设从2003年开始,2005年结束,由农业部牵头,国家计委、国家粮食局、中农办等部门配合。预计共需中央投资11.69亿元,地方投资9.46亿元。具体建设任务:开发四个系统、整合三类资源、建设两支队伍、完善一个服务网络。开发四个系统指的是初步建成农产品市场预警系统、完善农村市场服务系统、启动农业科技信息联合服务系统、推进农业管理服务系统。

农产品市场预警系统主要通过选择部分关系国计民生的重要和敏感农产品,通过建设数据采集、分析、会商、发布等四个工作平台,完成数据集成、警情确认和信息发布工作。

农村市场服务系统主要指在中国农业信息网开发供求信息公共服务平台,通过各地农业部门网站联网运行,集成全国供求信息,实现用户发布、查询信息"一站通"。农产品批发市场价格信息服务系统是一个通过网络进行市场价格采集发布的系统。目标是要改进农产品批发市场价格行情采集分析平台,扩大联网范围,实现400家全国性和区域性农产品批发市场联网。

科技信息联合服务系统主要指部、省两级数据中心根据统一的目录体系,分别整合农业科技信息资源,建立存储文字、多媒体等多种形式的数据库群。

农业管理服务系统指在网上公布农业部门主要业务工作规范,建立开放的政务管理数据库,开发网络办公系统,逐步实现行政审批和市场监督管理事项的网络化处理。重点使农药、兽药、种子等农业投入品的生产、经营许可和登记管理、无公害食品等农产品的审定、验证登记,以及质检机构等有关市场主体的认证、管理等事项达到网络化。

开发与整合三类信息资源主要指整合部内信息资源,建立稳定的涉农信息收集、沟通渠道。建立起与海关总署、粮食局、供销总社、国家计委、外经贸部等涉农部门的信息支持协作机制,开发国际农产品生产贸易信息资源。

两支信息服务队伍:一支是高素质的农业信息管理服务队伍,计划用3年时间,完成3万人的培训任务。另一支是农村信息员队伍,依靠村组干部、农村经纪人、产业化龙头企业、中介组织和经营大户等,通过培训考核和资格认证,建立农村信息员队伍。计划用3年时间,在全国建立起至少15万人的农村信息员队伍。[①]

4. 我国农业信息化存在的问题

(1) 农业信息基础设施水平较低。基层缺少收集信息、处理信息、传播信息的软硬件设备,信息网络体系不健全;信息服务中介组织尚未发展起来;信息来源可靠性差,致使不少假信息和过期信息给农业生产带来损失;缺乏高质量的农业数据库。

(2) 农业产业化程度不够高,信息需求规模较小。农业产业化是农业信息化的基础与动力,两者是相互依赖的。农业的产业化意味着农业生产规模扩大、专业化分工加强以及市场化

---

① 金农工程.中国网. http://www.china.org.cn/chinese/zhuanti/283749.htm, 2003年2月27日

程度提高,因此会对信息技术与农业信息资源发产生规模化需求。而一家一户的经营方式,则在信息化方面的需求与投入相对较小。

(3) 农民利用信息的成本较高。表现在以下几个方面:一是农民的信息意识较低,利用信息的能力不强,主要的一个原因是农村人口的文化水平较低;二是相对于农民的收入来讲,购买电脑以及上网费用都比较高。

(4) 农业信息网站的建设还存在许多问题,包括:数量有限,总体规模小;设计质量较低,缺少特色;信息内容重复、单调,缺乏多样性;缺乏开放性,信息共享程度低;信息更新速度慢,时效性较差。

(5) 农业信息资源的共享与整合意识有待加强。在农业信息网络建设中,由于农业学科门类多,涉及面也很广,单由某个单位建设的信息来源远远不能达到用户要求。信息资源共享、力量整合显得尤为重要。[①]

(6) "最后一公里"问题。"最后一公里"传递信息旨在解决从乡级到农民的信息传递链问题。农业信息网络延伸到乡级直至农民手中还存在很大的困难,需要通过广播、电视和"四个一"等辅助手段来实现。[②]

8.3 信息化水平的测度

信息化水平的高低标志着一个国家信息经济的发展水平。目前,有关信息化水平的测度方法已经逐渐成熟。国外已有多种不同的信息化水平评估体系,如韩国的"信息化指数",美国国际数据公司(IDC)的"信息社会指数",澳大利亚的"信息经济办公室指数",哈佛大学和世界经济论坛的"网络化准备指数",英国的"电子经济评估体系",等等。下面,重点介绍影响比较大的日本学者提出的"信息化指数"。

8.3.1 日本信息化指标测算法

1. 主要指标

信息化指数法是 20 世纪 70 年代后期由日本学者小松峙清介先生首先提出的,主要反映社会的信息化水平。这种测算方法包括一整套指标体系,该指标体系包括信息量(Q)、信息装备率(E)、通信主体水平(P)、信息系数(U)4 个主要因素,具体又可以分为 11 个小的变量。

其中信息量指标包括人均年使用函件数、人均年通电话次数、每百人每天报纸发行数、每万人书籍销售点数、每平方公里人口密度;信息装备率指标包括每百人电话机数、每百人电视机数、每万人电子计算机数;通信主体水平指标包括第三产业人数的百分比、每百人中在校大学生人数;信息系数指标为个人消费中除衣食住外杂费的比例。

在测算过程中,首先需要将不同质的量转换成指数,最后才能求得反映社会信息化程度的总指标(信息化指数)。

2. 测算方法

信息化指数的计算方法一般有两种:

[①] 农业信息化需要四个"提升". 中国财政支农网, 2003-9-26 http://activeubb.gxsti.net.cn/NewsDetail.asp?id=5912
[②] 何永进, 章继华. 华中农业大学学报(社会科学版), 2003(3): 12~14

(1) 一步算术平均法。首先将基年各项指标值的指数定为100；然后分别将测算年度的同类指标值除以基年指标值，求得测算年度的各项指标值的指数；再将各项指标值的指数相加除以项数，即得最终的信息化指数(假定11个变量对最终的信息化指数的贡献是等价的，即各变量的权重都是相同的1/11)。

(2) 二步算术平均法。计算出测算年度各项指标值指数，然后计算出 Q、E、P、U 这四个组的指数的算术平均值，最后相加除以4，即得最终的信息化指数。(假设4个因子以及每一组的组内变量对最终的信息化指数的贡献是等价的，但属于不同组的变量对最终的信息化指数的贡献是不等价的。)

两种算法一般差别不大。基年的选择可以根据测算者的需要来定。

3. 具体的测算步骤

对于一国或一地区的信息化指数，具体测算步骤如下：

(1) 基年确定。假设基年为日本1965年，其各项指标值指数为100；

(2) 测算年度各项指标值指数计算。其计算公式是：

某国(地区)某年度指标值指数
= 100 × 测算年度某一指标绝对值 / 基准国基年该指标值绝对值

(3) 一步算法或二步算法。从20世纪90年代中期以前所做的测算来看，有许多将日本1965年的指标作为基年，其各项指标值指数假设为100，这样得到的指数便于国际比较。但也有以测算国家或地区的其他年代为基年进行测算的，因此使用信息化指数法时，具有相同基年的指数才具有可比性。

表8-2是以日本1965年为基年的各国信息化指数，可以看出，中国在20世纪80年代中后期的信息化程度也仍然远远低于发达国家20世纪60、70年代的水平。

表8-2　几个国家信息化指数的比较(根据日本学者提出的指标)

国　家	年　份	信息化指数
日本	1965	100
	1973	236
	1977	221
美国	1965	242
	1977	378
英国	1965	117
	1977	229
联邦德国	1965	104
	1977	249
法国	1965	110
	1977	239
中国	1985	37.9
	1990	62.4

数据来源：卢泰宏等.信息宏观测度的研究(下).情报学报，1992，11(6)：402

4. 信息化指数法的评价

信息化指数法参数少，指标统计比较方便，计算简单，并且具有较强的操作性和可比性，曾经被广泛采用。在当时的社会生产水平条件下,显示出其科学性与预测性。但随着信息产业半个世纪的快速发展,该法由于产生年代较早也存在一些不足:

(1) 有些指标如信息需求满足程度、关于互联网的相关指标还未被考虑进模型,测算结果已不能准确反映目前信息化的发展水平;

(2) 11 个变量的选取在不同的阶段未必具有代表性;

(3) 平均算法没有考虑各指标的权重。不同阶段各指标对信息化的贡献不完全相同,这种方法测算出来的值不能反映信息化政策的导向性;

(4) 该模型测算的结果是无量纲的相对量,仅具有相对意义。

8.3.2 中国国家信息化指标测算法

国务院信息化工作领导小组在 1997 年全国信息化工作会议上提出:国家信息化体系包括信息资源、国家信息网络、信息技术应用、信息技术与产业、信息化人才、信息化政策法规和标准等六个方面。

1. 中国信息化水平测算指标体系的原则

中国在制定信息化水平测算指标体系时确定了如下原则:

(1) 符合国家信息化建设的方针政策:以信息化六个要素与信息化水平总指数作为一个有机整体,来构造反映中国信息化水平与发展程度的完整的信息化指标体系;

(2) 符合中国国情并适合国际间比较;

(3) 具有综合性和可操作性:一方面要用尽量少的指标完成综合评价的任务;另一方面要使设计的指标不仅能客观反映问题,而且能取得较为准确的数据,完成测算的任务,以真正做到为政府宏观决策提供量化的依据;

(4) 要具有导向性。指标体系建立在促进中国信息化水平的快速提高、尽快缩小与国际间信息化发展差距的基础之上。

2. 中国信息化水平综合指数测算与评价的指标体系

1993 年,国家信息化推进工作办公室(及其前身)着手把建立国家信息化工作指标体系作为一项基础工作,进行了大量的调研和组织制订工作。1999 年 2 月,初步确定了国家信息化指标体系构成草案。2001 年 6 月 14 日,中国信息产业部向各省、自治区、直辖市、计划单列市产业厅(局)、通信管理局、信息化工作办公室等下达了"关于印发《国家信息化指标构成方案》的通知"。这标志着我国关于信息化水平的测评有了统一的标准,具体的指标构成方案如表 8-3 所示。

表 8-3 国家信息化指标体系构成方案及说明

序号	指标名称	指标解释	指标单位	资料来源
1	每千人广播电视播出时间	目前,传统音视信息资源仍占较大比重,用此指标测度传统音视频信息资源。	小时/千人(总人口)	根据广电总局资料统计
2	人均带宽拥有量	带宽是光缆长度基础上通信基础设施实际通信能力的体现,用此指标测度实际通信能力	千比特/人(总人口)	根据信息产业部资料统计

(续表8-3)

序号	指标名称	指标解释	指标单位	资料来源
3	人均电话通话次数	话音业务是信息服务的一部分,通过这个指标测度电话主线使用率,反映信息应用程度	通话总次数/人(总人口)	根据信息产业部、统计局资料统计
4	长途光缆长度	用来测度带宽,是通信基础设施规模最通常使用的指标	芯长公里	根据信息产业部、统计局资料统计
5	微波占有信道数	目前微波通信已经呈明显下降趋势,用这个指标反映传统带宽资源	波道公里	根据信息产业部、统计局资料统计
6	卫星站点数	由于我国幅员广阔,卫星通信占有一定地位	卫星站点	根据广电总局、信息产业部、统计局资料统计
7	每百人拥有电话主线数	目前,固定通信网络规模决定了话音业务规模,用这个指标反映主线普及率(含移动电话数)	主线总数/百人(总人口)	根据信息产业部资料统计
8	每千人有线电视台数	有线电视网络可以用作综合信息传输,用这个指标测度有线电视的普及率	有线电视台数/千人(总人口)	根据广电总局、统计局资料统计
9	每百万人互联网用户数	用来测度互联网的使用人数,反映出互联网的发展状况	互联网用户人数/百万人(总人口)	根据CNNIC、统计局资料统计
10	每千人拥有计算机数	反映计算机普及程度,计算机指全社会拥有的全部计算机,包括单位和个人拥有的大型机、中型机、小型机、PC机	计算机拥有数/千人(总人口)	根据统计局住户抽样数据资料统计
11	每百户拥有电视机数	包括彩色电视机和黑白电视机,反映传统信息设施	电视机数/百户(总家庭数)	根据统计局住户抽样资料统计
12	网络资源数据库总容量	各地区网络数据库总量及总记录数、各类内容(学科)网络数据库及总记录数构成,反映信息资源状况	吉(G)	在线填报
13	电子商务交易额	指通过计算机网络所进行的所有交易活动(包括企业对企业,企业对个人,企业对政府等交易)的总成交额,反应信息技术应用水平	亿元	抽样调查
14	企业信息技术类固定投资占同期固定资产投资的比重	企业信息技术类投资指企业软件、硬件、网络建设、维护与升级及其他相关投资,反映信息技术应用水平	百分比	抽样调查
15	信息产业增加值占GDP比重	信息产业增加值主要指电子、邮电、广电、信息服务业等产业的增加值,反映信息产业的地位和作用	百分比	根据统计局资料统计
16	信息产业对GDP增长的直接贡献率	该指标的计算为:信息产业增加值中当年新增部分与GDP中当年新增部分之比,反映信息产业对国家整体经济的贡献	百分比	根据统计局资料统计

(续表 8-3)

序号	指标名称	指标解释	指标单位	资料来源
17	信息产业研究与开发经费支出占全国研究与开发经费支出总额的比重	该指标主要反映国家对信息产业的发展政策。从国家对信息产业研发经费的支持程度反映国家发展信息产业的政策力度	百分比	根据科技部、统计局资料统计
18	信息产业基础设施建设投资占全部基础设施建设投资比重	全国基础设施投资指能源、交通、邮电、水利等国家基础设施的全部投资,从国家对信息产业基础设施建设投资的支持程度反映国家发展信息产业的政策力度	百分比	根据信息产业部、广电总局、统计局资料统计
19	每千人中大学毕业生比重	反映信息主体水平	拥有大专毕业文凭数/千人(总人口)	根据统计局资料统计
20	信息指数	指个人消费中除去衣食住外杂费的比率,反映信息消费能力	百分比	根据统计局资料统计

3. 中国信息化水平指数的测算方法

(1) 信息化水平指数的权重测定

综合评分分析法的基本评价模型,通常多采用简单线性加权方法:

$$II(\text{information index}) = \sum_{i=1}^{n} P_i W_i (i = 1, \cdots, n)$$

P_i 为第 i 个指标无量纲化处理后的值,W_i 为 P_i 的权重。

综合评分分析法的权重测定过程:

第一,对选择的指标进行相关分析,筛选掉相关性极高的指标,以避免相同因素在计算中占有过大的份额,以保证评价结果的合理性。

第二,对指标进行标准化处理以进行规范,使量纲不同的各类指标值转化为可以直接进行计算的数值。

第三,权重的确定采用德尔菲法,即专家评价与打分法。其中,信息资源 15%,信息网络建设 16%,信息技术应用 18%,信息产业发展 15%,信息化人才 20%,信息化发展政策和效果 16%。

(2) 国家信息化水平测算的计算方法

国家信息化水平测算的计算方法为:从具体的指标开始,逐项分层加权计算,最后汇总得出结果。

其具体的计算公式如下:

$$II = \sum_{i=1}^{n} \left(\sum_{i=1}^{m} P_{ij} W_{ij} \right) \times W_i$$

其中,n 为信息化水平构成的要素个数,m 表示信息化水平第 i 个构成要素的指标个数,P_{ij} 为第 i 个构成要素的第 j 项指标标准化后的值,W_{ij} 为第 i 个构成要素的第 j 个指标在其中的权重,W_i 为第 i 个要素的权重。

(3) 信息化水平指数增长速度的计算

综合评分法适用于测算某一年度全国及各省区市信息化水平指数(总指数与分类的六要

素指数),测算出它们的基本水平与位次。

要考察信息化水平发展状况,由于各年度指标数据的区间范围不可能完全一致,就会造成计算结果不可比,因此采用物量增长指标速度加权平均计算方法,来计算信息化水平指数的增长速度。

物量增长指标速度加权平均计算方法:即以选定的一个基准年为基期,计算信息化水平指数报告与基期的增长速度,加权平均后逐层计算,得出比较年份信息化指数的增长速度。并以基准年为基础,计算出其他有关年份信息化水平总指数。

在测算中,基准年份的选择和调整,可根据国家宏观决策的需要以及进行国际比较等需要来确定,并通过换算使按两个基准年份计算的指标可以进行比较。

4. 中国各地区信息化水平总指数及其构成分析

2002年国家信息化水平研究报告显示,1998年中国信息化水平总指数为25.89,1995年到1998年中国信息化水平总指数提高了73.0%,1998、1997和1996年总指数的增长速度分别为32%,13%和16%,1998年中国信息化水平总指数的增长速度比前两年高一倍以上。

2000年中国国家信息化水平指数(NIQ)为38.46。其中,信息技术应用指数最高,为65.89。表明中国信息技术应用得到较快的发展,信息技术和网络技术正向各个领域广泛渗透,对经济结构调整和传统产业的改造开始发挥重要作用,成为拉动中国信息化水平提高的主要因素。信息产品和服务发展指数为53.78。说明我国信息产业持续高速发展,已经成为国民经济的重要支柱产业,正在改变我国工业国的面貌。信息资源开发利用指数为45.29,信息网络建设指数为37.12。信息化发展环境指数为21.86,人力资源指数为13.43。从2000年中国信息化水平指数的各个构成要素的增长速度看,对信息化水平指数增长拉动最大的是信息网络建设和信息技术应用的快速增长。1998—2000年中国信息化水平总指数平均每年提高21.9%。具体各要素的指数及总指数的发展速度如表8-4、表8-5所示。

表8-4　2000年全国及各省、市、自治区信息化各要素指数

地　区	资源开发利用	信息网络建设	信息技术应用	信息产品与服务	信息化人力资源	信息化发展环境
全国合计	45.29	37.12	65.89	53.78	13.43	21.86
北京	93.53	318.82	179.97	112.68	112.15	79.61
天津	54.24	83.51	127.75	111.27	45.87	23.92
河北	31.72	45.58	85.24	44.50	6.44	7.63
山西	61.15	101.83	60.99	44.92	19.48	11.95
内蒙古	73.18	7.65	57.69	44.32	10.91	21.57
辽宁	74.12	52.67	84.60	46.44	28.36	21.33
吉林	66.11	41.86	81.49	44.49	25.48	24.85
黑龙江	59.13	18.64	105.91	43.79	18.89	23.39
上海	99.91	191.86	155.30	45.19	68.91	16.65
江苏	48.31	37.03	101.57	34.90	21.97	41.91
浙江	72.43	59.03	86.53	33.49	9.86	34.68
安徽	26.02	50.12	65.22	39.25	6.95	24.42

(续表 8-4)

地区	资源开发利用	信息网络建设	信息技术应用	信息产品与服务	信息化人力资源	信息化发展环境
福建	68.78	54.33	106.24	68.35	6.87	90.77
江西	22.95	41.92	51.33	68.42	5.48	37.81
山东	29.86	50.10	65.55	25.26	13.36	20.16
河南	30.16	42.02	66.23	41.67	6.45	19.74
湖北	32.53	108.19	69.60	30.43	11.90	21.97
湖南	5.91	204.38	56.32	55.35	5.42	43.64
广东	73.81	81.89	84.13	44.12	13.71	27.53
广西	17.02	50.79	52.12	38.89	3.25	36.01
海南	76.97	66.48	51.97	50.30	7.83	7.49
重庆	11.69	217.20	87.81	48.55	11.76	25.87
四川	21.48	50.87	55.79	34.91	9.10	29.08
贵州	2.16	157.84	40.38	5.62	4.45	21.01
云南	15.02	59.53	32.90	29.07	3.76	16.54
西藏	70.43	0.20	1.67	41.18	3.13	6.13
陕西	37.73	69.46	76.24	76.35	19.69	46.61
甘肃	26.14	16.85	44.38	21.58	11.21	26.75
青海	45.66	2.25	61.10	49.16	10.44	13.42
宁夏	60.27	39.29	65.88	48.53	14.52	23.83
新疆	40.48	3.93	94.43	87.72	17.32	9.60

表 8-5　1999—2000 年全国及各省、市、自治区信息化水平总指数的发展速度

地区	2000 年	1999 年
全国合计	1.28	1.16
北京	1.21	1.45
天津	1.21	1.19
河北	1.37	1.21
山西	1.43	1.12
内蒙古	1.37	1.23
辽宁	1.18	1.15
吉林	1.28	1.15
黑龙江	1.29	1.12
上海	1.14	1.08
江苏	1.23	1.15
浙江	1.39	1.15
安徽	1.35	1.24
福建	1.41	1.16

(续表 8-5)

地 区	2000年	1999年
江西	1.24	1.10
山东	1.28	1.15
河南	1.36	1.08
湖北	1.27	1.17
湖南	1.26	1.23
广东	1.24	1.13
广西	1.43	1.19
海南	1.12	1.29
重庆	1.28	1.30
四川	1.28	1.17
贵州	1.48	1.20
云南	1.28	1.17
西藏	1.75	1.10
陕西	1.34	1.13
甘肃	1.24	1.14
青海	1.25	1.15
宁夏	1.31	1.15
新疆	1.26	1.16

资料来源:国家信息化测评网站 http://www.niec.org.cn/zt/xwtg31902.htm,2004,8,5

关键术语

信息化　工业化　后工业社会　产业信息化　农业信息化　金农工程　信息化水平

思考题

1. 什么是信息化？信息化与工业化的关系如何？
2. 什么是金农工程？我国的农业信息化现状如何？
3. 说说日本信息化指数法的原理。
4. 我国国家信息化水平测算法的主要指标体系是什么？权重是如何确定的？主要结果如何？

第9章 企业信息化及其水平测算

企业信息化是提高企业竞争力的重要途径,是产业信息化的基础,是经济社会信息化的重要内容,是信息经济的重要特征。企业信息化的规划组织、水平测算及企业信息化政策,是微观信息经济领域的重要问题。

9.1 信息问题与企业竞争力

信息不对称现象普遍存在于人类经济生活的各个领域。由于存在信息搜寻的成本,交易双方各自拥有对方所不知道的私人信息。在传统市场上,买卖双方讨价还价的竞争其实就是双方获取信息并减少信息不对称的过程。

企业是市场的主体,企业竞争力是企业生存发展的根本。不对称信息存在于企业生产经营的各个方面,对企业的竞争力有着本质的影响。在市场经济产生与发展的过程中,企业竞争力的内容不断丰富。其中很重要的一点,就是降低交易成本,减少或利用信息不对称以获得竞争优势。

9.1.1 企业核心竞争力

一般来讲,在不同经济制度下不同行业的企业所要求的核心竞争力是不同的。詹姆斯·迈天认为,所谓企业核心竞争力是指"能够使企业以比竞争对手更快的速度推出各种各样产品的一系列核心能力"。也就是说竞争的目标是速度,为实现这个目标,企业在各个环节上发挥作用的能力都可以被认为是企业的核心能力。[①]

实现企业的核心竞争力需要多种因素的支撑,系统地讲,可以归纳为以下几个方面:

第一,无形资产层面。无形资产是形成企业核心竞争力的文化保证,包括企业文化、价值理念和企业形象。

所谓"企业文化"是企业随着时间演变的价值观、信条、仪式、神话及实践的体系或模式。反映了雇员对外界及企业内部环境的认知与反应,如企业的风险承受程度、报酬与晋升标准,系统的开放性,对个人与集体利益的关注程度,等等。企业文化可以体现在物质、行为、制度与精神的不同层面,反映了企业生产力的进步程度,是企业核心竞争力的动力源泉。在知识管理越来越重要的管理时代,备受推崇的企业文化类型有创新文化、学习文化、人本文化、团队文体、生态文化和融合文化等等。企业家精神常常是一个企业最显著的文化特征,是贯穿企业核心竞争力的主线。

"价值理念"是企业文化的精髓,是人们行动的标准和尺度。是企业作出决策、判断的隐形

---

① 关制钧. 打造企业核心竞争力的 21 个"着力点". 中国经济研究中心网站专业论坛. http://forum.ccer.edu.cn/forum/,2001,12,20

依据。美国兰德公司曾花 20 年时间跟踪了 500 家世界大公司,发现其中百年不衰的企业有一个共同的特点,就是它们始终坚持以下四种价值观:一是人的价值高于物的价值;二是共同价值高于个人价值;三是社会价值高于利润价值;四是用户价值高于生产价值。在这里人们很容易联想到中国在计划经济时代,企业里政府指令高于市场需要的价值观,企业的种种决策也是在这样的价值观基础上形成的。进入市场经济之后,那些价值观转变快的企业成了市场的优胜者。在 20 世纪 80 年代末 90 年代初,中国的商业与服务业的变化是十分明显的,服务态度一度成了决定企业生存的重要因素。"顾客至上"的价值理念实实在在地转化成了企业的核心竞争力。

"企业形象"是大众对一个企业实态的能动反映。包括企业的知名度、美誉度和忠诚度。综合反映了企业的信誉、质量、管理、实力、价值取向等要素,"形象力"已成为企业除"商品力"和"销售力"之外的另一重要竞争要素。因此长虹着力塑造"民族工业"的形象,而有些企业则力争树立绿色环保的形象。从信息的角度看,企业形象是企业传达产品或服务质量的重要信号。

第二,有形载体层面。企业的核心竞争力终归要体现在一些实体层面,需要载体的托载。这些因素包括结构、规模、品牌和关系。

"结构"是企业的框架体系,是企业生产、经营、管理等要素发挥作用的载体,是企业实现战略目标的运营平台。目前企业再造理论已经成为企业管理理论新的组成部分,其重要内容之一就是企业组织结构的变革。在信息时代,企业的组织结构正向着结构扁平化、经营虚拟化与网络化、管理分权化、生产柔性化、设计个性化等方向发展。

"规模"决定着企业经营管理的范围和边际。企业的最大效益存在于一个合理的规模上,在这个特定的规模上,企业的产出与投入之间的差达到最大化。这就是所谓的"规模经济",适当的规模能使组织内各种要素的组合达到最佳状态,得到最充分的利用。但是合理的企业规模并不是一成不变的,在信息社会,社会分工与柔性化的生产日益发达,企业的业务外包、虚拟经营显示出越来越强的竞争力。企业通过各种合约达成不同企业间的合作,并通过专业化产业积聚的手段使"规模经济"向"范围经济"(尤其是"外部范围经济")转变,从而谋求企业利润的最大化。当今世界上著名的商品品牌,其加工生产常常在世界各国完成。

"品牌"是企业形象最重要的载体,是传递企业产品与服务有关信息的最有效的方式。品牌是企业减少信息不对称的具体方式之一。好的品牌往往代表了优良的品质、良好的信誉、优质的服务、精良的管理、合理的价格等,顾客通过品牌的识别可以节约信息搜寻成本。因此,品牌成了企业核心竞争力的一种具体体现,甚至成了一个国家民族产业竞争力的标志。

"关系"是企业的重要资源,是企业内部和外部各种资源的相互联系,说到底是企业要素处于运动之中的信息表达。企业之间、企业与顾客之间以及企业与政府之间的关系包括竞争、合作、依存、利用、管理等种种类型。互动是保持和巩固关系的有效手段。建立"企业生态系统"、实施"关系管理"和研究"组织关系学"的最终目的,都是为企业的生存和发展营造一个良好的内外部环境,在最大程度上减少企业的"外损"与"内耗",努力实现企业内外部人与人之间、组织与组织之间、人与组织之间的"双赢"或"多赢"。

第三,企业的核心竞争力。包括创新能力、学习能力、信息与知识。

"创新能力"是企业生存、发展的基本能力,也是一个企业不断适应环境、实现自我超越的必然过程。随着经济全球化的发展,市场竞争日趋激烈,企业依靠成本管理或规模经济取得竞争优势已远远不够了,创新成为企业经营管理的根本内容。企业的创新主要包括组织创新、管理创新、技术创新和市场创新等方面。企业创新能力存在于企业家精神、企业人才储备、企业激励创新的政策与机制等方面。在有些行业比如信息技术产业,"赢者通吃"成为主要的游戏规则,企业失去了创新与特色,就意味着失去了参与竞争的资格。

学习能力是企业创新能力的基础。对于企业来讲,形成一个学习型的团队,是企业不断获取信息、寻找创新方向、进行创新决策、实现创新计划的必备条件。创新能力与学习能力是企业动员、协调和开发企业内外的人力资源及其他资源,进行新的组合,以实现企业竞争优势的能力。

信息与知识是现代企业最为重要的核心能力。因为任何东西都容易被模仿,只有知识是最难以被模仿的。目前,信息管理与知识管理已成为企业管理的核心内容。中国经济学家张维迎认为,所有市场上买到的东西,都不能构成企业核心的竞争力,对于现代企业来讲,最重要的竞争力是这两点:第一,企业的互补性资产和知识,企业真正持续的增长,就看企业在多大的程度上能够积累起这种互补性的资产和互补性的知识。第二,企业的竞争力就是企业的信誉。企业所有的资产都是企业的成本,一个企业真正的竞争力就在这两个方面,这是互相联系的。因为世界上很多企业所谓互补性的资产就是它的信誉。

"信息力"已成为重要的企业竞争力。利用信息技术获得强于竞争对手的信息力是现代企业重要的竞争手段,目前企业信息化已成为提升企业甚至整个国民经济的重要趋势。信息管理正强烈地冲击着管理思维和管理战略,并且其自身也正上升到"知识管理"的阶段。

9.1.2 企业内外部存在的信息不对称现象

企业内部严重的信息不对称会影响员工的信息共享,阻碍组织的隐性知识转化为显性知识,降低信任程度,增加紧张气氛。如果科技或市场信息过于集中,甚至会成为企业发展的潜在危险。

1. 影响企业内部信息环境的主要因素

(1) 良好的企业文化意味着企业内部良好的信息环境

良好的信息环境意味着组织成员在信息共享、信息理解、信息运用方面具有相对统一的标准,管理层与员工之间信息透明度高,比如硅谷的企业信息文化,讲究团队合作,具有较强的降低信息不对称的功能,信息的互补与共享使企业具有很强的竞争力。日本企业等级森严、论资排辈的文化是近年日本经济发展放缓的原因之一,繁复的层级加剧了信息不对称现象,不但增加了管理成本,也使企业缺乏创新的活力。价值理念是企业内部减轻信息不对称的重要手段,从信息的角度看,价值理念是企业家精神的贯彻与体现,是企业家与员工之间达成信息沟通的一条重要渠道,或者说,价值理念本身就是企业内部共享的基本信息。它使企业文化凝聚在一种核心的信息表达上,形成基本的信息环境,使企业员工在最基本的信息环境里有一种共同的归属感。

(2) 企业结构与规模是影响企业内部信息不对称状态的主要因素

企业规模是企业生产经营的边界范围,是企业要素按比例配置的量的体现。往往是企业的生产性质决定着企业的规模,而企业的规模又要求与之相适应的企业结构。结构是企业为实现生产目标、进行有效管理而在企业内部进行的专业分工。

按照新制度经济学的观点,企业制度是减少交易成本的一种有效的制度,而交易成本的主要内容之一是由于信息不对称造成的信息成本。企业内部结构的存在正是信息成本低于市场信息成本的一种制度安排。因此,企业结构的框架就是企业内部信息产生与传递的实态渠道。传统的企业管理以对企业各级进行繁复的组织、协调和控制为特征。相对封闭的部门体系造成严重的官僚主义及本位主义,使得管理高成本、低效益甚至出现负效应的内耗。高层管理者所获得的信息依靠下属意见,决策的科学性不够。信息传递速度缓慢,决策信息的时滞与失真都比较严重。针对企业结构进行流程再造与企业重塑,依靠信息技术实现企业信息化,则是减少企业内部信息传递障碍,实现"扁平化管理"的最新趋势。

2. 企业所面临的信息不对称问题

总体来讲,企业所面临的信息不对称问题可以归纳为以下几个方面:

(1) 资本市场的信息不对称

主要表现为发行股票或债券的企业对投资项目的质量、经营状况的了解要比买股票或债券的投资者了解的信息要多得多。投资者需要了解企业经营状况的真实信息,而企业却尽可能隐藏有些信息,尤其是企业经营中的负面信息。尽管投资者可以用脚投票,但如果获知的是虚假信息,这种行为就具有事后性。这不但会损害投资者的利益,而且还会造成坏企业驱逐好企业,使好的企业不再有动力提高生产经营能力,获得高的投资回报率。而是转而采取成本较低的弄虚作假行为,从而恶化资本市场的环境,造成信用危机,甚至影响整个股市的发展。

金融市场的运行基础是信息,是信息不对称现象最为明显的经济领域,如果信息不对称由人为的因素造成并经常发生,股市就有可能出现危机。因此如何使企业说真话,干实事,就成了一个极其重要的问题。一个办法是加强立法,建立严格的信息披露制度,并加大执法力度。第二是加强对上市企业的监管力度。实际上金融监管机构、银行或大型投资机构的功能就是替所有出资者检查企业经营活动并督促有关企业进行信息披露,这要比单个的投资者去查账成本低得多。当然这又产生新的监管问题,比如银行的借贷以存款为基础,所以对银行经营安全的管制,需要政府发挥作用,而政府过多介入监管却又容易产生寻租行为,产生新的虚假信息。因此归根到底需要完善的法律和有力的执法,在全社会形成良好的信用体系。2001年中国的银广厦事件,与资本市场过度的信息不对称密切相关。

(2) 劳动力市场的信息不对称

随着知识经济的到来,人才成为企业最重要的资源。选择有能力的人为企业工作是形成企业竞争力的首要因素。而在劳动力市场上存在着严重的信息不对称,潜在的雇员知道自己的能力,而雇主不知道。这个问题需要通过信号传递和信号甄别机制来解决。

(3) 产品市场的信息不对称

在本文开篇已经述及,产品市场的信息不对称主要表现为卖者所拥有的产品信息和买者所拥有的私人信息之间是不相同的,而前者所掌握的信息对后者的利益有影响。在某些市场上,甚至出现严重的逆向选择,比如在旧车市场上低质量产品会驱逐高质量商品,从而使市场上的产品质量持续下降。

对于企业而言,信息不对称在某种意义上具有正效应。尤其是在寡占的市场上,企业在价格与产量上的决策相互之间既有竞争性又有依存性,企业常常需要拉大与竞争对手间的信息不对称来获得竞争优势。企业参与竞争时,顾客、竞争对手和原材料供应商的信息,是企业在博弈中采取行动的重要依据。同时,企业又会将自己拥有的某些信息作为商业秘密,以拉大与竞争对手的信息差距,获得竞争的先机。实际上,企业的核心竞争力如创新能力、学习能力,就是以已有信息和知识为基础，以人才为载体，获取和创造其他企业尚未掌握的新知识，从而获得优于其他企业的竞争能力。从信息的角度看，创新是极力地拉大与竞争对手的信息差距，是利用信息不对称的正效应。而学习则是极力地缩短与竞争对手，尤其是强于自身的对手之间的信息差距，是为了避免信息不对称所带来的负效应。在这个模式中，企业的问题不再是传递信号，而是尽可能地获取信息。

9.1.3 从信息角度提高企业竞争力的途径

从前文关于企业内外部信息不对称的论述可以看出，从信息角度探索提高企业竞争力的对策，根本着力点在于寻求企业减少信息不对称所带来的负效应，充分利用其正效应的有效途径，归纳起来有如下几个方面。

1. 建设良好的企业信息环境

企业竞争力的形成需要良好的信息环境做保证，主要包括：

(1) 企业内部信息流通渠道的构建与疏通，以保证信息以最有效率的方式得到传递，使相关的部门及时了解管理、技术、市场等方面的信息。

(2) 企业信息文化的建构与改进。信息常常意味着权利，开放的企业信息文化能提供一个透明的信息环境，减少官僚主义，使企业员工更有积极性共享企业理念、关心企业发展、发挥创造能力。另外信息文化还应包括创新与学习的文化，提高企业对于新知识、新信息的敏感、接收、处理与整合能力。创新与学习是企业将各种资源与能力整合以发挥作用的关键所在，它是一个企业特有的知识再生能力，或者说是一种信息力。它是企业员工间信息互动、互补的无形机制。一个独特而有效的学习与创新氛围常常不依赖于某个单个的员工或某种单一的资源。它如生命体所具有的自我生长、修复与传承能力，具有难以模仿的特点。更为重要的是它加剧了与竞争对手间的信息不对称，使自身处于信息优势的位置，从而加强了在博弈中的竞争优势。因此提高以信息能力为基础的创新与学习能力是提升企业核心竞争力的重要途径。

(3) 必须有落到实处的企业信息制度，制定相关的信息政策，比如商业秘密的保护，员工的在职培训，合理化建议的奖励制度，以及有益的企业文化生活等，最终创造出良好的信息交流与共享氛围。

2. 设计有效的委托代理机制，提高企业的信号传递能力

在现代企业制度中，委托代理机制是关系到企业经营绩效与企业竞争力的重要理论问题，其主要目标是解决企业经营管理中存在的信息不对称问题。经济学意义上的委托人和代理人分别指在非对称信息交易中，不具有信息优势的一方和具有信息优势的另一方，关键是代理人所具有的私人信息能够影响委托人的利益。在现代企业制度中，股东与经理、经理与员工、员工与经理之间存在着委托代理关系，信息类型包括工作努力程度、市场需求判断与投资决策，以及经营决策的正确性。委托人与代理人在签约前，如经理或员工的招聘过程可能发生逆向选择问题；在签约后又可能出现道德风险，经理、员工是否会按委托人的意愿努力工作。解决委托代理问题的关键是激励机制的设计，以诱使代理人从自身利益出发选择对委托人最有利的行动。比如股东的问题是设计一个合理的对经理的聘用合同，而经理的问题则是设计一个合理的对员工的聘用合同，及一系列保证代理人努力工作的激励机制。对企业来讲，无论是股东对经理的激励，还是经理对员工的激励，直接影响到企业的战略选择、决策风险、管理水平、产品与服务的质量等所有涉及到企业竞争力的问题。

人才的获得直接关系到企业的竞争力。在劳动力市场上，企业的首要目标是减少与潜在雇员之间的信息不对称，降低签约之前的逆向选择风险。为了尽可能多地获知雇员的相关能力，企业需要设计一套有效的机制，如招聘考试、试用等，尽量获得包括雇员教育水平在内的各种信息作为判断依据。同时企业设计一系列的合同作为信息甄别的手段，以期以适当的工资水平选择到具有相应能力的雇员。

在产品市场上，为了在众多的竞争对手中取胜，企业除了利用定价、产量、产品差别化等手段外，还有一个重要的手段是营销，营销首先是要将企业产品或服务尽可能地传递给目标市场和用户，在信息经济学上又称为信号传递。

企业信号传递的方式有多种。企业形象是企业多种信息的集合。企业形象设计是企业通过一套符号系统来使企业形成有别于其他企业的形象表达，使公众形成对企业特性相对稳定的认知。形象良好的企业，能够节省顾客信息搜寻的成本，形成顾客的忠诚度。广告是企业展示产品用途、外观、质量、服务的直接方式。广告不仅传递产品信息，还传递企业的资本实力、管理水平、社会目标等信息，对于企业的竞争与生存有着重大影响。另外，品牌是承载企业信息的重要标志，品牌既是产品质量信息的载体，也是企业核心竞争能力之一。归根到底，企业形象的树立依赖于优质的产品、良好的服务、参与有益的公益事业等各种因素。

3. 通过企业信息化提升企业的竞争能力

企业信息化是现代企业提升竞争力的重要手段，是企业利用技术手段，降低生产经营各个环节上信息不完全与不对称所带来的风险的过程。它通过解决信息不完全问题来促进信息不对称问题的解决。信息技术的大量采用，改进和强化企业物流、资金流、人流及信息流的集成管理，对企业固有的经营思想和管理模式产生强烈冲击。通过提高信息资源开发利用效率和扩大开发利用范围，企业以低信息成本实现共享管理成本，并随着管理规模的扩大形成规模管理效应，从而改变了企业的竞争方式，给企业提供新的竞争空间，使众多企业尤其是中小企业能够通过"虚拟企业"这种战略联盟方式赢得竞争优势。虚拟企业通过企业间的最佳动态组合，不仅能迅速抓住市场，提供差别化的产品和服务，而且通过集成各成员企业的核心能力，发挥综合效应，充分利用成员企业现有的资金、技术、设备、人力及信息资源，节约产品开发费用，降低生产成本，极大地拓展了企业资源优化配置的范围。

无论在市场上还是在企业内部，减少信息不对称所带来的资源配置低效，是提高企业竞争力的必要条件。降低以信息成本为主的交易费用，是企业将潜在优势转化为实际竞争优势的重要手段。企业信息化以及电子商务是企业实现这个目标的有效的技术手段。信息不对称与信息不完全的存在是不可消除的，企业之间的竞争总会有新的空间，竞争优势永远是相对的，只有在技术、管理、交易等各个方面不断创新的企业，才有可能保持竞争优势，在竞争中居于领先地位。

9.2 企业信息化战略与规划

企业信息化包括战略与规划、项目组织与管理、系统开发、实施与运行等阶段。其中，战略与规划有着十分重要的作用，故在本节作重点阐述。

9.2.1 企业信息化的概念与意义

企业信息化以信息系统的开发、运行与管理为基础，通过充分发挥信息要素的价值来降低生产与管理成本、提高企业价值，对于提高企业竞争力有着重要意义。

1. 企业信息化的概念

企业信息化是提高企业竞争力的重要手段。它不仅包括信息技术在企业生产管理与销售各个环节上的应用，还包括供应链上的信息资源开发、共享以及企业的电子商务。

国务院信息化办公室杨学山副主任指出：企业信息化是指企业在生产和经营、管理和决策、研究和开发、市场和销售等各个方面应用信息技术，建设应用系统和网络，通过对信息和知识资源的有效开发利用，调整或重构企业组织结构和业务模式，服务企业发展目标，提高企业竞争力的过程。①

联想总裁杨元庆认为，企业信息化包括三个层面：

第一个层面是数据的信息化。把库存信息、销售凭证、费用凭证、采购凭证都以一定的数据格式录入到计算机里，以数字的形式保存起来，可以随时查询，并通过网络(企业内部网或互联网)传输数字化的信息、文件、邮件等。

第二个层面是流程的信息化。把企业已经规范的一些流程以软件程序的方式固化下来，使得流程所涉及岗位员工的工作更加规范高效，减少人为控制和"拍脑袋"的管理行为，同时也能提升客户满意度。比如网上报销、网上预订等。

第三个层面是决策的信息化。通过对那些信息化的原始数据进行科学的加工处理，运用一定的计算模型，从而起到对管理和决策的支持作用。②

梁滨认为："企业信息化是指信息法人利用现代信息技术，开发企业信息资源，调动人力资源信息潜能，并建立与之相适应的组织模式，推进企业现代化，提高企业的经济效益和竞争力的过程。"③

我们认为，企业信息化是指企业通过利用信息通信与网络技术，充分开发企业内外部的信息资源，以提高战略管理、研发设计、生产制造、市场营销、客户管理、供应链管理等各个环节的效率，实现知识共享与流程再造，并进而提高企业竞争力的过程。

广义地讲，企业信息化包括单个企业的信息化、供应链上的信息流动与共享、电子商务、网络组织的信息化等多方面内容。企业信息化的基础是信息通信与网络技术的应用，其核心是基于信息系统的信息资源的获取、开发、存储、传递、共享与利用，目标则是实现企业竞争战略，提高企业的竞争力。

2. 企业信息化的意义

对一个具体的企业来讲，企业信息化所带来的利益表现如下：

(1) 加快信息传递速度，提高决策效率。

由于传统信息处理与传递方式存在着速度慢、适时性差的缺点，使得生产、市场、财务、决策部门感觉到信息滞后，企业信息化可以改变这种情况，使信息即时传递。快捷的信息传递使

---

① 杨学山.企业信息化建设和管理.北京：北京出版社，2001，16
② 杨元庆.实施企业信息化 提高竞争力.http://www.wz110.com/wenxian/news.php? id=466/2002/05/08
③ 梁滨.企业信息化的基础理论与评价方法.北京：科学出版社，2000

决策者能够及时了解市场与企业内部的变化,变模糊决策转为精确决策,增加供应商与客户管理效率,提高制造类企业的生产率。

(2) 增加信息与知识共享程度。

企业信息化可以使员工借助于信息平台,进行知识共享,充分发掘员工的聪明才智。使企业各部门、各分公司由信息分隔转变为信息共享,充分发挥企业信息资源的价值,节省管理成本。

(3) 降低库存。

有了信息系统的支持,可以精确管理库存情况,使库存积压转变为最低库存。

(4) 帮助扩展企业市场范围,使企业市场由区域性拓展为全球性市场。

企业信息系统所带来的利润有很大一部分来自于成本的节约。表现为以下几个方面:精确管理与精益制造所带来的原材料、能源等物料的节约;业务流程再造与信息处理的自动化带来的岗位减少与人力资本的节约;高效的物流管理与低库存带来的交易成本的节约;扁平化趋势所带来的管理成本的节约。

9.2.3 企业信息化战略与规划的制定

尽管信息化咨询公司与信息系统制造商给人们勾画了一幅无比美妙的蓝图,但是企业需要根据自身的情况做出判断。迄今为止,企业信息化项目的成功率在30%左右。作为企业的战略性决策,信息化关系到企业的生死存亡。是否实行企业信息化、实行什么样的信息化,是每一个企业必须要慎重考虑和详细规划的问题。

1. 企业信息化战略的选择

企业战略是指企业为求得长期生存和稳定发展,在分析内外环境的基础上,对企业总体目标、经营方向、方针、策略等全局性问题所作出的谋划。

企业信息化战略,受到许多因素的限制:如企业的战略目标、规模、发展阶段、所处行业、营利水平、管理水平、企业家信息素质等。事实上,不同国家、不同规模、不同行业、不同性质的企业对于信息化的需求也各不相同。有些企业注重财务管理系统的应用,有些则侧重于ERP的实施,制造企业注重CAD与CIMS,而商业企业则重视电子商务系统。

不同的企业需要制定适合本企业发展的信息战略。企业需要根据自身的生产性质、产品或服务的特点、企业规模、发展阶段、客户与供应商的关系、长期的发展战略、尤其是企业的IT投资计划和能力等来制定信息政策。但仅仅考虑这些是不够的,还需要考虑IT技术的类型、功能、可维护性、可能的效果和制约、IT供应商的信誉和技术服务能力及整个行业的发展前景等因素,最终确定企业的信息化道路。这是一个不断摸索的过程,有时甚至需要付出不小的代价才能真正做到游刃有余。

以联想集团为例,[①] 联想集团的ERP项目自1999年开始,是国内较为复杂的ERP项目,几乎涉及了企业管理的各个领域。根据联想集团总裁杨元庆的体会,企业制定信息化战略应考虑以下一些问题:

(1) ERP体现的是一种现代企业的管理思想和管理哲学,是涉及技术和管理两方面因素的极其复杂的系统工程,是对企业物流、资金流、信息流进行一体化的管理;

---

① 信息化联想.电子商务. http://www.21echina.com/ecweb/ecweb/ecbook.html.2001,12:20

(2) 仅仅投资购买了软硬件设备,而没有将这些先进理念通过信息系统的实施贯彻到企业经营之中是无法真正实现ERP的价值的;

(3) 企业的信息化建设不应再走从单机应用逐步到网络集成的老路,特别是大企业,应当直接走基于网络环境的信息化这条路;

(4) 立足于国际性竞争的需要,权衡比较系统软件所体现的管理思想和管理方法,要立足于企业长远发展的需要,考虑软件的成熟性和可扩展性。

就中国的中小型企业来讲,需要考虑信息化的预期效果,如企业的个性化改造、后期的运营与维护等问题,根据企业所处的行业、规模、发展阶段等选择适宜的信息化战略。对供应商来说,树立优质服务的形象,确定合理的产品价格,提供个性化服务,充分了解中国企业文化是十分重要的。

2. 企业信息化规划的制定

企业信息化规划,是指在企业发展战略目标的指导下,在理解企业发展战略目标与业务规划的基础上,诊断、分析、评估企业管理和IT现状,优化企业业务流程,结合所属行业信息化方面的实践经验和对最新信息技术发展趋势的掌握,提出企业信息化建设的远景、目标和战略,制定企业信息化的系统架构、确定信息系统各部分的逻辑关系,以及具体信息系统的架构设计、选型和实施策略,对信息化目标和内容进行整体规划,全面系统地指导企业信息化的进程,协调信息技术的应用,及时满足企业发展的需要,充分利用企业资源,以促进企业战略目标的实现,满足企业可持续发展的需要。[1]

企业信息化是一项持续的工程,信息化规划多为中长期的,在时间上的跨度一般是3到5年。需要在规划实施期间,根据企业面临的新环境、新发展和技术上的新趋势等因素对规划内容做出持续改进和完善。信息化规划是信息化建设的基本纲领和总体指向,是信息系统设计和实施的前提与依据。

目前,关于企业信息化规划方法,有"六步法"、"十步法"等等。随着企业信息化的深化,企业信息化规划的方法也不断丰富。我们结合赛迪顾问[2]以及其他一些规划方法[3],将企业信息化规划的方法与步骤总结如下:

步骤一:企业战略分析

企业信息化是为实现企业战略目标服务的。为了进行企业信息化规划,首先要对企业的战略目标进行分析。

战略分析首先要分析企业所处的国内外宏观环境、行业环境,分析企业具有的优势与劣势、面临的发展机遇与威胁。

其次要理解企业发展战略在产业结构、核心竞争力、产品结构、组织结构、市场、企业文化等方面的定位。

第三要明确企业的发展目标和战略,明确为了实现企业的总目标各个关键部门要做的工作。

---

[1] IT168信息化专家委员会.什么是企业信息化规划? http://www.csai.cn 2005,8,08
[2] 邱世明.建材企业信息化规划六步法.中国计算机报.2003.11.11.http://www.e-works.net.cn/ZQ/zq.htm.2005-8-21 14:14:06
[3] 林西.企业信息化规划方法.中国国家企业网.ChinaByte.2003-7-28

步骤二:企业现状分析与评估

企业现状分析与评估包括两方面:业务与管理现状和信息化现状。

业务与管理活动分析是对企业业务与管理活动的特征、企业各项业务活动的运作模式、业务活动对企业战略目标实现的作用进行分析,揭示现状与企业远景之间的差距,确定关键问题,探讨改进方法。

信息化现状分析是诊断企业信息化的当前状况,包括基础网络、数据库、应用系统状况,分析信息系统对企业未来发展的适应能力,给出信息化能力评估。需要了解信息技术在行业发展中起的作用以及信息技术本身的现状、特点和发展方向。还要了解竞争对手对信息技术的应用情况,包括具体技术、实现功能、应用范围、实施手段以及成果和教训等等。最后要认识企业目前的信息化程度和信息资源。信息化程度分析包括现有技术水平、功用、价值、组织、结构、需求、不足和风险等。信息资源分析的内容包括:① 基础设施如网络系统,存储系统和作业处理系统;② 信息技术架构如数据架构、通信架构和运算架构;③ 应用系统如各种应用程序;④ 作业管理如方法、开发、实施和管理;⑤ 企业员工如技能、经验、知识和创新。

步骤三:需求分析

需求分析是在企业战略分析和现状评估的基础上,按照优化流程的业务运作模式,制定企业适应未来发展的信息化战略,指出信息化建设的需求。需求分析包括系统基础网络平台、应用系统、信息安全、数据库等需求。

步骤四:制定信息化战略

首先是根据本企业的战略需求,明确企业信息化的远景和使命,定义企业信息化的发展方向和企业信息化在实现企业战略过程中应起的作用。其次是起草企业信息化指导纲领,争取企业以最适合的规模,最适合的成本,去做最适合的信息化工作。它代表着信息技术部门在管理和实施工作中要遵循的企业条例,是有效完成信息化使命的保证。然后是制定信息化目标。它是企业在未来几年为了实现远景和使命而要完成的各项任务。

步骤五:业务流程优化

信息化规划中业务流程优化就是要对企业现有流程进行分析,发现流程中不合理、效率低、与企业战略目标不符的流程及环节,以便进一步根据优化流程设计企业信息系统的功能与结构。

步骤六:信息化总体规划

在企业发展战略目标的指导下,基于业务发展需求和对信息化的需求,从系统功能、信息架构和系统体系三方面对信息系统应用进行规划。它是信息化工作的结构和模块。它以层次化的结构涉及企业信息化的各个领域,每一层次由许多的功能模块组成,每一功能模块又可分为更细的层次。

总体规划着眼于全局,从系统的角度,明确各个应用系统之间的功能关系、信息联系,规划系统总体功能框架,设计计算机网络系统(包括网络拓扑设计、确定网络体系结构、选择通信媒体、选择操作系统)及安全体系。

企业信息化总体规划的过程很复杂。从分析企业的战略目标开始,自上而下,层层细分。

整个过程用下列框图来表示(见图 9-1 至图 9-7),能够更清楚、直观地反映规划的全过程。①

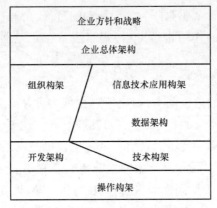

图 9-1　企业信息化组件总框图

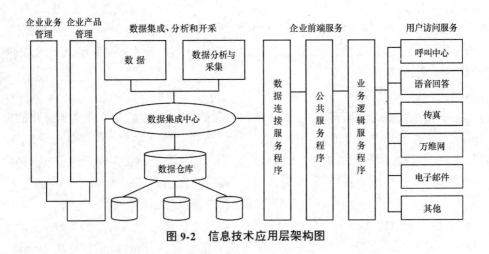

图 9-2　信息技术应用层架构图

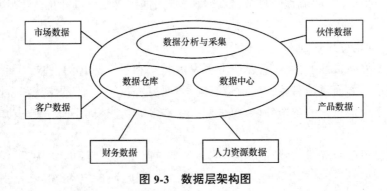

图 9-3　数据层架构图

---

①　图 9-1 至 9-7 均来源于:林西.企业信息化规划方法.中国国家企业网.ChinaByte. 2003-7-28

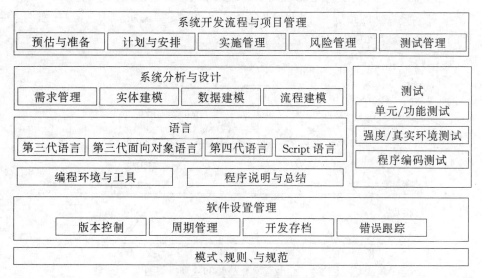

图 9-4　系统开发层架构图

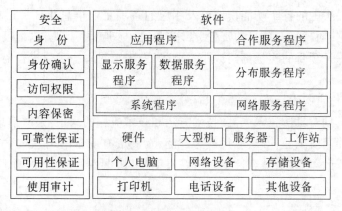

图 9-5　技术总体架构图

图 9-6　操作层架构图

图 9-7 综合展示了企业信息化战略规划的组成和结构。从上到下，它体现了信息化过程中，上层活动对下层活动的指引和下层活动对上层活动的支持关系。从左至右，强调了企业信息化工作的各个领域以及它们之间的相互协调关系。

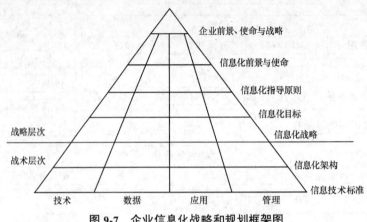

图 9-7 企业信息化战略和规划框架图

步骤七：项目分派和管理

首先对每一层次上的各个功能模块以及相应的各项企业信息化任务进行优先级评定，统筹计划和项目提炼，明确每一项目的责任、要求、原则、标准、预算、范围、程度、时间以及协调和配合。然后选择每一项目的实施部门或小组。最后，确定对每一项目进行监控与管理的原则、过程和手段。

步骤八：拟定信息技术标准

这一部分涉及到对具体技术产品、技术方法和技术流程的采用，是对信息化总体架构的技术支持。通过选择具有工业标准、应用最为广泛、发展最有前景的信息技术为标准，可以使企业信息化具有良好的可靠性、兼容性、扩展性、灵活性、协调性和一致性，并且降低开发成本和时间。

步骤九：信息系统规划

在信息化总体规划的基础上，信息化系统规划对企业具体的信息系统进行规划。将总体目标细化成分系统的目标，分解总系统的体系结构，进行分系统的体系结构和功能模型设计。为分系统中各功能模块设计相应的信息实体，形成分系统信息模型，根据主要业务流程和信息接口设计各系统之间的联系。

9.3 企业信息化项目组织与管理

企业信息化项目的核心任务是企业信息系统的开发、实施、运行维护与组织管理，对于具有一定规模的现代企业而言，其信息化项目的成功需要以企业的业务流程重组作为保证。

9.3.1 企业信息系统的功能与类型

企业信息系统是一类非常重要的信息系统，担负着企业生产、管理、营销中许多重要的任务，是企业信息资源管理的技术载体。随着企业信息化与电子商务的深入发展，企业信息系统的种类越来越丰富多样,结构越来越复杂,规模越来越大。

1. 企业信息系统的功能

对于一个现代化企业来讲,信息系统功能的充分发挥对于企业的竞争能力与生存能力是至关重要的。联想总裁杨元庆说过:"如果没有一整套信息系统,包括客户关系管理系统、电子商务系统、企业资源计划系统、车间管理系统、供应商协同系统,我们就无法获得客户的满意,我们也就将失去商业机会。"[①]

具体地讲,企业信息系统的基本功能如下:

(1) 信息收集

根据企业需要,收集分散在各处的信息,并以特定的格式记录下来,是信息系统最基本的功能。信息收集的内容包括原始信息与二次信息,可以直接录入,也可以从其他信息系统或数据库、存储介质、互联网甚至商品本身获得信息,包括文本信息、数据、图像、声音、条码等各种形式的信息。几乎所有的企业信息系统都具有信息收集的功能。

(2) 信息加工

信息加工包括信息整理、信息存储。

信息整理首先要净化数据,剔除无用、重复或虚假的坏数据,然后将数据信息以规范的、系统可以接受的格式按某种顺序收集到数据库中,以反映数据之间的分类、相互关系与动态联系。只有真实准确、有意义的信息才有价值,否则就会像人们所说的:"输入的是垃圾,输出的也是垃圾"。

信息存储是指系统将整理好的数据存储在安全可靠的存储介质上,为防止意外情况下信息的丢失,对于重要的数据要随时进行备份,必要时进行物理隔离保存。

(3) 信息分析

信息分析是企业信息系统最为核心的功能之一,是生产控制、辅助决策的基础。需要借助于数据检索与数据挖掘技术,根据特定的算法对数据进行自动分类、聚类等运算,找出数据之间的相关性或发现特定的规律,来获得先前没有预想到的新知识。

(4) 信息共享

信息共享是现代信息系统所致力的重要目标。高级的企业信息系统已不仅仅停留在单个系统对信息的收集、加工与分析了,更重要的实现分布式运算,使供应链上的不同企业、甚至全球性虚拟组织的信息共享,及时准确地传递信息,以充分发挥信息资源的价值。

信息共享需要通过信息的实时传递、分布式系统的无缝集成来实现信息与知识的共享,从而实现协同办公,以最大限度地降低企业的交易成本,提高企业的管理、生产与市场效率。比如 ERP、SCM 以及电子商务系统都十分注重系统的信息共享功能,除此之外,制造业企业的 CAD、CIMS 等也十分注重信息系统中知识与信息的集成与共享功能。

以联想的财务系统为例:

准确的成本核算是财务管理的基础和重中之重。联想是计算机制造企业,部件成本占到总成本的 80% 以上,因此准确掌握各种物料的存货状态和及时计算各种物料的当前价值就成了成本控制的关键所在。然而 1999 年 ERP 上线之前,产、供、销各个环节都是和财务隔离的,各种作业信息都是先在自己的部门内流转,对财务不透明,最后"批处理"地反映到财务的账目

---

① 杨元庆. 实施企业信息化 提高竞争力. http://www.wz110.com/wenxian/news.php? id=466/2002/05/08

上。这样财务就仅仅只能起到一个记账、核算的作用,只能是个"事后诸葛亮"。不仅起不到对业务的支撑作用,甚至有时还会干扰业务负责人的判断和决策。

例如,采购入库单、产成品入库单都不是实时而是"批处理"地传到财务,这就造成了成本核算的滞后。更严重的是从原材料到在产品再到产成品这一段对财务是完全不透明的,这样财务怎样计算"在产品"的金额呢?他就只有按"上月在产品+本月材料出库-本月产成品"这样来计算出在产品金额,并据此做账。正是这个原因再加上产品的配料单不精准,只考虑主料、不考虑辅料,辅料走生产费用。结果辅料领出了库,但生产部门并没有计生产费用,于是财务就把它算作在产品了。当对1998年全年结算时,发现以前的财务核算少计入2700万的辅料成本,原因是此部分辅料成本被计入了在线存货,由于业务繁忙,生产线又不能停线盘点,以致不断积累,年终盘点时发现了此问题,而不得不冲减当季利润,差点造成当季的亏损。这样就造成了一个2700万的"定时炸弹"。所以说,没有信息化手段很难让采购、生产、库房的每一个作业都实时地反映到财务去,当然更谈不上财务能够以实时的成本数据去支持业务的决策。①

(5) 信息输出

信息系统的最终目的是提供有价值的信息。通过一系列运算与分析,系统最终将提供蕴含有新知识的、对管理决策、生产控制与商务处理等有重要价值的信息。这些信息可能表现为数据、报告文本或者图像、声音等形式,也可能直接对生产流水线进行控制,体现在精益制造或个性化的产品之中。

2. 企业信息系统的类型

随着信息技术的发展,企业信息系统也在不断地发展完善,是一个从内部到外部、从低级到高级、从分散到互联、从分离到集成的过程,主要包括以下一些内容:

(1) 办公自动化系统(OA)

办公自动化是利用现代化的办公设备、计算机与通信技术来代替办公人员的手工作业。它是一个不断发展的过程,经过了单机文字处理、MIS数据处理自动化、C/S架构下的工作流自动化、基于互联网的办公自动化等阶段。

OA的基本功能是文字处理、电子表格、公文流转、收发文管理、会议安排、档案管理、电子邮件等,主要处理非结构化的数据。它是一个不断发展变化的过程,对于普通员工而言,OA主要用于业务处理,对于管理人员,常用的办公自动化软件是MIS,对于高层管理者而言,OA可能是DSS。

(2) 生产自动化

自动化技术一直是工业生产不可或缺的主题,随着网络技术的发展,工业自动化已经由过去单一个体自动化向整合一体式、网络联结的虚拟分散式方向发展,未来结合信息、电子、机械、生物技术、医学与网络等自动化技术将会有更深远的发展。

生产自动化的信息系统主要包括制造业中的单机检测与自动控制、计算机辅助设计(CAD)、计算机辅助生产准备(CAP)、计算机辅助制造(CAM)、集散控制系统(DCS)、数控系统、工程研发辅助(CAE)、现场总线控制系统(AFCS)、制造执行系统(MES)、计算机集成制造系统(Computer Integrated Manufacturing System)、机器人系统等。其中CIMS一般可以划分为如下四个功能子系统和两个支撑子系统:工程设计自动化子系统、管理信息子系统、制造自

---

① 杨元庆. 实施企业信息化 提高竞争力. http://www.wz110.com/wenxian/news.php? id=466/2002/05/08

动化子系统、质量保证子系统以及计算机网络子系统和数据库子系统。

(3) 管理信息系统(MIS)

是一个由人、计算机等组成的能进行信息的收集、传送、储存、维护和使用的系统,能够实时掌握企业的运行情况,并利用相关数据进行预测,辅助企业进行决策,控制企业的行为,帮助企业实现其规划目标。主要包括库存管理子系统、生产管理子系统、人事管理子系统、财务管理子系统、销售管理子系统、决策支持子系统等。

(4) 制造资源计划(Manufacturing Resources Planning, MRP)

MRPII 是制造企业以生产计划与控制为核心的综合计算机信息管理系统。1960 年前后美国生产与库存控制协会 APICS 第一次提出了物料需求计划的原理,开发了一套以库存控制为核心的 MRP 计算机软件系统,到 20 世纪 80 年代发展成为制造资源计划(MRPII)。

MRPII 是指企业对其生产系统和经营活动建立一种计划模型,并通过利用该模型把企业的制造资源和经营任务进行平衡,从而保证企业目标的实现。一个典型的 MRPII 系统一般包括生产计划大纲、主生产计划、物料需求计划、生产进度计划、能力需求计划等。

MRPII 的基本原则是最少库存和最迟投入的计划原则。基于多品种小批量生产的模式,为了减少资金占用,MRPII 要求以销定产。同时,MRPII 也不断吸收准时生产(JUST in time)、优化生产技术(OPT)等,按类个别生产(OKP)、有限能力计划(FCS)、敏捷制造(agile manufacturing)等新的管理思想。

MRPII 存在一些局限,比如:以销定产的投入方法,会延长交付期,从而可能失去用户;小批量生产的模式,也限制了它的使用范围;需求计划与能力计划分别处理增加了运行的繁琐性,等等。ERP 正是通过对这些局限的不断完善发展起来的。

(5) 企业资源计划(Enterprise Resource Planning, ERP)

相对于 MRPII 的局限,ERP 有了许多改进。从基于物料库存和制造投入的优化,扩大到企业更大范围的综合优化。其中最重要的发展就是满足混合生产模式的需要,包括对同一产品内的多种生产模式的支持。将软件管理功能延伸到企业之外,使企业计划、采购、销售等等各个环节与外部的企业紧密相连。技术上扬弃了主机/终端方式,定位在开放的软硬件平台、Client/Server 体系结构、开放的关系型数据库(RDBMS)、第四代语言(4GL)和基于图形的用户界面(GUI)上。使得 ERP 在系统功能综合的方式方面,不再是各个独立的专业管理信息系统的简单联网,而是统一设计、有机集成的分布式管理信息系统。ERP 以管理信息的高度集成,成为计算机集成制造系统 CIMS 的组成部分之一,成为当今制造业改进管理和构成 CIMS 系统首选的集成化管理信息系统软件。

ERP 的核心管理思想就是实现对整个供应链的有效管理,通过事先计划与事中控制来实现精益生产、同步工程与敏捷制造。Gartner 给 ERP 的界定为:超越 MRPII 范围的集成功能;支持混合方式的制造环境;支持能动地监控能力,模拟分析和决策支持;支持开放的 C/S 计算环境。[1]

(6) 供应链管理(Supply Chain Management, SCM)

SCM 最初起源于企业资源规划(ERP),将企业内部经营所有的业务单元如订单、采购、库

---

[1] 从 MRPII 到 ERP. http://www.fairkong.com/fk-erp1.htm/2002-12-4

存、计划、生产、质量、运输、市场、销售、服务等以及相应的财务活动、人事管理均纳入一条供应链内进行统筹管理。然后逐渐发展到企业外部,在整个行业中建立一个环环相扣的供应链,使多个企业能在一个整体的管理下实现协作经营和协调运作。把这些企业的分散计划纳入整个供应链的计划中,实现资源和信息共享,从而大大增强了该供应链在大市场环境中的整体优势,同时也使每个企业实现以最小的个别成本和转换成本来获得成本优势。[①]

(7) 客户关系管理(Customer Relationship Management, CRM)

CRM 是一种旨在改善企业与客户之间关系的新型管理机制,它实施于企业的市场营销、销售、服务与技术支持等与客户相关的领域。CRM 的目标是一方面通过提供更快速和周到的优质服务吸引和保持更多的客户,另一方面通过对业务流程的全面管理来降低企业的成本。

据计世资讯 2004 年研究发现:保险公司最急需的解决方案是客户资源管理和数据集中。有 40.2% 的保险公司认为,CRM 是最为迫切和具有发展前景的,所占比例最高;其次是数据集中,所占比例为 31.2%;而认为呼叫中心最为迫切或有发展前景的保险公司比例为 18.4%,对于网上保险的比率只有 10.2%。[②]

(8) 协同商务(Collaborative Commerce)

协同商务是企业利用以 Internet 等技术为实现手段,在企业的整个供应链内及跨供应链进行各种业务的协作,最终通过改变业务经营模式实现资源充分利用的新型商务模式。新一代协同商务模式(c-business)集成 WEB 前端和企业后端系统,从企业内部出发,利用集成化、价值化、智能化、网络化的管理,借助信息技术实现企业管理集成,以电子商务跨越企业边界,实现真正意义上的客户、企业内部和供应商之间的供应链管理,充分挖掘企业大环境中每一个经济元素的潜在价值以实现盈利。[③]

9.3.2 企业信息化项目的组织与管理

对于具体的企业信息化项目来讲,需要在组织、规划、管理、控制等方面严格把关,规范操作,以保证项目的顺利实施。

1. 企业信息化的建设策略

企业在决定实施信息化项目之后,就要决定建设什么样的信息化。一般来讲,有以下几种模式:

(1) 购买现成的系统。如果企业对信息化技术比较熟悉,了解企业信息系统项目的市场行情,可以根据需要选择合适的供应商,购买适合本企业特点的信息系统。

(2) 业务外包。如果企业对信息化技术不太熟悉,可以将项目实施外包给信息咨询公司,或软件开发商,由他们为企业量身定制合适的信息系统,并负责主要的实施任务。

(3) 自行开发系统。如果企业拥有强大的信息技术队伍,并且企业业务流程又比较独特的话,可以考虑自行开发信息系统。由于软件开发具有很强的专业性,这种做法可能会使系统的性能与质量不够高,并且成本可能比较高。

三种做法各有利弊,企业需要根据自身的业务特点、规模、能力做出选择。对于许多企业

---

① 供应链管理(SCM). http://www.e-works.net.cn/xxhjj/jj4-9.htm/2004-11-9
② 王小平.行业信息化:概念,还是应用. 2002,12http://www.financialnews.com.cn/kj/200212190232.htm
③ 协同商务——新经济带来的商务革命. http://www.china-logisticsnet.com/pvsl/displayit.asp?id=57,2003-8-28

来讲,将业务外包给信息咨询公司是比较可行的办法。

企业信息系统的开发方法主要有:结构化生命周期开发方法、原型法、面向对象的开发方法等。

结构化生命周期开发方法是目前较为流行的系统开发方法,其基本思想是:用系统的思想和系统工程的方法,按用户至上的原则,结构化、模块化地自上而下按系统的生命周期进行分析与设计。结构化生命周期开发方法的过程可以分为五个阶段:系统规划阶段;系统分析阶段;系统设计阶段;系统实施阶段;系统运行阶段。系统规划方法有战略目标集转化法(Strategy Set Transformation, SST)、关键成功因素法(Critical Success Factors, CSF)和企业规划法(Business System Planning, BSP)。

原型法的基本思想是系统开发人员凭借自己对用户需求的理解,通过强有力的软件环境支持,构造出一个实在的系统原型,然后与用户协商,反复修改原型直至用户满意。

面向对象的系统开发方法(OO, Object Oriented),是近年来受到关注的一种系统开发方法。面向对象的系统开发方法的基本思想是将客观世界抽象地看成是若干相互联系的对象,然后根据对象和方法的特性研制出一套软件工具,使之能够映射为计算机软件系统结构模型和进程,从而实现信息系统的开发。

2. 企业信息化项目的组织

要保证企业信息化项目的顺利实施,需要在组织上予以保证。信息化项目不仅仅是购买安装一个信息系统的简单事情,而是一件牵动企业全局、关系到企业的流程重组与各部门利益得失的事情。对有些企业来讲,可能成为企业的重大投资方向,是企业战略性的决策。为保证信息化项目的顺利实施,少走弯路,避免不必要的浪费,需要坚持"一把手原则",需要企业总裁的支持与领导。为了便于调用企业资源,保证信息化项目的顺利实施,企业需要设立信息主管CIO,CIO一般由企业中的副总来担任。在CIO的主持下成立信息化建设领导小组,然后通过既懂业务又懂技术的项目小组来完成信息化项目的实施。

3. 企业信息化项目的规划

在实施企业信息化项目之前,需要充分调查各部门的业务流程与信息需求,进行详细的需求分析,制定出统一的规划。

4. 企业信息化项目管理的关键要素

要保证企业信息化项目在预定的时间与资金范围内实施,顺利完成系统的安装、调试运营与维护,实现预期的目标,需要进行多方面的控制,包括进程控制、质量控制、成本控制、风险控制、范围控制与资源控制。

9.3.3 企业业务流程重组

企业业务流程重组是企业信息化成功的保证,是企业信息化的基础工作。

1. 企业业务流程重组的定义

企业组织结构常常存在着各种缺陷,造成企业资源的浪费,影响着企业的经营绩效。主要表现为如下一些方面:部门职责不清、业务衔接不畅、内部协作困难、资源难以共享。在不同的发展阶段,企业经营管理的重点会发生变化,因此需要与之相适应的组织结构。而BPR的重要目的是优化工作流程。

企业业务流程重组(business process reengineering, BPR),是在TQM(全面质量管理)、JIT

(准时生产)、WORKFLOW(工作流管理)、WORKTEAM(团队管理)、标杆管理等一系列管理理论与实践的基础上产生的。1990 年美国哈佛大学博士迈克尔·哈默(Michael Hammer)教授和 CSC Index 首席执行官詹姆斯·钱皮(James Champy)在合作的文章 *Reengineering Work: Don't Automate, But Obliterate* 中提出了 BPR 概念。Hammer 对 BPR 定义如下:"BPR 是对企业的业务流程(Process)作根本性(Fundamental)的思考和彻底性(Radical)重建,其目的是在成本、质量、服务和速度等方面取得显著性(Dramatic)的改善,使得企业能最大限度地适应以顾客(Customer)、竞争(Competition)、变化(Change)为特征的现代企业经营环境。"随后,在企业界兴起了 BPR 改革的热潮。

哈佛商学院教授迈克尔·波特(Michael Porter)认为,BPR 就是将企业的业务过程描绘成一个价值链(Value Chain),竞争不是发生在企业与企业之间,而是发生在企业各自的价值链之间。只有对价值链的各个环节(业务流程)实行有效管理的企业,才有可能真正获得市场上的竞争优势。

Alter 认为,BPR 是一种使用信息技术从根本上来改变企业流程以达成主要企业目标的方法性程序。

Venkatraman 认为,BPR 牵涉到使用信息技术为中心的企业重组。重新设计企业程序,使信息技术的能力发挥到极大,而不仅仅是将现有程序作为信息技术基础架构的设计。

Hammer 认为,BPR 是对企业流程进行基本分析与重新设计以改善绩效。

SennBPR 认为,BPR 指彻底检修可能限制组织竞争效率及效能的企业流程与组织架构。

2. 企业业务流程重组的类型

关于 BPR 的定义,大致可以分为三类:

一是侧重于企业业务流程与组织架构重新设计的定义,比如 Hammer 的定义;二是侧重于 BPR 信息技术运用的定义,试图通过设计一种全新的软件系统来帮助企业实现 BPR,比如 Alter 与 Venkatraman;第三种是侧重于企业价值实现的定义,比如 Michael Porter。

BPR 的实施步骤包括:

第一步,对原有流程进行分析,画出细致的业务流程图。通过组织功能与绩效分析,寻找增加企业管理成本的结构不合理的因素。根据市场需求与企业情况,找出关键性的问题。

第二步,设计新的流程,提出不同的改进方案,并进行评估与优选。流程改进主要指业务流程的简化与优化,一般包括:业务或工作组合的合并与精简;压缩管理层次;变事后管理为事前管理,尽量减少检查、控制、调整等管理工作;业务流程的各个步骤按其自然顺序进行;尽量改串行工程为并行工程;为同一种工作流程设置若干种进行方式;工作应当超越组织的界限,在最适当的场所进行。

第三步,制定与业务流程改进方案相配套的组织结构、人力资源配置、业务规范、沟通渠道与企业文化等方面的规划,形成系统的业务流程重组方案。

第四步,组织实施与持续改善。

BPR 得以顺利实施的核心因素是信息技术。比如 ERP 系统,可以简化业务流程,使企业的组织结构更加合理有效。另外,管理信息系统的运用可以减少管理层级,实现"扁平化"管理,降低管理成本,提高组织绩效。因此,只有借助于信息技术才能真正实现有效的业务流程重组。①

3. 企业业务流程重组的效果

从实践情况来看,企业 BPR 的效果并不是十分理想的。1993 年,麦肯锡咨询公司对 20 个 BPR 项目进行调查的结果显示,60%的企业所取得的效益(包括成本的降低)小于 5%,30%的企业节约成本达 18%以上,只有 10%的企业认为达到了 BPR 所承诺的效果。

2001 年,英国 FCD 调查机构对全球 600 个 BPR 项目进行了调查,结果是:78%的企业项目取得的效果与预期相距甚远,其中甚至有 45%的项目使企业取得负面效益;只有 22%的企业取得了成功。另外一个很能吸引人的现象是那些取得项目成功的企业,其实施成功的时间段基本上处于 1990 年到 1995 年,而 1995 年以后的企业项目流产失败率占据大部分比例。所以说,1995 年成为 BPR 成败与否的一个分水岭。

究其原因,可能有如下两点:① BPR 思想中蕴含着的"理性"观念,或者说是"机械化"的观念,认为企业组织架构可以像机器一样拆装重组,并不符合所有企业的实际运营状况;② 企业的问题多种多样,BPR 并不能成为所有企业的灵丹妙药,对于 BPR 的过度盲从也是 BPR 成功率不高的原因之一。②

9.4 企业"信息悖论"与 IT 治理

如前所述,企业信息化的成功率并不是十分令人满意的,为此人们提出了一个概念"信息悖论"。针对"信息悖论"问题,人们提出了不少对策,其中最为系统的方法是 IT 治理。

9.4.1 企业"信息悖论"

"信息悖论"又被称为"IT 悖论"。通过对信息技术的观察,人们发现在宏观与微观经济领域都存在着所谓的"信息悖论"问题。

1. "信息悖论"及其表现

最早提出信息技术的"生产率悖论"的是诺贝尔经济学奖得主索罗(1987),其问题的核心是:为什么信息技术革命的出现伴随着统计上的劳动生产率、全要素生产率增长水平的下降? 后来,随着信息经济的发展,宏观领域的"信息悖论"逐渐消失,经济学家们也做了多种解释(参见第 12 章网络经济分析)。

近年来微观领域的"信息悖论"越来越受到人们的关注。人们发现,企业采用信息技术,实施信息化项目的成功率并不令人满意。有些企业实施信息化之后似乎并不能够提高企业的生产效率,有些甚至影响到企业的生存。

福克斯·梅亚公司曾经是美国最大的药品分销商之一,年营业收入超过 50 亿美元。后来在一家享有盛誉的系统集成商的帮助下,梅亚公司成了早期的 ERP 系统应用者。然而,到了 1997 年,在投入了两年半的时间和一亿美元之后,这套系统所达到的效果非常不理想,仅仅能够处理 2.4%的当天订单,而这一目标即便使用传统的方法也能达到。最终,梅亚公司宣告破

---

① 孙强等.BPR 和基于 BPR 的信息系统战略规划.http://www.enet.com.cn/server/inforcenter/A20030704251391. html2003-07-04
② 潘东亮.BPR 正本清源.http://www.hroot.com/knowledge/view.asp? id=2455,2004-11-27

产,仅以 8000 万美元被收购。它的托管方至今仍在控告那家 ERP 系统供应商,将公司破产的原因归结为采用了 ERP 系统。①

DMR 咨询集团战略咨询部副总裁兼战略领导中心主任约翰·索普(John Throp)认为:由信息技术造成的快速的、范围广泛的变革带来了管理上的困境。日益增多的技术传递着越来越多的信息,把人们淹没在信息的海洋之中,甚至使人们的工作受到错误信息的引导。随着时间的延伸,越来越多的资金投向能传递信息的技术中,但无论是信息还是技术都难以结合起来创造商业价值。这就是"信息悖论"。②

杨俊认为,信息悖论是指 IT 技术本身的迅猛发展、企业对 IT 的投资热潮和信息技术在企业中采用获取的商业利益鲜明反差对比。③

所谓"信息悖论",是指企业对信息技术的投资与所得到的回报与预期相差太远。这种情况较为普遍地存在,引起了人们的关注与思考。"信息悖论"主要表现在以下一些方面:

在宏观经济领域,信息技术对整个经济的生产率提高的贡献在一段时间内非常不明显,在 2000 年左右美国经济的增长表明这种现象基本消失;

在微观经济领域,信息技术对企业和其他组织的商业利益的贡献率不尽如人意,不少企业在实施信息化之后生产率下降,巨额的信息技术投资加重了企业的债务负担,甚至导致企业破产。

企业花巨资投入的信息化项目,由于技术、管理、组织等各方面的原因,难以善始善终,或者工期过长,影响了企业的生产经营。

信息技术对于员工个人工作业绩提升的贡献率也并不如想像中巨大,过量的信息超出了人们的信息处理能力,影响了人们的决策能力与工作效率。

2. 企业"信息悖论"的原因与对策

针对"信息悖论",专家们分析了各种原因,并提出一些应对之策。

对于信息悖论,常见的解释包括:生产率测度的错误,认为传统的生产率统计没有反映由信息技术带来的经济产出的改善;装备基础不足;质量糟糕的软件和信息系统;组织学习的滞后;管理理念的滞后,银弹思维,意即运用工业时代的思维和理念孤立地考虑信息技术与商业价值,导致了投资近视症。

思科系统(中国)网络技术有限公司 IT 经理狄乔(Greg Dixon)认为,信息悖论的原因主要有三条:首先,与领导层的沟通不够,任何变化都会受到阻力,而没有领导层的强力推进,这些阻力就有可能成为致命的障碍;其次,没有对整个 IT 方案进行长期规划,而是想到哪里做到哪里;第三,IT 部门与业务部门过于分离。④

如何解决信息悖论,实现信息技术的商业价值?约翰·索普认为,信息技术的利益实现途径的核心有三个基础与三个条件⑤,如图 9-8 所示。

三个基础是:从独立的 IT 项目管理到经营计划管理的转变;从项目的自由竞争到受约束

---

① 信息化与"生产率悖论". 粤港信息日报 2002-08-19 13:51:00
② John Throp. The information Paradox: Realizing the Business Benefits of Information Technology. McGraw-Hill, 1999, p.3
③ 杨俊.信息技术的生产率悖论探究.e-works 2003-5-20
④ 信息化为何物灯下黑:IT 企业的信息化悖论? 2004 年 8 月 30 日 16:40,赛迪网
⑤ 约翰·索普,陈劲主译. 信息悖论:信息技术的商业利益. 东北财经大学出版社,McGraw-Hill 出版公司,1999,12

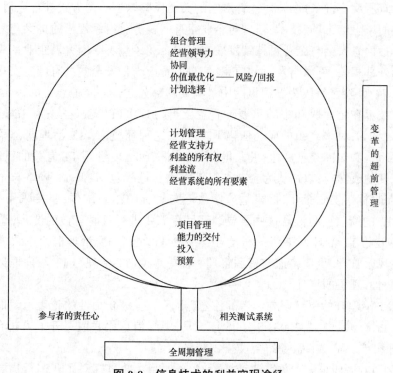

图 9-8 信息技术的利益实现途径

的组合管理的转变;从传统项目管理周期到全周期管理的转变。

三个条件是:参与者的责任心,以便确定其是投资计划的积极、持续拥有者;相关测试系统,以便解决利益实现过程中的计量问题;变革的超前管理,以便在计划中赋予人员以所有权者权益。

从现实情况来看,信息悖论的问题并没有完全得到解决,企业信息系统的悖论问题一直都在持续。如何解决这个问题,人们正在探索各种方法,其中比较系统的是企业 IT 治理模型。

9.4.2 企业 IT 治理

所谓治理,是指在解决经济社会或组织管理中出现的问题时,决策主体与相关利益者之间的权力依赖与利益均衡,包括政府治理与公司治理等。在信息化社会,IT 治理(IT Governance)成为公司治理的一个有机组成部分,同时也成为信息化过程中需要关注的重要问题。

1. IT 治理发展过程简介

IT 治理是近年来公司治理与企业信息化领域出现的热点问题,正在受到越来越多的关注。1999 年,英国与威尔士特许会计师研究所(The Institute of Chartered Accountants in England and Wales, ICAEW)发布了 Turnbull Report 报告(全称是 *Internal Control*: *Guidance for Directors on the Combined Code*《内部控制:联合代码董事指南》)。该指南提供给英国公司,使它们能够应公司治理联合代码的需要实施内部控制。该指南得到伦敦股票交易所的支持与认可。

该指南指明公司内部控制系统应该嵌于它的操作之中而不应独立进行,能够对公司内外变化了的风险有所反应,使每个公司能针对它的关键风险以适当的方式进行应用。① 该报告认为公司所面临的风险有市场、技术、信誉与企业正直问题等。组织规模的扩大与复杂性程度的提高意味着包括信息安全与企业可持续发展在内的企业风险不断上升。企业依靠信息系统来识别和获取内外部相关、可靠与及时的信息,信息系统应当是安全的并有应急安排。技术的脆弱性所带来的 IT 风险已经成为公司风险中最主要的部分之一。②

鉴于信息技术在企业成功中的重要性日益上升,ITGI(IT Governance Institute)于 1998 年成立。③ITGI 认为,许多组织的成功依赖于 IT。在这种环境中,IT 治理同公司治理一样重要。IT 治理帮助 IT 支持企业目标、最大化企业 IT 投资、适度管理 IT 有关的风险与机会,从而保证企业长期的成功。ITGI 认为企业与组织面临的挑战包括:使 IT 战略与企业战略协同一致;将战略与目标落实到企业;提供适应于战略与目标的组织结构;坚持采用并实施 IT 控制框架;度量 IT 的绩效。为实现这些重要管理目标需要进行及时有效的测评,董事会与执行层需要通过有效的 IT 治理框架将公司治理扩展到 IT,这个 IT 治理框架应致力于战略一致性、绩效测评、风险管理、价值传递与资源管理。简单地说,IT 治理与 IT 治理框架的有效应用是董事会与执行管理层的责任。

2003 年,IT 治理开始引起国内学者的注意,出现了一些介绍性的论著,比如《IT 治理:中国信息化的必由之道》(孙强,2003)。2005 年 4 月,中国信息化联盟召开了"IT 治理年会",此前已开过两届 IT 管理与 IT 服务的会议。

ITGI 认为,IT 治理是一个关系的结构,是为了达到企业目标对企业进行指导与控制的过程,通过平衡 IT 及其过程中的风险与回报使企业增值。④所谓 IT 治理,是指随着信息化建设的深入发展,企业、政府及各类组织对信息系统的依赖性日益增强,信息系统的风险与安全管理等问题越来越突出,组织开始考虑在巨大的 IT 投资之后,应该得到什么样的回报,如何提高 IT 服务的效率等,因此对信息系统的审计、监管和风险控制成为一项重要的工作。

从公司治理的角度来看,有学者认为 IT 治理是组织内外关于 IT 投资的利益与权利的分配与均衡。IT 治理是公司治理不可分割的一部分,包括领导与管理结构以及保证组织支持并扩展组织战略目标的过程两大部分。但从目前的实际应用来看,IT 治理不仅仅是关于 IT 投资的利益与权利的分配与均衡,同时在很大程度上是对组织 IT 过程的监督、管理与控制。因此有人又把它与 IT 管理相联系,并进行适当的区别。

IT 治理在层次上高于纯粹的 IT 技术管理,它上升到企业或组织决策层面的高度,与组织的利益与权利分配相联系。这是因为如今 IT 在组织中的重要性已经越来越大,关系到组织的最高利益均衡,单纯的 IT 技术管理已经无法涵盖 IT 治理所有的活动,因而需要上升到组织治理的高度。

2. IT 治理的工具之一——COBIT

目前,COBIT(Control Objectives for Information and Related Technology)是一个比较成熟

---

① THE TURNBULL REPORT http://www.continuitycentral.com/operanews/turnbull.htm
② Kelvin Lack;Turnbull The Implications for Business Continuity and Information Security http://www.insight.co.uk/downloads/whitepapers/Turnbull%20Implications.pdf
③ ITGI. About IT governance http://www.itgi.org/template_ITGI.cfm? Section = About_ITGI&Template = /ContentManagement/HTMLDisplay.cfm&ContentID = 19648
④ ITGI. COBIT Framework. https://audit.byu.edu/website/tools/COBIT/PDFS/Framewrk.pdf

有效的 IT 治理工具,由信息系统审计与控制协会 ISACA(Information Systems Audit and Control Association)于 1996 年公布,在一些国家的政府、企业、大学等都已有比较成功的案例,比如美国参议院等。作为一个 IT 治理框架,COBIT 可以保证对信息及其系统的建立、存储、操作与检索的适当控制与治理。

COBIT 可以帮助企业理解并管理与信息及 IT 技术相关的风险与利益。由美国 ISACA 于 1996 年发布,目前已发展到第三版,如图 9-9 所示。

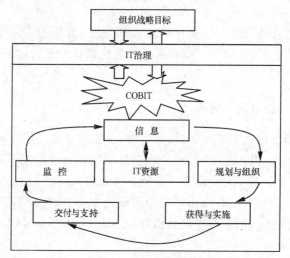

图 9-9　COBIT 模型(资料来源:ISACA)

COBIT 共有 34 个 IT 程序,分为规划与组织(PO: Planning & Organization)、获得与实施(AI: Acquisition & Implementation)、交付与支持(DS: Delivery & Support)和监控(M: Monitoring)四个领域,所有程序中包含了 302 个控制目标。①

COBIT 对于 IT 治理的重要性可以通过图 9-10 表示。

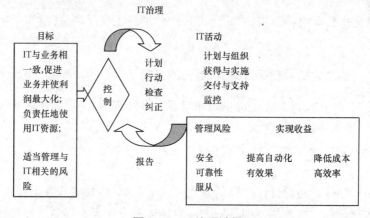

图 9-10　IT 治理过程

资料来源:ITGI COBIT Framework。

---

① ITGI. COBIT Framework. https://audit.byu.edu/website/tools/COBIT/PDFS/Framewrk.pdf

COBIT 现已更新至第三版,形成了一套专供企业经营者、使用者、IT 专家、MIS 审计员与信息安全控制人员来强化和评估 IT 管理和控制的规范化体系。美国堪萨斯州把 COBIT 标准作为虚拟政府策略的一部分,降低了运营成本,并为它的客户和委托人提供了很高质量的服务。[①]

9.5 企业信息化水平测算

如何衡量企业信息化的水平?需要有一套定性或定量分析的指标体系。在我国众多的研究成果中,2002 年国家信息化测评中心的《企业信息化测评指标方案》系统比较成熟,有一定的影响力。

9.5.1 企业信息化指标的研究概况

我国企业信息化指标体系的成果包括:龚炳铮《企业信息化指标体系》,联和运通顾问公司《企业信息化指标构成方案表》等。涉及到企业信息化指标研究的论著还有解树江的《虚拟企业》,曹崇延与王淮学《企业技术创新能力评价指标体系研究》,中国企业联合会课题组《企业竞争力指标体系的开发与应用》,北京大学网络经济研究中心《如何评测企业实施电子商务的真正价值》,郑英隆《现代企业的信息经济性分析》,包昌火、谢新洲主编《竞争情报与企业竞争力》等。

国外研究包括韩国政府支持的企业信息化指标体系,世界银行环境局《拓展衡量财富的手段——环境可持续发展的指标》,思科公司《网络就绪》计划、《互联网经济指标》,Meta 集团《全球新电子经济指数》,肯·巴斯金《公司 DNA——来自生物的启示》,托马斯·巴克霍尔兹《明天的面孔》,大卫·威勒、玛丽亚·西兰琶《利益相关者公司》,戴布拉·艾米顿《知识经济的创新战略》,罗布·戈菲《如何度量和重塑企业文化?》,尼克·海伊斯《协作制胜》等。

2002 年国家信息化测评中心研究提出了中国企业信息化指标体系构成方案,并在科技部中国制造业信息化指数研究项目中,对四千多家企业进行了实际测算,发布了中国制造业信息化指数。[②]

9.5.2 《企业信息化测评指标方案》(试行)的分析

国家信息化测评中心的《企业信息化测评指标方案》(试行)是一套相对比较成熟的指标体系,可以帮助我们了解企业信息化水平测算的基本方法。

1. 企业信息化指标体系的设计原则

(1) 目的性

企业信息化指标体系的设计,从"以信息化带动工业化"的战略任务出发,旨在引导企业信息化建立在有效益、务实、统筹规划的基础上。指标体系为政府了解企业信息化应用情况和进行相关决策服务,为企业提高信息化水平服务,从领导、战略、应用、效益、人力资源、信息安全

---

① 孙强等. IT 治理:领域内全球公认的辅助工具大整合 构建善治的 IT 治理机制. 赛迪网,2004.04.05
② 姜奇平,胡建生. 国内外企业信息化指标体系比较研究. http://www.ec.org.cn/2004-05/08/content_1456751.htm, 2004-05-08

等多个方面,引导中国企业信息化健康发展。

(2) 简约性

尽量选取较少的指标反映较全面的情况,为此,所选指标要具有一定的综合性,指标之间的逻辑关联要强。

(3) 可操作性

所选取的指标应该尽量与企业现有数据衔接,必要的新指标应定义明确,便于数据采集。

(4) 可延续

所设计的指标体系不仅可在时间上延续,而且可以在内容上拓展。

2.《企业信息化测评指标体系》的内容介绍

《企业信息化测评指标体系》是由我国国家信息化测评中心颁布的,它共包括三个部分:基本指标、补充指标和评议指标。

基本指标是从21个方面对企业信息化状况进行综合评价,主要用于社会统计调查和政府监测。它只是反映企业信息化水平的客观状况,对于其水平的优劣,投入是否有效率,基本指标不作评价,所以基本指标不独立用于对企业信息化水平的全面评价和认证,得分也不向社会公示。

补充指标即效能评价指标(下面统一称为效能指标)是我国《企业信息化测评指标体系》的核心部分,体现了我国所倡导的建立有效益的信息化的指导思想。它是在企业信息化基本指标的基础上,结合不同行业、不同对象的特点,以标杆库和标杆值为参照,以信息化实效为评价目标的效能评价指标,从而形成了对企业信息化实效的定量分析结论。

评议指标是对影响企业信息化实效的特殊非定量因素进行判断的评价指标,以此形成对企业信息化评价的定性分析结论。

企业信息化的基本指标、效能指标与评议指标既互相联系又相对独立,它们有机结合应用于企业信息化水平的综合测定、评级和认证。

3. 企业信息化基本指标构成

表9-1所列指标适用于企业信息化状况的客观描述,主要用于社会统计调查和政府监测,也可用于企业自测。

表9-1 企业信息化基本指标体系

序号	一级指标	二级指标	指标解释	指标数据构成
1	战略地位	信息化重视度(分)	反映企业对信息化的重视程度和信息化战略落实情况	企业信息化工作最高领导者的地位;首席信息官(CIO)职位的级别设置;信息化规划和预算的制定情况
2	基础建设	信息化投入总额占固定资产投资比重(%)	反映企业对信息化的投入力度	软件、硬件、网络、信息化人力资源、通信设备等投入
3		每百人计算机拥有量(台)	反映信息化基础设施状况	大、中、小型机;服务器;工作站;PC机
4		网络性能水平(分)	反映信息化基础设施状况	企业网络的出口带宽
5		计算机联网率(%)	反映信息化协同应用的条件	接入企业内部网的计算机的比例

(续表9-1)

序号	一级指标	二级指标	指标解释	指标数据构成
6	应用状况	信息采集的信息化手段覆盖率(%)	反映企业有效获取外部信息的能力	采集政策法规、市场、销售、技术、管理、人力资源信息时信息化手段的应用状况
7		办公自动化系统应用程度(分)	反映企业在网络应用基础上办公自动化状况	是否实现了日程安排、发文管理、会议管理、信息发布、业务讨论、电子邮件、信息流程的跟踪与监控等
8		决策信息化水平(分)	信息技术对重大决策的支持水平	是否有数据分析处理系统,方案优选系统、人工智能专家系统等
9		核心业务流程信息化水平	核心业务流程信息化的深、广度	主要业务流程的覆盖面及质量水平
10		企业门户网站建设水平(分)	反映企业资源整合状况	服务对象覆盖的范围;可提供的服务内容
11		网络营销应用率(%)	反映企业经营信息化水平	网上采购率;网上销售率
12		管理信息化的应用水平(分)	反映信息资源的管理与利用状况	管理信息化应用覆盖率及数据整合水平
13	人力资源	人力资源指数(分)	反映企业实现信息化的总体人力资源条件	大专学历以上的员工占员工总数的比例
14		信息化技能普及率(分)	反映人力资源的信息化应用能力	掌握专业IT应用技术的员工的比例;非专业IT人员的信息化培训覆盖率
15		学习的电子化水平(分)	反映企业的学习能力和文化的转变	电子化学习的员工覆盖率;电子化学习中可供选择的学习领域
16	安全	用于信息安全的费用占全部信息化投入的比例(%)	反映企业信息化安全水平	用于信息安全的费用包含软件、硬件、培训、人力资源支出
17		信息化安全措施应用率(%)	反映企业信息化安全水平	信息备份、防非法侵入、防病毒、信息安全制度与安全意识培养等措施的应用状况
18	效益指数	库存资金占用率(%)	反映企业信息化效益状况	库存平均占用的资金与全部流动资金的比例
19		资金运转效率(次/年)	反映企业信息化效益状况	企业流动资金每年的周转次数
20		企业财务决算速度(日)	反映企业信息化响应水平	从决算指令的发出到完成一次完整的企业决算所需的最短时间
21		增长指数	反映企业绩效	销售收入增长率、利润增长率

资料来源:国家信息化测评中心 http://www.ciq.com.cn/tx_jbzhb.htm,2002

4. 企业信息化基本指标计算方法

企业信息化基本指标可以根据指标加权获得无量纲化总指数,反映企业信息化基本发展状况。具体权重根据德尔菲法、层次分析法,结合政策导向确定。

(1) 信息化重视度(分)

① 企业信息化工作最高领导者的地位:最高领导者是一把手,得100分;二把手得70分;三把手得50分;部门领导得30分。

② 首席信息官(CIO)职位的级别设置:
a. 正式设置 CIO 职位,得 50 分,否则得 0 分;
b. CIO 的职位级别处于企业最高层,得 50 分,处于中层,得 25 分。
计算方法:a 项得 0 分,则要素得总分为 0,否则,将 a 和 b 的得分相加。
③ 信息化规划和预算的制定情况:
a. 单列信息化规划,得 50 分;分散在总体规划中,得 25 分;无成文的信息化规划,得 0 分;
b. 单列信息化预算,得 50 分;分散在总体预算中,得 25 分;无成文的信息化预算,得 0 分。
计算方法:将 a 和 b 的得分相加。
本指标总分:①、②、③的得分相加除以 3。

(2) 信息化投入总额占固定资产投资比重(%)

信息化投入总额的计算口径包含软件、硬件、网络、信息化培训、聘用专业 IT 技术人员发生的直接费用、通信设备、维护费用投入。本指标的得分由以下公式计算(总分最高为 100 分):

$$\frac{近 3 年平均的本企业信息化投入总额占固定资产投资比重}{50\%} \times 100$$

企业成立时间少于 3 年的,可以按照实际成立时间计算。

(3) 每百人计算机拥有量(台)

计算机拥有量的计算口径为:能够正常运转的大、中、小型机以及服务器和工作站,并包括主频在 75MHz(含)以上的 PC 机。本指标得分由以下公式计算(总分最高为 100 分):

$$\frac{本企业拥有的能够正常运转的计算机总量}{员工总数} \times 100$$

(4) 网络性能水平(分)

企业网络的出口带宽小于 128KB(含)得 30 分,在 128KB 和 512KB(含)之间得 50 分,在 512KB 和 2MB(含)之间得 70 分,在 2MB 和 10MB(含)之间得 80 分,在 10MB 和 100MB(含)之间得 90 分,在 100MB 以上得 100 分。

通过调制解调器(ISDN)和普通电话上网,带宽在 128K(含)以下,即使可以同时开辟多个链接通道,得分依然按 30 分计。

(5) 计算机联网率(%)

计算机的统计口径与指标(3)相同。本指标得分由以下公式计算:

$$\frac{接入企业内部网的计算机总量}{本企业拥有的能够正常运转的计算机总量} \times 100$$

(6) 信息采集的信息化手段覆盖率(%)

企业在进行政策法规、市场、销售、技术、管理、人力资源等 6 个领域的信息采集时,信息化手段占有重要位置的,每覆盖一个领域得 16 分,全部覆盖,得 100 分。

(7) 办公自动化系统应用程度(分)

本指标计分方法:

如果没有建立基于 Intranet/Extranet 的企业网,得 0 分。

在具备基于 Intranet/Extranet 的企业网的基础上,实现信息流程的跟踪与监控的得 5 分,实现面向外部的电子公文交换的得 5 分,每实现一个其他功能(见下列举)得 1 分,总分乘以 3.85,满分为 100 分。

其他功能包括:文档共享、收文管理、发文管理、会议管理、签报管理、周报(月报)管理、信息集成、信息发布、业务讨论、电子邮件、个人数据管理、档案管理、人力资源管理、固定资产管理、日程安排、决策支持(具备数据库、模型库和方法库)等。

(8) 决策信息化水平(分)

本指标为定性考核指标,初级水平为50分,中级水平为80分,高级水平为100分。级别划分标准如下:

初级水平:通过信息资源的开发利用,能为企业决策提供初步支持。

中级水平:能开展数据分析处理,对各种决策方案进行优选,为企业决策提供有力的辅助支持。

高级水平:采用人工智能专家系统,进入管理决策智能化。

(9) 核心业务流程信息化水平

本指标为综合考核指标,初级水平为50分,中级水平为80分,高级水平为100分。级别划分标准如下:

初级水平:信息化覆盖部分主要业务流程,业务流程自身及业务流程之间的信息流通不畅,在主要业务流程方面存在比较严重的信息孤岛现象。

中级水平:信息化覆盖80%以上的主要业务流程,并能实现及时充分的数据共享。

高级水平:主要业务流程全部实现最优控制。

(10) 企业门户网站建设水平(分)

指标得分计算方法:

① 对以下服务对象覆盖一个得1分,总分乘以7.2,满分50分。

服务对象列表:企业员工、招聘对象、管理者、决策者、最终客户、供应商、其他合作伙伴。

② 对以下服务功能覆盖一个得1分,总分乘以6.25,满分50分。

服务功能列表:信息发布、网上采购、网上销售、客户网上自助服务、员工入口、移动商务、消息自动传送、业务报警功能。

指标总分为两者之和。

(11) 网络营销应用率(%)

经电子商务产生的销售额/采购额占总销售额/采购额的比例。

计算口径:以下两点满足其一,即认为是经电子商务产生的销售额/采购额:

① 线上沟通并达成交易;

② 采取在线支付方式。

$$网上销售率 = \frac{当年电子商务产生的销售额}{全年总销售额}\%$$

$$网上采购率 = \frac{当年电子商务产生的采购额}{当年全部采购额}\%$$

指标得分 = 网上采购率×50 + 网上销售率×50

(12) 管理信息化的应用水平(分)

① 管理信息化的应用覆盖率,计分方法:覆盖1项加1分,结果乘以6.25。

管理信息化的应用领域包括:财务管理、购销存管理、生产制造管理、分销管理、客户关系管理、人力资源管理、商业智能、电子商务等。

② 管理信息化的数据整合水平，计分方法：
以下数据库，有 2 个实现共享为 2 分，3 个实现共享为 3 分，依此类推；结果乘以 6.25。
数据库包括：财务、购销存、生产制造、分销、客户关系、人力资源管理、商业智能、电子商务等。
指标总分为①和②的分数相加。

(13) 人力资源指数(分)
$$指标分值 = 有大专(含)以上学历的员工数占员工总数的百分比 \times 100$$

(14) 信息化技能普及率(分)
指标由两部分构成，指标得分计算方法如下：
① 掌握专业 IT 应用技术的员工的比例，指掌握专业 IT 技术的员工占全部正式员工的比例。计分方法：
该比例大于 15%，得 35 分；10%～15%，得 28 分；5%～10%，得 24 分；3%～5%，得 17 分；1%～3%，得 10 分；1% 以下，得 5 分。
② 管理层非专业 IT 人员的信息化培训覆盖率，统计口径为：管理层包含高层管理者、中层管理者和基层管理者，需接受过 2 小时以上的正式培训，方可进入培训覆盖的范围。计分方法：
$$管理层非专业 IT 人员的信息化培训覆盖率(\%) \times 65$$
指标总分为以上两部分分值之和。

(15) 学习的电子化水平(分)
① 电子化学习的员工覆盖率，计分方法：
$$\frac{正式参与企业组织的电子化学习项目的员工数量}{企业全部员工的数量} \times 50$$
② 电子化学习中，可供选择的学习领域的覆盖率，计分方法，以下各选项有 1 项加 1 分，总分乘以 7.2，满分 50 分。
选项包括：管理、营销、财务、企业文化、生产及工作技术、技能、规章制度等。
指标总分为以上两部分分值之和。

(16) 用于信息安全的费用占全部信息化投入的比例(%)
计算口径：用于信息安全的费用包含安全软件、安全硬件、信息安全培训、信息安全人力资源支出。
指标分值计算方法：
该比例大于 30%，得 100 分；20%～30%，得 90 分；15%～20%，得 80 分；10%～15%，得 70 分；5%～10%，得 50 分；5% 以下，得 20 分。

(17) 信息化安全措施应用率(%)
本指标计分方法：重视员工安全意识的培养及制定严格的员工信息安全制度，得 2 分。每采取一个其他安全措施，加 1 分，结果乘以 7.6，满分 100 分。其他安全措施包括：
本地实时备份；本地定时备份；异地实时备份；异地定时备份；拥有 2 个(含)以上的 ISP；安装了防火墙；安装了企业级杀毒软件，并严格按照供应商要求按时升级；全面安装了单机版杀毒软件，并严格按照供应商要求按时升级；安装了邮件加密系统；建立了虚拟专用网；档案服务器、网络服务器、防火墙等网络流量相关的设备有备份。

(18) 库存资金占用率(%)

数据采集的跨度不得超过 3 年。

$$库存资金占用率 = 库存平均占用的资金 / 全部流动资金$$

库存资金占用率降低的计算方法：

$$\frac{信息化实施前库存资金占用率 - 信息化实施后库存资金占用率}{信息化实施前库存资金占用率}$$

指标分值：库存资金占用率降低 80% 以上得 100 分，降低 60%~80% 得 80 分，降低 50%~60% 得 60 分，降低 20%~50% 得 20 分，降低 20% 以下得 0 分。

(19) 资金运转效率(次/年)

数据采集的跨度不得超过 3 年。

企业流动资金每年的周转次数增长幅度的计算方法：

$$\frac{信息化实施后企业流动资金每年的周转次数}{信息化实施前企业流动资金每年的周转次数}$$

指标分值：企业流动资金每年的周转次数是原来的 5 倍以上得 100 分，3~5 倍得 80 分，2~3 倍得 60 分，1~2 倍得 20 分。

(20) 企业财务决算速度(日)

此项指标考察企业实现一次完整的虚拟财务决算所需要的时间。

指标得分计算方法：实现 24 小时以内完成决算为 100 分，1 日至 10 日为 80 分，10 日至 20 日为 60 分，20 至 30 日为 30 分，30 日以上为 0 分。

(21) 增长指数

本指标为综合考核指标，是根据现阶段对信息化的认识制定的重要参考指标。

本指标考察企业自身销售收入的增长比率、企业自身利润的增长比率、行业平均销售收入增长比率、行业平均利润增长比率以及它们之间的关系。

通过对企业自身发展变化的考察，以及与同期行业状况的比较，判断企业信息化在相关方面带来的影响。

计算方法：

$$增长指数 = K_1 \times \frac{企业自身销售收入增长比率 - 行业平均销售收入增长比率}{行业平均销售收入增长比率}$$
$$+ K_2 \times \frac{企业自身利润的增长比率 - 行业平均利润的增长比率}{行业平均利润的增长比率}$$
$$+ K_3 \times 企业自身的销售收入增长比率 + K_4 \times 企业自身利润的增长比率$$

K_1、K_2、K_3、K_4 为各项的系数，具体数值以另发的形式落实。

考察期限为近 3 年，企业成立时间少于 3 年的，可以按照实际成立时间计算。

(说明：以上各指标的计算方法中，在表达上如存在时间段等数据区间，除非特别说明，则包含数据的上限，不包含下限，如"2%~5%"意味着包含 5%，不包含 2%。)

企业信息化基本指标总分计算方法：

计算方法：

$$I = \sum (P_i * W_i)$$

I 表示指标体系的总得分；P_i 表示第 i 个指标的得分，各指标得满分都是 100 分；W_i 表示第 i

个指标的权重,所有指标权重的和为100%。

权重表将基本指标划分成5个大类,每一类的权重设计如下:

战略地位:10%;基础建设:20%;应用状况和效益指数:50%;人力资源:15%;安全:5%。各个指标的具体权重,以权重表形式落实。

5. 企业信息化效能指标

效能指标是我国《企业信息化测评指标体系》的核心部分(见表9-2),目的是把企业信息化引导到有效益、有竞争力和可持续发展的方向上来,使企业信息化配合企业的总体战略,讲求实效,避免浪费。它通过"过滤"不良投入,"提纯"有效投入,使评价结果反映信息化对企业产生的实实在在的效益。效能指标包括适宜度与灵敏度,一般用适宜度来衡量直接的经济效益,用灵敏度来衡量间接经济效益。

适宜度指标主要从"是否合理"的角度考察企业在信息化过程中的行为和状况,它是通过考察企业实际情况与标杆值的相似度来判断该企业的信息化是否有效。适宜度指标分为五类:战略适宜度、应用适宜度、投资适宜度、资源匹配适宜度和组织、文化适宜度。

灵敏度指标通过考察企业信息化灵敏程度的绝对水平及其质量来给企业打分。灵敏度指标包括:信息灵敏度、管理运行灵敏度、对外反应灵敏度和创新灵敏度四个方面。

表9-2 企业信息化效能指标体系

序号	一级指标	二级指标	三级指标	指标解释	指标内容构成举例
1	适宜度	战略适宜度	企业战略匹配度	企业信息化战略与企业战略之间配合协调程度	主营业务相关度等
2			技术战略适宜度	企业信息化技术战略与技术环境之间的配合协调程度	战略性合作伙伴的信息技术战略等
3		应用适宜度	管理信息化应用适宜度	管理信息化水平的合理性	营销管理应用的深度、广度等
4			数据库应用适宜度	数据库应用的合理性	数据库整合的领域等
5			安全应用适宜度	企业信息安全状况的合理性	安全费用等
6		投资适宜度	投资理念适宜度	企业主要领导对企业信息化的正确认识水平	投资的价值导向等
7			投资力度适宜度	反映企业信息化投资力度的合理性	投资规模等
8			客户价值适宜度	反映信息化投资给上下游及最终客户带来的实际价值水平	客户满意度等
9		资源匹配适宜度	信息化的投入结构适宜度	反映信息化投入在各要素之间分配状况的合理性	培训费用等
10			人力资源结构适宜度	反映信息化人力资源结构的合理性	员工结构、CIO的业务背景等
11			系统运行协调度	反映系统运行状况和功能发挥状况的合理性	信息系统平均无故障运行时间等
12		组织、文化适宜度	企业组织的网络化程度	反映企业结构的合理性和企业行为的网络化状况合理性	信息化管理部门的设置、产品编码标准化状况等
13			企业文化适宜度	反映企业文化对企业信息化支持程度	管理科目编码标准化状况、员工学习状况等

(续表 9-2)

序号	一级指标	二级指标	三级指标	指标解释	指标内容构成举例
14	灵敏度	信息灵敏度	反映企业收集各种外部信息的渠道、手段和速度水平		终端顾客信息反馈速度、数据挖掘状况等
15		管理运行灵敏度	反映企业管理运行的智能和速度水平		虚拟财务决算速度等
16		对外反应灵敏度	反映企业对外反应的智能、广度和综合速度水平		企业定制化水平、客户服务电话拨通率等
17		创新灵敏度	企业创新能力		产品创新灵敏度等

资料来源:中国信息化测评网 http://www.ciq.com.cn/tx-xn.htm

6. 效能指标计算方法简介

企业信息化效能指标,是反映和评价企业信息化实效的一套评价指标体系,包含适宜度和灵敏度两大类指标。适宜度指标,主要从"是否合理"的角度,考察企业在信息化过程中的行为和状况,主要计算方法是通过考察企业的实际情况与标杆值的相似度,判断其是否适宜。灵敏和有活力,是企业信息化的最重要目标之一,灵敏度指标,通过考察其灵敏程度的水平及质量,判断其得分。

企业信息化效能指标的标杆值,是一套"标杆值"体系,根据企业所处的行业、规模和发展阶段的不同,评价其信息化实效的标杆值也各不相同。中国企业信息化标杆企业库,是"标杆值"体系的一个重要参考系统。企业信息化效能指标的标杆值,是这样确定的:根据大家一致推荐,筛选出在本地区或本行业内信息化做得比较好的一些企业作样本,取其每个指标的数据值作样本值,然后平均得出一系列"中等偏上"的样本值,这一系列的样本值就可以作为本地区或本行业的标杆值。

效能指标总分,是适宜度和灵敏度得分的综合。

7. 企业信息化评议指标

企业信息化评议指标是对影响企业信息化实效的特殊非定量因素进行判断的评价指标,以此形成对企业信息化评价的定性分析结论。由评价实施机构中的专家咨询组进行评价。

需要注意的是,企业信息化是一个不断发展的进程,可能会碰到一些新问题,因此相关的测评指标体系也是一个不断完善的过程。

9.6 企业信息化政策

企业信息化政策有两个方面的含义:一是企业内部的信息政策,二是国家企业信息化政策,无论哪个方面,都对企业信息化有重要影响。

9.6.1 企业信息政策的含义

企业政策与企业战略是两个既相互联系又有所区别的概念。企业政策是指"环境的发展与影响向企业管理提出了挑战,要通过制定企业政策来适应由环境造成的机会和风险"。

企业战略是一个选择要做什么和不做什么的问题,而企业政策则是一个能做什么和不能做什么的问题。政策往往是在战略确定以后,为了实现企业的战略目标,为适应和改变企业内外部的环境所做的调整。因此,企业战略主要涉及企业的远期发展方向和范围,具有长期性、全局性和稳定性。而政策相对来说则具有阶段性、局部性和适应性。企业战略的主体是企业,而企业政策则是保证企业战略目标实现的步骤与组成部分,是企业内外部的环境,包括外部政策环境,如税收政策、技术政策、产业政策等,和内部政策如组织政策、信息政策、文化政策、福利政策等。要实现企业的战略目标,就要保持企业短期和长期的均衡发展,这需要兼顾与企业有关的各方的利益,因此需要制定一系列的企业政策来保证。如果一项政策上升到战略的高度,则意味着它对企业生存与发展有着重大的影响。

企业政策描绘的不仅是由外部机会与内部解决问题的能力相均衡而提出的目标,而且它也提出具体措施,为其成员在实现目标中选择战略方案给出了"通道"。因此企业政策要求包括一种组织概念,它与环境有关,在可供选择的组织结构范围内,它是要开发、评价和设置的期望结果与可接受的结果之间的一种"通道"。组织政策作为保证企业生存与发展的总政策的一部分,成为组织上的计划、实施、实现和控制阶段的具体组织行动的出发点。

实际上对一个具体的企业来讲,并非每一个问题都需要或都能够上升到战略的高度去研究,比如企业的文化、福利、组织等问题。对于大部分的企业,尤其是中小型的企业来讲,信息以及信息化的问题也还不能上升到企业战略的高度。因此企业的信息政策就是一个值得关注的问题。企业信息政策包括两个方面的内容,一方面是政府制定的企业信息政策,又可称之为企业信息化政策;另一方面是企业内部所制定的与信息相关的政策、规章与制度。

从某种意义上讲,任何企业都有成文或不成文的信息政策,而将信息政策上升到战略高度的则只有少数企业。而对很多正在实施信息化的企业来讲,信息化项目具有战略意义,信息化政策也因此上升到战略的高度。

9.6.2 企业信息化政策的国际比较

1. 国外企业信息化政策

企业的信息系统从来都不是一个孤立的系统,它与所在经济社会的信息化程度密切相关。企业信息化政策往往涉及到市场的公平程度、税收、投资、电子商务、信息技术、信息安全、基础设施等各个方面,是政府为促进企业信息化而提供的政策与法制保证。

减少政府干预,促进自由竞争一直是美国政府的信息政策取向。1997年7月,美国政府公布了题为《全球电子商务市场框架》的战略性文件。特别强调保证因特网成为自由竞争、消费者自主选择的、不受管理的媒介。政府所要做的是提供一个一致的和简单的法律环境,保护知识产权和私有产权,防止欺诈,帮助解决争端而不是给予约束。

在美国政府实施的各项政策之中,促进企业信息化的政策在被称为"网络新政"的Internet税收自由法案(ITFA:Internet Tax Freedom Act)(1998)上体现最为明显。该项法案的内容是:Internet接入服务不受美国联邦通信委员会(FCC)的管制,FCC也无权从IAP和ISP那里收取管理费;宣布Internet成为免税区,政府应当积极促使欧盟和世贸组织达成零关税和无差别税率协议;明确免税期为3年,即Internet接入、在线服务企业享受3年缓征期。这项法案的实施避免了因不合理的税收而使因特网的发展受阻,保证了因特网的快速发展,并因此推动了全球的关税降低。"网络新政"的主要内容是促进电子商务发展,涉及到知识产权、域名、电子认证、网络隐私等13个方面,分别由电子商务部等相关部门来负责。政策内容包括税收、电子支付、隐私保护、立法、安全、基础设施、技术标准等,从而为企业进行电子商务活动提供了良好的市场环境。[①]

日本的信息政策正在由以往重视软件与数据库产业的发展转向产业的信息化。提出要借助高速信息网络和电子商务体系,改革经济结构并加强工业竞争能力。其有关企业信息化的宗旨很明确,那就是为企业提供良好的信息环境,提倡政府信息尽可能公开,以便企业充分利用政府信息资源。2000年日本政策白皮书《有关21世纪的信息化政策展望》中指出要通过电子商贸活跃产业经济:① 快速经营与活跃信息技术;② 重视有关网络经济的产业重组;③ 加强国际市场与企业的联络合作;④ 向核心事业集中并与世界伙伴建立相辅关系。[②] 2001年1月22日"电子日本战略"推出,目标是五年内使日本成为世界最先进的IT国家,"电子日本优先政策计划"中提出的战略基本政策是:使每个人都享受到IT的益处;改革经济结构并加强工业竞争能力;致力于在全球范围内形成一个信息和电信通信网络社会。为了实现这些目标,战略侧重于促进和建立一个高速网络基础,方便的电子商务,一个电子政府和一个高度安全的网络。[③]

在欧盟国家中,德国的信息政策侧重于促进信息技术的发展和应用。1997年3月联邦教研部和经济部同德国电信公司共同启动了题为"中小企业信息通信"的促进项目。其目标为:① 促进中小型企业的公用信息交流,信息共享,使其参与大市场竞争。② 建立中小型企业信息网络中心、电子商务网和国际互联网,介绍国际市场需求,同时增加就业。到1999年3月,第一批试点的500家企业已经得到实惠,企业生产率提高20%。[④]

俄罗斯在重视区域信息化和城市信息化之余,也十分重视企业经营范围内的信息政策。提倡在企业经营范围内,特别是小型个体企业,要逐步开始制定具有本企业特色的信息政策,旨在满足商业企业和私人企业的信息需要。

作为发展中国家,印度的信息政策非常积极。但是受经济发展水平的制约,印度没有大面积地实施产业信息化的政策,而是集中力量发展软件产业。软件产业的投资以人力资本为主,印度特别重视高等教育,用于教育的投资占GDP的4%,其中2/3用于高等教育。

由以上分析可以看出,在市场经济国家里,企业信息化作为企业自身的决策行为,并不受政府的直接干预。各国政府所制定的政策主要侧重于为企业提供便捷的信息基础设施、优惠的税收政策保证、易得的信息资源和信息服务环境。信息化是企业自主的市场行为,政府倾向于引导而不是直接干预企业的信息化。

2. 我国的企业信息化政策

作为信息产业发展的后起国家,我国面临着工业化与信息化的双重任务,企业信息化是经济信息化的基础,因此我国关于企业信息化的政策更为积极。国家十五计划中有如下论述,"以信息化带动工业化,实现经济的跨越式发展",相应的促进企业信息化的机构、办法、规划、甚至政策与法律正在不断完善。

2001年9月7日,我国信息产业部发布了《信息产业"十五"计划纲要》,系统地回顾了"九

---

① 孙建军. 论信息经济政策. 情报学报, 2001, 4:405
② 周智佑. 日本政策白皮书中有关21世纪的信息化政策展望. 中国信息导报, 2000, 10:25
③ 〔日本〕中村. 政府在网络社会中的政策——日本信息政策展望. 开放导报, 2001, 7:13
④ 盛水源. 德国信息产业发展的现状及政策研究. 电子展望与决策. 2000, 1:15

五"期间我国信息产业的发展,以及对"十五"期间信息产业发展的全面规划。[①]

《纲要》中我国信息产业发展的十大目标包括以下与企业信息化有关的内容。其中,第九项提到:运用信息技术改造传统产业,努力提高工业的整体素质和国际竞争力,使信息化与工业化融为一体,互相促进共同发展;大幅度节能降耗,大中型企业基本实现计算机管理、生产控制和辅助设计,提高生产效率,成为促进国民经济增长方式根本转变和结构升级的主要手段。第十项提到:为推进国民经济和社会信息化目标,要达到信息产业为国民经济和社会信息化提供系统、装备和服务的能力显著提高。基本满足金融、财税、教育、政府宏观调控、国防等领域对信息系统、装备和服务的需求。大中型企业信息化取得明显成效,企业对企业、企业对消费者的电子商务取得明显进展。

《纲要》一再指出:要以信息化带动工业化,推动信息技术在国民经济和社会发展各领域的广泛应用。通过信息技术的应用,推动产业研究开发和设计水平的提高以及工艺技术的变革;通过电子商务特别是企业间电子商务的应用,推动营销、运输和服务方式的变革;通过促进信息产品与传统产品的融合,以及信息技术在新产品中的广泛应用,增加产品的信息技术附加值。加速企业信息化进程,把推广应用信息技术作为改进企业管理、推进传统企业技术改造、节约能源、实现由数量型向质量型效益型转变的重要手段。要使电子商务的技术和网络基础满足发展要求。

除了重视电子商务和信息基础设施之外,《纲要》也同样重视信息资源的开发,提到要加强信息资源开发,强化公共信息资源共享。集中力量开发建设重点信息资源,出精品工程。重点组织好政府信息、产业信息、企业信息、市场信息等重点领域的信息资源开发与上网。

从 1999 年 11 月起,政府通过各种政策、通知、会议等方式支持和推进企业信息化。2000年 8 月 16 日,国家经贸委、信息产业部和科学技术部发布了《关于成立全国企业信息化工作领导小组的通知》,这个小组负责制定全国企业信息化规划,全面指导企业信息化工作,组织实施企业信息化重大工程项目,协调解决企业信息化过程中出现的全局性问题,通过多种方式促进企业信息化经验交流等。

2001 年下半年,国务院向百强企业发布了一份《关于加快推进企业管理信息化建设的指导意见》。文中首次指出了国家的具体目标:到"十五"末期,大多数国家重点企业基本建立企业管理信息系统;大多数大中型企业至少实现比较完善的财务管理信息化;力争绝大多数企业在"十五"期间建立企业网站及主页,有条件的企业要积极开展网上营销。

同世界许多国家的信息政策相似,目前我国企业信息化的政策主要侧重于加速信息技术的推广应用,信息资源和信息基础设施的建设以及电子商务的发展,尚未涉及更广泛更具体规定,如企业信息化的税收、投资、技术标准等更深层次的问题。这说明我国的企业信息化政策需要进一步深化和加强可操作性。

信息经济是当今社会经济的本质形态,对于身处信息经济之中的每一个企业来讲,实现信息化都是必须而重要的,这需要通过企业内部信息政策的制定与实施来保证。普遍来讲,目前我国企业内部信息政策的制定还处于初级阶段,其现状与问题分析如下。

[①] 信息产业"十五"计划纲要. http://www8.ccidnet.com/news/policy/2001/09/07/85_53463.htm

9.6.3 我国企业信息政策制定存在的问题与对策

1. 我国企业信息政策制定的现状与问题

从我国现状来看,大中型企业实施信息化的积极性和成功率远远高于中小企业,各企业信息化实施的层次也不尽相同。比如,实现信息化综合应用的企业有联想、神州数码、长虹、北京天然气运输公司、中国电工设备总公司、辽宁电力有限公司、康佳、北仑发电厂等;哈飞汽车实现了 CAD;实施 ERP 的企业有内蒙伊利、东阿阿胶、浙江景兴、上海广电、广州药业、云南白药、青岛啤酒等;上海融氏企业有限公司、北京泰立化电子技术有限公司则从 CRM 切入;海尔、上海华谊集团公司、上海烟草集团公司则致力于电子商务;制造企业中如广东科龙、邯郸钢铁、华北制药集团、无锡威孚、海信集团、徐州工程、春兰集团等利用 CIMS(计算机集成制造)来提升现代管理。[①] 在企业信息化过程中,财务管理的信息化是最核心也是最普遍的环节,随着业务的成长,企业信息化的首要压力来自财务管理,因此财务管理信息化是大多数企业信息化的起点。

与东部相比,我国西部地区企业的信息化还处于十分落后的阶段。以经济发展水平较低的西北某少数民族省区为例,尽管政府已经成立了信息产业办公室,也出台了一些旨在促进企业信息化的政策,但由于经济发展水平的制约,企业投在信息化上的注意力还远远不够。所调查的企业涉及制造业、旅游业、民航和商业,信息技术主要用于自动化控制、计算机辅助设计以及财务管理方面,实现局域网的企业寥寥无几,实施 ERP 或电子商务的企业更是少之又少。通过访谈、实地考查等方式获知,企业信息化的障碍之一在于企业领导的认识,有些领导不了解企业信息管理系统的用途及效果,因而信息政策的制定也无从谈起。障碍之二在于资金的压力,举步维艰的国有企业仍占经济的主导地位,谈论信息化成为奢侈之举。

无论是东部还是西部,我国企业在信息政策的制定过程中尚存在种种障碍,可归纳如下:

(1) 企业决策者的认识局限

在企业内部制定信息政策的主要人物是企业的决策者,企业决策者做出一项决定,制定一项政策,考虑的因素有很多,但是其自身认识的局限是首要的问题。信息技术的快速发展总是不断产生出令人眼花缭乱的新名词,在企业信息化领域,这些新名词常常代表着不同花样的软件和硬件系统,是一个几乎只有专家才能搞清楚其功能与作用的庞大体系。对于绝大多数企业的领导人来讲,要弄清它们的作用与区别,的确不是一件容易的事。

中国的企业绝大多数是中小企业,而中小企业又多以私有企业和乡镇企业为主,往往经历过一个劳动密集型的甚至手工作坊式的原始资本积累过程。这样的成长过程造成了他们的信息方式往往是随机与零星的,他们通常先购买一两台电脑,随着业务的扩大再不断增加 PC 设备,逐渐局域联网,在内部实现信息交流和文件共享,随后再通过互联网与外界交流。因而许多的企业领导人认为只要使用了计算机与网络就是实现了企业信息化,有的对系统化的信息处理方式本身就不信任。而据统计只有 10%~20% 的企业信息化成功率又强化了这样的认识。在笔者与一些企业领导的访谈过程中发现,影响企业领导人信息决策的另一个因素是认为现有的管理完全能跟得上企业的需要,这在中小企业里尤为常见,甚至对 IT 咨询公司的宣传持排斥心理,认为对自己企业的管理没什么帮助,只不过是 IT 企业想来赚钱而已。

---

① 中国国家企业网编.企业信息化优秀案例选.经济科学出版社,2001,12:12

(2) 企业的资金压力

资金的缺乏是企业制定信息化政策过程中考虑最多也最客观的因素。这包括两个方面：一是实施信息化的成本考虑，二是企业，尤其是中小企业融资的困难。比如实施 ERP 产品需要的费用有：数目不菲的产品费、实施费、软件维护或二次开发费、员工的培训费，以及令人费解的产品资料和用户说明所费去的时间及费用；另外一项成本则是与软件系统相配套的硬件投资成本。除此之外，还有在信息系统项目实施过程中的机会成本，企业为了适应信息系统而做的流程重组或再造等方面的费用，以及系统迅速升级或更新换代所需要的新一轮的投资。这些成本的付出能否带来利润的增加，或企业竞争力的加强，是一个难以量化估算的东西，具有很大的不确定性，这就使得相当一部分企业处于观望阶段。再加上中小企业融资渠道不畅，对于一些经营业绩并不十分理想的企业来说，实施信息化是比较困难的。

(3) 企业的管理现状

企业信息化是将各种资源全面整合的整体项目，企业信息政策的制定与实施，与企业的管理现状密切相关，如：员工的信息素质、企业文化、企业的学习能力、未来发展的战略目标、企业的市场定位等因素都有关系。学习能力强，战略目标远大的企业，一般具有较好的成长性，会十分重视企业核心能力的培养，这样的企业常常将信息政策提升到战略的高度。比如 IBM、联想等企业。而对一些员工素质不高、市场定位层次较低的企业来讲，也许当前最迫切的投资项目还不是信息化，实施信息化也会付出相对来说更大的代价。但这也意味着企业间"数字鸿沟"的出现，意味着这样的企业在新一轮竞争中处于更加不利的地位。企业信息化的另外一层阻力来自既得利益集团，一些年龄偏大、学习新技术有困难的员工，会担心目前的工作岗位被信息系统取代；而对一些中层管理人员来说，引进信息管理系统，意味着业务流程更为透明，一些可能的隐形收入将会失去。这些都对企业信息化形成很大的抵制和阻力。因此，企业信息政策的制定实际上是从变革现有管理结构开始的，也是 IT 咨询机构所提倡的业务流程重组。以无锡小天鹅集团为例，在实施 ERP 项目之前，企业首先花费极大的精力对员工进行说服和培训工作。一项好的政策，只有得到员工的认同后，才能真正得到实施。

(4) 企业的人才局限

企业信息人才的缺乏，是企业实现信息化的直接瓶颈。传统产业人才的缺乏与信息产业内部信息人才的充足形成鲜明的对比，一方面是企业信息系统的不断更新与升级，一方面是企业内部对信息化的茫然无知，对于系统选型极不在行。这种"信息与人才的不对称"成为企业制定和实施深入细致的信息政策的现实障碍。

(5) 技术市场的不确定性

这是供应方影响企业信息政策制定的重要因素。对于企业来讲，是选择集成化和标准化程度都较高的国外信息系统，还是国内 IT 企业的产品和服务，尤其是有些系统的技术不成熟、功能不完备、售后服务不能保证，而高端的 IT 供应商对目标客户企业也有自己的选择，这种种因素成为一些企业制定信息化政策时犹豫不决的原因。就 ERP 来讲，高端的国外供应商有 SAP、ORACLE 等国外厂商。他们的产品特点是：对业务过程有严格的控制，可满足用户不同层面的查询管理要求，具有丰富的市场运作经验和技术实施能力，提供的产品众多，功能细致全面。而国内的厂商则比较了解国内企业的内部结构、管理方法，他们往往从财务软件起家，有自己的用户群和营销机构，但是要转型到 ERP 需要强劲的资金支持和人力储备。

在中小企业信息化的低端市场上，国内 IT 企业有着一定的优势。这种对比可以举例说明:2001年2月,联合国开发计划署、中国企业联合会、Cisco Systems(中国)网络技术有限公司共同提出的一项针对中国企业的管理提升和企业运营网络化改造的推进计划《网络就绪》项目。根据CSICO的标准,要求选择的试点企业应当具备十大基本条件:① 首席执行官赞成并亲自投入;② 具有前瞻性的思维方式;③ 有质量小组;④ 具有快速行动的能力;⑤ 在行业中处于领先地位;⑥ 盈利企业;⑦ 具有为转变成网络企业进行投资的意愿;⑧ 具有与外国公司合作的成功经验;⑨ 具有重要商业影响的潜力;⑩ 具有运用英语进行业务往来的能力。[①] 这充分说明高端市场对企业素质的要求。2001年11月20日,长城电脑公司在北京发起了面向中小企业的"新商务运动",主要推出了以PC为标准桌面的无线局域网解决方案,使企业不需要繁琐的网络布线,通过较低的投入就可享受高性价比的、高可扩展性的MIS,以很好地解决成长型中小企业的需要。而立足国内企业信息化的中关村科技则针对中国企业的特点,推出了互联网咨询顾问服务和面向企业的信息化专家培训。

(6) 网络应用不充分

网络化改造是企业信息化的高级阶段,是电子商务的基础,但电子商务与企业信息系统之间并不具有必然的阶段递增性。一个内部信息系统并不发达的小企业,也可以在一定的平台上进行电子商务活动。而对于一个具有完善ERP系统的企业来讲,更应该积极利用网络平台,进行电子商务活动。而目前由于种种原因(包括信用体制的不完善),我国网上交易不够发达,一些企业信息系统尚不具备完善的网络交易链接端口,这也影响了部分企业实施信息化的积极性。

(7) "信息悖论"

最后也最为重要的一个问题是"信息悖论"带来的困惑。企业投入了时间和资金,期望信息技术成为竞争优势的来源,产生巨大的利益回报。但是,经理们却发现:昂贵的信息系统不能正常工作;员工不知如何有效地使用它们;销售额、利润额没有增长,顾客的抱怨、雇员的消极情绪乃至抵触与日俱增,组织管理依旧保持原样,而企业在新技术方面的资金和时间投入却不断增加。当信息技术在互相竞争的企业中竞相使用时,成本节约与效率提高所导致的好处归了消费者,对于企业来说并不明显。

针对"信息悖论"带来的困惑,说服企业采取积极的信息政策的根据是:当信息技术被引入一个无法应对变革的企业,信息技术的潜力被阻滞,因此首先需要变革管理,主要表现在信息管理,人力资源规划和业务流程设计三个方面的变革,最后才是对具体软件和信息系统的选择。进行变革管理并非简单地意味着为适应所引入的信息技术而做出的对组织其他因素的改变,所有的改变都围绕一个目标:实现利益最大化。

2. 对我国企业信息化政策制定的建议

针对我国企业的现状,企业内部信息政策的制定与顺利实施关键要解决以下问题:

(1) 企业的信息政策包括哪些内容

企业信息政策包括两个部分:一是常规信息政策,二是企业信息化政策。

企业的一般信息政策包括:管理信息、技术与人事档案、市场信息、商业秘密、竞争情报、图书文献的管理及使用制度;信息发布、信息传递、信息共享、信息保密、信息使用的政策与制度,其中信息共享政策包括对员工将所拥有的私人信息转化为企业共享信息,或者说将隐性知识

---

① 企业信息化——中国企业《网络就绪》计划. http://www.ninesage.com/qyxxh/qyxxh.htm # shidian, 2005-2-6

转化为显性知识的激励与奖惩制度;企业信息部门的设置、信息设施、设备、技术、企业内部的数据库、数据仓库以及信息从业人员的管理、使用、维护制度;信息技术的培训普及、保证信息文化建立的政策与制度。所有的企业都需要制定常规信息政策,它是企业内部信息流转的基本准则,它保证了企业日常生产、管理、销售等各个环节的正常运转。

企业信息化政策是实现企业信息化战略的具体制度保证,包括:企业信息化的目标确定、投资计划、人员培训、实施周期、实施部门、咨询机构的选择、系统选型、成本评价、效果评估、流程重组、实施步骤、系统维护等一系列的规章制度。可以说,前者是长期的,需要不断改进与完善;后者则是为保证信息化项目的顺利完成而制定的制度规范,专业性强,制定难度大,是很多企业需要特别关注的政策。项目完成以后,部分规章固定下来变成常规的信息政策。在竞争日益激烈、管理思想不断更新的今天,知识与信息的管理成为提升企业核心竞争力的重要途径。二者相辅相成,相互补充,是实现企业利益最大化和战略目标的政策保障。

(2) 谁来帮助企业制定信息政策

企业信息化以市场为核心,即根据市场和客户去调整所有的资源,以满足客户需求为宗旨。企业信息化的动力来源于两个方面,一是市场竞争的压力,二是IT供应商的渗透力。市场竞争要求企业具有一定的创新能力,因此必须及时快速地获取各种信息如:市场信息、技术信息、顾客信息、竞争对手的信息、供应商的信息等。企业在成长过程中,对信息化有一种潜在的需求,随着企业规模的扩大和业务量的增加,这种需求会越来越迫切。从供给的角度看,IT厂商面临着产品创新和扩大市场的需要,企业信息化正是IT厂商潜力巨大的市场。IT厂商从自身发展的需要出发,运用各种营销策略来说服传统行业的企业购买信息系统、进行信息化改造。这成为企业进行信息化的外在动力。有些IT企业甚至直接充当企业信息化的咨询顾问。

由于信息技术具有很强的专业性,企业制定正确的信息化政策,需要外在的力量。现阶段扮演企业信息化咨询顾问角色的主要是IT技术管理咨询机构,主要有三种类型:IT厂商、传统管理咨询机构或新兴的专业IT咨询管理机构。

企业信息咨询机构的业务主要包括:

首先对企业战略和IT战略进行规划,详细预测某些信息技术的发展和实施对行业及公司的潜在影响,评估信息系统可能为客户企业所带来的效果、负面影响及制约因素,如评估信息技术能否降低成本、推动产品服务创新,能否提升企业核心能力、获得持久的竞争优势,评估企业信息技术能力及帮助企业制定IT投资规划。

其次是帮助企业进行与IT有关的管理变革,如业务流程重组,实现电子商务等;帮助企业设计IT构架,制定IT计划与标准,确定IT任务优先级,设计软件系统功能,以及信息技术和产品选型;协助企业对其信息系统进行管理,对IT投资回报进行评估;等等。

最后是为客户企业提供实施服务。包括开发软件系统、实施、运行、维护、升级及人员培训等工作。企业信息政策的制定最终的决策权在于企业决策者,因此在咨询机构的工作中,重要的是对企业进行信息化培训,包括企业领导人或企业信息技术骨干。帮助他们认识不同的信息化方案及其实施条件,了解不同产品的性能和服务质量及更新前景,甚至帮助提出信息化的可行性方案以及不同方案的实施预算。最终帮助企业制定正确的信息化政策。

(3) 实施怎样的信息化

信息技术的不断发展为企业信息化提供了技术上的可行性,而全球化的市场竞争成为企业信息化的压力与动力。作为一个已经加入 WTO 的发展中国家,中国经济的核心竞争力就在于企业的竞争力。如何凭借信息化来提高企业的核心竞争力,不但需要政府为企业信息化提供适度的政策环境,更重要的是需要企业克服种种障碍与不足,制定出符合自身长远发展的信息政策与信息战略。

关键术语

企业竞争力　企业信息化　信息化战略　信息化规划　项目管理　信息悖论　IT 治理　企业信息化水平测算　企业信息政策

思考题

1. 企业的核心竞争力表现在哪些方面?
2. 企业内外部存在的信息不对称现象有哪些?
3. 什么是企业信息化?企业信息化规划包括哪些步骤?
4. 企业信息系统有哪些类型?企业信息化项目管理包括哪些内容?
5. 什么是信息悖论?什么是 IT 治理?
6. 国家信息化测评中心的信息化水平测算指标体系的原理是什么?
7. 企业信息政策包括哪些内容?与企业信息战略有什么区别和联系?我国企业制定信息政策应注意哪些问题?

第 10 章 信息系统的经济分析

信息系统(information system)是指基于计算机与通信网络技术,对信息进行收集、存储、检索、加工、传递、控制与反馈的人机系统,旨在实现组织特定的管理、控制、决策等目标。信息系统广泛应用于各种组织中,在企业中的应用尤为成熟。企业信息化的过程,就是企业信息系统技术不断升级、功能不断完善的过程。

一项大规模的信息系统项目甚至成为企业的战略性投资,直接关系到企业的生存与发展。在进行投资之前,企业必须要对可选的项目方案进行成本测算,并对系统效益进行评估,以保证做出正确的技术方案选择与投资决定。

10.1 信息系统的成本测算

相对于信息系统经济效益的测算,其成本测算是比较容易的,因为信息系统的成本项目构成相对明确,测算方法也比较成熟。

10.1.1 信息系统的成本构成

信息系统的成本项是比较明确的,根据不同的标准,可以划分成不同的类型。

1. 按信息系统的生命周期阶段划分

对于企业来讲,信息化项目的整个过程包括系统开发、实施、运行、维护、管理与更新等阶段。如果通过招标的方式来采购信息系统,企业就不必逐项计算软件系统的开发成本,只需考虑购买软件系统所付出的费用。但对于整个信息系统来讲,一个信息系统的建设过程包括系统规划、系统开发(分析、设计、实施)、系统运行与维护以及系统更新等阶段,需要针对各个阶段来测算软件系统的开发成本。

(1) 开发成本

系统开发阶段包括软件需求分析阶段、软件概要设计阶段、软件详细设计阶段、编码和软件单元测试阶段、软件部分集成和测试阶段、软件配置项测试阶段、系统集成和测试阶段,软件维护阶段。

在软件需求分析阶段,需要对用户的需求进行调查分析,判断系统的性质与规模,估算系统设计所需要的资源,比如人力、资金、工期等。涉及的成本包括软件开发人员(主要是分析人员)的工时,差旅费;简单系统原型构造的开发费(包括必要的硬设备);用于软件需求分析的软件工具及软件技术资料费;文档编制费;外协及外聘专家工时费;消耗品费以及管理费等。

在软件概要设计阶段,涉及的成本包括软件开发人员(主要是软件设计人员)的工时费、设计用的软件工具与技术资料费;文档编制费;消耗品费及开发管理费等。

在软件详细设计阶段,涉及的成本包括软件开发人员的工时费;编码用的软件工具与技术资料费;测试环境、工具、用例生成费;文档编制费;消耗品及开发管理费等。

在软件部分集成和测试阶段,涉及的成本包括软件开发人员的工时费;集成工具费;测试用例生成费;文档编制费;消耗品及开发管理费等。

在软件配置项测试阶段,涉及的成本包括软件开发人员的工时费;测试用例生成费;文档编制费;消耗品及开发管理费等。

在系统集成和测试阶段,涉及的成本包括软件开发人员的工时费;系统测试环境的专用设备费和专用测试软件开发费(包括测试用例生成);文档编制费;消耗品及开发管理费等。

总体来讲,软件开发成本计价项目包括设计费、材料费、专用费、测试费、维护费和人员费等六项。其中设计费、材料费、专用费、测试费、维护费根据实际发生进行计算,人员费应该根据成本估算模型进行估算。[①] 到目前为止,关于信息系统成本测算的重点主要集中在系统开发成本方面,有许多算法模式,后文将做详细介绍。

(2) 实施成本

企业信息系统项目的实施,牵涉到各部门的利益,需要进行硬件、资金、人员与数据方面的充分准备,投入必要的资金支持,才能顺利实施。大体来讲,企业信息系统的实施包括三个部分:一是硬件设备的招标采购与安装调试,二是系统软件的安装与调试,三是人员培训。

项目实施的过程包括:

① 成立项目领导小组,进行项目方案的选择与决策;

② 组建项目实施团队,充分考虑到业务、技术与管理人员的协调配合;

③ 宣传动员,让员工充分理解企业信息化的必要性和迫切性,了解与项目相关的知识,得到广泛的理解与支持;

④ 对与项目相关人员进行技术与管理培训;

⑤ 识别、分析业务流程,进行必要的流程重组与机构调整,确立系统的管理制度;

⑥ 进行基础设施建设,包括机房的规划与建设,通信网络的设计、采购与铺设,以及计算机及相关硬件设备的购买与安装调试;

⑦ 系统安装测试与相关软件配置,不断调整系统功能与状态,组织项目验收;

⑧ 进行系统切换,并进行相关的数据收集,系统投入运行。

实施过程中的费用主要包括机房建设费用、通信网络费用、计算机硬件设备费用、软件配置费用、数据收集费用、人员培训费用、项目管理费用,同时还要考虑新旧系统切换所引起的费用以及相关的机会成本。

(3) 运行成本

当系统测试安装完毕后,就投入了日常运行。运行包括机房管理、运行管理与文档管理。

① 机房管理包括:制定操作规范,明确人员权限,保障电力供应,保持合适的温湿度,防火防水防盗等内容。

② 运行管理包括:数据收集,包括数据录入与数据校验;日常操作;临时的软件编写与配置;系统安全管理,包括防止病毒与黑客入侵;数据安全,包括数据备份与重要数据的保密;运行日记的管理等。

③ 文档管理指妥善保管系统开发阶段的可行性分析报告、系统说明书、系统设计说明书、程序清单、测试报告、用户手册、操作说明、评价报告、运行日记、维护日志等各种文档。

---

① 朱丽莎. 软件成本范围及计价项目探析. 舰船电子工程,2003,4

相应地,系统运行阶段的费用主要包括:水电暖费用、人员工资、消耗材料费、固定资产折旧费、技术咨询费、数据收集费用等。

(4) 维护成本

信息系统是由硬件、软件与人组成的,因此系统维护的对象也包括这三个方面。

① 硬件设备的维护主要指对计算机及相关设备的清洁、润滑、故障检修、零部件更换等。

② 软件的维护包括系统应用程序维护、代码维护与数据维护。应用程序的维护指在系统运行过程中,对于应用程序所发生的问题及时进行调整、修改,以尽快排除故障。代码维护是指根据环境的需要,对系统中的代码进行必要的增加、修改、删除与更新。数据维护则指随着系统运行环境的变化,适时对数据内容、数据结构进行调整,并对日常的数据进行更新,进行数据的安全备份与灾难性恢复等。

③ 人员维护指尽量保证系统管理人员的稳定性,遇到人员变动时,要做好交接工作。

信息系统维护的类型包括纠错性维护、适应性维护、完善性维护与预防性维护,以及时纠正系统所发生的错误,对系统进行必要的增删修改与调整,使之适应环境的变化,使系统的运行效率、用户界面及各种功能更加完善,并能及时防范可能出现的风险。据统计一般纠错性维护占21%,适应性维护占25%,完善性维护达到50%。

相应地,维护费用包括:纠错性维护费用、适应性维护费用、完善性维护性费用及其他类型的维护费用。当然,我们也可以把它划分为相应的人员费用、软件费用与硬件费用。

(5) 管理成本

管理行为贯穿于信息系统的整个生命周期。管理费用包括:项目审计费用、系统服务费用与行政管理费用。其中行政管理费用包括办公费、差旅费与会议费等。

2. 按系统的成本用途划分

可以将成本项目归纳为:硬件购置费、软件购置费、基建费用、人员工资、通信网络设施费用、水电暖费用、耗材费用、培训费用、管理费用及其他费用。

10.1.2 信息系统的成本估算指标

成本测算是信息系统进行项目规划、开发和做出实施方案的基础,是企业或社会组织进行项目投标或报价的基础,也是进行信息系统项目管理和审计工作的有效手段和重要依据。

在实际情况中,软件公司一般根据个人经验来估算程序的大小与难易程度,根据现有人力与资源情况,估计完成软件所需要的人月数。再由高级经理根据经验评估,将办公室租金、人员工资、设备费用、开发可能延迟的天数等因素相加。

有些软件公司在软件项目的投标中,为了竞标不惜降低价格,无法反映软件的实际开发成本。如果估算过低,会导致开发后期资源不足,进而影响软件的品质。如果估算过高,投入太多的资源,使资源不能得到合理分配,而且可能导致投标失败。

1. 成本测算的过程

信息系统成本测算指根据待开发系统的成本特征以及当前能够获得的有关数据,运用定量和定性分析方法,对信息系统生命周期各阶段的成本水平和变动趋势做出科学的估计。主要指信息系统生命周期中所需投入的工作量,用人月数(man-month, MM)表示,其他如开发工期、需要人数或具体费用等可在此基础上求得。信息系统成本测算的一般过程如下:

(1) 对系统的生命周期阶段、规模大小、系统功能、环境变化做出分析,选择测算人员,初步制定测算方案。一般来讲,选择与项目无关的、有丰富经验的"测算顾问"来承担测算任务,可以提高测算的准确度。

(2) 对过去已经完成的类似项目成本的测算与实际变化的情况进行分析,以之作为参照,吸取经验教训,根据系统项目的特性选择合适的测算方法。

(3) 对基础设施、硬件设备、用户培训、数据收集以及系统转换的成本进行测算,由于成本项目明确并相对稳定,这部分测算比较容易,同时也会影响软件成本的分析。

(4) 根据软件的规模或程序量,利用特定的测算模型测算出软件成本。

2. 信息系统成本测算的难点

作为一个大规模的复杂系统,技术更新、人员变动、管理质量都会影响到信息系统的成本测算,使一些测算模型的精度难以满足要求。信息系统成本测算的难点主要有以下几点:

(1) 新的软件开发技术的挑战。面向对象编程体系、大量的程序自动生成器、CASE(计算机辅助软件工程)工具等新技术的应用,使现在的编程工作与以往字符模式下的编程方式相比有了质的飞跃。人—机界面设计等工作可依靠自动生成器完成,而不必像以前那样由程序员逐行编写,使建立在源程序规模基础上的成本测算方式受到挑战。

(2) 人员流动的挑战。信息系统开发是一项高智力劳动,需要创造性和密切的合作,如果开发队伍不够稳定,就会使项目无法继续下去。

(3) 用户需求变化引起的挑战。随着用户对信息系统的认识逐渐清晰,会对系统功能提出新的要求,从而使开发发生变化,使原有的成本测算不够准确。

(4) 系统的复杂程度所引起的挑战。从信息系统本身来说,逻辑模型的抽象程度、业务处理流程的复杂程度、软件的可度量程度都会对成本测算产生影响。

(5) 管理水平的挑战。对于大型项目来说,对各部分开发进度的协调,人力的调配与激励,物力与财力的支持等管理工作水平的高低在很大程度上影响着信息系统的成本变化。

3. 信息系统成本测算的原则

针对上述种种信息系统成本测算的困难,在选择测算模型、进行成本测算的过程中需要满足以下原则:

准确:测算结果尽可能准确,并能正确反映情况的变化,这是信息系统成本测算的首要要求,因此需要根据项目特点选择合适的测算方法。

客观:在测算过程中,尽量避免利益相关的人员的主观影响,使测算结果最大限度地接近真实情况。

透明:测算方法、测算过程对于测算人员或其他人员应当透明,能够规范操作,具有可重复性。

方便:在满足上述条件的情况下,使所选择的测算方法和模型简便可行,易于操作。

4. 信息系统的成本导出因子

与软件成本高度相关的因素是软件规模,又称软件大小。一般而言,在预测软件成本时,先求出软件规模,然后再转换成软件成本。软件规模是一个模糊的概念,需要比较明确的衡量指标。常见指标有软件的程序行数,还有运用程序内的运算元与运算因子(Halstead,1977),或者功能点数(Function Point,FP)[Albrecht,1979]来反映程序的规模。这些指标都与软件成本高度相关,也是估计成本时的中间项,又被称为"成本导出因子"。

常用的成本导出因子有:程序行数(LOC)、标记数(Token)、功能点数(FP)。以下分别

介绍:

(1) 程序行(Delivered Source Instruction, DSI 或 Line Of Code, LOC)

程序行的定义是:只要不是程序注解或空白都可以列入计算。在程序行的算法里,即使每一行所包含的指令并不相同,程序的开头、主体等不管是可执行或是不可执行的片断都包含在内(Conte, 1986)。

为方便起见,常常表示为程序的千行数(KLOC 或 KDSI)。以程序行数作为输入的成本估算模式有: COCOMO 模式[Boehm, 1981], SLIM 模式[Putnam, 1978], Meta 模式[Bailey, 1981]。

早期软件开发工作主要是程序编写,因此用程序行表示是可行的。但是并不是每一个程序行所需花费的心力都是一样的,而且现在程序自动生成器、面向对象的软件开发方法已经出现,另外需求分析、系统设计也是十分重要的工作,因此完全以程序行来衡量软件规模已经不切实际。

(2) 标记数(Token Count, Halstead, 1977)

标记 Token 是程序语言构句的基本单位,每个程序可以看作是一群标记(Token)的集合。它可分为两类:运算子和运算元,程序的大小实际上是这些标记(Token)的函数。成本导出因子的定义如下:

n_1:所用的运算子的种类数目
n_2:所用的运算元的种类数目
N_1:所有出现运算子的总个数
N_2:所有出现运算元的总个数
S:程序的大小
C:变量值,随不同撰写语言而定

$$公式 \quad S = (N_1 + N_2)/C$$

(3) 功能点数(Function Point, Albrecht 1979)

当程序采用结构化方法设计时,一个大的程序可以分成许多小的程序组,又称为功能模块。每个模块具有特定的功能,以供主程序呼叫。对一个大系统而言,估算功能模块数,比估算程序行数容易多了。从系统分析流程的角度看,在进行需求分析时将系统由上而下分解,系统分析的重心也集中在软件功能上。因此,功能点数的方法是比较符合实际需要的。

一个功能模块是指执行特定工作的可执行的一群的指令集合。每个模块所实现的功能不同,模块内的行数差异可能很大,Smith[1980]曾统计过,在商业应用软件中的模块短者不过 10 行,长者可达 10000 行以上。因此,功能点数要考虑到模块的复杂程度。

功能点数的求法如下:

① 对系统内每个模块按"原始功能点数表"(表 10-1)的五个向度分别给予复杂度的评价,再将五个向度加总可得调整前的功能点数(Total Unadjusted Function Points, TUFP)。

② 再根据功能模块的特性(表 10-2),对软件发展的影响程度高低给予 0 至 5 分的评分,加总后就是影响程度评分总和(Total DI Value, TDI)。

③ 算出调整系数 $= 0.65 + 0.01 \times TDI$。

④ 特定功能模块的功能点数 $= TUFP \times$ 调整系数。

表 10-1　原始功能点数表

复杂度 功能形态	简单	普通	复杂	综合
外部输入	×3=	×4=	×5=	
外部输出	×4=	×5=	×7=	
逻辑内部文档	×7=	×10=	×15=	
外部界面文档	×5=	×7=	×10=	
外部查询	×3=	×4=	×6=	

资料来源:[Albrecht, 1983]。

表 10-2　功能点数调整因子

软件特性	影响程度评分	软件特性	影响程度评分
资料通信		处理逻辑复杂	
分散式处理		可重复使用性	
执行绩效要求		安装容易	
作业环境的负载量		作业容易	
交易速率		多重机器环境	
线上资料输入		设备的更新	
终端使用者效率			
线上修改		综合	影响程度评分总和(TDI)

资料来源:[Albrecht, 1983]。

使用功能点数作为衡量软件规模指标的优点有:
① 在系统开发初期即可以估算出功能点个数;
② 花费成本较其他方法小;
③ 估算者估算的差较小,即信赖程度(inter-rater reliability)高,适合发展一般化的指标。

以功能点数作为衡量软件规模的成本估算模式有:功能点模式[Albrecht, 1983], ESTI-MACS 模式[Rubin, 1983], SPQR/100 模式[Jones, 1986]。

5. 软件成本的衡量指标

比较常见的系统成本衡量指标的单位有:投入人月(MM)或是开发时间(Development Schedule)来估算[Boehm, 1981]。但是使用开发时间来估算,只能显示系统的开发时间,而开发时间与成本并非单纯的线性关系,并不能完全表示软件开发成本。因此投入人月是主要衡量指标。COCOMO 模式, Function Point 模式都采用投入人月作为成本指标。大部分模式估算出开发人月后,视其与开发时间是非线性相关的,再估算出适当的人力分配。

10.1.3　信息系统的成本估算模式

1. 成本估算模式的分类

成本估算模式分类如表 10-3 所示。

表 10-3 成本估算模式分类(杨连瑛,1983)

学　者	分　　类
Arifoglu, 1993	Macro Micro
Fenton, 1991	由顶向下估算(Top Down) 由底向上估算(Bottom Up)
Conte, 1986	经验累积模式(Historically Experimental Model) 统计基础模式(Statistically Based Model) 理论基础模式(Theoretically Based Model) 合成模式(Composite Model)

资料来源:吴典章.以类神经网路预估软体开发成本之研究,1998。

其中 Macro 模式适用于发展规模大于 30 人年(man-year)的大型系统,Micro 模式适用于中小型系统。

我国学者张剑平结合 B.W.Boehm 与 R.W.Wolverton 等人的分类分析,将成本测算方法整理分类如表 10-4 所示。

表 10-4 信息系统的成本测算方法(张剑平,1998)

通常的分类	B.W.Boehm	R.W.Wolverton
算法模型:解析模型 　　　　　列表模型 　　　　　复合模型	算法模型 专家判定 类比	自顶向下 自底向上 相似与差异估计
任务分解:自底向上 　　　　　自顶向下		
专家判定:类比 　　　　　Delphi		
其他方法:价格制胜 　　　　　Parkinson 　　　　　自动化系统		

资料来源:陈禹主编.信息经济学.清华大学出版社,1998,p.120。

2. 成本估算的顺序

成本估算的顺序可分为两类:自底向上估算(Bottom Up)与自顶向下估算(Top Down)。

自底向上估算是将程序分解成不同的工作结构单元(Work Breakdown Structure, WBS),再往上加总得到总开发成本。自底向上法可由部分开发人员直接参加,测算结果误差较小,往往可以达到 10% 左右。缺点是测算成本较高,并且对于系统级(如系统联调、项目管理)等的成本,容易忽视或不易测算准确。

自顶向下则从系统总体的观点,按照整体的功能,估算系统层次的成本。如:在开发初期,通过初步的调研和用户需求,大致确定系统的结构,给出系统规模、边界和基本的功能要求,再利用经验或类似系统的情况即可得出总成本的估计值,然后可将此总成本在各子系统或模块中分配。自顶向下法的优点是估算成本较低,缺点是估算误差较大,对各功能模块的成本分配可能不够准确。

3. 成本估算的模式

信息系统成本估算的模式是比较多的,也各有其优缺点,下面分别介绍①。

(1) 历史经验模式

历史经验模式主要是由经验丰富的软件开发专家,将过去开发系统的经验与待开发软件进行比较,对软件开发成本做出评估。其中最有名的模式是 TRW Wolverton Model(Wolverton,1974),利用软件成本矩阵(表10-5)(Software Cost Matrix)求出系统所需的成本。

软件的形态可以分为六种:控制、输入/输出、前后处理、演算、资料管理与时效。软件的困难程度可分为:旧且易、旧且中、旧且难、新且易、新且中、新且难。而矩阵中的数值代表每行程序所需要花费的成本。

表10-5　TRW 软件成本矩阵

困难度 形态	Old Easy	Old Middle	Old Hard	New Easy	New Middle	New Hard
Control	21	27	30	33	40	49
I/O	17	24	27	28	35	43
Pre/Post Processor	16	23	26	28	34	42
Algorithm	15	20	22	25	30	35
Data Management	24	31	35	37	46	57
Time Critical	75	75	75	75	75	75

资料来源:[Wolverton,1974]

假设有一模块 k,其预估大小为 $S(k)$ 行,其形态为 $i(k)$,困难度为 $j(k)$,成本矩阵用 C 表示,则:

$$C(k) = S_{s(k)} \times C_{i(k)j(k)}$$

整个系统或软件的成本为:

$$\text{System Cost} = \sum_{\text{all Modues}} C(K)$$

(2) 统计基础模式

统计基础模式可分为线性模式与非线性模式,常用的分析工具为回归分析的方法。用统计的方法不但能找出影响成本因素的变量,还能得到影响程度的大小。

① 线性模式

将影响因素对软件成本的影响程度视为线性,可用下式表示:

$$E = C_0 = \sum_{i=1}^{n} C_i X_i$$

其中,E:人力,以人月或人年为单位;X_i:成本的影响因子;C_i:成本的影响强度。

利用回归分析的技巧,可以找出每个成本影响因子(X_i)的影响强度(C_i),如果影响强度非常小,可以考虑去掉此成本影响因子。有些成本影响因子间有很强的相关性,可能通过回归式加以修正以得到较高的准确性。

20世纪60年代由 System Development Corporation(SDC)发展出一套 SDC 模式(Nelson,1966)。列举出104个成本影响因素,根据169个开发完成的系统资料,进行回归分析,产生出

---

① 吴典章. 以类神经网路预估软体开发成本之研究. www.ncu.edu.tw/~im/Partners/87/FullText/8542300 1998,1

一个 14 个成本影响因素的线性回归。但最后此研究的结果准确度不高,很有可能是成本估算模式并不完全是线性关系。

② 非线性模式

后来的学者提出了非线性成本估算模式,如 Doty 模式(Herd,1977),及 Walston-Felix 模式(Walston,1977)。其基本的估算式为:

$$MM = a \times (KDSI)^b, \quad a,b \text{ 为常数}$$

其他成本估算方程式整理如表 10-6:

表 10-6 成本估算方程式整理

模式名称	成本估算方程式	限　　制
Waston-Felix	$MM = 5.2(KDSI)^{0.91}$	
Doty	$MM = 5.288(KDSI)^{1.047}$	$KDSI \geqslant 10$
Doty	$MM = 2.060(KDSI)^{1.047}$	$KDSI < 10$

资料来源:吴典章. 以类神经网路预估软体开发成本之研究. 1998,13. www.ncu.edu.tw/~im/Partners/87/FullText/8, 2000-11-10

(3) 理论基础模式

理论基础模式是以软件工程的假设为理论基础,以数学定理推导得出。如 Putnam 模式(Putnam,1978),其方程式如下:

$$y = 2Kat \times e^{-at^2}$$

其中,y:此阶段的人力使用率;

K:系统开发之初至今所使用的总人力;

a:影响此分配曲线的参数,由开发环境及人员特性决定;

t:已开发时间。

该模型的理论基础是认为在大型系统的软件开发周期中,每个阶段所付出的人力,其人力分配 Rayleigh 曲线。理论模式的假设状况和实际开发环境有很大的差异,而且难以明确成本影响因素,因此估算值与现实情况差距较大。

(4) 合成模式

所谓合成模式,就是将历史资料、专家经验与理论基础模型结合起来的估算模式。著名的模式有 COCOMO 模式[Boehm,1981]及功能点模式[Albrecht,1983]。下一节专门介绍 COCOMO 模式。

(5) 其他模式

除此之外,还有专家判定法、价格制胜、Parkinson、机器学习成本估算模式、类神经网络估算模式等。

专家判定法就是依靠专家自己的经验、直觉以及对所测算信息系统项目的理解给出成本的测算值。可分为类比法和 Delphi 法。

类比法充分利用以往的经验、测算快速且廉价,其缺点是误差较大,得出的结论较难使人信服,通常认为它只能为数量级一级测算提供初步的近似。

Delphi 法是美国 Rand 公司推出的一种专家意见定性测算方法,通过向领域专家发判定表、无记名表、统计综合、向专家反馈结果并进行下一轮填表等步骤的多次重复,逐步使专家的结论趋于一致而作为测算结果。Delphi 法的主要优点在于能充分利用专家的经验并能处理一些特定的环境影响,不足在于专家可能具有某些偏见无法处理,并且比较费时。

价格制胜法又称为"可以接受的投标价格法",是指为了在与同行竞争中取胜——赢得开发项目订单,无条件地在费用和进度上迎合用户要求而制定成本预算的方法。

Parkinson 法:根据著名的帕金森法,既然规定此项目应在 X 年内完成,并且又有 Y 位全时制开发人员可以投入,那么,此项目就需要 $X \times Y \times 12$(人月)的工作量。

类神经网络是一种计算系统,包括软件与硬件。它使用大量简单的相连人工神经元来模仿生物神经网络的能力。人工神经元是生物神经元的简单模拟,它从外界环境或者其他人工神经元取得信息,进行简单运算,并将结果输出到外部环境或其他人工神经元。一般而言,如果问题之间存在许多的不确定性,且输入与输出之间存在复杂的非线性关系,则可利用类神经网络来解决(H.Ma,1994)。

正因为类神经网络适合应用于预测及分类的问题,因此有学者将类神经网络应用于软件开发成本的预测上。Srinivasan 及 Fisher(1995)利用类神经网络预测软件的开发成本。[1]

10.2 COCOMO 模式

COCOMO 模式由 Boehm 依据 TRW 公司所开发过的 63 个系统资料,并假设软件规模与开发时间为非线性关系,不同的开发环境有不同的估算方程式。COCOMO 模式不仅提供衡量开发时间的方法,估算生命周期中每个阶段如何分配人力,还可利用敏感度分析(sensitivity analysis),拟定不同的策略,调整成本影响因子。

10.2.1 COCOMO 模式下的软件类型

COCOMO 模式依据软件的复杂与困难程度,将软件分为三类:

(1) 有机型(organic mode)

软件系统由资深的开发人员于一个熟悉的开发环境中开发完成,需求明确,规模通常小于 50KDSI。

(2) 半分离型(semi-detached mode)

软件复杂程度适中,开发成员曾接触过相同的系统,但经验不十分充足。规模通常小于 300 KDSI。

(3) 嵌入型(embedded mode)

需求不明确,有比较复杂的操作程序,与硬件设备的特性关系密切。开发人员需要花很多时间与使用者沟通,调整需求。独特性强,不易借助于过去的经验。无特定的规模限制。

10.2.2 COCOMO 的三种成本估算模式

针对不同的估算要求,Boehm 提出了三种渐进的估算模式。基础模式(basic COCOMO)、适中模式(intermediate COCOMO)与详细模式(detailed COCOMO)。

基础模式可以快速粗略地估算中小型软件的开发时间与成本,估算方法简单,估算成本较低,但准确度不太高。

---

[1] 吴典章.以类神经网路预估软体开发成本之研究.www.ncu.edu.tw/~im/Partners/87/FullText/8542300 1998,1

适中模式比较常用，用(intermediate COCOMO) 15 个成本因子(Cost Driver)来调整软件开发成本的估算值，以反映不同的开发环境对软件开发成本的影响。

详细模式考虑到不同的开发阶段，成本因子有不同的值，以决定每个阶段所需要花费的人力。

1. 基础模式(basic COCOMO)

在 COCOMO 模式中，信息系统的成本主要以开发该软件的人月数 MM(Number of Man-months)、所交付的源程序规模 KDSI 与该软件开发所需要的时间 TDEV 表示。其中，源程序规模以千行源指令为单位 KDSI(Kilo-Delivered Source Instruction)，软件开发所需要的时间 TDEV(Time of Development)，以月单位。计算公式如下：

$$MM = C_1 \times (KDSL)^{K_1}$$
$$TDEV = C_2 \times (MM)^{K_2}$$

C_1、C_2、K_1、K_2 为模型的参数，采用不同的开发方式时，取值不同。

根据不同的特性将系统划分为三种形态，各有不同的估算公式，如表 10-7 所示。

表 10-7 基础 COCOMO 模式的成本估算公式

系统类型	人力	工期
有机型	$MM = 2.4 \times (KDSI)^{1.05}$	$TDEV = 2.5 \times (MM)^{0.38}$
半分离型	$MM = 3.0 \times (KDSI)^{1.12}$	$TDEV = 2.5 \times (MM)^{0.35}$
嵌入型	$MM = 3.6 \times (KDSI)^{1.20}$	$TDEV = 2.5 \times (MM)^{0.32}$

资料来源：[Boehm, 1981]。

估算步骤如下：

(1) 判别待开发系统的类型；

(2) 估算出系统规模，即软件的程序千行数(KDSI)，代入人力公式，得到开发的人力需求，单位为人月(MM)；

(3) 将步骤 2 中求得的人力需求，代入工期公式中，得到总工期(TDEV)。

2. 适中模式(intermediate COCOMO)

COCOMO 基础模式可以很容易且快速地估算出软件成本。但没有考虑开发环境的影响，如开发语言、开发人员的经验等因素。

考虑到这些因素，适中模型将成本因子分成四个方面：产品属性、计算机属性、人员属性、系统属性，总共有 15 个成本因子(Cost Driver)，以调整成本估计值。

15 个成本因子及评分法如表 10-8 所示。

表 10-8 COCOMO 模式成本因子表

成本因子	很低	低	正常	高	很高	极高
产品属性						
可靠性要求	0.75	0.88	1.00	1.15	1.40	
资料库规模		0.94	1.00	1.08	1.16	
软件复杂度	0.70	0.85	1.00	1.15	1.30	1.65
电脑属性						
电脑执行时间限制			1.00	1.11	1.30	1.65

(续表 10-8)

成本因子	很低	低	正常	高	很高	极高
存储器容量限制			1.00	1.06	1.21	1.56
机器结构变动性		0.87	1.00	1.15	1.30	
电脑反应时间		0.87	1.00	1.07	1.15	
人员属性						
分析师能力	1.46	1.19	1.00	0.86	0.71	
程序设计师能力	1.42	1.17	1.00	0.86	0.70	
开发类似系统的经验	1.29	1.13	1.00	0.91	0.82	
硬件及作业系统使用经验	1.21	1.10	1.00	0.90		
程序语言经验	1.41	1.07	1.00	0.95		
系统属性						
现代化程序设计技巧	1.24	1.10	1.00	0.91	0.82	
软件工具使用	1.24	1.10	1.00	0.91	0.83	
开发工期	1.23	1.08	1.00	1.04	1.10	

资料来源:[Boehm,1981]。

估算步骤如下:

(1) 算出修正调整因子(Adaptation Adjustment Factor, AAF)

如果新开发系统是从曾经开发过的系统程序码修改得来,必须先计算此系统的修正调整因子,公式如下:

$$AAF = 0.40(DM) + 0.30(CM) + 0.30(IM)$$

DM:设计部分修改的百分比。新系统中的设计规范,从旧系统的设计规范中修改所占的比例。

CM:原始程序码修改的百分比。新系统的程序码,由旧系统的程序码中修改所占的比例。

IM:修改后软件集成所需人力的百分比。将修改后的软件整合到整个系统中,并且测试整合后系统的可靠性,其人力所占的比例。

(2) 计算调整后程序千行数(Adjusted number of Delivered Source Instructions, ADJ KDSI)

AAF 计算出来后,估算出新系统的规模,即 KDSI,即可求出调整后程序千行数。公式为:

$$ADJ\ KDSI = (KDSI) \times (AAF)。$$

(3) 估算名义人力(Nominal Effort)

判断开发系统的类型,代入适合的人力方程式,得到名义人力,参见表 10-9。

表 10-9 COCOMO 适中模式的人力及工期公式

系统类型	人力	工期
有机型	$MM = 3.2 \times (KDSI)^{1.05}$	$TDEV = 2.5 \times (MM)^{0.38}$
半分离型	$MM = 3.0 \times (KDSI)^{1.12}$	$TDEV = 2.5 \times (MM)^{0.35}$
嵌入型	$MM = 2.8 \times (KDSI)^{1.20}$	$TDEV = 2.5 \times (MM)^{0.32}$

资料来源:[Boehm,1981]。

(4) 决定成本因子之乘积(Effort Adjustment Factor, EAF)

考虑影响成本的15个因子,由有经验的专家决定每个成本因子的重要程度,见表10-8,找出评分,EAF 即为15个成本因子评分的乘积。

(5) 估计开发成本

将步骤(4)得到的 EAF,乘以步骤(3)所得到的名义人力,就是开发成本。公式为:
$$MM\ EST = EAF \times (MM\ NOM)。$$

(6) 估计开发工期及相关系统因素。

将步骤(5)所得到的开发成本估计值(MM EST),代入相对应的工期方程式中,利用敏感度分析,加以调整成本因子,求出最短开发工期。

适中型的 COCOMO 模式虽然加入了15个成本因子,反映了实际的系统开发环境,但其成本因子权值的决定方法,仍有赖于有经验的专家来决定,若由不同专家来评定,必有不同的成本因子权值,这也是适中型 COCOMO 模式的缺点。

3. 详细模式(detailed COCOMO)

若将系统的开发流程区分成不同的阶段,每个阶段其成本影响的程度可能不同,如在需求分析阶段,系统分析师的能力对成本的影响较大,而在程序设计及撰写阶段,其影响力可能较小。因此针对不同的开发阶段,给予成本因素不同的权值,比较符合系统开发的实际情况。

详细模式 COCOMO 将系统开发分成四个阶段:需求及初步设计(RPD)、细部设计(DD)、程序设计与单元测试(CUT)及集成测试(IT)四个阶段,15个成本因素在每个阶段都有不同的评分,用来决定每个阶段所需要花费的人力。

10.3 信息系统的经济效益及其评价

10.3.1 信息系统的经济效益

1. 信息系统的经济效果

信息系统的经济效果,一般指信息系统所带来的货币成果与为此所付出的资源费用的比值。信息系统的经济效果可以这样表示:
$$e = B/C$$
其中 e 为信息系统的经济效果,B 为信息系统在整个使用期内所带来的货币收益,C 为为购买或开发、实施、运行与维护过程中所付出的资源费用的货币值。简单地说,后者可以理解为成本项,比较容易计量,而前者的计算却复杂得多。在9.4节中也有所述及。

谈论信息系统的经济效果,有两个角度,一是系统开发商的角度;二是信息系统使用者的角度。对系统开发商而言,信息系统经济效果指该系统被售出所得的货币收入与系统开发费用之比。对于系统用户而言,信息系统的经济效果是应用该系统以后所带来的货币成果与为得到并正常使用该系统所付出的费用之比。一般地讲,人们更关注后者。

2. 信息系统的经济效益

经济效益指信息系统所带来的收益与为此而付出的资源费用之差。信息系统的经济效益可以表示为:
$$E = B - C$$
经济效益与经济效果之间的关系式为:

$$E = C(e - 1)$$

对于一个信息系统而言,如果要使经济效益 $E>0$,那么经济效果 $e>1$。

信息系统的效益根据不同的标准,可以分为:经济效益与社会效益;直接经济效益与间接经济效益;宏观经济效益与微观经济效益;近期经济效益、中期经济效益与远期经济效益;有形、准有形与无形经济效益。

需要注意的是,由于存在着明显的外部经济特征,信息系统的效益常常在部分程度上表现为社会效益或无形的经济效益,并具有间接性与远期性特征。

信息系统主要通过两种方式实现经济效益:

(1) 面向企业或组织机构的内部实体的管理。如 OA、MIS、DSS 等。

(2) 面向外部实体的信息服务。它通过信息加工或生产信息产品为社会提供信息服务而获利,如证券交易信息系统、信息咨询系统等。

3. 信息系统经济效益的特点

信息系统经济效益的最大特点是难以准确计量。原因如下:

(1) 由于信息系统所带来的效率提高存在于企业生产的各个环节,投资的发生和效益产生的部门并不相同,这使得信息系统的经济效益具有广泛性和转移性。

(2) 信息系统所带来的效益通常与技术创新、管理创新所带来的效益密切联系,甚至形成一个整体,难以区分,这使得信息系统的经济效益具有隐含性。

(3) 信息系统的实施有一个逐渐完善的过程,其效益在不同的阶段也有不同的表现,因此信息系统的经济效益具有延迟性。

(4) 信息系统给各个部门带来效率的提高,有些表现为成本的降低,有些却难以估价,如决策效率与竞争能力的提高,因此信息系统的经济效益具有无形性。

(5) 信息系统的经济效益与企业管理规章的健全、高层领导的重视、管理人员的支持、用户态度、企业管理水平等密切相关,因此信息系统的经济效益具有不确定性。

10.3.2 信息系统经济效益的评价

1. 信息系统经济效益的评价分类

信息系统的经济效益评价是指在信息系统的整个生命周期中,对信息系统项目的方案、开发或运行的经济效益状况进行考核,包括投资、运行费用、年生产费用节约额、企业管理效率的提高、管理水平的改善、管理人员劳动强度减轻等方面。在经济效益评价的基础上,对信息系统进行鉴别、比较、选择和改进,提高其管理和服务效率。

信息系统经济效益的评价可以分为事前评价、事中评价和事后评价。

事前评价主要是针对项目方案的评价,对新系统在经济上的可行性进行分析,估算系统开发和运行所需的费用以及新系统的经济效益,将投资和经济效益进行比较,说明在经济上是否合算。事前评价的参数大都是不确定的,具有一定的风险性。

事中评价主要指在项目方案的实施过程中,对开发设计各阶段的质量、成本、风险、技术、进度等进行评估与调整,是保证系统质量与经济效益的重要措施。

事后评价是指信息系统投入正式运行之后,对其所产生的实际经济效果进行评价。通过事后评价,用户可以了解投资的效果,开发人员则可以更好地总结经验。

2. 信息系统经济效益的评价方法

一般来讲,信息系统经济效益的评价方法有以下几类:

专家评价法,包括评分法(Delphi)、类比法、相关系数法;

经济模型法,包括生产函数法、指标公式法、费用/效益分析、投入/产出分析;

运筹学评价法,包括多目标决策、数据包络分析(DEA)、层次分析法(AHP);

其他数学评价法,包括模糊评判(Fuzzy)、多元统计分析、神经元网络(NN);

组合评价法,如 APF 法(AHP + PCA + Fuzzy)。

(1) 专家评价法

评分法(Delphi):由多名专家根据预先拟定的评分标准及专家的经验和主观认识各自对评价对象进行打分,然后将评价结果反馈给所有专家,每位专家对照反馈的评分修正自己的评价,如此反复,最后得出一个综合后的评分。

类比法:将待评项目与相似的已评项目进行类比而得出评价结果。

相关系数法:通过专家评分或者类比来确定信息系统对企业总经济效益的贡献度,如果更精确些,还可以具体给出对每一类经济效益的贡献程度,然后运用下面的公式计算出信息系统带来的经济效益。

$$IS 的经济效益 E = 企业经济效益增长额 \times IS 贡献程度$$

$$E = \sum 各类经济效益增长额 \times IS 对各类效益贡献程度$$

其中,IS 为信息系统,E 为信息系统的经济效益。

此法操作简单、直观性强,可用于信息系统定性或定量经济效益指标的评价,一般采用多位专家评价等措施来克服主观性强与准确度不高的缺点。

(2) 经济模型评价法

经济模型评价法是一类定量的评价方法,具有客观性强、实用程度高的特点,适合于信息系统直接经济效益的评价。该类评价方法主要包括生产函数法、指标公式法、费用/效益分析法和投入产出分析法。

其中,投入产出分析,是通过投入产出模型或投入产出表格来研究经济系统各个部分(作为生产或消费单位的产业部门、行业、产品等)之间表现为投入与产出的相互依存关系的经济数量分析方法。

具体地讲,是将不同年份反映各种消耗的参数如劳动或产品的直接消耗系数等进行对比,可以评价各个部门由于使用信息系统而带来的各种消耗的节约;将不同年份完全消耗系数进行对比,可以看出由信息系统造成的完全劳动消耗的节约。

(3) 运筹学评价法和其他数学评价法

在实际评价工作中,往往需要同时用几个标准作为评价的依据。这时可采用数学中的多目标决策、数据包络分析(DEA)、层次分析(AHP)、模糊评判、多元统计中的主成分分析(PAC)、因子分析和聚类分析等有效的工具和方法进行评论。

上述各种方法具有完备的理论基础,适合于对多因素的变化进行定量动态分析和评论,尤其是对那些含不确定性的、模糊因素的评价能够获得较好的评价结果。主要缺点是由于因素多而产生的工作量较大。

(4) 组合评价法

是指前述专家评价法、经济模型法、运筹学评价法和其他数学评价法中的具体模型或方法的有机组合。

其中 APF 法是一种十分典型的组合评价法,它把层次分析(AHP)、多元统计中的主成分分析(PCA)和模糊评判(Fuzzy)等方法组合,综合利用各种方法的不同特性对评价对象作出较全面的评价。

APF 法首先以层次分析法(AHP)为主体,建立起分层指标体系;再用 AHP 法的两两比较原则确定各指标的权值,以消除专家评价中主观偏差的影响;在分层指标体系中,分别运用专家评价、费用/效益分析和指标公式等评价方法,来确定各定性、定量指标的具体数值。

为使指标数量化,可用模糊评判方法进行处理;最后将所有指标值作无量纲化处理,按一定的综合法则进行加权合成,即得到评价的结果。

基于 APF 方法的评价过程可以简述如下:
① 明确评价对象与目标;
② 通过调查研究与收集数据,确定评价的定性与定量标准,数据按标准化处理,建立初始评价指标体系;
③ 运用主成分分析法(PCA)简化指标体系;
④ 运用层次分析法(AHP)确定指标权重;
⑤ 运用费用/效益分析、专家评价、指标公式法计算定量指标,并评估定性指标;
⑥ 对评价值进行无量纲处理,按综合算法计算总评价值.。

APF 法的主要特点:
① 能较好地将复杂的定性和定量指标有机结合在一起,获得较为客观的数量化评价结果,同时,该方法具有较强的通用性。
② 主成分分析法 PCA 的采用,有效地消除了评价指标间的相关关系影响以及有关被评价对象的重复信息,使得指标体系大大简化。此外,PCA 方法所形成新的指标的各分量之间是相互独立的,这就更适宜最后的加权合成。
③ 层次分析法 AHP 法确定指标权重,可使权重值较为客观合理。另外,模糊评判法的采用也提高了定性指标值定量化的合理程度。

因此,APF 法是比较适合于信息系统经济效益评价的方法。

10.3.3 信息系统的费用效益分析法

1. 基本概念

传统的财务分析(Financial Analysis)是企业进行工程项目投资决策的经济评价时常用的方法。主要是根据市场价格计算工程项目寿命期内的现金流量,按财务折现率折现后求得净现值,或根据现金流量计算内部收益率,以净现值的正负或内部受益率的高低作为是否进行投资的判断。该方法考虑了资金的时间因素和项目整个寿命期内的收入和支出,辅之以债务偿还能力分析、盈亏平衡点分析、敏感性分析和风险分析等手段。

社会费用/效益分析体系产生于 20 世纪 50 年代,当时西方经济学家发现传统的财务分析结果不能用来作为一些公共部门工程项目的决策依据,于是扩充了一个新的分析体系。这个体系是从国家,即经济整体角度出发,通过对项目的费用和效益进行划分、量化和对比等步骤来计算若干评价指标,以确定项目对国民经济的净贡献的一种经济评价方法。

这个体系将工程项目的经济分析分为三个层次:财务分析、费用/效益分析和社会分析。

把传统财务分析作为其他两个分析层次的基础;费用/效益分析从经济整体出发进行考察,采用"影子价格"代替市场价格;社会分析则是考察、评价项目对实现社会目标,例如经济增长速度、收入的公平分配等方面所作出的贡献。

费用/效益分析是从国家的角度来评价项目对全社会的投资经济效果情况,而财务分析只从企业自身利益出发,评价项目的财务收支能力。

影子价格(Shadow Price)不同于一般意义上的市场价格,而是指某种资源在具体经济结构中的使用价值,或称为该种资源的边际收益,同一种资源在不同经济结构中的影子价格不同。影子价格的大小反映了该种资源在具体的经济活动中边际贡献的大小,也说明该种资源的稀有程度。具体地讲,影子价格是在原最优生产方案的基础上,再增加(或减少)1个单位的某种资源,使总收益增加(或减少)的量。

净现值(Net Present Value,NPV)和内部收益率都是评价投资方案的主要指标。净现值是指在特定的投资方案中,未来现金流入量的现值与未来现金流出量的现值之间的差额。如果为正,说明该投资项目的报酬率大于预定的贴现率。主要问题是如何确定贴现率,一是根据资金成本来确定,另一是根据企业要求的最低资金利润率或资金的机会成本,即一般情况下可以获得的报酬来确定。

内部收益率(即内部报酬率,Internal Rate of Return,IRR)是指能够使未来现金流入量现值的总和恰巧等于未来现金流出量现值的总和的贴现率,或者说能使投资方案的净现值为零的贴现率。内部收益率是根据投资方案自身的报酬率来评价方案优劣的一种方法。它反映了投资方案本身的收益能力及内在的获利水平,解决了净现值不能了解各投资方案本身可以达到具体投资收益率是多少的问题。

通过比较可知,净现值法将各年的现金流量按投资者要求的那个被用作贴现率的收益率作为再投资报酬率来计算其形成的增值。内部收益率法则将各年的现金流量按该项目的内部收益率作为再投资报酬率来计算其形成的增值。

2. 信息系统的费用/效益分析

与一般项目相比,信息系统的经济效益具有间接性、无形性、延迟性与长期性等特点,并且与系统用户的应用和管理水平密切相关,因此通过传统的财务分析进行准确的收益计算是十分困难的,而费用/效益分析则可以在一定程度上弥补财务分析的不足。

(1) 净现值(NPV)

信息系统项目投资方案的净现值(NPV)是指把信息系统项目投资方案实施的费用及产生的效益都用一定的贴现率折算为现值来进行比较,效益与费用的差额即为净现值,计算公式为:

$$NPV = \sum_{i=1}^{n} b_i/(1+i)^j - \sum_{j=0}^{n-1} c_j/(1+i)^j$$

式中:n 为 IS 生命期(年);b 为第 j 年的效益($j = 1, 2, \cdots, n$);C 为第 j 年的费用($j = 1, 2, \cdots, n-1$);i 为贴现率。

当 NPV>0 时,方案可以接受。在没有其他条件限制时,NPV 值越大越好。使用该判据的关键是要有一个适当的贴现率。

对于信息系统这样一类收益期较长的项目来说,高贴现率对它的应用和发展是不利的。

(2) 内部收益率(IRR)

内部收益率是指在信息系统投资方案的生命周期内,当效益现值和费用现值相等,即净现值为零时的折现率。内部收益率是用以反映项目获利能力的动态评价指标。具体应用时,可令 NPV=0,由此采用试算、插值方法求出 i 值,此即该项目在整个生命周期内的实际内部收益率,通常当它大于社会平均利率或事先确定的利率时,则该项目是可行的。当有多种待选方案时,内部收益的大小顺序可反映出相应方案的优劣程度。

(3) 净现值率(NPVR)

净现值率即 IS 净现值(NPV)与总投资现值(Present Value of Investment, PVI)的比值。由于净现值是一个绝对数,并不能体现投资规模的大小,而净现值率则可用在投资有限情况下对多个项目方案作粗略的排序比较。

费用效益分析一般用于信息系统的事前评价,即运用于系统规划阶段的可行性研究中。信息系统的费用/效益分析和财务分析一般都采用现金流量折算方法,它在考虑费用和效益的同时,也考虑到时间因素和风险因素。

10.4 信息系统的定价

本节主要讨论狭义的信息系统,也就是软件系统的定价问题。信息系统作为一种信息商品,其定价符合一般信息商品的定价规律。但根据市场类型的不同,又表现出一定的独特性。(参见 4.5 节)

一般来讲,信息系统市场以垄断竞争或寡占市场居多。信息系统的开发是一种涉及大量知识和技巧的复杂劳动,与开发人员的素质及经验有关。因此,即使同一类信息系统,如财务管理系统,在软件质量、用户界面和易维护性等方面也会存在差别,每一种有差别的信息系统都可以凭借自己的特色在一部分用户中形成垄断地位。但各种有差别的系统之间又存在替代性,这种替代性就引起了产品之间的竞争。

10.4.1 信息系统利润的特点

信息系统的利润通常称为纯收益,是指企业销售信息系统产品或提供与之有关劳务的收入扣除成本和税金后的余额。其特点是:

(1) 利润包含了对投资风险的报酬。奈特说:一切真正的利润都与不确定性或不完全信息有关。

(2) 包含了对技术创新的报酬,因为创新是有风险的。每当一次成功的创新出现时,一个暂时的垄断性组织得以形成,它们可获得创新利润,但很快会被对手和仿效者的竞争所消除,不过竞争又会促使新的创新出现。

(3) 包含了系统开发的技术准备费用。作为复杂的脑力劳动,系统开发人员需要有一个专业知识汲取、更新、提高和开发经验积累的过程,国外把该过程耗费的投资称为"技术准备费"。

(4) 应包含对机会成本的偿还。在经营决策中,机会成本是以诸项未被选择方案中所失去的最高收益为尺度,来评价被选择方案的一种假定性成本。

10.4.2 信息系统的定价原理

信息系统可以采取系统开发成本加成定价的方法,表示为:

$$P = ATC + I\% \times ATC$$

其中,P 表示系统价格;ATC 表示平均变动成本;$I\%$ 表示利润提成率。

计算方法为:估计开发和销售信息系统产品的平均变动成本,加上间接费用,再加上平均变动成本的一个特定的百分数作为利润(即利润提成率)。

这里的变动成本是指随信息系统的复杂程度、规模及其产量而变动的开发成本,诸如系统中的硬件设备与原材料费用、直接开发人员的工资、用户培训费用等。间接费用则一般是把总固定费用根据产品的平均变动成本分摊到各个产品上去。

因为加价的程度与开发方所面临的产品需求状况有很大关系,在实际的定价过程中,信息系统标价的高低较多地取决于市场所能承受的程度,以及市场竞争的状况。因此加成百分数既依据于成本,又依据需求,与产品的价格弹性相关。

在垄断竞争的市场中,企业面临着一条向右下倾斜的需求曲线,企业的边际收益曲线也向右下倾斜,假定二者均为线性,可以证明,产品的需求价格弹性与价格及边际收益之间的关系如下:

令 E 为需求的价格弹性,指产品需求量对于价格变化的适应度,它在数值上等于产品价格变化 1% 所引起需求量变化的百分数;MR 为边际收益;MC 为边际成本;ATC 为系统开发的平均总成本。

则有
$$|E| = P/(P - MR)$$

上式可以转换为:
$$P = |E| \times MR/(|E| - 1) = (1 + 1/(|E| - 1)) \times MR$$

按照利润最大化原则,要求 $MR = MC$

因此有
$$P = (1 + 1/(|E| - 1)) \times MC$$

由于在企业的实际经营中,产品的边际成本在一定的产量范围内变化很小,可以近似地认为

$$MC = ATC$$

因此有
$$P = (1 + 1/(|E| - 1)) \times ATC$$
$$P = ATC + 1/(|E| - 1) \times ATC$$

即:加成百分数的大小与需求价格弹性 E 的绝对值成反比。产品需求的价格弹性(绝对值)越大,这使按此价格出售达到企业最大利润所要求的加成百分数就越低。对于不同的需求条件,成本加成定价与边际定价是一致的。在一定的条件下,利用成本加成策略定价可以得到近似最佳的企业定价。

上述方法可以用于信息系统成本加成定价时,加成百分数的测算。

10.4.3 信息系统的定价模式

作为典型的信息商品,在现实中,信息系统的定价主要有以下几种方法:

1. 渗透定价法

渗透定价主要是根据软件产品特殊的成本结构和网络外部性特点,着眼于产品的长期收

益,在进入市场初期时采取低价格、零价格或负价格进行产品的销售。软件产品要取得消费规模效应,必须要争取更多的安装基础,达到必要的临界量,采取渗透定价的目的是让消费者获得使用产品的"经验",形成对产品的偏好,培养消费者对产品的忠诚度。软件产品在刚进入市场时宜采取渗透定价,即低价和零价销售的策略。如网景浏览器在开始进入市场时就以低价甚至免费赠送给原始设备制造商,将其安装在新机器上,从而取得了在网上浏览器市场上先入为主的地位。渗透定价是软件产品开拓市场的一种行之有效的策略。

2. 差别定价法或价格歧视法

实施差别定价必须具备三个条件:① 企业对价格有一定的控制能力;② 有可能根据价格弹性的不同把企业的产品市场分为几个不同的市场。企业通过对弹性较小的市场制定相对较高的价格就能增加总利润;③ 企业的市场必须是能够分割的,人们不可能在不同的市场进行倒卖。软件市场主要属于垄断竞争的市场,并且符合差别定价的条件。软件差别定价的常用方法有以下几种:

(1) 版本划分定价法

版本划分定价法又包括版本划分、升级换代、离线与在线相区别等方法。

消费者在购买商品时都有一种"回避极端"的心理,它们认为选择系列产品的最高端和最低端都是危险的,因此在购物时往往都采取折中的办法,大部分消费者可能选择中间版本。所以,同一种软件可以设计三种版本以不同的价格向不同的市场出售,强调不同版本产品的不同特征,突出产品使用价值的差别。如 Basic Quicken 这种软件产品就分成初级版、专业版和黄金版,初级版的售价为 20 美元,专业版的售价为 60 美元,而黄金版的价格高达 500 多美元,结果专业版销售的最好。实际上,初级版只不过是在专业版的基础上关闭了某些功能,黄金版在专业版的基础上增加了一两个功能而已。

软件产品升级换代的速度是很快的,新的升级版本就像牡蛎,新鲜的时候最有价值,根据用户对新版本的急需程度,在开始发行阶段暂时限量发行新版本,抬高新版本的售价;同时,大幅度降低老版本的价格,且不再发行老版本的软件。这样对新版本需求急切的用户就会出高价购买新版产品。这种定价法主要是针对被软件锁定的用户,而且新老版本的差别很大,新版本的许多功能是老版本所不具备的。如微软公司在推出新版本的软件产品时,就采取了这样的策略。

根据销售渠道的不同,软件产品的定价可采取在线定价和离线定价。通常的情况是在线销售的价格较低,离线的销售价格较高,这是因为在线的软件没有生产和分销成本,其主要的目的是以销售软件来带动客户点击网站,以广告收入来收回成本,但对用户来说它也有下载的不便性。离线销售虽然价格较高,但对用户来说它在安装使用上有随时性的方便。在线和离线定价法关键在于在线和离线是互补关系还是替代关系。如果它们是替代关系,那么就要对它收费来弥补成本;或进行版本划分使它不会直接与离线版本竞争。如果它们是互补关系,就可以大胆推出。

(2) 群体定价

群体定价和版本定价以及下文所提到的地区定价都是"三级价格歧视"的表现形式。由于某些群体对价格比较敏感,向他们提供较低的价格,可以实现利润最大化。向中间商和最终消费者、单个消费者和团体消费者提供不同价格,也是群体定价的一个形式。这种定价方式几乎适用于任何软件的定价。对学生打折、对老年人打折、对下岗人员打折、为小企业提供较低价格,都是群体定价的具体形式。

(3) 地区定价

地区定价就是同种产品在不同地区制定不同的销售价格。这种差别定价的方式在跨国销售中比较常见。比如柯达胶卷在美国的价格高于中国几倍,在美国卖 70 美元的教科书在印度只买 5 美元等。

[案例] 微软的大汉堡定价体制①

2004 年 2 月 27 日,微软提出它正在研究一些方法使其在海外市场的软件定价方式更加灵活。

多年以来,微软一直坚持统一价格的定价体制。按照这种价格体制,无论是在美国、巴西还是在世界的其他地区,凡是购买微软软件都实行同样的价格。然而,随着许多国家探索把 Linux 软件作为低成本的替代软件,微软的统一价格政策受到了越来越大的压力。

微软总经理马丁·泰勒称,微软计划宣布一些新的选择方案,可能需要根据一个国家的生活费用水准,也就是他所说的大汉堡(Big Mac)指数,来调整软件的价格。

一个大汉堡在印度、纽约和台北的比价是多少,如何根据同样的大汉堡指数为软件定价? 泰勒说,这是一个很困难的问题。需要与这些政府合作以便使微软的软件和产品的定价方式符合这些国家政府、消费者和全体公民的要求。

此前,微软已经向泰国政府提供简装版本的 Windows 和 Office 软件。这些软件将作为低价拥有电脑计划的一部分销售给泰国公民。在这个案例中,微软制作了单独的、入门级版本的 Windows 软件,但还没有正式放弃一个价格的政策。

(4) 数量折扣定价法

主要是根据客户购买的数量进行累计递减定价。如网上著名的 CD 销售商 MusicMaker,它有 3 万首不同歌曲的数据库可供客户进行选择,客户可以批量定制,最低订单是 5 首歌 9.5 美元,以后每增加一首歌仅收 1 美元,超过 20 首,每增加 1 首歌收 0.5 美元。

3. 捆绑定价法

捆绑定价是根据产品的互补关系和核心产品的市场垄断地位,把产品捆绑在一起以低于产品单价总和的价格进行销售。捆绑定价销售最为成功的例子就是微软公司的 Office 办公系统,它利用 Office 办公系统的市场垄断地位,开发出 8 个不同的办公组件,且每个组件之间有一定的互补性。结果使 Office 办公系统取得了 90% 的办公市场份额,其成功的原因就在于它实行了捆绑定价的策略。捆绑销售最大的优点是它减少了消费者支付意愿的分散,增加了供应商的销售收入。②

关键术语

信息系统的成本　COCOMO 模型　信息系统的收益　信息系统的定价

---

① 天虹. 迫于 Linux 压力 微软将修改全球软件定价体制. 赛迪网, http://news.ccidnet.com/pub/article/c946_a93058_p1.html 2004 年 02 月 29 日 09:29
② 肖光恩. 软件产品的特点及其定价. http://www.chinavalue.net/news.asp?id=1638 2004-10-30 \ 09:22:09

思考题

1. 根据信息系统的生命周期，可以将其成本项目划分为哪几类？
2. COCOMO 模型的基本原理是什么？其基础模式是怎样计算系统成本的？
3. 信息系统的效益评价有哪些方法？
4. 信息系统有哪些定价方法？其主要的定价原理是什么？

第11章 电子商务的经济分析

电子商务是信息经济社会重要的商业模式和核心的市场形式,是网络经济的重要组成部分,其经济学原理有许多包含在网络经济学中,部分原理将在第12章进行介绍。电子商务经济学与网络经济学、信息经济学、电子商务、商业经济学等学科密切相关或互为交叉,是基于数字网络技术的商务流程过程的经济学。电子商务自产生以来,就呈现出与传统商务模式不同的经济特征,但是二者之间又密不可分。对于电子商务进行经济分析,是信息经济分析不可或缺的内容之一。

11.1 电子商务及其特征

11.1.1 电子商务的概念

关于电子商务的概念,各种教材已经总结了不少,这里列出一些有代表性的表述,以便我们对电子商务有一个基本的了解。

1997年,Kalakota与Whinston认为电子商务是通过电话线、计算机网络或其他电子手段完成的关于产品、服务、信息、支付的发送;是面向自动化的业务应用技术;是关于减少服务成本、提高服务效率的管理;是一种在线方式下买卖产品的能力。

1997年,经济与发展组织(OECD)在《电子商务的经济与社会影响》中,将电子商务定义为是发生在开放网络上的,包含企业之间、企业和消费者之间的商业交易,包括文本、声音和可视图像在内的基于数字化的数据加工、传递过程,包括一切与商务相关的交易行为。

欧洲经济委员会对电子商务的定义是,参与方之间以电子方式而不是以物理交换或直接物理接触方式完成任何形式的业务交易。这里的电子方式包括电子数据交换、电子支付手段、电子订货系统、电子邮件、传真、网络、电子公告系统、条码、图像处理、智能卡等。

世界贸易组织电子商务专题报告中定义,电子商务就是通过电信网络进行的生产、营销、销售和流通活动,它不仅指基于互联网上的交易,而且指所有利用电子信息技术来解决问题、降低成本、增加价值和创造商机的商务活动,包括通过网络实现从原材料查询、采购、产品展示、订购到出品、储运以及电子支付等一系列的贸易活动。

美国的E-Commerce网站上这样解释电子商务:电子商务(E-Commerce,或者Electronic Commerce)是一个通用的术语,涵盖任何类型的通过互联网进行信息交换的商务活动或交易。包括从像amazon.com那样基于用户零售的站点,像eBay或MP3.com那样的拍卖或零售站点,到企业之间的商品或服务交易等各种类型的商务活动。在近五年多的时间里电子商务迅速发展并继续加速增长。随着越来越多的商业企业将部分业务转向互联网,将来在"电子"商务与"传统"商务之间的界限将越来越模糊。

还有其他一些概念如:

电子商务是一组电子工具在商务中的应用。这些工具包括电子数据交换、电子邮件、电子公告系统、条码、图像处理、智能卡等。

电子商务是通过数字通信进行商品和服务的买卖以及资金的转账,它还包括公司间和公司内利用电子邮件、电子数据交换、文件传输、传真、电视会议、远程计算机联网所能实现的全部功能。

可见,不同概念对于电子商务的描述或定义侧重点有所不同,有些侧重于电子商务的信息传递方式,有些侧重于其技术实现过程,有些侧重于其贸易主体,有些侧重于贸易对象或商务环节。事实上,电子商务是与传统商务相区别而存在的,二者最大的区别是商务活动中信息的传递方式不同,电子商务借助了电子化的信息通信与处理技术,而传统商务则主要依靠面对面的或印刷文本的信息传递方式。从本质上讲,现代化的信息通信技术在商务活动中的应用使得电子商务具有了不同于传统商务的特征,电子商务的其他特征也都是在此基础上派生出来的。

从所涉及的内涵来看,目前电子商务的概念包括广义的与狭义的两种:广义的是指运用一切电子信息技术所进行的商务活动,包括从最初的电话、电报到电子邮件甚至二十多年前开始的 EDI(Electronic Data Interchange),都可以说是电子商务的某种形式;发展到今天通过网络来实现从原材料的查询、采购,产品的展示、订购、销售,到商品的进出口、储运以及电子支付等一系列贸易活动在内的较完整的电子商务概念。狭义的电子商务则指基于 Internet 的交易,包括所有利用 Internet、Intranet 和局域网来解决问题、降低成本、增加价值并创造新的商机的所有商务活动,包括从销售到市场运作以及信息管理。事实上,广义的电子商务活动早在计算机网络出现以前就产生了,而狭义的电子商务虽然基于计算机网络,但却无法脱离电话、传真等较为"传统的"电子信息技术而独立存在,往往是多种信息技术的综合运用。在本章中,我们主要分析狭义的电子商务活动。

11.1.2 电子商务的特征

电子商务相对于传统商务的优势在于增加贸易机会、降低交易成本、简化交易流程、提高交易效率。其主要的特征概括起来包括以下几个方面:信息优势、成本优势、组织优势与协同优势。其中信息优势表现为时间与地域上的快捷性与方便性;成本优势主要表现信息成本的降低与供应链各个层级上交易成本的节省;组织优势表现为企业组织结构的扁平化、中间商的消失以及虚拟企业的产生;协同优势主要表现为整体性、协调性与安全性三个方面。

1. 电子商务的信息优势

到了 20 世纪 80 年代,计算机的成本越来越低,高性能的计算机、不断改良的计算机网络通信技术、多媒体技术和网络信息管理系统等应用软件是电子商务发展的基本技术条件。电子商务系统的信息优势主要表现在以下几个方面:

(1) 电子商务的信息空间优势

电子商务通过因特网传递的商务信息,与传统商务相比,具有空间上的优势:

① 表现在地域跨度上,网络将世界变成一个"地球村",信息跨区域、跨国界流动,客户可以通过网络银行全天候地存取资金账户、查询信息,非常便捷地完成过去较为繁杂的商务活动。国际贸易、跨国公司、国际消费达到了一个前所未有的程度,资金通过互联网 24 小时不间断地在国际资本市场上流动,这既增加了企业融资的机会,也增加了开放经济的金融风险。庞大的跨国公司借助于现代信息传播技术,实现有效管理,顺利完成各项商务活动。

② 表现在网络电子商务信息平台自身的空间构建上。电子商务网站看起来是一个信息平台,其实是一个结构性的立体空间,又称信息构建(information architecture),有人将其翻译成信息建筑。IA 技术构造了一个虚拟空间,使电子商务系统的信息流动更符合用户的购买心理,在注意力稀缺的条件下使信息组织更为合理,以达到或超过实物商务空间的效果。这是电子商务系统较之于传统商务系统在微观含义上信息传递的空间优势。

IA 最早由一个建筑家 Richard Saul Wurman 在 1976 年提出,Wurman 认为收集、组织和展示信息的问题和设计一座建筑时考虑的问题相似。Wurman 对"information architecture"的具体描述是:a. 将数据中固有的模式进行组织,使复杂的地方清晰化;b. 创建信息结构或图表以让其他人能找到自身所需的知识;c. 21 世纪信息空间构建将应用于信息组织科学等领域。简而言之,他认为信息空间构建就是从信息复杂的状态中抽取本质要点,并将这些要点以清晰美观易用的方式提交给用户。

信息学界的代表性观点是:"信息空间构建"是关于如何组织信息以帮助人们有效地实现其信息需求的一门艺术和科学。它是一个包括调查、分析、设计和实施的应用领域,涉及信息系统的组织、浏览、标识和检索机制,其目的是帮助人们更成功地找到和管理信息。另外系统有效性(usability)以及用户满意度(user experience)等都是信息空间构建要考虑的重要内容。

信息空间构建的主要步骤包括:确定用户群、站点的内容组织、站点导航、标识系统四个部分。IA 将信息分层次、分步骤地组织起来,用户通过导航系统迅速获取所需信息。信息空间在任何商务模式包括传统商务模式中都存在,但是电子商务运用 IA 技术,使错综复杂的信息空间更具有条理性与结构性,因而具有竞争性的优势。比如物流信息本身具有空间组织上的强烈特征,IA 的信息组织形式将大大提高物流企业的竞争力。又比如电子商务网站与大型商场一样,信息的组织与商品的摆放很相似,IA 技术对于信息组织的作用相当于商场货品的合理摆放。可以说,IA 既增加了参与企业的竞争力,也增加了电子商务网站的竞争力。

(2) 电子商务的信息时间优势

早在 1970 年,斯蒂格勒就证明,由于市场价格分布的离散性和不对称信息的存在,商务活动中存在着信息搜寻成本,这也是交易成本的重要组成部分。众所周知,商务信息的价值随着时间的推移在不断下降,及时性是其基本的要求。以资金流信息为例,股市信息瞬息万变,5 分钟的时间差距就可能造成截然不同的后果。电子商务的好处是可以极大地节省在现实空间中价格搜寻的时间成本,并且由于同种价格集中分布在互相链接的网站上,使其更具有竞争性而减少了离散带来的机会主义成本。无论是价格信息、资金流信息还是物流信息,通过网络传播,都大大缩短了传播时间。

对于商务活动来说,信息的时间性是致命的。信息技术使得商业企业的经营管理从模糊转向精确,从事后转向实时,从商品大类管理转向单品管理,从单纯的商品管理转向商品管理加顾客管理,从而以最低的成本、最优质的服务、最快速的管理反应进行全球运作。电子商务的信息时间优势是通过一系列的管理系统来实现的,包括销售管理系统(如电子收款机、POS 系统、MIS)、EDI(电子数据交换)、EOS(电子订货系统)、CRM(客户关系管理)、物流管理、SCM(供应链管理)、数据仓库等,最终实现复杂的智能决策支持系统。这些系统无一不是以节省时间、提高效率为目标的。

2. 电子商务的成本优势

电子商务的成本优势表现在两个方面,一是现代信息技术的应用使得商务活动中的信息传递与处理成本大大降低;二是信息技术的应用使商务活动各个环节的成本都有所降低。

在因特网加入电子商务之前,过去几十年大公司一直利用电子数据交换系统自动完成商业交易的例行文书、管理自动存货补充一类的业务,并根据事先确定的条件进行采购。这只能局限于供应商与客户之间的大批量交易,因为电子数据交换系统需要投入相当多的资金购置专用硬件和专有软件,租用费用高昂的电信线路。

即便到了 20 世纪 90 年代,计算机的功能、内存提高,存储成本下降,电子数据交换的费用也在降低,但对许多交易来说费用仍然过高。而在采用非专有协议和覆盖全球的因特网以后,费用大大降低了。因特网作为一种商务工具降低了进行电子交易所需的软件和通信服务的成本。从 90 年代中期开始,由于向数字格式的靠拢和数字网络标准的开发,例如因特网的技术规格,因特网的扩展和商业化使计算机和通信设备的联网变得更容易,费用更低。因特网上的商业机会以及计算机和通信硬件成本的降低为各种创新创造了一个极其有利的环境。

一般来讲,供应商接受订单越迟,延误和差错就越多,需求变化反应速度就越慢。而公司存货越多,操作成本就越高,也不能保证更好的客户服务。实现电子商务之后,人们只需点击鼠标,就可以及时跟踪它们的货物在全国各地的流动情况,从而让它们能够保持所需存货的精确水平,而不会造成代价高昂的货物积压。

另外,由于公司通过电子商务网站可以接触更多的供应商,供应商之间的竞争常常会导致更低的进货价格,公司会因此降低 20% 的成本。据估计,一般来讲电子商务可降低成本 40%,对有的企业可能会达到 70%。根据 GE 提供的资料,在进货过程中,采购人员所耗费的成本减少了 30%,50% 的采购人员被重新安置,供应部每月至少可以腾出 6~8 天的时间关注策略性问题,而不再只是用手工操作诸如复印、装封之类的工作。

3. 电子商务的组织优势

电子商务以提高商务活动中的资源整合效率为目标,使企业内部与企业间的组织结构发生明显的变化。这一方面表现为在业务流程的重组与再造过程中,企业内部组织结构出现扁平化与柔性化的趋势,而企业间的组织则呈现出虚拟化与网络化趋势;另一方面表现为中间商的扩散。

(1) 扁平化

电子商务的实现不仅仅需要建立一个电子商务网站,而且要求企业实现信息化。信息技术的运用大大减少了企业的中间管理层,企业组织从"金字塔"式的科层组织结构向"扁平式结构"转化,大大缩短了信息在企业中的传递流程,从而降低企业的组织成本。另一方面,需要注意的是不能一味地鼓吹扁平化的好处。企业的扁平化程度与企业的规模、业务范围、文化与管理体制有关,实践表明扁平化与科层制的均衡在不同的企业是不相同的,过度的扁平化会降低企业的管理效率。但是对于目前企业中普遍存在的层级结构过于繁杂、组织管理成本过高、信息流通不畅、决策的灵活性与准确性受到限制等问题来讲,扁平化无疑具有积极的意义。

(2) 柔性化

电子商务的普遍应用加剧了市场的变化与竞争程度,要求企业组织具有不断适应环境变化并做出相应调整的能力,对组织的战略目标与行为规范进行重新选择与整合。企业组织的柔性化是指在组织结构上不设固定和正式的组织机构,代之以一些临时性的以任务为导向的组织,如矩阵组织、团队组织等。柔性化的组织结构灵活便捷,富有弹性,有利于组织较好地实现集权与分权、稳定性与变革性的统一。

(3) 网络化

电子商务正在使企业间的关系发生变化,网络化是一个重要的趋势。在电子商务环境中,企业将更多的注意力集中于核心能力的打造,而将在传统的组织模式下由企业部门完成的工作如制造、质检、包装、仓储、运输、销售等非核心业务通过合同外包给其他组织,形成一种合作关系网。网络化组织通过对企业外部资源的优化组合,发挥社会分工协作与网络的优势。

以技术、资本与契约为纽带,企业组织结构的网络化主要体现在以下几个方面:

① 共同利益的集团化;

② 通过经营连锁化实现营销组织的网络化;

③ 企业内部组织的网络化;

④ 企业间信息传递的网络化。

(4) 虚拟化

德国经济学家 H.J.Bulliger 对虚拟组织作了如下的解释:"虚拟组织是这样一种网络组织,由于信息技术和通信技术的高度发达,企业之间的合作关系突破了传统的合作关系,而通过网络,应用信息技术和通信技术进行分散的互利的合作,一旦合作目的达到,合作关系便宣告解除,因此这是一种暂时的、跨越空间的合作形式。"

4. 电子商务的协同优势

电子商务的协同性主要表现为集成性、协调性与安全性三个方面。

(1) 集成性

电子商务要求资金流、信息流与物流"三流合一"。集成性是指电子商务能够规范事务处理的工作流程,将人工操作和电子信息处理集成为一个不可分割的整体,同时,电子商务需要前台门户、CRM、CPC(Product Collaborative Commerce,协同产品商务)与后台的 ERP、SCM、CIMS、FMS 等技术的集成运作,这样不仅能提高人力物力的利用效率,也可以提高系统运行的严密性。

通过互联网传递的商务信息更容易得到及时反馈,用户通过企业的客户关系管理系统、电子商务网站界面,或者电子邮件方式,与企业实时交流,将对产品的质量、规格、数量、款式、包装等意见与建议及购买决策及时反馈,使厂家及时修改产品设计,并通过生产制造信息系统的控制,进行柔性化与个性化生产,从而占领更多的市场份额,获得竞争优势。1996 年,GE 照明部在全公司领先使用网络进货系统 TPNP。通过电子传输,供应部收到内部客户的请求,然后通过因特网发送给全世界的供应商。在供应部发出 RPQs 的两小时内,供应商就可以通过电子邮件、传真等方式收到并在当天回复。

CRM 通过完善的客户支持平台、客户交互平台、企业生产平台,向顾客递交最优越价值的管理,增加客户的忠诚度,不断拓展产品市场和利润空间。全球最大的零售商沃尔玛(Wal-Mart)每周都对顾客期望和反映进行调查,通过收集到的顾客期望及时更新商品的组合和组织采购,改进商品陈列摆放,提高顾客的满意度。而与互联网平台及后端 ERP 相联的 CRM 系统,对于反馈信息的处理更具优势。

信息技术使一些产品可以由客户参与设计,将客户的爱好与思想融入产品设计,实现个性化的制造。比如福特汽车,用户可以通过互联网参与汽车的设计,达到个性化的设计效果。瑞典的"沃尔沃"和日本"丰田"汽车公司,轿车的制造已经不再是沿着传统的流水线,而是由若干个"特别作业班组"在不同的组装点进行制造和组装,这都得益于电子商务系统信息传递的形象化优势。正是信息技术使得供货方式由"批量大而集中"和"换代慢"走向"批量小而分散"和"变化快"的时代。

(2) 协调性

商务活动本身是一种协调过程,它需要客户与公司内部、生产商、批发商、零售商间的协调,在电子商务环境中,要求银行、配送中心、通信部门、技术服务等多个部门协同工作,才能使电子商务的全过程顺利完成。

CPC(Product Collaborative Commerce,协同产品商务)是 20 世纪 90 年代后期出现的一类新的企业管理解决方案。Aberdeen Group 公司主席 John Logan 把它定义为"协同产品商务技术是一类新的、利用 Internet 技术使得用户能够协同开发、制造和管理产品的解决方案"。Gartner Group 公司的资深顾问 Dave Burdick 则认为"协同产品商务技术涉及把产品知识财富提升到工程部门之外,在协作过程中寻求新的商业机会"。协同产品商务能够改善企业的核心业务过程,实现产品的个性化定制,快速推出创新产品。

从厂商的角度来看,企业内部各部门之间进行协同工作,有利于降低开发成本。电子商务促使企业采取"分散管理"的方式进行分工协作。一个新产品的开发往往有 40%～70% 的工作是与其他企业协作完成的。协同商务技术通过建立一种环境,使企业之间的空间距离消失,面向业务流程实现纵向整合,从而对整个供应链的资源进行有效组织和管理。

(3) 安全性

在电子商务的发展过程中,安全性是一个至关重要的核心问题,它要求网络能提供一种端到端的安全解决方案,如加密机制、签名机制、安全管理、存取控制、防火墙、防病毒保护等,这与传统的商务活动有很大的不同。从电子商务发展的实践来看,安全性是制约电子商务发展的瓶颈因素,因此与其说这是电子商务的协同优势,不如说是电子商务的协同优势得以实现的问题所在,我们将在本章第三节中讨论这个问题。

11.1.3 电子商务的基本模式

商务模式既是传统企业成败的关键,也是电子商务生存与发展的核心。Michael Rappa 教授指出,商务模式就其最基本的意义而言,是指做生意的方法,是一个公司赖以生存的模式——一种能够为企业带来收益的模式。商务模式规定了公司在价值链中的位置,并指导其如何赚钱。Paul Timmers 认为,商务模式包含如下三个要素:① 产品、服务或信息流的体系结构,包括不同商业角色及其作用;② 不同商业角色潜在利益;③ 收入来源。

1. 电子商务模式的分类体系

电子商务模式有不同的分类体系,而且这些分类体系仍在不断地创新与变化之中。

Paul Timmers 基于价值链的分类体系,认为典型的商务模式构建和实施一般需要识别价值链要素(如采购物流、生产、销售物流、营销、研发、采购、人力资源管理等)、交互模式(即 1 对 1、1 对多、多对 1 和多对多)以及技术的最新发展。利用此方法可以构建许多不同的商务模式,不过其中只有一些在现实中是可行的。

Michael Rappa 对因特网上的商务模式进行了归类分析,辨识出了 9 种基本形式的商务模式,包括经纪模式、广告模式、信息中间人模式、商人模式、制造商模式、会员模式、社区模式、订阅模式和效用模式。

Paul Bambury 从新的商务模式与旧经济中的商务模式的差异角度出发,将因特网商务分为两个大的类型:移植的真实世界的商务模式(transplanted realworld business model,简称为移植模式)和因特网与生俱来的商务模式(native Internet business model,简称为禀赋模式)。移植模式是指那些在真实世界当中存在的、并被移植到因特网环境中的商务模式。例如邮购模式、基于广告的模式、注册模式、免费试用模式、直销模式、房地产模式、激励模式等。

Crystal Dreisbach 和 Staff Writer 按照因特网的商业功用,将基于 Web 的商务模式划分成如下三类:① 基于产品销售的商务模式;② 基于服务销售的商务模式;③ 基于信息交付的商务模式。

Smith 等从营销策略的角度将因特网营销模式划分为:① 联营(affiliate marketing)模式;② 免费内容模式(free content model);③ 制造噪音模式(creative buzz model);④ 驱入模式(external drive—in model);⑤ 反复点击模式(repetitive one—hit—wonder model);⑥ 用户团体模式(user group model)。

2. 电子商务的基本模式分析

电子商务模式最常见的分类体系是 B2B、B2C、B2G、G2G、G2C、C2C 等,下面分别加以介绍。

(1) B2B

B2B(Business-to-Business)指的是企业对企业的电子商务,作为顾客或者供应商,公司企业需要与许多其他的企业进行大量的交易,这些交易的电子化明显优于传统交易模式,更快捷,更便宜,更方便。电子交易曾经以 EDI(Electronic Data Interchange)的形式存在了一段时间。但是,EDI 普遍要求每个供应商与客户之间建立专门的数据链接线路,而电子商务则通过互联网为公司间建立方便便宜的复合链接。电子商务也促进了供应商与潜在客户之间电子市场的发展。比如 www.Alibaba.com 自称是世界最大的供应商基地;美商网 www.Meetchina.com 的口号是最专业的一站式国际电子商务门户网站。中国制造网 Made-in-China.com 是中国制造业的 B2B 网站,面向全球提供中国产品,致力于通过互联网将中国制造的产品介绍给全球采购商,全面促进中国企业的对外贸易业务。B2B 电子商务模式一般有以下一些分类标准:

① 按照中枢增值方式和服务对象,可将 B2B 中枢分为几种商务模式:a.双向召集人(two-way aggregator);b.单向召集人(销售召集人或购买召集人);c.动态市场创立者(dynamic market maker);d.拍卖(正向拍卖或逆向拍卖)。

② 麦肯锡管理咨询公司基于对商务模式的主导控制,将 B2B 电子商务模式划分为三类,即卖方控制模式、买方控制模式、第三方控制模式及混合控制模式。

③ 美国德州大学学者按照创新程度的高低和功能整合能力的多寡对 B2B 商业模式进行了分类:a.电子商店促销,降低成本,寻找需求和新的商业机会;b.电子采购降低成本,寻找供给和新的供货商;c.电子拍卖通过拍卖撮合交易,共享信息,降低成本;d.电子商城电子商店的集大成者;e.第三方市场对多重业务提供的交易服务;f.虚拟社区成员之间交流,价值的增进;g.价值链服务提供商支持部分价值链,比如物流、支付体系;h.价值链整合通过集成价值链的众多环节增进价值;i.联合平台:商业过程的合作,比如联合设计;j.信息中介、信用服务:商业信息查阅,中立可信的第三方服务。[①]

---

① 荆林波.国内外关于电子商务商业模式的综述.2003-2-13 23:41:04.博客中国(Blogchina.com) http://www.blogchina.com/new/display/3977.html

④ Steven Kaplan 和 Mohanbir Sawhney 认为 B2B 从购买内容可划分为制造投入(manufacturing inputs)和运营投入(operating inputs)。制造投入指原材料和服务直接形成制成品或者进入制造过程。从本质上看,制造投入倾向于"垂直"。运营投入,也称为 MRO,是指非直接的原材料和服务投入,它们不直接形成制成品。从本质上看,运营投入倾向于"水平",同时,它们适合于第三方通过配送提供服务。在商务购买中另外的一个重要区分是如何购买产品和服务。由此可以划分出:系统采购和现货采购。系统采购(systematic sourcing)通过与合格的供应商的事先的协商,通常合约是长期合约,这些采购是"关系导向"(relationship-oriented),大部分制造投入是系统采购完成的。现货采购(spot sourcing)从陌生的供应商处采购,这些采购属于"交易导向"(transaction-oriented),很少涉及长期买卖关系。①

⑤ Charles Phillips 和 Mary Meeker 认为 B2B 模式可以分为如下:a.多部门网络公司,比如 ICG,Ventro,CMGI,FreeMarkets;b.市场买卖共同体,包括多层垂直交易,垂直交易和 B2B 拍卖;c.买方拍卖:比如 Ariba,Commerce One;d.对参与者的过程管理:包括垂直交易过程门户、频道关系管理、产品生命周期管理和供应链管理软件。代表的企业有 i2,Agile Software,Webridge, Asera; e.为构建市场提供工具:B2B 交易软件、B2B 目录管理、B2B 管理基础设施、B2B 第三方服务、B2B 买卖双方的集成、B2B 规程交易网络;f.从网站向电子商务过渡的工具:B2B 订单管理、B2B 与内部和外部的集成、卖方商务服务器、网站内容管理、个性化服务、产品外形和互动售货、目录内容软件、顾客分析和竞争管理。

⑥ 中国社科院财贸所课题组认为主要的 B2B 商业模式有如下几种:②

a. 名录模式 这种模式主要是介绍各类公司的经营特点,推荐产品,宣传企业的业绩。主要代表有 Thomas Register、Chemdex、SciQuest.com 和中国黄页 chinapages。

b. 兼营模式 兼营模式指既做 B2B,又做 B2C。比如华夏旅游网的 B2B 业务为网上旅游交易会,B2C 做网上旅游超市。实华开的 B2B 做国际贸易一条龙服务,B2C 做 EC123 打折店。

c. 政府采购和公司采购 政府采购和公司采购的数量极其庞大。仅美国 MRO 市场每年就高达 2500 亿美元。主要的网站有 W.Grainger,Fastparts 和亚商商务在线网;

d. 供应链模式 《做数字商场的主人》一书的作者奥尔德里奇认为零担货物的运输服务会增长。建立一个全国性的面包连锁店可以节省 1500 万美元,同时,控制技术安装到位,可以有大约 5000 万美元的货物免遭偷窃。主要包括:EMS 伊速、e-speed、世联配送中心、阳光快递、红叶集团下属时空网和广东宝供物流。

e. 中介服务模式 B2B 的中介服务模式包括信息中介模式、CA 中介服务、网络服务模式与银行中介服务。

f. 信息中介模式 这种模式与名录模式有类似的特点。其实,名录模式应该说也属于信息中介模式。主要网站有中联在线 CNUOL、易创全球电子商务等。阿里巴巴已经拥有 176 个国家的 18 万用户,6 万余注册商家,20 万条库存信息。

g. CA 中介服务 比如德达创新 datatrust 等。

h. 网络服务模式 网络服务模式提供开展电子商务的技术支持,为落实商业计划提供整

---

① 荆林波.国内外关于电子商务商业模式的综述.2003-2-13 23:41:04.博客中国(Blogchina.com) http://www.blogchina.com/new/display/3977.html
② 网络经济中的电子商务模式创新. http://www.hnyongmao.com/index.files/piyex-wloudz.htm,2004-7-3

套的网络服务,网络服务自助餐。包括百联网讯、你好万维网、绿色兵团、IBM、Oracle、Microsoft、AsiaOnline、Bigstep、Smartage 等。

i. 银行中介服务　银行中介服务提供相关的金融服务,包括:境内的代收货款、承兑汇票、银行汇款等;境外的信用证、DA、DP、TT。主要的银行包括:招商银行、建设银行、中国银行。

j. 拍卖模式　拍卖模式的主要代表有 iMark.com,Adauction.com 等。

k. 交换模式　交换模式的代表网站有 PaperExchange,e-steel 等。

⑦ B2B 网站的模式

B2B 网站按照企业参与的方式不同,B2B 网站的主要模式可分为三类:大型企业的 B2B 网站、第三方经营的 B2B 网站、行业生态型的 B2B 网站。不同类别的 B2B 网站有自己本身的特点和运作方式。

(2) B2C

B2C 是一种企业对消费者的电子商务模式。代表性行业有图书、旅游、娱乐、花卉、电脑软硬件、家电、保险等行业。

① B2C 的一般特征

网站特征:突出产品的宣传与介绍,尽量让消费者在浏览时有一种身临其境的感觉,获得一种虚拟的购物体验。网站内容一般包括:商品查询、商品分类、会员制管理、网上调查、服务条款、促销信息、购物指南等。

购物流程:实行会员制,一方面获得客户的联系方式等信息便于送货,另一方面把握客户分布以便开展针对性的营销活动。有些网站商品明码标价,设置了按"价格"搜索的功能。购物车功能,客户可以随时查看所买商品清单。多数网站支持网上支付,有些还支持移动支付如当当书店。对于货到付款的情形,商家明确规定了免费配送范围,对于收取运输费的情况明确规定了地理空间和折算办法。一般有缺货登记功能和详细的购物指导。支持订单查询,一般是按时间查询而不是要求客户记住订单号。

电子商务内容:以产品销售为主,侧重产品的详细介绍和打折信息等,设有网上市场调查内容。对于商品种类多,同质化明显的企业一般有排行榜发布。

② B2C 的模式

摩根斯坦利·添惠认为 B2C 商业模式主要有 7 种[①]:a. 产品网站比如戴尔和思科公司,主要介绍各类相关产品。b. 以购物为目的比如亚马逊,已经从过去的单一网上书店扩展为 Amazon.com。c. 门户兼有购物模式,代表的企业是美国在线,它通过"蛇吞象"并购了时代华纳,又并入了百代唱片公司,从而建立一个网上和网下联动的商业模式。d. 二手货拍卖——商家到顾客或者相反,如 Onsale 公司的模式。e. 最低价格模式,其核心是突出低成本的特点,即实现中间环节"零摩擦"——成本加零,代表者是 Buy.com。f. 买方定价模式,充分给予消费者决定价格的权力,代表者是 Priceline.com。g. 寻求最优惠价格,也是围绕价格开始营销,比如 Jungle,Jango,MySimon。

中国社科院财贸所电子商务课题组按照不同的服务内容,认为 B2C 商业模式可以分为:电子经纪、电子直销、电子零售、远程教育、网上预定、网上发行和网上金融等 7 个类型。

---

① B2C 模式研究. http://bbs0.tom.com/read.php? forumid＝55&postid＝26272&page＿back＝1&mod＝modify,2004-7-16

③ B2C 的基本保证

B2C 电子商务的误区之一是以网站为主体,引进商务活动因素。事实上 B2C 电子商务应该首先是一种全新的、高度完善的物流模式,电子手段仅仅是商务流程中引入的因素之一。B2C 电子商务的重点在于方便和全面,重要的因素有完整的商品线和精确的送抵时限。B2C 电子商务活动的基本要求是:

a. 货源:应以市区内分布较远,信息化较好的几家超市内部货物数据库为基础,建立真正完备的货源体系;

b. 信息平台:以面向大量货品数据的数据库搜索操作为基础,对少量特殊物品和商家促销的货品进行图片和文字描述;

c. 配送:市区内结合现有的社区服务模式,现货配送,限时送抵;

d. 支付:以货到付款为主要结算手段。

(3) C2C

C2C 是个人对个人的网络拍卖,代表者是 eBay,易趣网等。eBay 最早是为那些想拍卖和购买糖果自动贩卖机的人设立的一个拍卖网站,是一个供人们联系的和交易物品的社区,用户可以方便地搜索其他用户叫卖的商品。eBay 的交易是直接在用户之间进行的。它采用了的价格模式是卖者付费,买者免费。C2C 的问题在于网上交易容易,而网下送货与付款环节不易得到保证。"易趣网"的做法是与招商银行合作,使用"一网通"在线支付,同时与物流公司合作进行送货付款的配套服务——"易网通",缩短了异地交易时间。

(4) B2G

B2G 是指政府通过电子网络系统进行电子采购与招标,精简管理业务流程,快捷迅速地为企业提供各种信息服务,又被写成 G2B。G2B 连同 G2C(政府对公民),G2G(政府对政府)一起,不仅被认为是电子商务的重要内容,更被认为是电子政务的主要表现形式。

B2G 主要包括:

① 电子采购与招标。通过网络公布政府采购与招标信息,为企业特别是中小企业参与政府采购提供必要的帮助,向他们提供政府采购的有关政策和程序,使政府采购成为阳光作业,减少徇私舞弊和暗箱操作,降低企业的交易成本,节约政府采购支出。

② 电子税务。使企业通过政府税务网络系统,在家里或企业办公室就能完成税务登记、税务申报、税款划拨、查询税收公报、了解税收政策等业务,既方便了企业,也减少了政府的开支。

③ 电子证照办理。让企业通过因特网申请办理各种证件和执照,缩短办证周期,减轻企业负担,如企业营业执照的申请、受理、审核、发放、年检、登记项目变更、核销,统计证、土地和房产证、建筑许可证、环境评估报告等证件、执照和审批事项的办理。

④ 信息咨询服务。政府将拥有的各种数据库信息对企业开放,方便企业利用。如法律法规规章政策数据库,政府经济白皮书,国际贸易统计资料等信息。

⑤ 中小企业电子服务。政府利用宏观管理优势和集合优势,为提高中小企业国际竞争力和知名度提供各种帮助。包括为中小企业提供统一政府网站入口,帮助中小企业同电子商务供应商争取有利的能够负担的电子商务应用解决方案等。

3. 电子商务供应商的类型

按照所提供的服务,电子商务供应商可以作如下划分:

(1) ISP(Internet Service Provider)互联网服务供应商

ISP租用国际信道和当地电话线、购置一系列计算机设备,通过集中使用、分散压力方式,向用户提供接入服务。中国经营骨干网的 ISP 已有 7 家:中国公用计算机互联网(ChinaNET)、中国科学技术网(CSTBET)、中国教育科研网(CERNET)、中国金桥信息网(ChinaGBN)、联通公司计算机互联网(UNINET)、中国网通网(NETCOM)、中国铁通网。至 1999 年 8 月,中国 ISP 商约有 600 家。

(2) ICP(Information Content Provider)信息内容供应商

ICP 在互联网上连续不断地提供某类或某领域的资料信息供用户浏览。内容遍及商情物价、气象预报、新闻报道、股市行情、投资指南、生活指南、商家商品、企业品牌、广告通告、娱乐消息等,遍及工、农商贸、文教卫生等各行各业。它由各种数据库支持。

(3) IE(Internet Equipment Provider)互联网产品供应商

是硬件系统设备及其服务的供应商,是比较专业的 IT 产品供应者。

(4) ASP(Application Service Provider)应用服务供应商

以网站软件和应用开发的系统集成为主,帮助传统企业建立网站。ASP 还指从一个集中管理的组织中提供应用的部署、供应、管理以及对应用出租访问的契约性服务。

(5) IDC(Internet Data Center)互联网数据中心

互联网数据中心承担一种接受.com 企业网站托管的服务。在社会分工专业细化背景下,企业把自己网站外包给 IDC 管理,而不必在不熟悉的领域耗费资源,以便专注于本身的经营和管理。

11.2 电子商务中的"三流"

一个完整的商务过程需要完成资金、信息与商品在交易主体间的交换,或者说包括物流、资金流与信息流三个部分。资金流解决的是商品价值的实现,是商品所有权转移的前提;物流解决的是商品生产地与销售地的时空位移;信息流解决的是整个商务活动过程中的信息传递,三者之间纵横交错、相互交织,又具有相对的独立性。在传统的商务过程中,信息传递与处理效率较低,成本居高不下,浪费惊人,无法满足现代社会人们对快速、准确、及时的物流服务的要求。现代信息技术的发展使商务活动的信息传递与处理效率越来越高,也使资金流、物流与信息流逐渐融合起来。电子商务过程从单个企业扩展到整个供应链上,是一个包括管理信息和供应链信息在内的动态流动着的、不断反馈的链条。

11.2.1 资金流

在商务活动中,货币的流动主要通过银行进行,包括存贷、转账、支付等活动,也有部分交易通过现金完成。资金流动的方向和途径,不同的行业有不同的特点。在横向一体化的行业和纵向一体化的行业,资金的管理和流向有所不同。比如有些企业自己设有强大的营销力量,如海尔集团。有些企业建立独立核算的营销网络,如联想集团。还有些企业借助于其他企业的营销网络来销售自己的产品,如长虹集团借助于郑百文的网络来销售,在郑百文经营出现问题时受到很大的影响。在这些不同的商务模式中,资金的流动与管理方式各不相同。

在传统的商务模式中,资金信息的处理主要集中于财务部门,尽管已有通用的会计制度,但大量繁琐的、每时每刻都在发生的票据处理,不但增加了财务工作的复杂性,也使信息处理的滞后大大影响管理效率。比如当财务部门发现本月利润有大幅度的下降时,若想很快地弄清楚究竟是哪个环节哪个部门出了问题,是一件很困难的事情,因为每个部门都可能推说问题出在别的部门。因此企业对信息技术要求最迫切也最早普遍使用的是财务处理软件,然后才延伸到生产制造、管理与供应链环节。

在电子商务中,电子支付是电子商务成败的关键。如果没有相应的实时在线支付手段,电子商务就成了只有网上商店、电子商情、电子合同而无网上成交的"虚拟商务"。电子支付工具主要有信用卡、数字现金、电子支票等。

信用卡的支付有4类:无安全措施的信用卡,通过第三方代理人的支付,简单信用卡加密和SET(安全电子交易)信用卡。使用无安全措施的信用卡,买卖双方都存在很大的信用风险,因此需要通过第三方代理人来支付。First Virtual就是这样一个第三方代理公司,已经拥有35万用户。SET比信用卡的简单加密具有更高的安全性,SET可以保障持卡人的个人账号不被泄露,SET的安全技术主要有:对称密钥系统、公钥系统、数字信封、双重签名、认证等。比如数字信封使用随机产生的对称密钥来加密数据,然后,将此对称密钥用接收者的公钥加密。消息在数字信封中送给接受者。接受者先用他的私钥解密数字信封,得到对称密钥,然后使用对称密钥解开数据。双重签名将订单信息和个人账号信息分别进行数字签名,保证企业只能看到订货信息,而看不到持卡人的账户信息,而银行只能看到账户证书,而看不到订货信息。

数字现金(E-cash)是一种表示现金的加密序列数,可以用来表示现实中各种数额的币值。使用数字现金的交易可以分为五步:

购买数字现金。买方在数字现金发布银行开户并购买数字现金。一般地说,提供数字现金的银行要求买方把足够的资金存入其账户以支持今后的支付。

存储数字现金。使用PC数字现金终端软件从数字现金的银行户头上取出一定数量的"现金"存在硬盘上。

用数字现金购买商品或服务。卖方同意买方订货,用买方的公钥加密数字现金,传送给卖方。

资金清算。接受数字现金的卖方与电子现金发放银行之间进行清算。数字现金被发给卖方,卖方迅速把它直接发给数字现金的银行,银行检验货币的有效性,并确认它没有被重复使用,将它转入卖方账户。

确定订单。卖方获得付款后,向买方发送订单确认信息。

电子支票通过专用的网络系统以及完整的用户标识,标准协议,数据验证等规范化协议完成的数据传输,具有普通支票的功能。

目前,这些电子支付工具都没有达到十分完善的程度,每一种的实施都需要配套的技术与制度支撑体系,普及使用还有待时日。据安利全球信息技术副总裁Randy S. Bancino表示,安利在中国30多个省市开设了超过110家连锁店,建立起坚实的物流基础,每年有超过50%的客户通过网上支付来购买产品,但资金流却很薄弱,可以合作的银行少,合作银行的网点又太少,给安利进一步推行电子商务造成困难。[①]

---

① 企业观察:电子商务被资金流拖后腿. 粤港信息日报,2004年02月20日09:57

11.2.2 物流

商品物流是一个复杂的网状结构,是一个跨部门、跨行业、跨区域的社会系统,物流的系统化可以大大节约流通费用,提高流通效率与效益。系统化要求统筹协调、合理规划,控制整个商品的流动,只有对物流过程的信息综合把握,统一分析,才能进行最有效率的协调调度。在传统的商品流通渠道中,企业与顾客之间隔着批发商、零售商以及物流系统等中间环节,这种巨大的时空障碍,加上由人工处理大量的商品集散、运输、库存信息,也难免出现各种误差,常常会出现商品的错发、漏发、丢失、缺损等问题,无法做到无中断、无绕道、无等待、无回流的增值活动流,无法保证信息在生产企业与顾客之间的流动中达到精益物流的要求,从而增加了商品的流通成本,降低了流通效率。

现代物流的功能包括运输、储存、配送、包装、装卸搬运、流通加工和信息处理7大部分,物流信息包括货品种类、商品代号、库存、运输工具、包装要求等。如果从社会经济运作层面上看,现代物流体系应是企业内部的物料需求计划体系和流通领域的分销资源计划体系的有机结合。电子商务要求现代物流体系要有一个与之相适应的物流信息管理系统。它的运作流程是通过输入社会需求文件信息和供应商货源文件信息,形成产品生产计划、生产能力计划、送货计划和订货进货计划、运输计划、仓储计划、物流能力计划,并进行成本核算。

电子商务的物流有以下一些特征:① 物流反应快速化;② 物流功能集成化;③ 物流服务系列化;④ 物流作业规范化;⑤ 物流目标系统化;⑥ 物流手段现代化;⑦ 物流组织网络化;⑧ 物流经营市场化;⑨ 物流流程自动化;⑩ 物流管理法制化。

物流的信息化管理是电子商务实现的必要条件。企业内部各部门以及与企业相关联的外部上下游企业需要实现信息资源的实时共享,能在第一时间从共享的信息资源中获取各自所需的信息,以便采取相应的运作策略,减少工作过程的不确定性。例如,美国洛杉矶西海报关公司与码头、机场、海关信息联网,当货从世界各地起运,客户便可以从该公司获得到达的时间、到泊(岸)的准确位置,使收货人与各仓储、运输公司等做好准备,使商品在几乎不停留的情况下,快速流动,直达目的地。物流管理的信息化需要企业在自身的硬件和软件建设上做出重大调整,在企业内部货物的搬运、检验、分拣以及无线通信等方面进行彻底的改造,实现物流管理的信息化与物流操作的自动化。

构建物流信息系统要保证信息的精确性和灵活性。精确性是指物流信息必须精确地反映企业当前的状况和定期活动,以衡量顾客订货和存货水平。既包含了信息本身由书面信息转化为电子信息时的准确性,同时又包含了信息系统所显示的存量信息与实际存货的一致性。通常,要达到平稳的物流作业要求,企业实际的存货与物流信息系统提供的存货其吻合度必须达到99%以上。信息越是准确,企业不确定性运作情况就越少,缓冲存货或安全存货的需求量也越少,甚至根本就不需要。灵活性是指物流信息系统必须具有高度的灵活性,以满足顾客的广泛性和需求的多样性。

从技术上来讲,物流信息化表现为物流信息的商品化、物流信息收集的数据库化和代码化、物流信息处理的电子化和计算机化、物流信息传递的标准化和实时化、物流信息存储的数字化等。因此,条码技术(BarCode)、数据库技术(Database)、电子订货系统(EOS:Electronic-OrderingSystem)、电子数据交换(EDI)、快速反应(QuickResponse,QR)及有效的客户反映(EffectiveCustomerResponse,ECR)、企业资源计划(EnterpriseResourcePlanning,ERP)等技术得到普遍应用。电子商务的物流技术如图 11-1 所示。

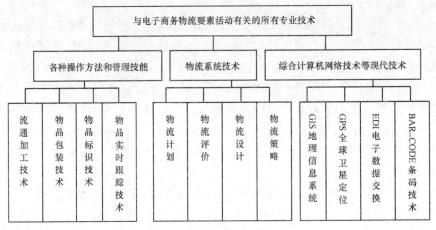

图 11-1 电子商务物流技术

物流配送中心是电子商务物流的实现者,它有不同的类型和模式。

按运营主体的不同,大致可以分为:以制造商为主体的配送中心,以批发商为主体的配送中心,以零售业为主体的配送中心,以仓储运输业者为主体的配送中心。

按照物流配送的过程划分,可以分为以下三种主要模式:

(1) 集货型配送模式:该种模式主要针对上家的采购物流过程进行创新而形成。其上家生产具有相互关联性,下家互相独立,上家对配送中心的储存度明显大于下家,上家相对集中,而下家分散具有相当的需求。同时,这类配送中心也强调其加工功能。此类配送模式适于成品或半成品物资的推销,如汽车配送中心。

(2) 散货型配送模式:这种模式主要是对下家的供货物流进行优化而形成。上家对配送中心的依存度小于下家,而且配送中心的下家相对集中或有利益共享(如连锁业)。采用此类配送模式的流通企业,其上家竞争激烈,下家需求以多品种、小批量为主特征,适于原材料或半成品物资配送,如机电产品配送中心。

(3) 混合型配送模式:这种模式综合了上述两种配送模式的优点,并对商品的流通全过程进行有效控制,有效克服了传统物流的弊端。采用这种配送模式的流通企业,规模较大,具有相当的设备投资,如区域性物流配送中心。在实际流通中,多采取多样化经营,降低了经营风险。这种运作模式比较符合新型物流配送的要求(特别是电子商务下的物流配送)。

物流配送中心的功能包括接单、拣货、分装、倒装、运输配送、加工、仓储、保管、信息处理、售后服务等功能。①

(1) 接单:物流配送中心从用户处接到用户订单后,即开始着手从供货商处取货。这一功能完全依靠网络手段来进行。

(2) 拣货:每张用户订单中都至少包含一项以上的商品,将这些不同种类数量的商品由物流配送中心取出集中起来,然后进行分送,就是拣货作业。

(3) 分装:物流配送中心根据用户的要求,对大批量进货的商品进行分装,缩小包装以满

---

① 张铎.国内电子商务下物流配送的解决方案.北方交通大学物流科学研究所. http://www.shippingtrade.com.cn/info-market/tjsj/dzsw.htm, 2005-8-6

足用户的需要。对于鲜活商品和农产品,供应商往往不提供包装,这也要求物流配送中心进行分装后,再分送给各用户。

(4) 倒装:是指在物流流程中,为了提高下一流程的效益,从前一包装形式转换成另一包装形式的作业。倒装一般分为两大类:商品包装和运输包装。托盘运输"柔性集装袋"运输和集装箱运输是最典型的单元集装运输,是现代化运输的主要标志。

(5) 调运:由于用户数量多、分布地域广,物流配送中心应根据信息网络所得到的各用户的要货信息,合理安排调运力量,及时向用户送货。

(6) 加工:就是物流配送中心先根据用户的需要把货物进行生产前的准备性加工,然后再按要求定点、定量、定时送交用户。尤其适用于鲜活商品和农副产品,如肉类的分割、计量、分装、蔬菜的分拣、计量、包装等。

(7) 保管:可使商品创造时间效益,稳定商品价格,加强售后服务。现代保管要求货架向高层化发展,作业向机械化、自动化发展;储存机械向小通道或无通道发展,商品账目管理和货位管理向计算机化发展,物流配送中心与上、下有关部门的信息交换向计算机网络化发展。

(8) 仓储:物流配送中心需要对一些品种多、一次采购批量较小,或常年销售、采购数量大的商品,保持一定的库存储备,随时满足各用户的要求。物流配送中心要拥有一个至数个巨型仓库,在一个局域网内进行管理。虚拟仓储已成为现代仓储的重要手段,通过广域网进行统一的虚拟化管理,大量货物保存周边各地的供货厂商的仓库和运输途中等"虚拟仓库"里,由物流配送中心通过计算机管理系统对这些"虚拟仓库"进行网络化管理。

(9) 信息处理:信息管理功能是整个物流配送中心的核心功能。

(10) 售后服务:作为唯一直接和最后面对用户的运营实体,物流配送中心,应当随时向供应商反馈用户对所送货物的意见,并协调供应商根据售后服务规则和用户的要求,解决好产品的安装、使用、维护、维修、更换、退货,处理用户投诉等售后服务工作,让用户感到网上购物不仅物有所值,而且放心。

11.2.3 信息流

信息流是电子商务的血液循环系统,电子商务的信息流包括商流信息、物流信息与资金流信息。电子商务优于传统商务的最大特点是其在信息处理与传递方面的功能,信息网络技术的运用大大提高了电子商务的信息流通效率,从而促进了物流与资金流精确及时的完成,使电子商务的成本小于传统商务,而效率却大为提高。

在商务活动中,关于顾客、竞争对手、原材料供应商及市场需求方面的信息,由销售部门或市场分析部门获取,反馈到管理决策部门。决策部门根据这些信息做出研发、生产、销售、广告的决策,或将原有的策略做局部调整,然后将信息再传递到各个职能部门,实现企业的目标。在传统商务活动过程中,很容易发生信息失真、丢失、延误滞后、理解错误、深层分析与挖掘欠缺等问题。在企业外部,一方面企业要与供应商打交道,将原材料需求信息告知固定供应商,依据原材料的市场信息确定最佳成本规模的购入计划。信息流是以价格搜寻、谈判、订单等形式出现的。另一方面企业要与广告商、批发代理商或顾客打交道,需要将产品信息及时传递给批发代理商,再由层层批发代理商将产品信息传递给最终客户。在这个流通的通道中除了产品本身作为信息载体之外,还有商品博览会、广告、促销、形象代言人、CI 设计及公关宣传活动等,最大可能地传播有关产品与企业的信息。承载广告的媒体涉及到所有可能的类型,其中互联网在将大量声音、图像、文字结合在一起并立体多维表现方面具有独特的优势。

商务活动有关资金的信息包括银行利率、借贷倾向、风险偏好等信息,股市融资信息,风险资本信息,同行可拆借资金信息,债券信息,合伙人的资信状况,等等。对于银行、股民、借贷人来讲,需要了解企业的信用、重大投资决策、资金流转以及盈利状况信息。在企业内部,资金流通的信息包括资本结构、投入产出、折旧、利润、现金周转等一系列信息。可以说,资金流是贯穿商务活动的核心,而信息却是这个核心的基本属性和内在要求。从某种意义上讲,现代数字化的资金流就是一种信息流,这也是电子商务需要解决的关键问题。

11.3 电子商务的盈利模式

电子商务的实质是商务,对于企业来讲,从事电子商务的最主要目的是实现盈利。企业在电子商务的经营活动中,不断探索新的盈利模式。随着网上支付、物流的不断成熟,以及电子商务网站与其他网络或传统行业的结合,不断涌现出新的商业模式。

11.3.1 电子商务的几种盈利模式

1. 电子商务的发展状况

2000年互联网泡沫破裂,对电子商务发展造成了沉重打击。但2002年增值服务的兴起和运营环境的成熟又进一步促进了电子商务的发展。据《2005年中国电子商务盈利模式研究报告》研究表明,2004年,全球电子商务的增长率为25.3%,整体营业额为27748亿美元,通过电子商务实现的交易占全球贸易的15%~20%。2004年,中国电子商务的增长率为73.7%,营业额达到4800亿人民币,约为全球电子商务营业额的2%。

电子商务的主要交易模式为B2B、B2C与C2C。在电子商务的几种交易方式中,B2C和B2B所占分量最重,而其中又尤以B2B所占比例最大。目前,在全球电子商务销售额中,B2B业务所占比例高达80%~90%。2000—2004年期间全球各区域B2B类电子商务市场规模如表11-1所示。

表11-1 2000—2004年全球各区域B2B电子商务份额(单位:亿美元)

	2000年	2001年	2002年	2003年	2004年	2004年所占比例
北美	1592	3168	5639	9643	16008	57.7%
亚太	362	686	1212	1993	3006	10.8%
欧洲	262	524	1327	3341	7973	28.7%
拉丁美洲	29	79	174	336	584	2.1%
非洲/中东	17	32	59	106	177	0.6%
总交易额	2262	4489	8411	15419	27748	100.0%

资料来源:2005年中国电子商务盈利模式研究报告. http://blog.phpho.com/payreport/article/14399.html。

2. 电子商务的盈利模式

(1) B2B的盈利模式

2005年的研究显示,国内B2B的竞争主要在阿里巴巴、慧聪和买麦网之间展开。阿里巴巴以直销模式为主,慧聪实行"直销与代理相结合"的模式,买麦网则实行"大区独代、分区直销"的经营模式。相比之下,后两者更能满足为客户服务的要求。

(2) C2C 的盈利模式

C2C 方面,国内主要厂商是淘宝、eBay 易趣和一拍。其中阿里巴巴旗下的淘宝主要成功实施了免费政策,eBay 易趣则保持收费政策,一拍是雅虎和新浪合资成立的网站,凭借品牌与流量优势,一拍也取得了不错的发展。

(3) B2C 的盈利模式

B2C 是较早出现的电子商务模式,发展中经历了不少挫折。各行业厂商进入电子商务,希望在互联网时代依靠网络平台,赢得竞争优势。《2005 年中国电子商务盈利模式研究报告》对十个主要行业的近百个网站进行了调查研究,将各行业的盈利模式概括如表 11-2 所示。

表 11-2 电子商务的盈利模式

盈利模式	描述	典型网站
本行业产品销售	通过网络平台销售自己生产的产品或加盟厂商产品	各个行业都有
衍生产品销售	销售与本行业相关的产品	中国饭网出售食品相关报告、就餐完全手册。莎啦啦除销售鲜花外,还销售健康美食和数字产品
产品租赁	提供租赁服务	太阳玩具开展玩具租赁业务
拍卖	拍卖产品,收取中间费用	汉唐收藏网为收藏者提供拍卖服务
销售平台	接收客户在线订单,收取交易中介费	九州通医药网、书生之家
特许加盟	运用该模式,一方面可以迅速扩大规模,另一方面可以收取一定加盟费	OfficeMate、当当、大卫魔术世界、莎啦啦、e 康在线、三芬网等
会员	注册会员,收取会费	各个行业都有
上网服务	为行业内企业提供相关服务,如企业邮局、网站建设等	中国服装网、中华服装信息网
信息发布	发布供求信息、企业咨询等	中国药网、中国服装网、亚商在线、中国玩具网等
广告	为业内企业发布广告	各个行业都有
咨询服务	为业内厂商提供咨询服务,收取服务费	中国药网、中药通网站等

资料来源:2005 年中国电子商务盈利模式研究报告. http://blog.phpho.com/payreport/article/14399.html

(4) 其他类型的盈利模式

除了以上的盈利模式之外,还有一些企业在探索新的收入模式:

① 博客盈利模式

2005 年 7 月,原"博客中国"改版为博客网。博客网 CEO 方兴东认为,博客网主要是三种收入模式:第一种是广告,由于博客比其他商务网站更容易确定网民的消费行为和身份,因此博客广告会比传统的网络广告更有商业价值,广告收入是当前第一大收入;第二种是无线增值业务,手机作为一个个人化的通信媒体,可能将是最好的博客工具,所以无线增值业务会成为博客网最大的增长点;第三种也是未来最有成长性的收入模式是用户增值服务,许多网民通过自组织的方式进行沟通,智慧的力量既可以转化成商业价值,也不排斥非商业性的创造活动。[①]

---

① 谢仲良. 方兴东:互联网里什么都有可能发生. 电子商务. http://www.21echina.com, 2005-08-15

② 电子商务搜索排名模式

分析阿里巴巴核心的盈利模式,不难发现,B2B 平台的核心价值在于在诚信、支付等关键环节提供了深入的服务,从而为企业搭建了一个安全的交易环境,也为阿里巴巴带来了可观的盈利。阿里巴巴与雅虎的整合表明了一种新的电子商务盈利模式。阿里巴巴可以把他的诚信通过产品分布到各个企业网站上去,然后根据诚信通指数的高低来确定电子商务搜索的排名结果,这个符合电子商务精神的游戏规则可能比竞价排名更有市场,未来搜索排名将成为成就诚信通的技术基础,更有价值的是诚信服务。[1]

11.3.2 电子商务的盈利原理

投资电子商务企业,如何进行盈利？需要了解电子商务企业的投资规模、成本项目与收益来源。然后根据具体产品或服务的性质、顾客规模、物流系统的成熟程度等来判断企业是否可以盈利,并做出投资决策。

1. 电子商务的投资

电子商务投资可以分为两个阶段：

(1) 对信息技术的投资

包括用来建立一个网站的计算机设备和相关的软件,以此进行在线服务。潜在顾客的数量、相关的信息量、顾客交流的频率,产品和服务的变更频率都会影响投资规模。

(2) 对市场营销活动的投资

包括品牌推广、广告宣传等,以此来扩大顾客安装基础。为了扩大需求,常常需要对一个新的物流体系进行投资。相应地,投资的规模取决于最初可以获得的顾客、顾客需要的信息量,以及需要配送的产品和服务的数量。

2. 电子商务的成本

电子商务是利用计算机网络(Internet)进行产品和服务的营销与销售、物流发送、支付与融资的活动。电子商务活动将带来固定成本和可变成本。包括：

(1) 系统开发成本

在电子商务基础设施上的投资包括对于 Web 服务器的投资、网络基础设施的投资、数据库及信息安全设备上的投资,以实现信息反馈、数据和交易管理以及安全通信的功能。产品越稳定和标准化,在服务和数据加工上的耗资就会越低。因此,电子商务的系统开发成本由顾客的数量(规模)、偏好变化、售前交流的需要和售后交流活动所决定,常常需要耗费大量资金。

(2) 销售成本

许多电子商务企业最初在品牌推广和赢得顾客上需要耗费大量的资源,形成一个良好的安装基础常常需要耗费很多的资金。而传统行业的企业上网,只是为了扩大现存的顾客基地,耗费在广告上的费用相对较低。这就是人们常说的"鼠标加水泥"的商务模式。为了降低成本,需要从销售供给、订立合同以及产品信息和报价的经常更新所造成的所谓菜单成本等多方面削减可变成本。

---

[1] 殷勇.阿里巴巴强势出击,百度亟待转型.飞速电子商务咨询.http://www.zowee.cn/zowee/news/20050819-37890665.htm. 2005-8-19 10:47:00

(3) 运营成本

在线服务可以向顾客提供有关产品类型、质量、价格和配送情况的信息。网上企业需要耗费大量的运营成本来建立和运行新的物流系统。而一些传统企业则可以利用原来拥有的配送系统的优势。计算机企业戴尔(Dell)是一个很好的例子，它成功地削减了交易中15%的配置、订购、跟踪和支持业务的直接成本。

有些产品和服务的物流成本较小，非常适合网上销售。比如航空机票、火车票、饭店预定、电影票和保险单的服务等。

(4) 支付和融资成本

网上的支付活动可以降低安全传递和信用风险所产生的成本。购买者发送电子支付(电子货币或数字货币)和汇款额的信息就产生一笔安全支付的成本，出售方随之鉴定这笔支付及其金额，确认它的有效性。网上支付可以降低汇率浮动和拖欠款带来的损失、减少数据处理的错误、降低纸张的使用量和节省邮资。信用风险包括延迟支付或坏账所带来的额外成本，还包括可能上升的融资成本，比如比通常更高的贴现率。

3. 电子商务的收益

电子商务的收益来源于以下三个方面：

(1) 交易净收入

这种类型适用于那些通过网站向顾客提供新服务的企业，这种新服务可以激发可观的顾客支付意愿。那些给顾客带来较大的便利的产品和服务属于这种类型。某些服务可以批量生产而且大大降低人员流动和顾客排队的成本，比如说在线购票，在线预定饭店等，顾客可以以较低的成本了解他们将要预定的服务是否可以获得。

(2) 成本降低

这种情况包括大部分的企业间交易(B2B)，特别是有着稳定配送系统的企业。B2B电子商务可以通过两种基本方式降低成本：一是降低某一项已经进行的活动的成本，比如当前通过电话和传真的活动可以以电子邮件和 Internet 代替；二是可以通过互联网与各种企业信息系统如 ERP、SCM、CRM 等为现存的流程提供再造工程。

(3) 投资减少

利用现有的企业信息系统降低在 Web 服务上的投资。以金融部门为例，银行和保险公司等机构已经通过现有的计算机系统为顾客进行资产负债服务(账户系统服务)，再通过进一步的"前台系统"的投资就可以进行在线服务了。

当企业已经拥有相当大的安装基础时，投资费用也会降低。比如邮购企业和百货连锁店，他们无需为促销活动耗费巨资，而可以直接代之以发送电子邮件和相似的信息渠道。然而，对信息技术和市场营销减少的投资费用有可能被电子商务物流配送系统的高昂投资所抵消。另一方面，投资的融资成本取决于当前企业的融资记录。网络企业将比有着长期融资记录的传统分销企业耗费更高的融资成本。[①]

---

① 刘臻晖. 电子商务的投资机制与盈利模式. http://www.daokan.com/printpage.asp？Article#id=210,2005-8-1

11.4 电子商务的制约因素

相对于传统商务模式而言,电子商务系统具有许多优势。但是要进一步发展,仍然存在着技术、政策法律环境、市场成熟程度等种种因素的制约。目前电子商务所面临的问题,大致包括以下几个方面:

11.4.1 电子支付

随着网络技术的不断发展,网上支付服务的提供者已经扩展到非银行金融机构和非金融企业,包括软件公司。网上支付突破了传统的经营和服务模式,出现了网络银行、自助银行、无人银行、电话银行、信息服务中心等,以此来实现以客户为中心、全功能、个性化的服务模式。网上银行不仅能提供普通负债业务和转账支付服务,而且能提供小额抵押贷款、汽车贷款、租赁等资产业务。在营销方面,网上银行通过包括电台、区域推广项目、直接邮寄、户外广告、网上广告等方式向其客户和潜在客户推销网上银行产品。

银行面临的竞争更加激烈。网络和电子商务的开放性突破了时间、空间和信息交流的限制,金融业的竞争门槛已经大为降低。客户可以通过网络轻松地将其网上账户资金转移。客户改变所选择的银行无需多少额外成本,客户"忠诚度"大大降低。为争取客户,保持市场份额,传统银行必须调整经营管理构架,实施银行自身再造,为客户提供包括银行、保险、证券经纪和基金等多样化的业务。银行面临的巨大挑战首先是了解客户需求的信息,然后根据客户的需求设计新的金融产品。信息技术和网络技术的发展,不仅使银行可以获得和分析来自不同渠道的客户信息,形成集成的客户信息体系,发现和预测客户的需求信息,而且,可以通过新技术设计创造出适合于客户需求的新产品。

技术前景的实现并不是一蹴而就的,目前实现网上支付的制约因素主要有以下几点:

(1) 传统银行的信息化建设面临各种障碍。如既得利益集团的反对、信息化改造技术与投资局限、国有银行的体制转变、管理者及员工对所面临的严峻竞争缺乏足够的认识等。

(2) 社会信用环境需要进一步改善。如企业信用、个人信用包括银行自身的信用尚缺乏完备有效的记录系统。网上支付的信用基础还没有完全建立起来,使得人们对网上支付的可靠性仍持怀疑态度。

(3) 电子支付工具发展不够完善,电子支付技术尚在探索之中。这是目前制约电子商务进一步发展的重要因素。

11.4.2 信息安全

由于参与电子商务的各方在物理上常常是互不谋面的,因此,整个电子商务过程并不是物理世界商务活动的翻版。电子支付、数据加密、电子签名等技术在电子商务中发挥着不可或缺的作用。其中,支付结算系统尤其重要,它相当于电子商务链条中的"中间"环节,发挥着承上启下的关键作用。如果交易主体对资金支付的安全性和时效性缺乏信心,商务活动很可能只停留在商情沟通阶段,电子商务也就成了真正意义上的"虚拟商务",只能是电子商情、电子合同,无法实现网上成交。如果资金支付没有得到证实,商品配送也将难以实现。因此,要发展电子商务,信息安全至关重要。

电子商务的信息安全技术可以分为三类:加密技术、认证技术和防火墙技术。

(1) 加密技术

加密技术就是采用数学方法对原始信息进行再组织,只有合法接收者经过解密才可以得到原始信息。按照加密钥匙和解密钥匙是否相同,可以把加密技术分为对称加密和非对称加密。对称加密存在的问题是密钥在交换过程中,可能会泄露;难以解决签名验证问题;密钥管理量大。而非对称加密密钥分配简单,保存量少,并且可以完成数字签名和数字鉴别。

(2) 认证技术

认证技术主要包括数字签名、身份认证和认证机构(Certificate Authority, CA)。认证技术的目的是确认信息发送者的身份,验证信息的完整性,以确认信息在传递或存储过程中未被篡改过。

数字签名的过程是:首先用散列算法将要传输的信息内容变换成一个固定长短的信息段,即信息摘要,然后用发送者的私有密钥对信息摘要加密,就生成了数字签名。接受方为验证所收信息,先用发送方的公开钥匙解密数字签名,得到信息摘要 A,再把收到的信息用同样的散列算法计算,得到信息摘要 B,然后将 A 和 B 比较以判断信息是否被修改过。身份认证技术的常用方法是口令,其风险在于有些口令容易被黑客猜出来。

CA 是承担网上安全电子交易认证服务,能签发数字证书并确认用户身份的服务机构,主要受理数字凭证的申请、签发和数字凭证的管理。认证机构是买卖双方建立信任的基础,也是开展电子商务的基础。认证机构发放的数字证书主要有两种:SSL 和 SET,前者服务于银行对企业或企业对企业的电子商务活动,而后者服务于持卡消费和网上购物。

(3) 防火墙技术

防火墙技术的主要类型有包过滤型、应用网关型。防火墙是指一个由软件系统和硬件设备组合而成的、在内部网和外部网之间的界面上构造的保护屏障。主要目的是防止非法入侵,非法使用系统资源,执行安全管制措施,记录所有可疑的事件。

如上所述,信息安全是电子商务成功实施的关键。在开发网上支付系统时,自始至终需要将支付体系的安全性放在首位,需要形成由业务和技术措施共同组成的双重安全机制。前者包括网上支付账号与主账号相分离、设定网上消费限额、严格审查商户资格、监控商户服务质量以及保证网上交易的可追溯性等。后者包括建立银行独立和完善的证书体系、使用强加密的互联网安全传输协议、将客户支付信息加密后直接传送到银行、实行多重密码保护以及网上交易资金银行体系内流动等措施。当然,建设网上支付系统时也不能将安全绝对化,而是要注重在安全与便捷之间寻找平衡点,在有效控制风险的同时,保证结算快速方便。

除了信息安全技术因素之外,社会诚信环境与诚信心理的建设也是十分重要的。截止到 2005 年 4 月底,中国网民数量超过了 1 亿,巨大的网民数量为电子商务的开展提供了无限的空间。2004 年中国网上购物网上支付总金额达到 6.8 亿,预计 2005 年将达到 15.7 亿。但是,在中国众多的网民中,有过购物经历的只有 18%。而在具有网上购物经历的网民中,选择在线支付方式的仅为 37.9%,相当数量的人选择邮局或银行汇款。这表明在线支付的功能还不完善,网民心理上对在线支付依然存在一定怀疑。[①]

另外,由于网络信息的发布成本较低,加上企业信用程度各不相同,造成商务信息存在着

---

① 2005 年中国电子商务盈利模式研究报告. http://blog.phpho.com/payreport/article/14399.html. 2005-7-11

一定程度的失真。有些网站由于内容更新不及时,信息滞后,增加网上信息的搜寻成本。另外,虚假、无用信息的存在一定程度上抵消了由信息高效传递带来的成本降低。

11.4.3　企业信息化水平

企业信息化是实现电子商务的基础。真正的电子商务不仅仅是建个网站,实现企业前台的商务电子化,更重要的是企业各个环节的信息化。这样才能有条不紊地实现订单处理、采购原材料、组织生产、查询库存、联系配送、进行售后服务等一系列活动。电子商务和企业基础管理信息化相辅相成。从深层次看,电子商务的真正含义是指一种基于电子技术、信息技术和网络技术的全新的经营理念和运作模式,是企业内部基础管理信息化和电子商务的紧密结合。由于受信息基础设施、企业信息化和消费者成熟程度等因素的制约,目前我国电子商务的规模还比较小。

以企业信息化来保证电子商务成功实施的案例之一是中国石化公司。中国石化电子商务网站从2000年8月15日正式开通,之后一直有较好的业绩。公司领导认为,在实现网上销售之后,每年的物资采购和产品销售额应该分别达到100亿元以上,中国石化电子商务网之所以取得成功,是因为夯实了企业管理信息化这块基石。

除了电子支付的安全制约之外,物流规模也制约着电子商务的进一步发展。物流方面,截止到2004年末,我国已建立的各类配送中心一千多家,许多外国物流企业和运递业巨头也纷纷进入中国。但是,物流方面也存在物流厂商规模小导致电子商务运送成本高的问题。[①]

11.4.4　制度制约及其他因素

电子商务最根本的优势在于信息传递,要充分发挥电子商务的信息优势,并非仅仅取决于电子商务系统技术上的完善,还需要国家相应的政策法规建设,需要许多配套措施的完善。

(1) 电子商务与传统商务不同,存在国际电子商务的跨境支付问题,需要新的手段进行经常项目外汇收入真实性审核,进行外汇的实时监管等。其次是与电子商务相适应的配送服务系统。电子商务的大部分最终交易对象仍然是实物产品或服务,这就要求有高效、快捷的配送服务网络,离开了这一点,电子商务只能是空谈。

(2) 关税与税收问题。对于通过信息网络订购、由地面或空间运输的交易,可以采用当前的关税制度进行管理。如果是通过网络传递的产品和服务,则需要研究出新的关税与税收政策,国家税收最根本的前提是保证国家利益。目前大多数国家对税收征管施行居民管辖权与收入来源地管辖权的原则,而电子商务的特点是不能很准确地界定服务发生的场所,为确立纳税义务增加了难度。

(3) 知识产权的保护问题。如电子化专利的申请、审定及专利持有人合法权利的保护问题,电子化市场中的商标保护问题,都需要确立新的规则。另外,网络域名虽然不能作为知识产权进行保护,但是它的错误使用,会使商标受到侵犯、干扰和削弱,因而也是电子商务顺利进行所必须注意的问题。

(4) 电子商务的安全性与可靠性。电子商务要保证国家经济安全,在网络安全、密码技术及安全管理等方面,应遵循国家有关管理制度,同时考虑与国际标准兼容。为确保电子商务的

---

① 2005年中国电子商务盈利模式研究报告. http://blog.phpho.com/payreport/article/14399.html. 2005-7-11

安全、可靠,政府主管部门对电子商务的密码应实行分级授权管理,对核心安全技术实行国家统一管理,鼓励开发具有自主知识产权的实用性安全技术产品。电子商务的安全认证,是实现电子商务的关键,必须统筹规划认证体系的建设。

(5) 电子商务的法律规范。电子商务需要必要的法律规范,应包括传统的贸易惯例和指导原则。为推动电子商务的发展,应制定非歧视性标准,积极采用国际标准。技术标准及其制定应与监管部门协商一致,以保证电子商务应用的可靠性和可操作性。

(6) 电子商务的基础设施。建立高效的信息基础设施是实施电子商务的必要条件,从而保证公平合理的接入、低成本运行和获得良好的服务,应使中小企业和欠发达地区也能参与电子商务。电子商务网络平台的建设应该统筹规划,鼓励公平有序的竞争。另外,通信资费标准的制定,对于减少地区差异,促进电子商务的进行也有着重要的意义。

关键术语

电子商务 E-Commerce 三流 物流 B2B B2C C2C B2G

思考题

1. 相对于传统商务活动,电子商务有哪些优势?
2. 电子商务的基本模式有哪些?
3. 电子商务的"三流"是什么含义?
4. 电子商务的盈利模式有哪些?其成本包括哪些内容?
5. 电子商务的进一步发展受到哪些因素的制约?

第12章 网络经济分析

当国际互联网普及之后,经济与社会由于网络的作用呈现出新的特征。尽管经济中的网络现象自古就有,关于网络的经济特征也早有著述,但是当Internet以空前的速度发展起来之后,基于国际互联网的经济就受到经济学家及社会各界的广泛关注,网络经济的概念在内涵和外延上也进一步丰富。

本章主要介绍网络经济的概念、特征、原理、与其他产业的互动作用以及未来的发展等内容,并将介绍国内外网络经济的研究进展。

12.1 网络经济的概念与研究概况

12.1.1 网络经济的相关概念

网络经济究竟指什么呢?自20世纪90年代以后,与网络经济相关的概念有很多,如知识经济、后工业经济、数字经济、新经济、信息经济等。这些术语反映了人们从不同视角对同一问题的描述,但是其内涵与所描述的侧重点也有所不同。

1. 知识经济

1996年,"经济合作与发展组织"首次提出了"基于知识的经济"的概念,并将其界定为"建立在知识和信息的生产、分配和使用之上的经济",此后知识经济这个概念普遍为人们所接受。刘国新等曾引用过一个观点:衡量是否进入知识经济的一种标准就是:人均GDP达到或接近5000美元,具有较高的社会知识水平,成人文盲率低于13%,受高等教育者占同龄人的比例不低于29%,具有强大的知识和技术创新能力。[1]

2. 后工业经济

后工业经济曾经一度成为知识经济的代名词。指的是到了工业化后期,知识生产和信息商品化的步伐进一步加快,以信息产业为代表的高科技产业成为国家或地区的支柱产业,在投入产出比和所占的GDP比重方面都有明显的优势,并对可持续发展具有重要贡献。此时知识经济体系已完全确立,并具有可以衡量的标准,如美国等发达国家和上文提到的我国的几个城市。

3. 数字经济

数字经济是人们用来指称与信息技术经济相关的另一个概念。在美国商业部1999年的一份研究报告中,数字经济主要包含两个内容,一是电子商务EC,另一个就是为电子商务创造良好环境的IT产业。因此,在对数字化经济的界定中,他们围绕的中心是电子商务这个核心。所谓电子商务,在他们看来,就是指基于国际互联网、非私有性(non-proprietary)网络所进

---

[1] 刘国新,李勃,陈遥.知识经济与产业结构演变.经济学动态,1998,12

行的产品或服务的贸易。

4. 新经济

"新经济"是另一个一度引起热烈讨论的概念,它主要指美国自 20 世纪 90 年代初开始,连续 110 个月以上的"两高一低"的经济增长时期。所谓"两高一低"是指高增长高就业与低通货膨胀,其实质是由新技术的普遍应用所引起的新的经济增长周期。这段由于信息技术的普遍应用而带来的经济快速增长曾在经济学界引起了一场热烈的讨论。有人甚至认为经济周期将自此消失,美国经济会持续而平稳地增长下去。但是随之而来的互联网泡沫的破灭使得新经济的神话暂告一段落,新经济这个概念也渐渐冷落下来了。事实上,历史上已经有过若干次因技术或制度变革带来的经济迅速发展的阶段被称为"新经济",比如 20 世纪初苏联成立后所采用的振兴经济的政策就被称为"新经济"政策。与工业革命以来的许多发明一样,国际互联网的出现在某种程度上可以看作是一种"工具革命"(Cohen and DeLong, 1999)。从这一点来说,网络经济与所谓的"旧经济"在本质上并没有什么明显的区别。

5. 信息经济

信息经济是指基于信息技术高度发达、经济活动中知识信息传递效率空前提高、信息资源成为经济增长重要资源的经济,其主要特征是信息产业的结构体系进一步完善、经济社会的信息化全面发展。它与物质经济、能量经济相比较而存在,经济发展进入后工业化时期。在这种经济形态中,有三个特点:一是信息产品、知识产品的数量和种类大大提高;二是经济活动中信息流动规模更大、范围更广、速度更快;三是信息与知识型劳动力占全社会劳动总人数的比例显著增加。

信息产业是信息经济的支柱产业。对于信息产业的界定,历来存在着不同的外延。广义的信息产业被认为包括所有与信息处理有关的传统或现代产业。在早期的信息经济学著作中,如马克卢普等人认为,国民经济中的第一信息产业部门包括教育、新闻媒体等产业,第二信息产业部门则包括所有传统产业部门中的信息、文件处理与传输部门。而美国商业部(1999)在他们的统计报告中,甚至把无线电广播、电视以及相关设备的生产企业也归为 IT 产业。一般来讲,这被认为是广义的信息产业或信息经济。

从信息技术发展的历史来看,信息技术革命首先是指数字化信息处理技术的革命,穆尔腾(Moulton, 1999)认为,IT 产业应是指与信息数据处理有关的硬件设备、软件、半导体以及电讯设备等行业。但是,事实上在不同的统计资料中,人们对 IT 产业的界定有所不同。学术界对于有关信息技术(IT)产业的界定,也存在争议。有些学者认为,政府部门对 IT 产业的界定存在着一定的随意性,有可能夸大了该产业对 GDP 的贡献。到了 20 世纪 90 年代以后,信息产业内部的产业体系分化发展日趋丰富完善,与之相关的概念也具有了更加特指和明确的含义。研究者们也更加倾向于以具体的产业部门为研究内容,如信息技术产业、信息内容服务产业、通信产业、传媒产业、互联网产业等。从这个角度看,狭义的网络经济是信息经济的一个组成部分。

6. 网络经济

从网络经济发展的实践来看,与其他相关概念相比,网络经济这一术语的区别在于它突出了国际互联网,并把基于国际互联网进行的电子商务看作是网络经济的核心内容。网络经济首先是伴随国际互联网的发展而产生出来的,因此围绕国际互联网发展起来的一些新兴行业应是网络经济不可缺少的一部分;其次,国际互联网的发展改变了过去传统的交易方式,使得国际互联网成为一个便捷的交易平台,因而原来通过传统的方式进行的交易活动演变成通过国际互联网进行的交易活动,这也应当视为网络经济的重要组成部分。

12.1.2 网络经济的研究概况

到目前为止,国外经济学界研究网络经济主要从产业组织的角度入手,如 Hal. R. Varian, Shapiro, Economides, White, 以色列经济学家 Oz Shy 等,都从产业组织的角度对网络经济的各个方面进行了较为详尽的研究,并对近年来的研究成果进行了综述。如 Hal. R. Varian 与 Shapiro 教授合著的《信息规则:网络经济的策略指导》(Information Rules: A Strategic Guide to the Network Economy, 1998)、Economides 的综述性论文〈The Economics of Networks〉、Oz Shy 的《网络产业经济学》(The Economics of Network Industries)等。《信息规则:网络经济的策略指导》一书已由中国人民大学出版社出版了中文译本,主要研究信息企业产品的定价策略,并对网络经济的一般规则作了生动的论述。Economides 的综述性论文从产业组织的角度,详细介绍了不同网络类型的产业组织特征、网络外部性、自然垄断与政策管制等问题的研究成果。Oz Shy 的《网络产业经济学》是一本专著,从不同的具有网络特征的产业,如硬件业、软件业、航空服务业等入手,研究了网络产业的互补性、兼容性、标准化等问题。

近年来国内也涌现出一批专门研究网络经济学的教材和专著,有濮小金、司志刚等编的《网络经济学》(2006.1)、周朝民编著的《网络经济学》(2004.3)、王健伟、张乃侠主编的《网络经济学》(2004.10)、张铭洪编著的《网络经济学教程》(2002,5)、赵守香著的《网络经济学》(2001)、黄宗捷、蔡久忠著的《网络经济学》(2001)、孙健著的《网络经济学导论 = Internet Economics》(2001)、杨培芳著的《网络协同经济学:第三只手的凸现》(2000)等。与国外的研究相比,国内学者的研究更加侧重于从宏观层面上把握和描述网络经济的特征,力图掌握网络经济的全貌并将之介绍给读者。而国外学者则更加侧重于从网络产业的内部组织入手把握其经济运动的内在规律。这可能源于西方经济学对于经济中的网络性特征早在 20 世纪 70~80 年代就有研究,而国际互联网的出现只是强化了这种特征。国内学者的切入点主要是信息网络技术所呈现出来的新的经济特征,以及与互联网有关的种种产业的发展规律。

就目前情况来看,从产业组织角度研究网络经济在理论上比较成熟,基本上揭示了网络经济的原理与本质。国内的许多教材也开始注重系统介绍国外网络经济研究的成熟成果,如张铭洪的《网络经济学教程》在这方面就比较深入完善。从研究动态来看,国内学者对于网络经济的研究主要倾向于应用研究,如电子商务研究以及网络经济与传统产业的互动关系等层面的研究,而向微观层面和纵深层次的研究还嫌薄弱。

12.2 网络经济的特征

12.2.1 网络经济的组成

这里所说的网络经济主要是指基于互联网的经济。从理论上来讲,可以认为网络经济包括基于国际互联网的所有经济活动领域,它既包括信息网络技术所具有的新技术特征,又具有很强的传统网络组织的经济特征。这两个特征构成它不同于传统经济的特点。

美国得克萨斯大学在 Cisco 公司的赞助下,成立了一个关于网络经济的研究中心 (CREC)。根据该中心的研究(CREC, 1999),网络经济包含 4 个组成部分。这 4 个组成部分分别是网络的基础建设领域,网络的基础应用领域,网络的中介服务领域,网络的商务领域。值得注意的是,大多数公司的经营活动并不只是局限于某一领域,而是根据需要在多个领域展开经营活动。表 12-1 显示了 1998 到 1999 年美国网络经济的发展状况。[1]

表 12-1 美国 1998—1999 年网络经济产值　　　　　（单位:10 亿美元)

	1998 年第一季度	1999 年第一季度	增长速度
1. 国际互联网基础设施领域	$26.795	$40.139	50%
2. 国际互联网基础应用领域	$13.925	$22.487	61%
3. 国际互联网中介服务领域	$10.992	$16.666	52%
4. 国际互联网商务贸易领域	$16.508	$37.540	127%
网络经济(除去重复计算部分)	$64.000	$107.969	68%
	1998 年全年	1999 年全年	
网络经济全年产值	$301.4	$507.0*	68%

资料来源:Center for Research in Electronic Commerce, Graduate School of Business, University of Texas at Austin, 1999* 为预测值。

12.2.2 "新经济"及其特征

在美国,较早谈论"新经济"的学者是《商业周刊》的主编斯蒂芬·谢波德。他于 1997 年 11 月提出了"新经济"概念,指出"新经济"具有 6 个特征:实际 GDP 大幅度增长,公司运营利润上涨,失业率低,通货膨胀率低,进出口之和占 GDP 的比例上升,GDP 增长中高科技的贡献度比重上升。

更早的争论是"新周期"问题,1997 年 8 月由迈克尔·曼德尔首次提出。1998 年 6 月,麻省理工学院教授多恩·布什进一步讨论了周期消失等问题。同年,《美国新闻与世界报道》董事长兼主编莫蒂默·朱克曼发表《第二个美国世纪》,认为新型繁荣源于一系列制度结构优势,并非不可持续。"新经济"实质是经济体制的"信息化"和"全球化"。斯蒂芬·谢波德也认为经济运行之所以发生上述六大变化,深刻的原因在于经济出现了信息化和全球化这种结构性的变革。诺贝尔经济学奖得主哈耶克曾认为,世界上的经济有两种:一种是有了"权"才能买"钱"的经济,另一种是有了"钱"才能买"权"的经济。而当今的"新经济"则是"第三种经济",即有了"智能",就能去"买钱"和"买权"的经济。在"新经济"中,"经济剩余"的瓜分权威将不再是"达官"和"富豪",而是"智士"和"仁人"。

随着网络经济泡沫的破灭,新经济进入衰退期。美国商业周刊专门研究机构 NBER 的裁定是:尽管美国经济在 2000 年上半年就已经显现疲软迹象,但"经济衰退"还是从 2001 年 3 月才明确开始。NBER 所依据的 4 个重要的指标是:"工业生产总值"、"制造业和商业的实际销售额"、"就业率"和"扣除转移支付后的实际个人收入"。

我国经济学家萧琛认为(2003,7),当代世界经济正在从一种倚重自然资源、制造产业和各国政府的传统的国别经济转向一种倚重信息资源、网络服务和国际社会的全球经济。在这个过渡期,一方面,"网络成本节约"导致劳动生产率提高和"经济剩余"累积;另一方面,"金融创

---

[1] 夏业良,姜建强.论信息技术革命条件下的网络经济.北京大学中国经济研究中心,2001,2

新"等经济人(投机)行为则往往倾向于过多地加以攫取,于是"宏观统计信息"和"微观会计信息"等难免都容易出现"扭曲","信任"也难免容易出现"盲目"。以至于"投资预期"不断偏高直至无以为继,结果是"网络产业亢进"和"财务制度危机"。"新经济"扩张的主要原因是劳动生产率的结构性提高,从而经济调整的主要任务也应在于产业制度的结构。具体说,新兴的企业和产业的盈利模式必须变得健康,才可能比较好地融入到整体经济并能长期持续下去。本轮经济扩张中企业盈利的几大支点是"生产率高"、"信息模糊"、"预期乐观"、"长期牛市"和"监控不力"。而除了"劳动生产率高"之外,其余有利因素现在均不复(同时)存在,这才是衰退的原因。[①]

12.2.3 网络经济的特征分析和总结

无论是高涨阶段,还是衰退阶段,都反映出网络经济的一些特征。我国信息经济学家乌家培认为,作为一种新的经济形态,网络经济具有种种不同于传统经济的新特征:

网络经济是全天候运作的经济。由于信息网络每天 24 小时都在运转中,基于网络的经济活动很少受时间因素的制约,可以全天候地连续进行。

网络经济是全球化经济。由于信息网络把整个世界变成了"地球村",使地理距离变得无关紧要,基于网络的经济活动把空间因素的制约降低到最小限度,使整个经济的全球化进程大大加快,世界各国经济的相互依存性空前加强了。

网络经济是中间层次作用减弱的"直接"经济。由于网络的发展,经济组织结构趋向扁平化,处于网络端点的生产者与消费者可直接联系,因"产销见面"而使中间层次失去了存在的必要性。当然,这并不排除因网络市场交易的复杂性而需要有各种专业经纪人与信息服务中介企业。

网络经济是虚拟经济。这里所说的虚拟经济不是由证券、期货、期权等虚拟资本的交易活动所形成的虚拟经济,而是指在信息网络构筑的虚拟空间中进行的经济活动。经济的虚拟性源于网络的虚拟性。转移到网上去经营的经济都是虚拟经济,它是与网外物理空间中的现实经济相并存、相促进的。培育和促进虚拟经济的成长,已成为现代经济发展的新动向。

网络经济是竞争与合作并存的经济。信息网络使企业之间的竞争与合作的范围扩大了,也使竞争与合作之间的转化速度加快了。世界已进入大竞争时代,在竞争中有合作,合作也是为了竞争。在竞争合作或合作竞争中,企业的活力增强了,企业的应变能力提高了,否则就会被迅速淘汰出局。企业可持续的竞争优势,主要不再依靠天赋的自然资源或可供利用的资金,而更多地依赖于信息与知识。

网络经济是速度型经济。现代信息网络可用光速传输信息。反映技术变化的"网络年"概念流行起来,而网络年只有相当于正常的日历年的1/4。网络经济以接近于实时的速度收集、处理和应用大量的信息,经济节奏大大加快。产品老化加快,创新周期在缩短,竞争越来越成为一种时间的竞争。

网络经济是创新型经济。它源于高技术和互联网,但又超越高技术和互联网。在技术创新的同时还需有制度创新、组织创新、管理创新、观念创新的配合。[②]

---

① 萧琛.美国新经济正在重新崛起?——论网络经济的衰退、复苏和高涨.世界经济与政治,2003,7
② 乌家培.网络经济及其对经济理论的影响.学术研究,2000,1

当互联网出现以后,人们对于以互联网为基础的网络经济的特点做过种种总结。在总结乌家培、谭顺[①](2001)等人研究的基础上,我们将网络经济的特征概括如下:

(1) 全球化

由于网络与生俱来的全球化特点,它成为人类技术史上一次最新的革命。其最主要的功能就是将全球各个角落的人们联系在了一起,并使世界经济的全球化进程大大加快。国际贸易、跨国公司、国际投资的规模迅速发展。电子商务、网络银行、网络税务等跨国界运作,网络经济真正呈现出全球化的特点。

(2) 快捷性

互联网使世界发生的根本变化之一是消除时空差距。在国际互联网上,信息以光速传播到世界各地,网络经济是对市场变化发展高度灵敏的"即时经济"或"实时运作经济",因此是一种快捷的速度型经济。

(3) 创新型

作为以信息与知识为基础的网络经济,全球化与快捷的速度使竞争更加激烈。这就要求参与网络经济的企业在组织、制度、技术等方面不断创新,才能在竞争中不被淘汰。

(4) 直接性

网络使企业中信息的传递和获取更加快捷有效,使经济组织结构趋于扁平化,这使得企业可以降低不必要的中间层冗余和管理成本,提高管理效率。另外网络信息交流的特点使市场的卖方和买方更容易接触,处于网络端点的生产者与消费者可直接联系,减少企业对中间商的依赖,这将降低社会成本,提高经济运作效率。这种现象被人们称为"面对面的直接经济"。

(5) 个性化经济

网络信息的充分传播与管理信息系统的进一步发展,使个性化定制服务更为普遍。这既表现在诸如汽车、家电、手机这样的有形物质产品上,更表现在网络企业所提供的信息产品与信息服务上。专业化的网络信息订购服务、网络刊物的订购如今已成为人们的日常活动。

(6) 分工与合作进一步深化

亚当·斯密在《国富论》中讨论的第一个经济发展原则是:分工可以极大地促进经济的发展,分工的细化和扩大将显著地提高生产效率,而分工所能达到的程度取决于市场规模的大小,市场规模的大小又取决于市场交易的成本。信息技术的运用除了可以降低一个传统企业的内部管理成本之外,也可以降低企业与企业之间的交易成本。

作为一种工具,国际互联网是一种速度更快、成本更低的信息交流方式,从而使它可能成为一种跨国界、跨地区的交易平台,充分的信息交流有助于交易规模的扩大。这种由于信息交流效率的提高而导致的交易规模扩大可以看作是技术的扩散效应。由于网络能减少企业使用市场的交易费用,企业之间会"垂直脱钩",个别企业集中生产它的优势产品和提供核心业务,而从市场上购买非核心的产品和服务。这使市场分工进一步细化,也使合作进一步加强,从而提高经济效率。

(7) 虚拟性

狭义的网络经济主要指在互联网上进行的经济活动,如电子商务。由于它与物理空间和传统市场都有相对的独立性,因而呈现出数字化与虚拟化特征,如电子支票、电子货币等。另

---

① 谭顺. 网络经济基本特征探析. 淄博学院学报:社科版, 2001, 1, 13~15

一方面传统的虚拟市场如基金、股票、期货等,借助于互联网进行,就有了双重的虚拟化特征。一重是其相对于物质经济的虚拟化特征,另一重是其在互联网上信息以数字编码方式传播的特征。

(8) 与传统经济紧密相关

尽管网络中有很大一部分是数字产品与信息技术的交易,但是网络经济泡沫的破灭表明,网络经济是与传统经济紧密关联的经济,电子商务的绝大部分交易对象还是传统商品。事实上,传统企业是网络经济存在的重要基础,也是网络经济发展的重要动力。从这个意义上讲,网络经济是传统经济在交易技术上的一场革命,交易的原理与规律并没有发生实质性的改变。

(9) 可持续性

网络经济可持续性的根源在于它是基于信息技术与知识的经济,在其消耗的资源中信息资源占很大的部分,这就与传统经济不同,减少了环境污染与对不可再生资源的耗费,使经济得以可持续发展。另一方面,由于信息网络技术对传统产业的渗透与改造,也提升了传统经济中的知识含量,提高了资源利用的效率,使传统经济的可持续发展能力进一步增强。

从宏观层面上来看,以上所总结的只是到现在为止人们所观察到的网络经济的特点,随着网络经济的进一步发展,我们或许可以发现其更深层次的特点,比如网络经济的周期性、网络经济对经济发展的作用规律等。

12.2.4 网络基础设施的定价

对于技术人员来说,常常假设用户的偏好既定,然后设计满足用户需要的技术。而对于经济学家来说,要研究的是如何在给定的技术条件下,找到合适的定价方式,以使资源使用的效率最大化。

网络定价首先要研究网络的成本,主要包括 Internet 的技术成本,以及主干网的成本。网络技术成本具有不断下降的趋势,通信线路与转换成本每年下降 30%,线路成本下降之后,传输连接成本变得相对昂贵了。网络成本还包括网络阻塞成本,网络阻塞的成本并非由网络服务的提供商负担,而是由用户承担。等待文件传输的时间成本是一个不小的社会成本,应该被计算在经济核算里面。还有网络的控制问题,包括阻塞控制、线路控制和带宽的有效配置等问题。

研究成本的目的是找到合适的网络服务定价方法,以促进网络资源的配置效率,合理指导投资,充分发挥网络的作用。而定价应该与成本相匹配。网络成本有以下几个特点:传输额外的数据包的附加成本在线路没有阻塞的情况下应该为零;耽误其他用户数据包传输的时间成本也应该被包括进来,可以通过向用户出售的方式来减少延迟;网络基础设施的固定成本,主要包括线路的租赁费用,路由器的成本和工人的工资;网络容量扩充的成本,包括增加新的路由器、线路和员工的成本。

对于网络定价方案的研究,主要是指接入定价。其中在网络临界容量以内的数据包实行零收费。"灵敏市场收费法",指的是接入网络的价格根据网络的阻塞情况每一分钟都不相同。Hal.R.Varian 着重研究了"灵敏市场收费法",设想每一个数据包的标头部分有一个标的,标明用户愿意为之支付的价格。研究了标的出价应由谁来确定,脱网成本如何计算,目标市场短期价格的波动以及公共部门与私人投资的作用等方面的内容。

12.3　网络经济的基本原理

网络经济的原理可以从宏观与微观两个层面上来考察,在宏观层次上主要考察网络经济对经济增长与生产率的贡献,在微观层次上则主要表现在产业组织结构的原理上,而有关网络经济的定价策略则是网络经济的基本原理在经济实践中的具体表现与应用。

12.3.1　网络经济与"IT生产率悖论"

网络经济的发展经历了一个"生产率悖论"的过程。信息技术产业对经济增长的贡献并非从一开始就十分明显,而是经历了一个相当长的过程之后,直到20世纪90年代中期以后才在GNP或生产率中显现出来,这个时期也正是互联网经济发展的高峰时期。

所谓"IT生产率悖论",是由诺贝尔经济学奖得主索罗(R. Solow)提出来的。这位长期研究技术进步与美国生产率变化的经济学家在1987年说过,我们到处可以见到计算机,唯独没有在生产率的统计中见到计算机。这对IT产业的宏观经济作用提出了怀疑。20世纪90年代初以前,在对计算机与信息技术对生产率的贡献所作的经验研究中,确实未发现IT产业对GNP或总体生产率有什么显著贡献。

这种情形到20世纪90年代中期以后有了改变。例如,Oliner与Sichel(1994、2000), Jorgenson与Stiron(1995、2000)分析90年代以来美国的经济资料,都发现计算机、互联网与信息产业提高了美国生产率,并通过替代其他生产要素而带动了美国的经济成长。就美国商业部每年的研究报告来看,电脑和通信软、硬件与信息服务产值占美国总产值的比重逐年上升,美国经济增长率的1/3来自于它们。连索罗本人也于2000年承认,所谓IT的生产率悖论已经过去了。

索罗1987年提出IT的"生产率悖论"与2000年承认这一悖论的消失,都是对经济状况的真实反映。这十多年间所发生的变化表明,即使像美国这样一个在IT产业上起步很早的国家,互联网的发展也要经历一个不短的"索罗悖论"阶段。在这个阶段上,尽管家庭、企业与学校普及了计算机,但IT对经济的宏观效应仍不显著;在这个阶段上,业内人士与学界对互联网的作用持怀疑态度。

Triplett(1999)对IT产业发展过程中之所以会经历"索罗悖论"这一阶段的原因作了如下论述:

IT产业本身还不够发达,电脑占全国资本存量的比重仍较低;对电脑产值估算过高;由于服务业的产出与价格不易衡量,因此其在GDP中的地位被低估;电脑软件硬件所引起的技术进步未能反映在统计数据上;由于学习效果,电脑化先使生产力下降,经过相当一段时间后,生产力才得以回升并超过以前,等等。

12.3.2　网络经济的技术经济原理

迄今为止,经济学家对网络经济的原理进行过很多概括。具体来讲,可以分为两个角度,一是从信息技术所引起的经济运行规律的改变入手进行分析,二是从产业组织的角度来分析。到目前为止,从产业组织的角度进行的分析相对来说更加成熟。

1. 摩尔定律(Moore's Law)

这一定律是以英特尔公司创始人之一的戈登·摩尔命名的。1965年,摩尔预测到单片硅芯片的运算处理能力每18个月就会翻一番,而与此同时,价格则减半。需要注意的是,当芯片的运算能力达到一定的限度,即超过了人们对速度的需求极限,这个定律将不再明显起作用。

2. 梅特卡夫法则(Metcalf Law)

按照此法则,网络经济的价值等于网络节点数的平方,这说明网络产生和带来的效益将随着网络用户的增加而呈指数形式增长。从目前的趋势来看,互联网的用户大约每隔半年就会增加1倍,而互联网的通信每隔100天就会翻一番。2001年底全世界的网络用户已达到5亿,4年后(即2005年底)已飚升到9.7亿。这种大爆炸性的持续增长必然会带来网络价值的飞涨。这正是凯文·凯利所说的"传真效应",即"在网络经济中,东西越充足,价值就越大"。

3. 马太效应(Matthews Effect)

在网络经济中,由于人们的心理反应和行为惯性,在一定条件下,优势或劣势一旦出现并达到一定程度,就会导致不断加剧而自行强化,出现"强者更强,弱者更弱"的垄断局面。马太效应反映了网络经济时代企业竞争中一个重要因素——主流化。"非摩擦的基本规律其实很简单——你占领的市场份额越大,你获利就越多,也就是说,富者越富。"

Compuserve和AOL是美国的两家联机服务供应商,1995年之前,Compuserve占有市场较大份额,在相互竞争中占有优势。而从1995年开始,AOL采取主流化策略,向消费者赠送数百万份PC机桌面软件,"闪电般地占领了市场",迅速赶超了Compuserve公司。当然,马太效应则不单在网络经济中起作用,它在传统经济中也同样存在,只不过在网络经济中更加明显而已。

4. 吉尔德定律(Gilder's Law)

根据美国激进的技术理论家乔治·吉尔德预测:在可预见的未来(未来10年),通信系统的总带宽将以每年3倍的速度增长。随着通信能力的不断提高,吉尔德断言,每比特传输价格朝着免费的方向下跌,费用的走势呈现出"渐进曲线"(Asympototic Curve)的规律,价格点无限接近于零。

网络经济的4大定律是人们对网络经济发展实证观察结果的总结,不仅展示了网络经济自我膨胀的规模与速度,而且揭示了其内在的发展规律。

12.3.3 网络经济的知识价值原理

汪丁丁认为,网络经济中存在与知识有关的三个基本原理[①],现介绍如下:

1. 专家控制(expert control)

随着互联网信息越来越丰富,一方面信息的传播成本越来越低,另一方面,信息检索和理解的费用却越来越高,于是需要有人专门从事专业知识的整合以应付大众需求。这样,知识的层次渐渐深化,在最深层的知识到大众需求之间的,是一个专家服务的链条,也可以叫做"知识价值链"。关于这一知识价值链,普通人感兴趣的仅仅是它所提供的服务的价格,他们早已放弃了启蒙思想家那种对世界做"百科全书"式的追究的态度。

---

① 汪丁丁.网络经济的三个基本原理.财经,2000,7. new.china-review.com/article.asp?id=4872.2005-12-16

2. 纵向整合(vertical integration)

那些缺乏纵向整合的知识链条总是产生更高的"总体占用成本(total-ownershipcost)",因为让客户自己钻到知识链条的各个环节里去学会使用深层专业化的知识就等于强迫每一个使用者成为各个环节的专家。而经过纵向整合的知识链条,对使用者来说相当于一个整体商品,只要其售价低于使用价值,使用者不必担心将来会支付额外的知识链条的维修费用。但是从最深层次的知识到大众需求层次,原则上可以有无数条纵向整合的道路,通过哪一条路径建构知识价值链,这是企业家承担的工作,只有他们敏锐地觉察到潜在的大众需求以及满足这一需求的各种可能的知识整合当中潜在利润率最高的那些知识链条。

3. 大规模的量身订制(mass-customization)

在传统经济里,流水线的开通要求最小经济规模的订单,为特定客户"量身订制"是很昂贵的,通常意味着特权价格(包含一部分"炫耀性消费"的价格)和超额利润。但是网络使商品直接面对着全球范围的潜在市场,而且最重要的是集结这一全球市场所需要的费用正以网络经济(例如 eBay)的扩展速度迅速下降。全球范围的市场集结使得每一个本土性的"特殊款式"仅仅对本土的客户而言是"特殊"的款式,对全球的客户而言,则是"批量"的也是"常规"的。商品一旦可以批量生产,就具备了按照相应的规模经济效益降低成本和竞争性价格的技术经济条件,可以被定义为"大规模量身订制"。

如同其他经济的一些经济原理一样,汪丁丁认为这 3 个原理也适用于传统经济,只不过在网络经济里面它们表现得格外突出而已。

12.3.4 网络经济的产业组织原理

广义的网络经济是指任何具有网络结构的经济,互联网经济是其最典型也最完善的特例。网络由线路和结点组成,在网络结构中,需要大量的网络组件,这些网络组件是互补的。换句话说,消费者所要求的服务由许多互补的组件组成。比如说,商店里的录像设备需要许多组件:数据发动机、信号传输、解码界面、电视机或计算机显示屏。一般来讲每个组件都有相近的替代品,比如,可以通过有线电视、固定电话线、卫星无线网、PCN 等来传输。不同组件的联结不能导致相同的服务。网络产品市场包括电话、电子邮件、因特网、计算机硬软件、音响设备、录像设备、银行服务、航空服务、法律服务及其他。从产业组织的角度来看,网络经济具有以下一些原理:

1. 互补性与兼容性

信息产品的互补性是指商品的价值依赖于它们的共同使用,又被称为系统效应,比如硬件需要与软件共同使用。这些商品和服务被称作互补品。互补性是指这些市场上的消费者必须成套购买而不是单个购买产品(比如计算机与软件、照相机与胶卷、录音机与磁带)。

互补性的产品还必须兼容。如 CD 光盘必须与 CD 播放机具有相同规格,否则就不能使用。而目前市场上不同品牌的手机都带有自己的充电器,但是不同品牌的充电器却不能互换,就是因为手机与其他品牌的充电器是不兼容的。互补性的产品必须有同样的标准,这就产生了一些公司如何协商标准的问题,必要的协调具有反垄断的潜在作用。

由于网络商品消费的互补性以及因此而引起的技术的兼容性,使得网络产品生产的博弈呈现出有趣的特点,这在 Nicholas Economides 的综述中有清楚的阐述。[①] 一般来讲,互补商品的供应商之间常常采取以下几种合作方式:① 产品整合,就是将两种产品联合生产,将外部问题内部化;② 合作,合作公司共同制定利润分享规则,然后由一个公司为系统定价;③ 协商,如果其他生产互补品的企业答应降价,则公司承诺降低价格;④ 培植,一个公司与其他公司一起降低成本,比如 Adobe 公司和打印机制造商们合作以保证他们使用它的技术;⑤ 商品化,一个企业刺激其他企业的竞争,促使他们降低价格。这些因素导致网络商品价格的降低,使人们获取与竞争有关的福利。网络产品的广告代理商们十分了解这种互补性,并以此来吸引更多顾客。

2. 消费的外部性

消费的外部性是网络经济一个最引人注目的特征,又被称为需求方规模经济,或者"网络的外部性"或"网络效应",是指市场对一个网络产品的需要依赖于有多少人购买了它。比如电话、传真、电子邮件等都有这样的特性,对这些商品消费的效果受到其他使用类似或兼容产品的人数的影响。对于供应方规模经济来讲,平均成本随着规模而下降。对于需求方规模经济来讲,收益随着规模而上升。比如说在没有任何人使用电话的时候,你也不会愿意装电话。这就是上文所提到的网络经济"边际效益递增"特征的根本原因。

3. 标准化与政府干预

标准的采用会深刻影响行业内公司的市场行为。市场结果,比如消费者采用哪一种新标准,取决于消费者对网络用户消费规模的预期。第一封 E-mail 于 1969 年被发送,但是直到 1980 年代中期才被广泛使用。因特网直到 1990 年才开始迅速发展,但是从 1990 年开始上网人数每年翻一番。也就是说当人们预期到购买某种网络产品或服务的人数将会迅速增加时,就会纷纷加入购买的行列,这样就使该种产品成为行业标准。对于网络产品的生产商来讲,重要的问题是:什么时候是掌握一项新技术的最佳时机?采用一项技术的最小人数包括潜在消费者的人数是多少?

由于网络的价值取决于它的规模,互联或标准化就变成一个重要的问题。标准的制定对消费者是有利的,但是并非能够受到所有企业的欢迎。一般来讲,居于市场主导地位的企业不愿意互联,比如 20 世纪 80 年代的 Bell System 拒绝其他公司接入它的长途服务;微软因为垄断行业标准而颇遭微词。但是有时候标准化是有利可图的,根据 Shapiro 和 Varian 在 20 世纪 80 年代所提出的一个简单的公式:

$$你的价值 = 你的份额 \times 产业的总价值$$

而产业的总价值主要依赖于市场的规模,采用标准化,可以增加总价值以抵消市场份额的稀释。

在标准化问题上主要有 3 种竞争方式:标准化战争,公司都想成为标准制定者;标准谈判,各个相互竞争的公司都需要标准,但是需要协商标准的内容;标准领导者,一家公司是现有标准的领导者,而其他公司想采取同样的标准,这时领导者公司需要不断进行技术升级或通过知识产权来保持领先地位。

在标准的制定或形成过程中,可能发生市场失灵。但是市场失灵的存在并不说明政府的

[①] Nicholas Economides. The Economics of Networks. International Journal of Industrial Organization, Vol. 14, No. 2, 1996, March

干预是必需的。日本曾经由政府干预制定了模拟信号电视标准,但后来市场却由数字信号的电视标准主导。事实上,由于政治家的经费部分由公司提供,政府干预并不能保证最优标准被采用。

4. 转换成本与锁定

当我们把福特汽车换成丰田时,基本上没有什么痛苦。但如果从 Windows 转换到 Linux 时,需要承担很多的成本。需要改变文件格式,应用软件,还要学习新的操作环境。对企业来讲,这样的成本更高,有项研究表明安装 ERP 系统如 SAP 的成本时,总的安装成本要比软件的购买成本高出 11 倍,包括基础设施的升级、咨询费用、员工的培训费用等,而过高的转换成本导致了锁定。转换到不同服务或采用一项新技术的成本被称为转换成本。

由于转换成本的存在,厂商间的竞争集中于争取新的客户。一旦他们被锁定,就变成稳定的利润来源。在高技术产业里转换成本尤其明显,因此转换很难发生,锁定使得价格歧视的策略得以实现。锁定产生的另一个原因是因为用户常常需要投资于互补产品。有许多转换与锁定的例子(如操作系统)。在生产商一方,生产者非常依赖系统中其他竞争对手所使用的标准。

锁定具有以下几类:

(1) 合同

用户有时被锁定在服务合同、供应零件以及购买其余零件中。转换成本等于由撕毁合同的一方所支付的损失或补偿。

(2) 培训与学习

消费者被训练使用具有特殊标准的产品。转换成本将包括学习与培训人员,以及采用新系统所造成的生产损失。

(3) 数据转换

每一种软件产生的文档使用特殊的数字存储格式。一旦转向新的软件,就需要软件的对接来保证它的使用,要注意那将导致转换成本随着因时间增加而引起的数据的积累。

(4) 搜寻成本

人们不愿意频繁转换的原因之一是他们喜欢避免搜寻与购买新产品的成本。

(5) 忠实成本

技术的改变可能会导致诸如忠实客户计划等利益的损失,一些客户可能会转向自己更熟悉的技术而不愿意适应新的技术。

转换成本通过两种相反的方法影响竞争:首先,如果客户已经被锁定于使用一种具体的产品,公司可能会提高价格,因为知道客户不愿转换,除非价格差别超过了转向竞争对手的产品的转换成本。其次,如果客户没有被锁定,那么,生产某个商标的产品的公司将采取竞争策略,如提供折扣、免费互补品与服务以吸引客户,以达到锁定客户的目的。

(6) 安装基础

在现有转换成本条件下,一旦用户达到临界数量,产品销售就会起飞。我们说是销售商要聚积一个安装基础,那是锁定在销售商技术里的客户数量。比如说,AT&T 的安装基础是订购长途电话服务的消费者数量,转换成本包括转换的时间与麻烦,比如转换到 MCT 的长途电话服务。

5. 生产方规模经济

在与信息技术相关的产业里,经常有高固定成本和小的甚至是零边际成本,这在教科书里被称为自然垄断。这些市场不像竞争市场那样运作,在那里我们通常采取竞争的价格机制来解释。基本上可以忽略的边际成本意味着平均成本函数随着售出数目的增加而剧烈下降。这本身说明不存在竞争均衡,这种类型的市场将经常以占有大部分市场的市场领导者为特征。而在现实世界中,如果最大的公司拥有极高的成本优势时,其他公司将激烈竞争。企业需要很大的规模,以降低价格扩大市场份额,比如亚马逊书店。另一方面,如果市场过快成长时,比如市场的成长率达到40%时,即使最大的公司具有成本优势,也有可能重新洗牌。第三,信息技术也减少了许多市场的最低有效规模。

尽管供方规模经济会导致产业的集中,但对于消费者来说这并非坏事。价格规律仍然通过4个不同的途径起作用:竞争以取得垄断地位;与自己竞争,尤其当技术进步太快时,企业需要稳定的安装基础;来自于互补供应商的竞争;周边发明与新产品的创造都可能突破现有企业的进入壁垒。

6. 自然垄断与进入价格

从20世纪50年代到80年代早期,在学术界与政策制定界都有人争论,如电话、邮件、有线电视、电子、天然气以及交通运输都具有显著的规模经济生产模式,因此应该被作为自然垄断来对待。因此,直到20世纪80年代早期,大部分国家许可单个公司经营,叫做电话与电报公司(PTT)。为了避免过度的垄断性收费,政府指定管制机构并且授权他们全权决定基于生产成本的价格。

自然垄断所隐含的观点是让每一个竞争的电话公司铺设自己的网络到每一幢公寓楼,让住户选择不同的接收端口是一个社会性的浪费。到20世纪70年代,美国政府开始意识到这些管制所造成的(自然)垄断存在两个问题:一个是服务相对不足,而且服务质量不能随着产业中技术的进步而提高;二是管制无法控制价格与消费者所承担的其他费用。由于信息不对称,管制者不能观察到服务提供商真正的生产成本,所以这些公司倾向于夸大他们的生产成本以滥定高价。

科斯(1972)提出"科斯猜测"(Coase Conjecture),认为在耐用品市场上,当垄断者面临一条连续向下的需求曲线时,由于理性消费者预计日后的价格会更便宜,从而会"等待"而不购买,这会使价格迅速转移到完全竞争状态下有效率的价格水平上。若科斯猜测是正确的,则IT产业中垄断的市场结构是无害的。但是,Katz与Shapiro(1986)指出了"网络的外在性"可能导致价格长期高于边际成本的结局。显而易见的是:网络规模越大,消费者对网络服务的效用评价会越高,因此,即使网络公司初始实行很低的价格,以后也会索取很高的价格。

尽管Mason(2000a、2000b)证明,在一个连续的马尔可夫过程的框架里,垄断者在互联网的定价上最后会与竞争性定价相同,但互联网的垄断经营仍有可能产生两方面的效率损失:一是垄断者会使IT产业的发展速度慢于社会最优要求的速度,延缓了网络外在性作用的利用;二是恪守承诺的垄断者会限制网络的规模。这两方面的效率损失都会影响消费者的利益。在经济中潜在的网络外在性规模很大时,如果IT服务的垄断供应者恪守自己原先对各方利益集团的承诺,则对产业限制所带来的效率损失会非常严重。这实际上等于说,科斯猜测只在较弱的意义上成立,若从强的意义上说,垄断经营IT产业不能等价于竞争性经营的效果。

现在政府开始意识到即使存在生产的规模经济,竞争也可以提高社会福利,或者至少可以提高消费者福利,他们从提高的服务和降低的价格中受益匪浅。近几年来遍及西方国家的电信改革与解规运动,使传统的固定价格制在一些国家已经发生了变动。

目前进入价格被应用于所有的网络产业中。MCLSPRINT 和 AT&T 为美国的市内电话公司支付进入费用,以使他们的用户可以使用长途电话的终端。在航空与铁路服务领域,公司要为由竞争对手的公司所拥有和经营的机场与铁轨支付进入费用。

这些例子说明竞争的引进并没有让现有的或新建的基础设施荒废。竞争可以提高福利,在自然垄断行业里也是有效的。通过让所有公司使用现成基础设施,给基础设施的拥有公司支付进入费用将会保持对现有基础设施的有效使用规模。事实证明竞争与管制同时引进,现有的基础设施可以被所有的竞争者通过支付合理的进入费用所使用,由于不同的公司提供替代或互补的服务而使基础设施的利用效率更高。

谢伊(Oz Shy)认为,让产业被所谓的"自然垄断"所控制是无效的。事实上自然垄断这个名称本身就有问题,因为垄断是一种市场结构的形式,由政府干预或强力的专利权所维持。很显然,在垄断的形成中没有什么"自然"的东西。因此这个术语可能会从管制者、专业及学院的经济学家所使用的语言中消失。

12.4 网络经济与传统产业的互动关系

网络经济与其他产业,尤其是传统产业相互促进,这同信息化与工业化的关系如出一辙。

12.4.1 传统产业是网络经济发展的基础

网络经济的发展离不开其他产业的发展,并以其他产业为基础。

(1) 其他产业是网络经济的物质基础。尽管网络经济的核心是信息的流动,但是它却离不开物质载体。比如,网络通信设备制造业、计算机硬件制造业、以交通运输业为主的物流产业、传统银行业等都是网络经济发展的必要基础。

(2) 其他产业是网络经济的主要内容。电子商务是网络经济的主要运作形式,其交易主体并非都是信息产品,而是包括大量的传统工农业产品,从书本到汽车,从药品到大蒜等应有尽有。

(3) 传统产业是网络经济重要的资金来源。许多的商务网站以及互联网企业最开始都由传统企业转化或投资建成。很多传统的工业企业为了打开市场,扩大交易途径,提高资金回报率,会建立电子商务网站,或投资于互联网产业,最为典型的是风险投资的运作机制。

(4) 其他产业是网络经济的产品市场与需求动力。随着国际竞争的加剧,传统产业需要大量采用信息技术,购买信息产品,开发信息资源,这个信息化的过程实质上是网络经济的市场动力。

12.4.2 网络经济促进其他产业的发展

另一方面,网络经济又大大促进了其他产业的信息化,提高了其他产业的运作效率。网络经济不仅通过信息服务、电子商务与信息产业三个层次促进其他产业的发展,而且正在不知不觉中改变整个经济文化制度,使整个产业体系在互联网的平台上按信息的方式更有效率地整合。

1. 互联网提升了整个国民经济的信息服务水平

信息服务是信息经济的实质内容,是网络经济促进其他产业发展的基本途径。它渗透进几乎所有的传统产业里,影响着社会生活的方方面面。

网络经济的核心在于信息的收集、储存、处理与传播,其实质是提供信息服务。任何产业,包括传统与现代的产业,不管是飞机制造、机械加工,还是旅游业、银行业,都需要这种服务。靠人工来处理这些信息,费时、费事,而且容易出错。比如企业的存货管理,如果运用计算机就比用传统的人工方便快速,而且通过计算机管理,还可以提出预警,即当一种物品存货下降到一定数值时就提醒经理人员马上去订货,当一种物品用量突然增加时,也可以提醒经理人员察看是否在生产环节中出了问题。所以,通过计算机为基础的信息化管理可以做到所谓的"just in time",大量节约管理成本,大幅度提高传统产业的生产效率。

网络信息的传播又使远程生产控制成为可能,并提高了商业流通领域的效率,使企业能够及时了解世界各地市场的订货、存货与销售情况,及时调整生产计划,做到"零库存"与"个性化"生产。网络信息传递的优势之一是可以通过文字、声音、三维图像等手段立体传播有关产品的信息。也就是说,不但可以展示产品的外观,而且可以清楚地展示产品的内部结构及设计特点。有些产品可以由客户参与设计,将客户的爱好与思想融入产品设计,实现个性化的制造。比如福特汽车,用户可以通过互联网参与汽车的设计,达到个性化的设计效果。瑞典的"沃尔沃"和日本"丰田"汽车公司,轿车的制造已经不再是沿着传统的流水线,而是由若干个"特别作业班组"在不同的组装点进行制造和组装。正是信息技术使得供货方式由"批量大而集中"和"换代慢"走向"批量小而分散"和"变化快"的时代。

通过互联网传递的商务信息更容易得到及时反馈,用户通过企业的客户关系管理系统、电子商务网站界面或者电子邮件方式,与企业实时交流,将对产品的质量、规格、数量、款式、包装等意见与建议及购买决策及时反馈,使厂家及时修改产品设计,并通过生产制造的信息系统的控制,进行柔性化与个性化生产,从而占领更多的市场份额,取得竞争优势。

网络将世界变成一个"地球村",信息跨区域、跨国界地流动。可以说,是信息技术将国际贸易、跨国公司、国际消费推向了一个前所未有的程度。比如资金可以通过互联网 24 小时不间断地在国际资本市场上流动,这既增加了企业融资的机会,也增加了开放经济的金融风险,1997 年亚洲金融危机就是一例。庞大的跨国公司也必须借助于现代信息传播技术,才能实现有效管理,顺利完成各项商务活动。

2. 电子商务成为一场新的商业革命

基于互联网的电子商务,是网络经济与其他产业相互作用的最直接的表现形式。网络经济对传统经济的影响主要在于它改变了传统的交易方式。实际上,自工业革命以来,人们的交易方式一直处于不断变化之中。轮船、火车、飞机的出现使得人类在空间上不再受到地理位置的束缚,电话、电报、传真机等通信工具的发明使得人类在信息的沟通上更加方便,这些都为人类从传统的面对面交易方式向新的交易方式转化创造了有利条件。

电子商务是以提高商业效率和增加商务便利为目的而涉及的所有电子信息技术的系统集成,即通过电子手段来完成整个业务流程和交易活动。换言之,电子商务包括通过网络来实现从原材料与零部件的查询、采购、产品的展示、订购到出品、储运以及电子支付等一系列商务活动在内的完整概念。作为一种新的交易方式,电子商务对经济的影响远远超过了以货币所衡量的电子商务交易总额的程度,企业利用电子商务提供更多的信息,扩大选择面,提供新的劳务,使购买过程流水化并降低成本,以此来获得竞争优势。

对于商务活动来说,信息的时间性是致命的。早在 1970 年,斯蒂格勒就证明,由于市场价格分布的离散性和不对称信息的存在,商务活动中存在着信息搜寻成本,这也是交易成本的重要组成部分。电子商务的好处是可以极大地节省在现实空间中价格搜寻的时间成本,并且由于同种价格集中分布在互相链接的网站上,使其更具有竞争性而减少了离散带来的机会主义成本。无论是价格信息、资金流信息还是物流信息,通过网络传播,都大大缩短了传播时间。众所周知,商务信息的价值随着时间的推移在不断下降,及时性是其基本的要求。以资金流信息为例,股市信息瞬息万变,5分钟的时间差距就可能造成截然不同的后果。

电子商务可以降低管理成本。信息技术使得商业企业的经营管理从模糊转向精确,从事后转向实时,从商品大类管理转向单品管理,从单纯的商品管理转向商品管理加顾客管理,从而以最低的成本、最优质的服务、最快速的管理反应进行全球运作。电子商务的信息时间优势是通过一系列的管理系统来实现的,包括销售管理系统(如电子收款机、POS 系统、MIS)、EDI(电子数据交换)、EOS(电子订货系统)、客户关系管理、物流管理、供应链管理、数据仓库等,最终实现复杂的智能决策支持系统。

今天,CRM 通过完善的客户支持平台、客户交互平台、企业生产平台,向顾客提供最优越价值的管理,增加客户的忠诚度,不断拓展产品的市场和利润空间。全球最大的零售商沃尔玛(Wal-Mart)每周都对顾客期望和反映进行调查,通过收集到的顾客期望及时更新商品的组合和组织采购,改进商品陈列摆放,提高顾客的满意度。而与互联网平台及后端 ERP 相联的 CRM 系统,对于反馈信息的处理更具优势。

总而言之,电子商务的突出标志在于它增加贸易机会、降低交易成本、简化交易流程、提高交易效率。可以说,网络信息传播技术使得世界经济全球化与一体化的进程大大加快。同时,以电子商务为核心,网络经济的影响辐射到传统产业的生产、管理、技术开发的各个方面,从生产技术、管理思想、管理技术等各个方面促进了传统产业链的信息化。

3. 互联网产业成为国民经济的先导产业

网络经济与其他产业相互作用的另一个层次在于它形成了新的互联网产业,使得信息技术产业、信息内容产业、通信产业、信息资源产业等进一步发展。互联网产业的出现不仅取代了一批传统的工业产业成为国民经济发展的支柱产业与先导产业,而且通过信息服务与电子商务,提高了许多传统产业的生产率,促进了整个产业结构的优化与升级。

网络经济对传统产业的影响还体现在信息产业与经济信息化的进一步发展过程中。这一方面表现为互联网产业本身的发展,另一方面表现为网络经济与其他产业之间相互渗透的过程。前者主要指由于网络的出现而新增的以互联网本身的经营为对象的经济行业,比如通信产业、信息内容服务业、网络软件业、网络设备硬件业以及与互联网相关的管理服务业。这些产业使产业结构向高级与合理化方向发展,不但为传统产业提供了技术改造的动力,而且为电子商务提供了技术平台。事实上,网络只是更新了交易的技术手段与平台,其交易的内容与实质仍以传统产业的商品为主,包括农业产品,如粮食、水果、蔬菜、畜牧业产品等;各种轻工业产品和重工业产品,如轻纺织品、玩具、重型机械、电脑等;以及服务业,如网络银行所提供的各种服务。

12.5 中国网络经济发展对策

对于中国来讲,网络经济并非是在生产力发展到一定的水平上自然而然地产生的,而是在世界信息产业与互联网经济迅速发展的大背景下出现的。正如前所说,作为一种后工业经济,网络经济需要一定的经济发展水平作为支撑,而中国目前的总体经济发展情况还处于工业化的中期。互联网经济在中国的迅速发展既体现了这种后发优势,也导致了许多与发达国家不同的问题。

受生产力发展水平的制约,当前中国网络经济还存在许多问题。中国网络经济发展的关键,在于寻求解决这些问题的对策,可以概括为如下几点:

1. 互联网应用水平有待进一步提高

近年来我国互联网发展速度是相当可观的。从 1997 年 10 月开始,中国互联网络信息中心(CNNIC)每年两次对中国互联网的发展及应用情况做了详细调查,并形成《中国互联网络发展状况统计报告》。根据 CNNIC 2006 年 1 月 17 日第十七次发布的统计结果,截止到 2005 年 12 月 31 日,我国上网用户已达 1.11 亿人,比 2004 年末增加了 1700 万,网民普及率达到 8.5%。报告显示,在 1.11 亿网民中,宽带上网网民数为 6430 万人,比 2004 年增加了 2150 万人,增长率为 50.2%。而拨号上网网民人数、专线上网网民人数则表现为不同程度的下降。目前我国上网计算机数达到 4950 万台,比 2004 年末增加了 790 万,增长率达到 19.0%。

从宏观情况来看,网民数、上网计算机数、CN 下的域名数、网站数、国际出口带宽总数等和 1997 年相比较都有百倍、有的甚至是千倍以上的增长。但是,我国互联网的应用质量还有待进一步提高。据第十七次 CNNIC 调查结果显示,浏览新闻、搜索引擎、收发邮件成为网民最常使用的三大网络服务,三者的使用率分别为浏览新闻 67.9%、搜索引擎 65.7%、收发邮件 64.7%。其次是:即时通信 41.9%、论坛/BBS/讨论组 41.6%、获取信息 39.8% 等,这其中也包括网络游戏,使用率 33.2%。而商业和政务方面的使用率还比较低,如:网上购物 24.5%,网上招聘 18.9%,网上金融 14.1%,网上教育 14.1%,网上销售 9.9%,电子政务 5.1%,网上预订 4.6%。互联网的开放性、便利性、互动性以及网上信息的丰富性和服务的多样性,可能是越来越多的网民将浏览、搜索和获取信息作为上网主要目的的原因。

从上述调查结果可以看出,中国网民对互联网的使用正趋于理性,互联网正在逐步发挥其最本质的功能。不足之处是,统计结果并没有显示在浏览、搜索和获取信息这些应用中,有多少是企业行为,有多少是个人行为;有多少是出于商业或工作需要,有多少是出于个人发展或充实知识的需要。统计结果也没有显示出中国电子商务交易量、电子政务数据流、医疗卫生等分门别类的数据。不过,根据观察还是可以发现,网民获取信息的质量与网上信息的来源直接相关。近年来网上中文信息资源的数量与质量都在大幅度提高,促进了互联网的应用水平的提高。随着人们对互联网认识的更加深刻,网络应用环境的逐步改善,我国互联网的应用水平还会大大提高。

2. 网络经济的发展环境有待进一步改善

网络经济的发展环境,包括基础设施环境、法制政策环境与融资环境三个方面。从基础设施环境来看,中国近些年发展十分迅速。据 CNNIC 统计,截止到 2005 年 12 月 31 日,我国国际出口带宽的总容量为 136106MB,比上年增加了 61677MB,增长率为 82.9%,是 1997 年 10 月第一次调查结果 25.408MB 的 5358.5 倍。可见,我国国际出口带宽的增长是相当迅速的。另外,经过重组之后,中国电信运营商之间的垄断程度有所减轻,竞争的引进在一定程度上提高了互联网的运营效率。重组后的中国电信、中国网通在国际出口带宽方面仍居于前两位。其中,中国电信(CHINANET)的出口带宽为 70622MB,中国网通(宽带中国 CHINA169 网)的出口带宽为 38941MB,中国科技网(CSTNET)15120MB,中国教育和科研计算机网(CERNET)4064MB,中国移动互联网(CMNET)3705MB,中国联通互联网(UNINET)3652MB,中国国际经济贸易互联网(CIETNET)2MB。但是,带宽资源与网民(包括潜在的网民)的需求相比还有很大的差距。非网民不上网的主要原因中,不具备上网条件(没有上网设备、当地无法连接互联网)仍占 29.3%,上网费用也仍然过高。

另一方面,从互联网运用的政策法规的制定来看,中国还有许多路要走。我国已经制定的信息政策法规有以下一些部分:国家法律《中华人民共和国邮政法》,行政法规如《中华人民共和国电信条例》,《中华人民共和国信息产业部关于中国互联网络域名体系的公告》,互联网信息服务管理办法,从 2000 年 4 月 25 号开始,信息产业部发布第 1 号《电信网码号资源管理暂行办法》至今,关于电信及互联网管理的信息产业部令已达 28 号。显然,随着互联网的不断发展,相应的法律与行政法规正在不断完善成熟。另外一些与互联网络有关的法律则在早期的民法当中有所体现,比如有关知识产权、隐私保护等问题。但是随着互联网出现的许多新问题,如电子商务立法、电子政务的相关法律、软件保护、网站内容的转载、域名与商标的冲突、数据库的保护、网络隐私权的保障等一系列问题,在传统的法律范围内难以找到相应的条例,需要新的法律或对原有法律进行相应修订。

从互联网发展所需要的资本环境来看,中国互联网产业的基础设施比较薄弱,其高研发成本的特点需要大量的资本投入。一方面,过高的资本投入常常使单个的企业很难承担前端的研发任务。另一方面,如果仅仅依靠政府单一投入发展,相对于中国的经济水平来讲,投入明显过高,而且由于缺乏有效的竞争,会导致资金运转速度慢、效率低。因此,需要政府推进投融资体制改革,发展风险资本市场,借助民间资本,建立和完善互联网络基础设施。

3. 网络经济的覆盖范围有待进一步扩展

从人口覆盖范围来看,中国网民正逐年增加,但与总人口基数相比,还是比较有限的。据中国互联网络信息中心(CNNIC)第十次调查统计,到 2002 年 7 月为止,我国上网用户人数和上年同期相比增长 72.8%,网民只占我国总人口的 3.6%[①]。而 2005 年 7 月 21 日 CNNIC 发布的"第十六次中国互联网络发展状况统计报告"显示,截止到 2005 年 6 月 30 日,我国上网用户总数突破 1 亿,约占总人口的 7% 左右,和上年同期相比增长 18.4%。其中宽带上网的人数增长迅猛,首次超过了拨号上网用户人数。我国网民数和宽带上网人数均仅次于美国,位居世界第二。[②] 不过,分析一下网民结构的具体数据,就可以发现,我国互联网的应用范围从性别、职业、年龄、收入等方面还需进一步扩展。

据 CNNIC 统计,到 2005 年 7 月为止,用户的性别分布为男性占 59.6%,女性占 40.4%。从婚姻状况来看,到 2005 年用户的婚姻状况为未婚占 59.0%,已婚占 41.0%。未婚者是中国网民的主体,这与中国已婚者与未婚者的比例为 1.7:1 的比例结构也不太一致。到 2005 年 7 月为止,35 岁以下的网民占 81.3.0%,35 岁以上的网民占 18.7%,以 18~24 岁的年轻人所占比例为最高,达到 37.7%。受教育程度大学本科以上的网民为 28.9%,呈下降趋势,受教育程度大学本科以下的网民数为 71.1%。大学本科以下的网民增长速度远远高于本科及以上的网民,形成后来者居上之势,在网民中占主体地位。产生这种变化的原因可能与互联网上的内容和服务日益多样化以及互联网使用起来更加简便有关。同时,个人月收入 2000 元及以下的网民占多数,低收入的网民增长速度明显高于高收入的网民。这说明互联网越来越趋于大众化,互联网从过去那种受高等教育的、中高收入的人的专利,转变成受过基本教育的、收入还

---

① CNNIC《第十次中国互联网络发展状况统计报告》. http://tech.sina.com.cn/i/c/2002-07-22/127374.shtml
② CNNIC. 中国网民 1 亿 300 万,新起点带来新机遇. http://www.cnnic.net.cn/html/Dir/2005/07/20/3046.htm

过得去的普通人都能使用的工具,到 2005 年 7 月为止,用户每月实际花费的上网费用低于 100 元的占 69.1%。

网民是网络经济的消费主体,网民比例的上升预示着网络经济有更大的发展空间。第十六次 CNNIC 的调查结果发现,非网民不上网的主要原因有:不懂电脑/网络的占非网民总数的 46.7%;没有上网设备的占 19.1%;没时间上网的占 17.7%;觉得上网没用/不需要的占 8.1%;认为上网费用贵的占 7.5%。此外,不感兴趣、年龄太大/太小、当地无法上网、家长/老师不许上网、对孩子影响不好等亦是妨碍非网民上网的原因,据统计分别占 7.5%、6.6%、2.4%、1.3%、1.2%。可见,不懂电脑/网络和没有上网设备是影响我国非网民不上网的最主要因素[①]。

然而,归根结底,非网民不上网的主要原因还是经济原因,比如不懂电脑网络,对网络不感兴趣等,这主要与网民的文化素质与所受教育程度有关,而其根本原因还在于我国广大的农村地区普遍的教育水平低下,互联网普及程度低,电脑网络教育远远不能满足潜在的需要。另外没有上网设备、上网费用贵等原因则表明,经济状况与收入的制约是一个重要因素,也表明在网络通信行业还需进一步引入竞争,降低成本,使更多的人可以承担起上网的费用。当然,除经济原因之外,还存在一些社会心理因素,这也表明网络安全存在较多隐患,在网络信息流通方面对未成年人的保护还远远不够,应该引起政府立法与网络内容产业的注意。

从地域范围上来讲,中国互联网经济存在着明显的区域发展不平衡问题。从 CNNIC 历次的调查结果中 WWW 站点数的地域分布可以看出,华北、华东、华南的 WWW 站点数比例一直占 85% 左右,东北、西南、西北 WWW 站点数所占的比例一直较小,如图 12-1。从历次调查 CN 下注册域名的地域分布可以看出,华北、华东、华南的 CN 下注册域名比例一直占 80% 以上,东北、西南、西北的 CN 下注册域名比例近年虽略有增长,但所占比例仍然很小,如图 12-2 所示。这在一定程度上反映了我国地区之间的信息化水平的差距。

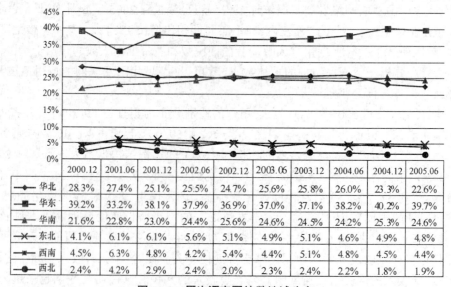

	2000.12	2001.06	2001.12	2002.06	2002.12	2003.06	2003.12	2004.06	2004.12	2005.06
华北	28.3%	27.4%	25.1%	25.5%	24.7%	25.6%	25.8%	26.0%	23.3%	22.6%
华东	39.2%	33.2%	38.1%	37.9%	36.9%	37.0%	37.1%	38.2%	40.2%	39.7%
华南	21.6%	22.8%	23.0%	24.4%	25.6%	24.6%	24.5%	24.2%	25.3%	24.6%
东北	4.1%	6.1%	6.1%	5.6%	5.1%	4.9%	5.1%	4.6%	4.9%	4.8%
西南	4.5%	6.3%	4.8%	4.2%	5.4%	4.4%	5.1%	4.8%	4.5%	4.4%
西北	2.4%	4.2%	2.9%	2.4%	2.0%	2.3%	2.4%	2.2%	1.8%	1.9%

图 12-1　历次调查网站数地域分布

资料来源:CNNIC 第 16 次中国互联网络发展状况统计报告。

[①] CNNIC. 中国网民 1 亿 300 万,新起点带来新机遇. http://www.cnnic.net.cn/html/Dir/2005/07/20/3046.htm

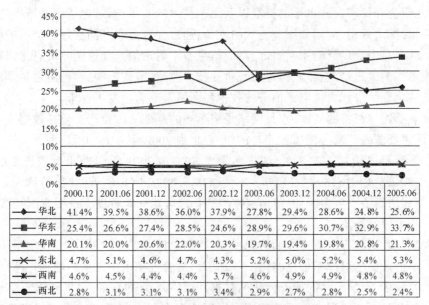

图 12-2　CN 下注册域名地域分布

资料来源：CNNIC 第 16 次中国互联网络发展状况统计报告。

如前所述，网络经济的发展具有较为明显的马太效应。而中国经济发展的区域不平衡状况一直是相当严重的。这两者复合起来的结果是，将有可能使这种地区差距进一步拉大。因此，西部地区的信息化、信息产业与网络经济就面临着更为严峻的发展任务。而就西部地区网络经济的发展对策来讲，由于西部地区市场发育程度、资金、人才储备等方面都存在一定的局限，因此需要政府在政策制定、吸引外资、人才、引进技术、互联网基础设施方面有更多的作为，为网络经济的发展提供良好的条件，从而通过网络经济来带动地方经济的发展，促进地区信息化进程。

4．电子商务与内容产业需要进一步发展

电子商务与内容产业是网络经济的主要内容。只有当互联网上的内容不断丰富时，互联网的用户数才会在数量上迅速提高，才能带动网络经济真正繁荣。

就我国电子商务目前的发展情况来看，存在的主要问题有电子商务立法、物流配送、企业信息化、电子支付与网上银行、商务信用与交易安全等，而这些问题涉及到法律、技术、信用环境、企业信息化水平等种种方面。由此可见，网络经济绝不是一个孤立的系统，它与传统经济有着千丝万缕的联系，从这个意义上说，网络经济的进一步发展需要以传统经济为基础。从发展对策看，对于企业来讲，有市场的地方总会得到资源的配置，关键是需要一个保证市场自由配置资源的外部环境。对政府来讲，需要创造良好的信用与法制环境，积极调动各方资源，适度规划，以推动企业信息化与电子商务的建设，从而使网络经济得到实质性的发展。

我国国民经济"十五"规划纲要第十项提到：为推进国民经济和社会信息化目标，要达到信息产业为国民经济和社会信息化提供系统、装备和服务的能力显著提高。基本满足金融、财税、教育、政府宏观调控、国防等领域对信息系统、装备和服务的需求。大中型企业信息化取得明显成效，企业对企业、企业对消费者的电子商务取得明显进展。《纲要》一再指出：要以信息化带动工业化，推动信息技术在国民经济和社会发展各领域的广泛应用。通过信息技术的应用,推动产业研究开发和设计水平的提高以及工艺技术的变革;通过电子商务特别是企业间电子商务的应用,推动营销、运输和服务方式的变革;通过促进信息产品与传统产品的融合,以及信息技术在新产品中的广泛应用,增加产品的信息技术附加值。加速企业信息化进程,把推广应用信息技术作为改进企业管理、推进传统企业技术改造、节约能源、实现由数量型向质量型、效益型转变的重要手段。要使电子商务的技术和网络基础满足发展要求。

内容产业是网络经济的实质,也是网络经济运转的基础。内容产业包括数据库产业、网站内容建设、信息资源的开发与传播业等。例如,截止到 2002 年 6 月 30 日,我国 WWW 站点数为 293213 个,半年内增加 16113 个,增长率为 5.8%,和 2001 年同期相比增长 20.8%。[①] 到 2005 年 6 月 30 日,我国网站总数(包括.CN、.COM、.NET、.ORG 下的网站)约为 677500 个,与 2002 年相比增长了一倍多。[②] 网络站点数的变化趋势在一定程度上说明我国互联网产业正呈现出进一步发展的迹象。

目前我国互联网内容产业存在的问题主要有:信息深加工度不够、专业化水平不高两大问题。信息的增值来源于对原始信息的组织与加工。尽管近年来中文网站增加迅速,但雷同的、大众性的内容较多,而学术性的或专门化的数据库或网站仍然不多,很多数据不能适时更新。商务网站、政府网站、一些学术性网站都不同程度地存在这个问题。这就使信息价值偏低,低复制成本使一些仅仅提供大众信息的网站难以为继。另一个问题是专业化水平不高,许多门户网站或电子商务网站内容相似,市场定位不够细,目标用户群划分失当,致使用户的深度信息需要难以满足,从而使得潜在的高利润率市场扩展缓慢。

5. 需要加强互联网核心技术的开发

具有自主知识产权的信息、网络核心技术,是互联网经济的核心部分,是互联网产业链上高利润率的部分。我国在很多领域尚处于产业链的下游,技术含量低,产品附加值低。目前,甚至在一些中文内容信息产业上,美、韩、日等公司也虎视眈眈。如前所述,信息产业具有高固定成本和低复制成本,有些产业,如数据库产业,一旦有有势力的企业进入,将具有垄断性,后来者将不再具有进入同类市场的意义。

另外,中国应加大网络安全技术的开发。目前,中国信息基础设施的关键设备及核心技术仍由国外垄断,国内网络安全技术产品的开发、生产、应用技术水平还不能完全与之相适应。再加上网络认证体系(CA)和安全配置不健全,网络安全立法和监管制度不完善,对网络犯罪的查处力度不够,中国信用制度破损等都使网络信息安全面临很大的隐患。因此,中国应对网络硬件、软件、数据库及内容服务业加大技术研究开发的投资力度,创设研发人员培养的机制与环境,市场化科技创新机制,有序地开展与国际间的研究开发合作,以尽快研究开发出具有自主知识产权的核心技术及关键性产品。

6. 政府管制应当适度

中国是发展中国家,网络经济发展的经济基础不够雄厚,或者说网络经济并非生产力自然发展的结果,而是经济全球化与技术引进的结果,因此,政府在网络经济的发展过程中不可避免地发挥了比发达国家的政府更大的作用,这也是经济技术后发优势的表现。政府的一系列优惠与倾斜政策在互联网发展初期起到了极其重要的作用,比如引进外资、税收减免等。但

[①] CNNIC.第十次中国互联网络发展状况统计报告.http://tech.sina.com.cn/i/c/2002-07-22/127374.shtml
[②] CNNIC.第 16 次中国互联网络发展状况统计报告.http://comm.ccidnet.com/cnnic16/,2005.9.9

是，随着网络经济的发展与不断遇到的新情况新问题，政府对网络经济的管制究竟应该定位在什么程度上，也成为一个日渐重要的问题。

事实上，所谓的经济发展对策是从理论上对发展前景的一个合理预期，以及针对现实问题的解决方案。一般来讲，对策是通过影响政府行为来实现目标的。也就是说，政府从理论上认识发展趋势，然后通过政策、法律、计划、条令等方式规范市场行为、引导市场预期，从而达到干预市场、引导经济发展的目的。但是，如果政府管制过细，范围过宽，则会影响到经济的正常发展。从另一方面讲，宏观的经济发展对策不会对微观企业直接起作用。微观企业更需要研究的是本企业所面对的具体市场，根据本企业的优劣势及竞争力状况提出相应的发展对策。因此，宏观对策就需要对政府能做什么和应当做什么提出建议。

就中国网络经济而言，政府需要适度管制。所谓适度，就是在有些环节上要收，在有些环节上要放。具体来讲，就是在网络安全、隐私保护和版权保护等方面的立法、执法，政策制定上要加快步伐，加大力度。而在具体的管制程序上则应做到：规则透明、手续简化，尽量减少不必要的直接干预。因为过多的管制往往是无效的，往往促成垄断，创造寻租与腐败的机会，降低市场效率，反而影响网络经济的发展。

具体来讲，政府需要加强政策导向，创设网络经济发展环境。需要调整国内产业结构，大力发展信息产业与传统产业的信息化。采用财政、金融等手段对国内网络经济地区性的"数字鸿沟"进行宏观调控，尽快调整西部地区产业结构，提升产业层次，以适应网络经济的发展，保证网络经济的"规模效应"和"边际效益递增规律"的作用，获取社会最大收益。另外，对市场经济主体不论中外、不论大小一律给予"国民待遇"，按市场经济规律进行治理。

从根本上来讲，网络经济的发展主体是企业。目前，网络企业所需要做的是对信息市场的细化与深化，与此同时，传统企业的信息化、电子商务、电子政务也亟待发展，这是中国网络经济发展的关键所在。

关键术语

网络经济 知识经济 后工业经济 数字化经济 新经济 信息经济 网络经济 IT生产率悖论 摩尔定律(Moore's Law) 梅特卡夫法则(Metcalf Law) 马太效应(Matthews Effect) 吉尔德定律(Gilder's Law) 转换成本与锁定 安装基础 生产方规模经济 科斯猜测(Coase Conjecture) 政府管制

思考题

1. 网络经济有哪些特点？
2. 网络经济的技术经济原理有哪些？
3. 网络经济的产业组织原理有哪些？
4. 中国如何发展网络经济？

术语与人名中英文对照索引

B2B 223
B2C 223
B2G 224
C2C 224
COCOMO 模型 COCOMO Model 204
IT 治理 IT governance 171
贝叶斯纳什均衡 Bayesian Nash equilibrium 20
波拉特 Porat, M.U 115
博弈 game 155
博弈论 game theory 13
不对称信息 asymmetric information 3
不完全信息博弈 incomplete information game 20
参与人 player 20
参与约束 participation constraint 45
产业 industry 256
产业结构 industry structure 259
颤抖手均衡 trembling-hand equilibrium 31
纯战略 pure strategy 25
重复博弈 repeated games 29
重复剔除占优均衡 iterated dominance equilibrium 22
重复剔除严格劣战略 iterated elimination of strictly dominated strategies 22
代理成本 agent cost 44
代理人 agent 45
道德风险模型 moral hazard 34
电子商务 E-Commerce 257
动态博弈 dynamic game 28
范式 paradigm 2
非零和博弈 non-zero-sum game 19
风险中性者 risk neutral 45
戈登·塔洛克 Gorden Tullock 51
个人理性约束 individual rationality constraint 45
工业化 industrialization 138
共同知识 common knowledge 16
海萨尼 John Harsanyi 4
后工业社会 post-industry society 137

混合战略 mixed strategies 25
激励机制 incentive mechanism 46
激励问题 incentive problem 3
激励相容约束 incentive compatibility constraint 45
吉尔德定律 Gilder's Law 246
价格歧视 price discrimination 249
交易成本 transaction costs 252
阶段博弈 stage games 29
杰克·赫什雷弗 Jack Hirshleifer 64
结果 outcome 64
金农工程 "Golden Agriculture" Project 142
精炼贝叶斯纳什均衡 perfect Bayesian Nash equilibrium 20
静态贝叶斯博弈 the static Bayesian games 30
静态博弈 static game 31
均衡 equilibrium 31
科斯猜测 Coase Conjecture 250
肯尼思·阿罗 K.J.Arrow 9
库恩 Thomos S. Kuhn 1
扩展式表述 extensive form representation 14
类型 type 20
零和博弈 zero-sum game 21
罗伯特·奥曼 Robert J. Aumann 5
梅特卡夫法则 Metcalf Law 246
摩尔定律 Moore's Law 246
内容产业 content industry 257
纳什 John Nash 19
纳什均衡 Nash equilibrium 23
逆向选择模型 adverse selection 34
柠檬市场 the market for lemons 35
企业竞争力 enterprise competence 91
企业信息化 enterprise informatization 92
乔治·阿克洛夫 George A. Akerlof 4
乔治·斯蒂格勒 George Stigler 4
收益 payoff 6
数字化经济 digital economy 238

术语与人名中英文对照索引

斯彭斯 Michael Spence　4
梯度理论 gradient theory　127
团体理性 collective rationality　20
托马斯·谢林 Thomas C. Schelling　5
完全信息 complete information　2
完全信息博弈 complete information game　20
网络经济 internet economy　82
委托人 principal　156
物流 commodity flows　157
先行优势 first-move advantage　28
相机行动规则 contingent action plan　25
项目管理 project management　97
信贷市场上的配给制 credit rationing　37
信息 information　38
信息悖论 information paradox　171
信息不对称 asymmetry of information　2
信息产业 information industry　186
信息成本 information cost　216
信息的不完全性 imperfect information　2
信息化 informatization　218
信息化规划 Informatization Planning　136
信息化战略 informatization strategy　157
信息价值 value of information　258
信息经济 information economy　5
信息商品 information commodity　56
信息搜寻 information search　2
信息系统 information system　8

信息资源 information resources　8
信息资源开发 exploitation of information resources　83
信息资源配置 information resources allocation　92
信息租 information rent　50
行动 actions or moves　2
性别战 battle of the sexes　24
虚拟参与人 pseudo-player　16
序贯博弈 sequential games　28
序贯均衡 sequential equilibrium　31
选择问题 selection problem　35
寻租 rent-seeking　50
严格劣策略 strictly dominated strategies　22
隐藏行动模型 Hidden action　34
隐藏知识模型 Hidden knowledge　34
有限博弈 Finite game　9　21
约翰 G. 赖利 John G. Riley　64
泽尔腾 Reinhard Selten　4
占优策略均衡 dominant-strategy equlibrium　22
战略 strategies　12
战略式表述 strategic form representation　13
战略性行动 strategic move　28
知识经济 knowledge economy　83
资源 resources　83
资源经济学 resource economics　83
子博弈精炼纳什均衡 subgame perfect Nash equilibrium　8　27
租金 rent　96

参考文献

1. 乌家培,谢康,王明明编著. 信息经济学. 高等教育出版社,2002,6
2. 张维迎. 博弈论与信息经济学. 上海三联书店,1996,8
3. 〔美〕布赖恩·卡欣,哈尔·瓦里安编著. 传媒经济学:数字信息经济学与知识产权. 中信出版社,2003,4
4. 马费成,靖继鹏主编. 信息经济分析. 科学技术文献出版社,2005,3
5. 陈禹主编. 信息经济学教程. 清华大学出版社,1998,3
6. 靖继鹏编著. 应用信息经济学. 科学出版社,2002,9
7. 谢康,肖静华,赵刚编著. 电子商务经济学. 电子工业出版社,2003,7
8. 长城企业战略研究所. 虚拟制造:信息时代的制造模式. 南宁:广西人民出版社,2002:P174
9. 晏智杰著. 古典经济学. 北京大学出版社,1998,4:379~380
10. 马费成. 信息经济学. 武昌:武汉大学出版社,1997:128
11. 〔美〕朱·弗登博格,〔法〕让·梯若尔著,黄涛等译. 博弈论. 中国人民大学出版社,2002,10
12. 博弈论的发展历程. http://down.ccer.edu.cn/upfile/29308.doc
13. Don-Shon Jeon. A theory of information flows. http://www.econ.upf.es/~jeon/research/Wpapers/flow10Nov03.pdf,2003,10
14. Shapiro, Varian. Information Rules. 2000
15. Economides. The Economics of Networks. http://www.stern.nyu.edu/networks/referenc.html
16. OZ SHY. The Economics of Network Industries. Cambridge University Press,2001
17. 平新乔. 互联网的经济影响与市场结构. 世界经济,2001,2:25
18. 林毅夫. 新经济和传统产业的发展. 中国教育科研网,2004,10 查
19. 〔美〕亨廷顿等著. 罗荣渠主编. 现代化:理论与历史经验的再探讨,上海译文出版社,1993,391,180
20. 李金昌. 资源经济新论. 重庆大学出版社,1995,5
21. 谢阳群. 信息资源管理. 安徽大学出版社,1999,7
22. 〔英〕C.V.布朗,P.M.杰克逊著. 张馨主译. 公共部门经济学(第四版),中国人民大学出版社,2000,4
23. 封志明,王勤学. 资源科学论纲. 地震出版社,1994,6
24. 〔英〕马克·布劳格等著. 石士钧译. 经济学方法论的新趋势,经济科学出版社,2000,12:6
25. 罗杰·珀曼,马越等. 张涛译. 自然资源与环境经济学. 中国经济出版社,2002,4
26. 张维迎. 企业的企业家——契约理论. 上海三联书店,上海人民出版社,1999
27. Hupp, Stephen L., reviewer, The economics of information (book review). The Journal of Academic Librarianship v. 27 no6 (Nov. 2001):484
28. Pomerantz, Jeffrey, reviewer. The economics of information in the networked environment (book review). The Journal of Academic Librarianship v. 23 (Mar. 1997)
29. John Weiss. Economic Policy in Developing Country. Prentice Hall//Harvester Wheatshelf,1995
30. Case/Fair. Principles of Economics. Prentice-Hall International Inc.,1996
31. R. Duncan Luce, Howard Raiffa. Games and Decisions-Introduction and Critical Survey. Dover Publications, Inc.,1957
32. 周起业,刘再兴等著. 区域经济学. 中国人民大学出版社,1997,11:220~223

33. 国家统计局编.中国统计年鉴,1997.中国统计出版社,1997,9
34. 马洪,孙尚清主编.西方新制度经济学.中国发展出版社,1996,2
35. 李晓东.信息化与经济发展.中国发展出版社,2000,1
36. 数字中国研究院译.美国国家商务部最新年度报告——新兴的数字经济.中国友谊出版社,2000,1
37. 萧琛.全球网络经济.华夏出版社,1999,9
38. 盛立军.风险投资操作、机制与策略.上海远东出版社,2000,5
39. 乔治·斯蒂格勒.施仁译.价格理论,北京经济学院出版社,1990,12
40. 乔治·斯蒂格勒.施仁译.价格理论:信息经济学.北京经济学院出版社,1990,12
41. Stephen P. Robbins. Management. Prentice Hall.1994
42. 王芳,赖茂生.论信息经济的制度变迁.情报学报,2002,5
43. 王芳,赖茂生.信息经济学体系探索.情报学报,2003
44. 王芳,赖茂生.论信息资源的经济学研究.中国图书馆学报,2003
45. 王芳.信息不对称与企业竞争力.情报理论与实践,2003,2
46. 王芳.论企业的信息政策.图书情报工作,2003,5
47. 王芳.论我国信息产业的梯度发展.图书情报工作,2000,4
48. 王芳.对我国信息产业区域发展的分析研究.图书情报工作,1999,10